Datenmodellierung: Theorie und Praxis
des Datenbankentwurfs

Günther Vinek – Paul Frederick Rennert – A Min Tjoa

Datenmodellierung:

Theorie und Praxis des Datenbankentwurfs

Physica-Verlag · Würzburg–Wien
1982

CIP-Kurztitelaufnahme der Deutschen Bibliothek

Vinek, Günther:
Datenmodellierung : Theorie u. Praxis d. Datenbankentwurfs / Günther Vinek ; Paul Frederick Rennert ; A Min Tjoa. – Würzburg ; Wien : Physica-Verlag, 1982.
ISBN-13: 978-3-7908-0225-2 e-ISBN-13: 978-3-642-61828-4
DOI: 10.1007/978-3-642-61828-4

NE: Rennert, Paul Frederick:; A Min Tjoa:

Softcover reprint of the hardcover 1st edition 1982
Composersatz und Offsetdruck „Journalfranz“ Arnulf Liebing GmbH + Co., Würzburg

Die Autoren danken den folgenden Damen und Herren für die wertvolle Unterstützung bei der Fertigstellung dieses Buches:
Herrn Dipl.Ing. Christian Breiteneder und Herrn Dipl.Ing. Dr. Roland Wagner für zahlreiche Literaturhinweise sowie für die Beschaffung von Literatur, Herrn Dr. Erich Neuwirth für die kritische Durchsicht des Kapitels 13, sowie Frau Monika Mozelt für das sorgfältige Schreiben der Manuskripte.

Inhaltsverzeichnis

Teil III: Semantische Aspekte von Datenmodellen

Teil IV: Logische Aspekte des Datenbankbetriebes

1. Einleitung

1.1 Motivation und Zielsetzung

Auf dem Gebiet der Datenbanksysteme haben die letzten Jahre eine teilweise stürmische Entwicklung gebracht. Eines der Hauptmerkmale dieser Entwicklung ist es, daß der Schwerpunkt der Überlegungen sich von der primären Ausnützung der jeweiligen technischen Gegebenheiten hin zur Methodik der logischen Abbildung der Realität in der Datenbank verschoben hat. Hierdurch ist der Blickwinkel des Benutzers einer Datenbank in den Mittelpunkt gerückt und zur Ausgangsbasis für den logischen Datenbankentwurf geworden.

In letzter Zeit hat es den Anschein, daß aus der Vielzahl der Vorschläge auf diesem Gebiet sich einige Konzepte allgemein durchsetzen und daß dadurch die Entwicklung in eine Konsolidierungsphase getreten ist. Die dabei erhaltenen Erkenntnisse können bereits heute beim Entwurf konkreter Datenbanken wesentliche Hilfestellungen leisten und es ist zu erwarten, daß sie die selbstverständliche Grundlage zukünftiger Datenbanksysteme bilden werden.

Den Autoren schien es daher sinnvoll, den Versuch zu unternehmen, aus den vielfältigen Beiträgen zu diesem Themenkreis die wesentlichen Aspekte herauszukristallisieren und in einheitlicher Form darzustellen. Diese zusammenfassende Darstellung richtet sich in erster Linie an alle jene, die in der Praxis mit dem Entwurf, der Beurteilung und der Benützung von Datenbanken und Datenbanksystemen befaßt sind. Sie kann jedoch auch dem Studenten der Informatik zur Einführung in dieses Gebiet nützlich sein.

Der thematische Schwerpunkt des Buches liegt auf dem Vorgang der logischen Abbildung der Realität in die Datenbank, der sogenannten Datenmodellierung, und auf den hierzu entwickelten formalen Datenmodellen. Hierbei wird vor allem auf das relationale Modell und seine Weiterentwicklungen Bezug genommen.

Bei der Behandlung dieses Themenkreises ist es notwendig, auch seine theoretischen Grundlagen umfassend zusammenzustellen. Die Autoren haben sich jedoch bemüht, auch die formaleren Abschnitte des Buches durch zahlreiche Beispiele zu ergänzen und die Wirkung der theoretischen Probleme auf praktische Situationen aufzuzeigen.

Es erschien nicht angebracht, jeweils Einzelaspekte durch kleine unzusammenhängende Beispiele zu illustrieren. Es wurde vielmehr eine konkrete reale Situation angenommen, für die eine Datenbank zu erstellen wäre. Dieser allen Beispielen (mit wenigen Ausnahmen) zugrundeliegende Realitätsausschnitt ist dem Bereich einer Universitätsverwaltung entnommen, er wird im Abschnitt 1.3 ausführlich beschrieben. Zwar mußten bei diesem Beispiel Einschränkungen vorgenommen werden – eine ausführlichere Behandlung hätte sicherlich den Rahmen des Buches gesprengt – doch können daran Aspekte gezeigt werden, die erst in komplexen realen Situationen Bedeutung erlangen.

Bewußt wurden in diesem Buch Probleme der physischen Realisierung und Implementierung von Datenbanken ausgeklammert. Eine wesentliche Voraussetzung für das reibungslose Funktionieren einer Datenbank ist nämlich eine gründliche Datenmodellierung, die problemorientiert und vorerst möglichst unbeeinflußt von den Restriktionen der technischen Speichermedien und deren Zugriffsmechanismen vorgenommen werden sollte. Die Datenmodellierung kann sogar als nützliches Werkzeug im Rahmen einer Systemanalyse herangezogen werden, ohne daß die Erstellung einer konkreten Datenbank ins Auge gefaßt wird.

Die zur Zeit verfügbaren Datenbanksysteme erfüllen die in diesem Buch dargestellten Kriterien und Vorstellungen nur zu einem mehr oder weniger großen Teil. Es wurde daher auf konkrete Systeme nicht Bezug genommen. Ziel war vielmehr, dem Leser zu zeigen, welche logischen Eigenschaften von einer zukunftsorientierten Datenbank erwartet werden können bzw. erfüllt werden sollen.

1.2 Überblick über den Aufbau des Textes

Der Teil I (Grundlagen) ist zur allgemeinen Einführung in die Problematik der Datenmodellierung bestimmt. Dabei bietet Kapitel 2 eine überblicksmäßige Motivation, Kapitel 3 liefert eine genauere Beschreibung des allgemein akzeptierten Drei-Schichten-Konzepts zum Aufbau einer Datenbank. Eine kurze Einführung in die drei „klassischen" Datenmodelle findet man in Kapitel 4.

Teil II ist einer umfangreichen Darstellung des Relationenmodells gewidmet. Die theoretischen Grundlagen dieses Datenmodells sind in Kapitel 5 zusammengefaßt. Wenn auch dieses Kapitel formalerer Art ist, so sind zu seinem Verständnis keine höheren mathematischen Voraussetzungen notwendig; es werden vor allem Begriffe aus der Mengenlehre verwendet. Außerdem wurden zur Veranschaulichung der Aussagen zahlreiche Beispiele in den Text aufgenommen. Für das Verständnis der Kapitel 8 bis 15 sind vor allem die Begriffe der Abschnitte 5.1 bis 5.4 von Bedeutung.

Die Modellierung der Universitätsverwaltung (Abschnitt 1.3) mit Hilfe des Relationenmodells ist Gegenstand des Kapitels 6, welches somit die praktische Anwendung der Inhalte des Kapitels 5 demonstriert. Für theoretisch interessierte Leser folgen in Kapitel 7 Algorithmen zur Behandlung verschiedener Probleme des Entwurfs relationaler Modelle. Der Inhalt dieses Kapitels ist für das Verständnis der weiteren Abschnitte nicht Voraussetzung.

Zur formalen Darstellung semantischer Zusammenhänge ist das Relationenmodell allein nicht ausreichend. In Teil III wird auf solche Aspekte genauer eingegangen. Während Kapitel 8 einige Datenmodelle beschreibt, die der Forderung der Einbeziehung der Semantik besser entsprechen, behandeln die Kapitel 9 bis 11 konkrete Probleme dieses Themenkreises. Im anschließenden 12. Kapitel wird das Datenmodell RM/T beschrieben, das eine Erweiterung des Relationenmodells mit der Möglichkeit der Modellierung semantischer Zusammenhänge bildet.

In Teil IV wird vorerst in Kapitel 13 ein kurzer Überblick über die formale Logik, soweit sie in Datenbanken Anwendung findet, geboten. Der Inhalt dieses Kapitels ist für das Verständnis von Teilen der folgenden Kapitel notwendig.

Die verschiedenen Typen von Datenbanksprachen werden in Kapitel 14 behandelt, ohne daß auf konkrete Sprachen allzusehr eingegangen wird. Eine Zusammenfassung des umfangreichen Gebiets der Fehlerbehandlung und Fehlerverhütung in Datenbanken findet man im letzten Kapitel.

Der überwiegende Teil der Originalliteratur zur Datenmodellierung ist in englischer Sprache abgefaßt. Aus diesem Grund sind für wichtige Fachausdrücke bei ihrem erstmaligen Auftreten im Text die englischen Bezeichnungen in Klammern beigefügt.

Im Text wird die leere Menge stets mit { } bezeichnet.

1.3 Beispiel einer Problemstellung für die Demonstration von Datenmodellen

Universitätsverwaltung

Stufe 1

Die Problemstellungen dieser Stufe werden in den Beispielen dieses Buches verwendet. Die angeführten Abteilungen sind auch die Hauptbenutzergruppen.

A) Evidenzstelle:

Die Evidenzstelle führt die Evidenz über Studenten und Lehrveranstaltungen. Jedem Studenten wird eine eindeutige Matrikelnummer zugeteilt; seine Personaldaten sind bekannt. Jeder Student studiert mindestens eine Studienrichtung ab einem bestimmten Anfangsdatum (Immatrikulation). Abhängig von der Staatsbürgerschaft des Studenten muß er/sie eine Studiengebühr pro Semester bezahlen; mit einzelnen Ländern bestehen Verträge über Erlaß der Ausländer-Studiengebühr und Gleichstellung mit inländischen Studenten.

Es gibt drei Typen von Studenten: ordentliche Hörer, bei denen die Matura (Abitur) vorausgesetzt wird, und die ein ordentliches Studium betreiben; Gasthörer, die bereits ein ordentliches Studium abgeschlossen haben und nur einzelne Lehrveranstaltungen belegen, ohne ein neuerliches ordentliches Studium durchzuführen; sowie außerordentliche Hörer, die auch nur auf bestimmte Zeit Lehrveranstaltungen besuchen wollen. Letztere müssen das 17. Lebensjahr vollendet haben und „die erforderlichen Vorkenntnisse besitzen", müssen aber die Matura nicht abgelegt haben.

In jedem Semester kann jeder Student Kurse belegen (inskribieren), muß aber nicht. Studenten, die länger als zwei Semester nicht inskribieren, werden aber automatisch exmatrikuliert.

Jeder Studienrichtung ist eine Kennummer zugeordnet. Die Namen der Lehrveranstaltungen bleiben über die Jahre relativ konstant, da sie in den Studienplänen angeführt sind; ebenso ihre Wochenstundenanzahl. Eine Lehrveranstaltung kann eine Vorlesung, eine Übung, ein Seminar, ein Praktikum usw. sein. Jede Lehrveranstaltung ist einem bestimmten Lehrfach zugeordnet. In jedem Semester werden Lehrveranstaltungen gehalten, da aber auch mehrere parallele Lehrveranstaltungen der gleichen Art gehalten werden können, spricht man dann von Kursen. Jedem Kurs wird eine im jeweiligen Semester eindeutige Kursnummer zugeordnet; mit der Abhaltung wird eine Lehrperson beauftragt. (Beispiel: Lehrveranstaltung „Übung zu Mathematik III für Sozialwissenschaftler"; Kurs: 410432 „Übung Nr. 2 zu Math. III für Sozialwissenschaftler", gehalten von Lektor X im Wintersemester 1979/80.)

B) Personalabteilung:

Die Personalabteilung entspricht dem Personalbüro eines Unternehmens und betreut die Universitätsangehörigen. Darunter gibt es wissenschaftliches (Professoren, Assistenten, usw.) und nichtwissenschaftliches Personal (Schreibkräfte, Verwaltungsbeamten, usw.). Von diesen werden die Personaldaten, Vertragsanfang und -ende, und der Status (aktiv, karenziert, beurlaubt) geführt. Bei den Professoren unterscheidet man zwischen ordentlichen und außerordentlichen Universitätsprofessoren, bei den Assistenten zwischen Universitätsassistenten (mit abgeschlossenem Studium) und Studienassistenten (die noch studieren).

Jeder Dienstposten ist entweder einem Institut oder einer Hochschulverwaltungsabteilung zugeteilt, jedes Institut gehört zu einer Universitätsfakultät. Die Zuordnung der Personen zu den Instituten bzw. Abteilungen ist notwendig für die Erstellung von Wahllisten. Die Fakultäten erhalten eindeutige Fakultätsnummern, die Institute werden innerhalb der Fakultäten eindeutig numeriert.

Jeder Posten hat einen bestimmten Planstellentyp, der das Gehaltschema des/der Angestellten bestimmt.

Ein Großteil des wissenschaftlichen Personals hat Lehrfunktionen. Eine Lehrbefugnis gilt stets für ein bestimmtes Lehrfach oder eine bestimmte Lehrveranstaltung. Universitätsprofessoren haben unbefristete Lehrbefugnisse, Dozenten ebenso, müssen jedoch nicht an der Universität angestellt sein. Befristete Lehrbefugnisse (für eine bestimmte Lehrveranstaltung in einem Semester) werden im Rahmen eines Lehrauftrages an Lektoren vergeben, die Universitätsassistenten oder andere geeignete Personen (aus der Praxis) sein können.

C) Quästur:

Die Quästur ist die Buchhaltungs- und Lohnverrechnungsabteilung der Universität. In das vorliegende Beispiel einbezogen wird allerdings nur die Berechnung und Überweisung der Vergütungen für Lehr- und Prüfungstätigkeiten der Kursleiter (Kollegiengelder, bemessen nach der Anzahl der Wochenstunden und Teilnehmer der Kurse, sowie Prüfungsgelder, bemessen nach der Anzahl und der Art der Prüfungen). Zu diesem Zweck braucht sie folgende Informationen: von jedem Kurs in jedem Semester die Anzahl der Wochenstunden und der inskribierten Hörer sowie den Lehrbeauftragten; die zu jedem Kurs abgelegten Prüfungen bzw. Beurteilungen: die jeweils gültigen Prüfungstaxen bzw. Kollegiengeldbeträge.

D) Prüfungsabteilung:

Die Prüfungsabteilung führt Buch über die „Prüfungen“, die Studenten ablegen. Dazu gehören sowohl Kolloquien zu den Vorlesungen wie auch Beurteilungen der Mitarbeit bei Übungen usw., weiters Teilprüfungen der Diplomprüfung (über ein bestimmtes Prüfungsfach, z.B. „Mathematik und Statistik“), kommissionelle Diplomprüfungen (mehrere Prüfungsfächer), Rigorosen (zum Erwerb des Doktorats) und Beurteilungen von Diplomarbeiten und Dissertationen. Notwendige Daten sind: Student, Prüfer, Datum der Prüfung, Prüfungstyp, Prüfungsfach, Note.

Gasthörer und außerordentliche Hörer dürfen an den für ordentliche Hörer eingerichteten Prüfungen nicht teilnehmen.

Stufe 2

Die hier beschriebenen Erweiterungen der Stufe 1 werden in den Beispielen dieses Buches nicht berücksichtigt. Sie sollen dazu dienen, die Komplexität des realen Systems etwas besser anzunähern und dem Leser eine Grundlage zur Erweiterung der angebotenen Beispiele zu liefern.

A) Evidenzstelle:

- Hörsaalvergabe: Von jedem Hörsaal (bzw. Seminarraum usw.) wird der Ort und sein Fassungsvermögen geführt. Den Kursen werden Hörsäle zugeordnet, wobei Überschneidungen nicht auftreten dürfen. Hörsaalreservierungen für zusätzliche Abendvorträge bzw. größere Prüfungen müssen durchgeführt werden können.
- Inskriptionskontrolle: Überlappungen bei den von einem Studenten inskribierten Kursen sind nur in gewissen Fällen erlaubt; dies soll an Hand der Veranstaltungszeiten der Kurse überprüft werden.
- Studienvoraussetzungen: die verschiedenen Mittelschularten bzw. die Reifezeugnisarten werden festgestellt. Für gewisse Studienrichtungen bestehen notwendige Voraussetzungen, die je nach Reifezeugnisart dazu führen, daß eventuell Ergänzungsprüfungen (bis zu einem gewissen Termin) vorgeschrieben werden müssen. (z.B. Latein, Griechisch, Darstellende Geometrie, Philosophie). Den Studenten sind diese Auflagen bereits bei der Erstinskription mitzuteilen.
- Freifahrtsanspruch: die Adressen der Institute und ihre Entfernungen vom Universitätshauptgebäude werden erhoben, um den Anspruch der Studenten auf Freifahrtkarten oder ermäßigte Netzkarten für die öffentlichen Verkehrsmittel zu überprüfen.

B) Stipendienverwaltung:

- Für die Studenten, die aus sozialen Gründen um Stipendien ansuchen, werden die Unterhaltspflichtigen, deren Einkommen und die Anzahl ihrer Unterhaltsberechtigten, usw. erhoben. Diese Daten fallen jedoch unter Datenschutzüberlegungen und sind keinesfalls anderen Abteilungen zu überlassen.
  Daten über Stipendienhöhen und den Aufteilungsschlüssel (der verfügbaren Gelder) werden ebenfalls verwendet.
- Für Studenten mit ausgezeichnetem Studienerfolg werden sogenannte „Begabtenstipendien" vorgesehen; hierzu ist die Überprüfung des Studienfortgangs notwendig.

C) Studienplätze, Studienkommissionen, Prüfungsabteilung:

- Jede Studienrichtung ist in verschiedene Studienabschnitte geteilt; in diesen sind zu bestimmten Lehrfächern (Prüfungsfächern) Lehrveranstaltungen zu besuchen und Prüfungen zu absolvieren. Die Fächer teilen sich in Pflicht- und Wahlfächer (vom Studenten selbst aus mehreren Möglichkeiten auszuwählen). Laut Studienkommissionsentscheidungen kann es möglich sein, manche Fächer oder Lehrveranstaltungen durch andere zu ersetzen. Pro Lehrveranstaltung können auch Voraussetzungen für deren Besuch angegeben werden.
- Die von der Prüfungsabteilung gesammelten Daten werden verwendet, um für jeden Studenten die abgelegten Teilprüfungen der Diplomprüfungen (= Prüfungen zu Prüfungsfächern) bzw. die abgeschlossenen Studienabschnitte zu vermerken. Auch die vorschriftsmäßig abgelegten Ergänzungsprüfungen sollen vermerkt werden.

D) Hochschulstatistik:

- Diese Abteilung nimmt Bezug auf vergangene Daten der Studenten, ebenso auf nicht mehr aktive Studenten. Es werden Daten über frühere Studien, über den Studienverlauf, bzw. über die Berufslaufbahn (eventuell) gesammelt und statistisch ausgewertet.

Teil I: Grundkonzepte der Datenmodellierung

2. Entwicklung der Datenspeicherung und Datenorganisation

Die Entwicklung der Datenorganisation in physischer und theoretischer Hinsicht ist von verschiedenen Faktoren beeinflußt und bestimmt worden. Wohl der wichtigste dieser Einflüsse war eine Akzentverschiebung in der EDV-Entwicklung selbst, die etwa Mitte der sechziger Jahre stattfand.

Vor dieser Zeit bestand ein Engpaß in den physischen Möglichkeiten der EDV-Anlagen, der einerseits zu einer vorrangigen Entwicklung der Hardware, andererseits zu einer möglichst engen Anpassung des Benutzers an die physischen Gegebenheiten führte. Mit der Verbilligung von Hardware und Rechenzeit, die von den Computern der „dritten Generation" eingeleitet wurde, konnte jedoch der Begriff der „Benutzerfreundlichkeit" an Bedeutung gewinnen und auch die Möglichkeit der einfachen Konstruktion weit komplexerer logischer Systeme geboten werden. Die Automatisierung immer größerer Aufgabenbereiche erzwang die Formalisierung und allgemeine theoretische Lösung der Probleme der Datenspeicherung. Die stetige Erweiterung des Kreises der EDV-Benutzer machte es zudem immer dringender, den „durchschnittlichen Benutzer" mit den Details der physischen Datenorganisation zu verschonen.

Im folgenden soll versucht werden, diese Entwicklung nachzuzeichnen.

2.1 Ausgangssituation

Die Situation, von der hier ausgegangen werden soll, kann als die Ebene des EDV-kundigen Einzelbenutzers charakterisiert werden. Jeder Benutzer, der Daten speichern und später verwenden möchte, schreibt hierzu eigene Programme (oder beauftragt damit einen Programmierer), die seine privaten Dateien (files) erzeugen und lesen. Die dermaßen aufgebauten Dateien werden nur von wenigen Programmen verwendet bzw. geändert und sind im Normalfall nur im Kontext dieser Programme interpretierbar. Alle Details der Datenformate, Sortierung, inhaltliche Beschreibung usw. sind in den Programmen festgelegt. Die primäre logische Struktur der Daten und die Weise, in der der Programmierer sie sieht, sind im wesentlichen identisch mit ihrer physischen Speicherungsstruktur, genauer gesagt, üben physische Struktur und Programmlogik aufeinander einen gegenseitigen Einfluß aus. Dieser Zustand wird mit dem Begriff *physische Datenabhängigkeit* charakterisiert.

Die physische Datenabhängigkeit führt dazu, daß der direkte Benutzer einer Datei EDV-Kenntnisse besitzen muß. Zur Formulierung seiner Anwendung muß er die Dateistruktur genau kennen, und jede auch noch so geringfügige Änderung der Anwendung bedeutet im allgemeinen eine Programmänderung. Der „Endbenutzer", also etwa der mit EDV-Details nicht vertraute Manager, kann die Daten nur mittels der Dienste eines Programmierers verwenden.

Will der Benutzer die einmal gespeicherten Daten in einer anderen Weise aufbereitet sehen (etwa durch Auswahl, andere Sortierung, andersartige logische Zusammenstellung), so ist die Abbildung der physischen Struktur in die geforderte *Sicht* ausschließlich Sache eines für diesen Zweck zu erstellenden Programms. Die Verantwortung für die Richtigkeit dieser Abbildung liegt wie auch die Verantwortung für den richtigen Aufbau und Inhalt der ursprünglichen Datei beim Benutzer selbst.

Man nehme zum Beispiel an, daß das Dekanat einer Universitätsfakultät eine Evidenz der abgelegten Prüfungen aufbauen möchte. Zur Verfügung stehen die Kopien der ausgestellten Zeugnisse, die folgende Angaben enthalten: Name, Studienkennzahl und Matrikelnummer des Studenten, Lehrveranstaltungsnummer, Name des Prüfers, Datum und Note. Die Studienkennzahl kann überprüft werden, Matrikelnummer und Lehrveranstaltungsnummer werden aber von der Evidenzstelle vergeben, die mit eigenen Programmen und Dateien arbeitet.

Es wird eine einfache sequentielle Datei PRÜF aufgebaut, deren Satzstruktur in Abb. 2.1 dargestellt ist. Die Sätze sind nach der Lehrveranstaltungsnummer und dem Datum der Prüfung geordnet. Dieser Aufbau ermöglicht die einfache Beantwortung der Frage, welche Prüfungen zu einer bestimmten Lehrveranstaltung abgelegt wurden. Ebenso können die relativen Häufigkeiten der verschiedenen Noten pro Lehrveranstaltung einfach und effizient berechnet werden.

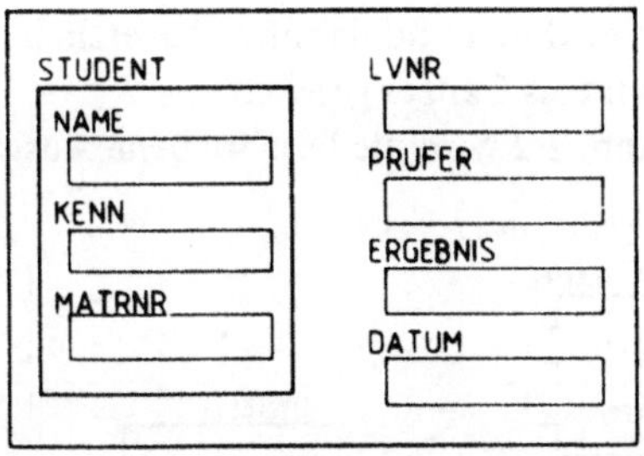

Abb. 2.1 Satz der Datei PRUEF

In der hier beschriebenen Situation sind Änderungen in den Dateiprogrammen relativ häufig notwendig. Jede Änderung der Dateistruktur (die etwa aus Effizienzüberlegungen oder wegen einer Erweiterung der Aufgabenstellung durchgeführt wird) spiegelt sich in den Programmen wider und verursacht hohe Kosten. Zusätzlich müssen zur Umstrukturierung der bereits vorhandenen Dateien eigene Spezialprogramme geschrieben werden, deren mögliche Fehler sich verhängnisvoll auswirken können.

Im Beispiel komme als neue Aufgabenstellung der Ausdruck eines Studienverlaufs der einzelnen Studenten hinzu, widergespiegelt in den vom betreffenden Studenten abgelegten Prüfungen. Diese Aufgabe ist mit den gegebenen Daten lösbar, mit der gegebenen Dateistruktur aber nur in ineffizienter Weise durchzuführen, da für jeden Studenten die gesamte Datei durchsucht werden müßte. Da es sich um eine häufig gestellte Frage handelt, überlegt man sich also, die Datei entweder anders zu sortieren (nach Feld MATRNR) oder eine Verkettung nach der Matrikelnummer einzuführen. Beide Lösungen ermöglichen zwar eine effiziente Programmierung der neuen Aufgabe, leider ändern sich aber dabei die bisherigen Programme, soferne man nicht auch noch nebenbei die ursprüngliche Datei behält. Dies verursacht zusätzliche Kosten und die Daten sind dann eventuell mehrfach gespeichert, was die Gefahr von Unstimmigkeiten zwischen den beiden Versionen (sogenannte *Inkonsistenz*) erzeugt.

Weitere Probleme ergeben sich in der geschilderten Situation, wenn die Daten eines Benutzers von einem anderen verwendet werden sollen. Greift ersterer auf die Dateien des letzteren direkt zu, entstehen Probleme bei einer Änderung der Dateistrukturen, da jeder

Benutzer eigenverantwortlich seine Dateien verwaltet. Wird eine Kopie der Datei für den ersten Benutzer erzeugt, so muß sie mit großem Aufwand stets auf dem neuesten Stand gehalten werden, falls sich die Originaldatei laufend ändert. Außerdem geschieht es häufig, daß zwei Benutzer unter demselben scheinbar „allgemeingültigen" Begriff ganz verschiedene Dinge verstehen, so daß sich bei der Kommunikation Fehler einschleichen.

Eine andere Möglichkeit ist die Doppelerhebung der Daten: jeder Benutzer erhebt und speichert die von ihm benötigten Daten selbst, in den Dateien entsteht (insgesamt gesehen) eine hohe Redundanz. Je höher die Redundanz wird, desto größer wird aber auch die Gefahr der Inkonsistenz.

Im Beispiel sollen etwa nun auch die Noten der Vorlesungen mit denen der dazugehörigen Übungen verglichen werden. Mit den vorhandenen Informationen ist diese Aufgabe jedoch nicht lösbar. Es ist notwendig, eine neue Datei aufzubauen, die für jede Lehrveranstaltungsnummer den Typ der Lehrveranstaltung angibt und außerdem die Zuordnung zwischen Vorlesungen und Übungen beinhaltet. Diese Informationen mögen zwar bereits woänders (etwa in der Evidenzstelle) als Datei existieren, der Zugriff darauf ist jedoch für das Dekanat nicht praktikabel. Dies führt zu einer Doppelerhebung und mehrfachen Speicherung dieser Daten und damit zu zusätzlichen Kosten und möglicher Inkonsistenz für die Universität als Ganzes gesehen.

In der Abb. 2.2 wird die beschriebene Ausgangssituation veranschaulicht.

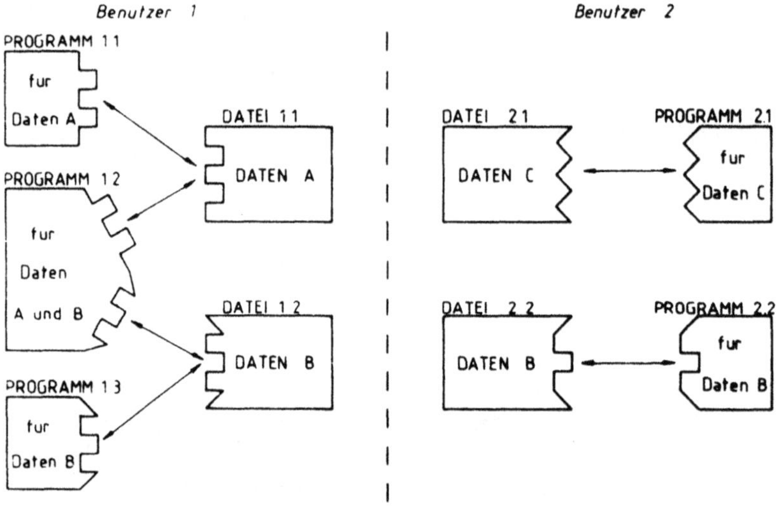

Abb. 2.2 Einzeldateien ohne Integration

2.2 Physische Integration der Dateien

Ein erster Schritt zur Lösung der obengenannten Probleme war die Entwicklung der sogenannten „*integrierten Datenverarbeitung*". Innerhalb der gegebenen Organisation bemühte man sich, eine Integration der von verschiedenen Benutzern verwendeten Dateien durchzuführen. Zur Vermeidung von Inkonsistenz wurden die Funktionen der Datenerhebung, -kontrolle und -speicherung zentralisiert. Es wurde die Position eines „Datenkoordinators" geschaffen, dessen Aufgabe es ist, diese zentralen Funktionen zu überwachen.

Zu der Verantwortung dieses Datenkoordinators zählt insbesondere die zentrale Buchführung über den genauen Inhalt und Aufbau aller Dateien. Zu diesem Zweck wird ein *„data dictionary"* geschaffen, das für jedes Feld jedes Satztyps in jeder Datei die genaue Beschreibung seines Inhalts angibt. Ändern sich der Aufbau oder der Inhalt einer bestimmten Datei, so muß das „data dictionary" mitgeändert werden und eine Mitteilung muß an alle jene Benutzer gesendet werden, die die betreffende Datei verwenden.

Hiermit sind viele Probleme der Konsistenz gelöst. Für jede Information gibt es eine gültige „Referenzdatei", die zentral geführt wird. Die Programme, die ja die verschiedenen Sichten der Benutzer reflektieren, brauchen allerdings auch weiterhin für ihren jeweiligen speziellen Zweck anders strukturierte Auszüge dieser Dateien. Nach wie vor ist die Programmstruktur weitgehend von der Dateistruktur abhängig und umgekehrt. Man kann also weiterhin von einer physischen Datenabhängigkeit sprechen.

Der große Vorteil der Integration besteht nicht nur in der höheren logischen Konsistenz, sondern sicherlich auch darin, daß eine übermäßig redundante Datenspeicherung weitgehend vermieden wird. Trotzdem bleiben dabei noch wesentliche Probleme ungelöst.

Im Anschluß an das Beispiel des vorigen Abschnitts könnte man sich vorstellen, daß die verschiedenen Abteilungen der Universität (Evidenzstelle, Prüfungsabteilung, Qästur, usw.) sich dazu entschließen, eine gemeinsame EDV-Abteilung aufzubauen. Unter zentraler Kontrolle werden alle Daten, die von den verschiedenen Stellen erhoben werden, in einheitlichen Dateien gespeichert. Das "data dictionary" gibt den Aufbau dieser Dateien an und wird von jeder Abteilung dazu verwendet, Struktur und Inhalt der von ihr benötigten Daten zu erkunden. Die Probleme bei jeder Änderung der Dateistruktur bestehen aber weiterhin, ja es kann sogar vorkommen, daß bei einer gravierenden Änderung wesentlich mehr Programme als zuvor betroffen werden.

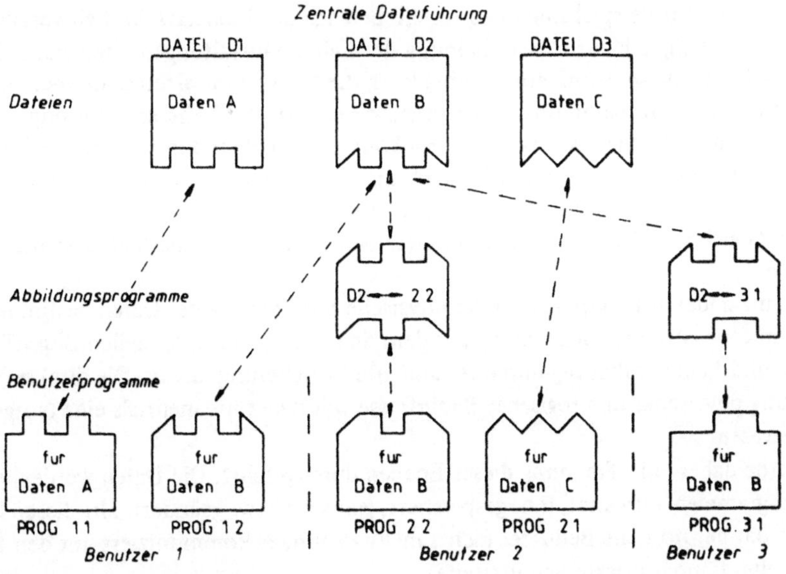

Abb. 2.3 Physische Dateiintegration

Zusammenfassend läßt sich also sagen, daß hier eine einheitliche Datenbeschreibung existiert, deren Struktur durch den Dateiaufbau geprägt ist. Es kann jederzeit festgestellt werden, welche Daten geführt werden, wie sie strukturiert sind und was ihre Bedeutung ist. Die Benutzerprogramme greifen im wesentlichen weiterhin direkt auf die zentral geführten Dateien zurück. Diese Situation wird in Abb. 2.3 veranschaulicht.

2.3 Physische Datenunabhängigkeit: Datenbanken

Die im vorigen Abschnitt erwähnten Schwierigkeiten wurden durch verschiedene Faktoren in der Folge verschlimmert. Der Benutzerkreis vergrößerte sich immer mehr und begann auch EDV-ferne Benutzer, also solche, die mit EDV-Details nicht allzusehr oder gar nicht vertraut waren, einzuschließen. Die Menge der gespeicherten Daten wurde immer größer und ihre Struktur immer komplizierter, so daß es für einzelne Anwendungen weder leicht möglich noch wünschenswert war, die Gesamtstruktur zu kennen.

Hand in Hand mit der wachsenden Verwendung der EDV als Hilfsmittel bei Unternehmensentscheidungen und der dadurch notwendig gewordenen Einbeziehung immer vertraulicherer Daten in die maschinelle Speicherung wurden zudem Maßnahmen gegen unerlaubten Zugriff auf Teile der Daten unerläßlich. Auch vom Standpunkt des Unternehmens bzw. des Dateneigentümers war eine Situation, in der jedes Anwendungsprogramm direkt auf die physischen Dateien zugreifen kann, unbefriedigend oder gar schädlich.

Es mußten daher Werkzeuge geschaffen werden, mit deren Hilfe eine Trennungsebene zwischen den Anwendungsprogrammen einerseits und den gespeicherten Daten andererseits gezogen werden konnte, um einen direkten Zugriff zu verhindern; es mußten die Zugriffe auf die Dateien standardisiert und in systemkontrollierte Bahnen gelenkt werden. Vor allem aber mußte es eine Möglichkeit für den Benutzer geben, ohne direkte Kenntnisse des physischen Dateiaufbaus die gewünschten Daten zu erhalten.

Wie bereits erwähnt, können verschiedene Benutzer dieselben Daten in sehr verschiedener Weise sehen. Im Beispiel sind etwa für die Belange des Dekanats die Lehrveranstaltungsnummern lediglich zur Unterscheidung der Lehrveranstaltungen interessant, für die Evidenzstelle (die diese Nummern vergibt) kann die Lehrveranstaltungsnummer auch kodierte Information enthalten (etwa Institutsnummer, Art der Lehrveranstaltung, usw.). Diese sogenannten (subjektiven) *Benutzersichten* werden eben durch die speziellen Erfordernisse jeder Anwendung bestimmt. Manchmal ist eine der Benutzersichten die allgemeinere oder umfassendere, unter Umständen ist jedoch keiner bestimmten Sicht der Vorzug zu geben. Gleichwohl handelt es sich um dieselben Daten, die einheitlich beschrieben werden sollen.

Von ganz anderen Kriterien wird die physische Speicherung der Daten bestimmt. Hier geht es um effiziente Platzausnützung auf dem Speichermedium, schnellen Zugriff, Zuverlässigkeit und Fehlerverhütung durch redundante Speicherung, u.v.m. Die direkte Verschmelzung physischer und logischer Bedürfnisse war daher nie mehr als eine Notgemeinschaft gewesen.

Es wurde daher eine Trennung dieser Ebenen durchgeführt. Die Daten werden von eigenen Programmen verwaltet, d.h. gespeichert, gelöscht bzw. geändert. Mit diesen Programmen hat der normale Benutzer nichts mehr zu tun, er kommuniziert mit den Daten nur über eine standardisierte Schnittstelle.

Die Konstruktion und Definition dieser Schnittstelle hat nun außerordentlich große Bedeutung. Dem Benutzer, der nichts von der eigentlichen physischen Speicherstruktur weiß, scheint es, als stünde ihm eine virtuelle Dateistruktur zur Verfügung. Diese Struktur sollte sich im Idealfall an seine Wünsche und Erfordernisse anpassen.

Es wird also eine logische Beschreibung der benötigten Sachverhalte und ihrer Struktur aus der Sicht des Benutzers erstellt. Eine solche Beschreibung wird *externes Modell* genannt[1]) und ist eigentlich eine Abbildung oder Formalisierung eines Teils der realen Welt. Für den Benutzer ist das Modell der Rahmen, in dem er sich mit seinem Programmen bewegt, und die Schnittstelle zu den echten Daten.

Den externen Modellen (die für jeden Benutzer verschieden sein können) steht das *interne Modell* gegenüber. Dieses beinhaltet eine Beschreibung der Gesamtdaten aller Benutzer im Hinblick auf die spezielle physische Speicherung. Hier werden alle Einzelheiten spezifiziert, die zur Effizienz, zur Sicherheit und zur logischen Konsistenz der Datenmenge notwendig sind.

Die Abbildung zwischen dem internen und den externen Modellen wird durch Programme bewerkstelligt, die nicht vom Benutzer geschrieben werden. Alle Änderungen der physischen Struktur (Datenreorganisationen, Umstrukturierungen aus Effizienzüberlegungen, Einfügen neuer Daten für andere Benutzer, usw.) beeinflussen die Abbildungsprogramme, nicht aber das externe Modell, und daher auch nicht die Anwendungsprogramme.

Ein solcherart aufgebautes Datenspeicherungssystem wird *Datenbank* genannt (siehe Abb. 2.4).

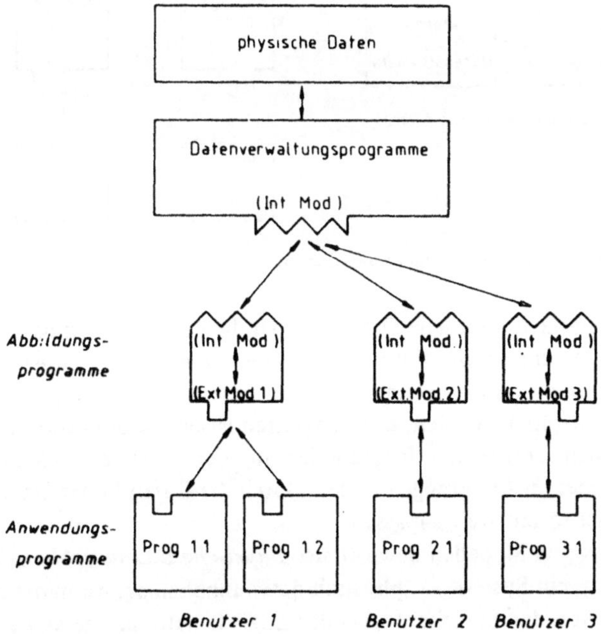

Abb. 2.4 Datenbank (Zwei-Schichten-Konzept)

---

[1]) Genaueres zu Modellen siehe Kapitel 3.

Es sind sehr viele Formalismen zum Aufbau von externen Modellen vorgeschlagen worden, die *Datenmodelle* genannt werden. Von diesen haben sich aber nur wenige in der Praxis durchgesetzt. Als „traditionelle“ Datenmodelle sind die *hierarchischen* und die *Netzwerkmodelle* bekannt, im letzten Jahrzehnt hat aber das *Relationenmodell* von *Codd* [1970] vor allem in theoretischer Hinsicht eine große Bedeutung erlangt. Diese Datenmodelle werden in den folgenden Kapiteln ausführlich behandelt.

Eine Datenbank kann natürlich auch direkt programmiert werden. Bei häufigen Änderungen, insbesondere in den Modellen, die dann nur implizit (in den Programmen) vorliegen, ist dies aber sehr aufwendig. Es wurden daher sogenannte *Datenbanksysteme* geschaffen, das sind Programmsysteme, die es erlauben, das interne und (im Idealfall getrennt davon) externe Modell maschinell verarbeitbar zu formulieren, als interne und externe *Schemata* (siehe Kapitel 3). Bei Eingabe dieser Schemata erzeugt das Datenbanksystem eine entsprechende Datenbank (siehe Abb. 2.5).

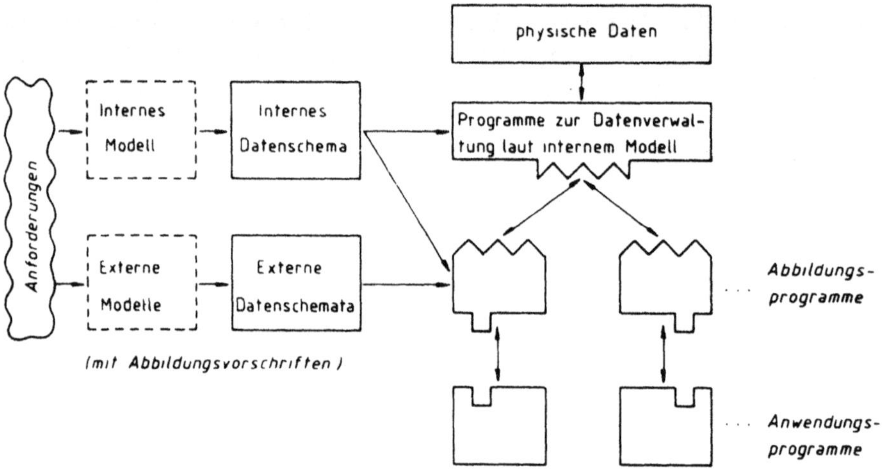

Abb. 2.5 Datenbanksystem (Zwei-Schichten-Konzept)

Eine zentrale Funktion für jede Datenbank ist die des *Datenbankadministrators.* Dieser trägt die Verantwortung für das Funktionieren der Datenbank. Alle Änderungen in den Modellen, den Abbildungsprogrammen oder der physischen Speicherung müssen von ihm veranlaßt und kontrolliert werden, sein Eingreifen ist bei Fehlern oder anderen auftauchenden Problemen erforderlich. Insbesondere muß er die Datenbank an die wechselnden Anforderungen oder an Änderungen in dem durch die Daten in der Datenbank dargestellten Ausschnitt der realen Welt anpassen.

Die Einführung von Modellen bewirkt also *physische Datenunabhängigkeit.* Nach *Fry/ Sibley* [1976] ist „ein System . . . physisch datenunabhängig, wenn die Programme oder ad-hoc-Anfragen von den Speicherungs- oder Zugriffsmethoden relativ unabhängig sind“

Ein wesentlicher Aspekt der Datenbank ist daher eine andere Reihenfolge der Prioritäten als bisher. Im Zentrum der Überlegungen steht nicht mehr die physische Speicherung, sondern das externe Modell. Im Idealfall wird dieses Modell allein von den Wünschen und Bedürfnissen des Benutzers bestimmt, ohne daß irgendwelche technischen Restriktionen darauf wirken. Es ist keineswegs notwendig, daß es einer herkömmlichen Dateistruktur ähnelt, obwohl dies bei den ersten Datenmodellen im allgemeinen der Fall war. Gerade für den EDV-fernen Benutzer sind die Dateistrukturen, wie sie von den physischen Gegebenheiten diktiert werden, oft nicht besonders einsichtig. Die Abbildung zwischen internem und externem Modell und umgekehrt kann theoretisch beliebig komplex sein.

In der Praxis ist es jedoch bisher meist der Fall, daß verschiedene Benutzersichten sich weniger durch ihre Struktur als durch ihren Inhalt unterscheiden. Ausgehend von einem gemeinsamen externen Modell, werden die Sichten durch logische Teilmengenbildung und Umordnung gebildet. Vor allem wird zur Modellierung aller Sichten sowie (meistens) des internen Modells dasselbe Datenmodell (etwa hierarchisch, Netzwerk usw.; siehe dazu die entsprechenden Abschnitte) verwendet. Es blieb den neuesten Entwicklungen auf dem Gebiet der Datenbanksysteme vorbehalten, hier die Möglichkeiten zu größerer Flexibilität zu eröffnen.

2.4 Logische Datenunabhängigkeit

Zusätzlich zur physischen Datenunabhängigkeit stellen *Fry/Sibley* [1976] die *logische Datenunabhängigkeit* als Ziel auf: „Logische Datenunabhängigkeit ist die Möglichkeit, logische Änderungen der Datenbasis durchzuführen, ohne die darauf zugreifenden Programme signifikant zu beeinflussen."

Diese Forderung wird von verschiedenen Datenmodellen mehr oder weniger gut erfüllt. Eine völlige logische Datenunabhängigkeit ist jedoch nur sehr schwer zu erreichen, wenn sie auch natürlicherweise höchst wünschenswert wäre.

Im Bemühen, diesem Ziel näherzukommen, wird in den neueren Datenbanksystemen eine zusätzliche logische Ebene eingeführt. Ein sogenanntes *„konzeptionelles Modell"* wird aufgestellt, das ist eine von allen Benutzern gemeinsam akzeptierte einheitliche Darstellung der realen Welt, bzw. des Ausschnittes der realen Welt, der durch die Datenbank dargestellt werden soll. Dieses konzeptionelle Modell wird als Vermittler zwischen den externen Datenmodellen der Benutzer und dem internen Datenmodell eingesetzt, wodurch eine Struktur wie in Abb. 2.6 entsteht: das sogenannte *Drei-Schichten-Konzept* der Datenbank. Durch das konzeptionelle Modell wird eine Entkopplung zwischen der logischen und der physischen Beschreibung der Gesamtdatenbank erreicht. Erstere ist nun Sache des konzeptionellen Modells, während das interne Modell sich auf das letztere beschränkt.

Bei der Entwicklung einer Datenbank können nun zwei Richtungen eingeschlagen werden. Einerseits kann das konzeptionelle Modell zuerst aufgestellt werden und daraus die verschiedenen Sichten der Benutzer durch Transformationen bzw. Einschränkungen der Datenmengen gebildet werden; andererseits kann durch Zusammenstellung der Sichten der verschiedenen Benutzer das konzeptionelle Modell synthetisch gewonnen werden. Auf jeden Fall darf die physische Speicherung keinen oder keinen allzu großen Einfluß auf die Modellerstellung ausüben. Der Entwurf des internen Modells wird erst nach Erstellung des konzeptionellen Modells in Angriff genommen.

Der hier geschilderte Drei-Schichten-Aufbau einer Datenbank wird im folgenden Kapitel genauer erklärt. Es muß betont werden, daß die meisten jetzt laufenden und verwendeten Datenbanken noch nicht so strukturiert sind, jedoch geht die Entwicklung eindeutig in Richtung des Drei-Schichtenmodells. Auch in den Überlegungen der ANSI/X3/SPARC (American National Standards Committee on Computers and Information Processing,

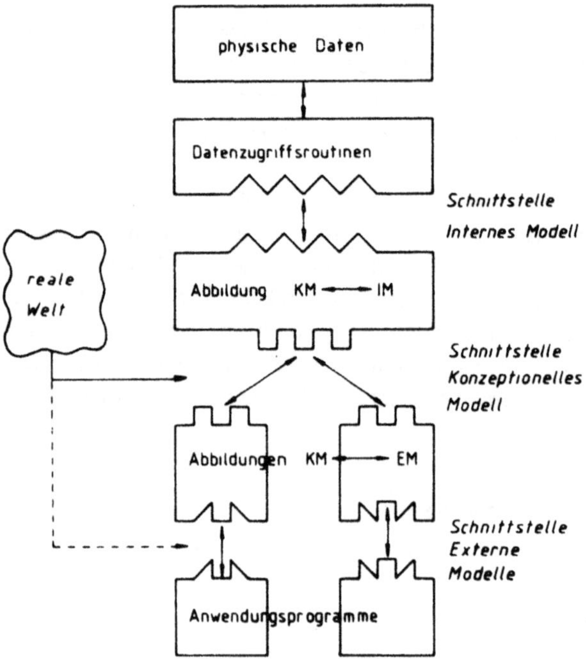

Abb. 2.6 Datenbank (Drei-Schichten-Konzept)

Standards Planning and Requirements Committee) [*Tsichritzis/Klug*] nimmt der Begriff des konzeptionellen Modells eine immer größere Rolle ein.

Eine weitere Entwicklung auf dem Gebiet des Datenbankenaufbaus ist die der „*Koexistenz*" verschiedener Modellierungsarten. Wie im vorigen Abschnitt erwähnt wurde, sind die Benutzersichten meist von ähnlichem Typ. Verschiedene Benutzer sind jedoch oft an verschiedene Datenmodelltypen gewöhnt oder ziehen für bestimmte Anwendungen Datenmodelle vor, die von den sonst verwendeten abweichen. Mit Hilfe des Drei-Schichten-Aufbaus ist es zumindest leichter möglich, verschiedene Datenmodelle zur Beschreibung der Sichten in einer Datenbank koexistieren zu lassen. Auf solchen Überlegungen beruht z.B. das *Koexistenzmodell* von *Nijssen* [1976] (siehe Kapitel 3 und 8).

3. Datenbankarchitektur: Das Drei-Schichten-Konzept

In den Abschnitten 2.3 und 2.4 wurde dargelegt, wie man unter der Zielsetzung, möglichst große physische und logische Datenunabhängigkeit zu erreichen, die logische Beschreibung der Datenbank in drei Schichten trennen kann. Diese werden *externe, konzeptionelle* und *interne Schicht* genannt, wobei die konzeptionelle Schicht eine zentrale Funktion ausübt. Sie soll eine Gesamtbeschreibung aller Sachverhalte sein, die in der Datenbank abgebildet werden sollen, in einer Form, die von allen Benutzern akzeptiert werden kann. Die Erstellung dieser Gesamtbeschreibung soll nun etwas näher betrachtet werden.

Beschrieben werden soll im Grunde stets die *Realität. Nijssen* [1976] unterscheidet zwischen der Realität und der perzepierbaren Realität. Nur die letztere kann beschrieben werden, da nur über sie Daten gewonnen werden können – direkt durch Sinnesorgane oder indirekt durch physikalische Meßinstrumente. Im weiteren wird jedoch stets unter Realität die perzepierbare Realität verstanden, da hier nicht auf philosophische Überlegungen eingegangen werden soll. Weiters wird angenommen, daß die Realität aus *diskreten Objekten* und *Beziehungen* zwischen ihnen besteht, oder (alternativ) aus *diskreten Objekten*, ihren *Eigenschaften* und *Beziehungen* zwischen den Objekten und den Eigenschaften. (Beide Ansätze werden in verschiedenen Datenmodellen verwendet; im Grunde sind sie aber äquivalent – im ersten werden die Eigenschaften einfach selbst als Objekte behandelt.)

Der Übergang von der (perzepierbaren) Realität zur Beschreibung der Datenbank besteht nach Nijssen im wesentlichen aus drei Schritten:

1) *Benennung* (naming): Jedem Element der Realität wird ein eindeutiger Name zugeordnet, jeder Beziehung (relation) zwischen Elementen der Realität wird ebenso ein eindeutiger Name gegeben.

2) *Auswahl* (selection): die Anzahl der Elemente der Realität ist viel zu groß für praktische Anwendungen. Man konzentriert sich daher auf einen kleinen Teil davon, der *Ausschnitt aus der Realität* (universe of discourse) genannt wird.

3) *Klassifikation* (classification): Die Menge der Elemente und der Beziehungen im betrachteten Realitätsausschnitt ist inhomogen und kann in eine Anzahl von Klassen eingeteilt werden. Diese Klassen ergeben sich oft ganz natürlich, es hängt aber von der Anwendung ab, wie weit die Klasseneinteilung getrieben wird. (In einer Anwendung könnten z.B. alle Studenten eine Klasse bilden, in einer anderen wäre eine Einteilung nach Geschlecht und Semesteranzahl nötig.) Es entsteht also eine klassifizierte Darstellung des betrachteten Realitätsausschnittes.

Diesen Vorgang nennt man nun *Modellierungsvorgang*, die erhaltene formale Beschreibung des betrachteten Realitätsausschnittes heißt *konzeptionelles Modell.*

Dabei ist allerdings zu beachten, daß das konzeptionelle Modell eines Realitätsausschnittes nicht eindeutig bestimmt ist. Es enthält jene Strukturen der Realität, die für den jeweiligen Anwendungsfall relevant sind, und stellt somit eine bestimmte Interpretation der Realität dar. Da über denselben Realitätsausschnitt auch verschiedene Konzepte bestehen können, können auch andere Interpretationen existieren. Verschiedene Anwender einer Datenbank, die sich auf ein bestimmtes konzeptionelles Modell stützt, müssen also eine *gemeinsame Interpretation* der Realität akzeptieren.

Es sind verschiedene *Datenmodelle* entwickelt worden, d.s. Formalismen, die den Modellierungsvorgang unterstützen. Beispiele sind etwa das Netzwerkmodell, das hierarchische Modell, das Relationenmodell oder das Entity-Relationship-Modell. Mit ihrer Hilfe kann das konzeptionelle Modell einfacher formuliert werden. Es ist aber auch einsichtig, daß eine gewisse Wechselwirkung dabei zustande kommt: durch die vom Datenmodell angebotenen Formalismen werden die Gedanken des Modellierers in bestimmte Bahnen gelenkt, und ein mit Hilfe des Netzwerkdatenmodells erstelltes konzeptionelles Modell wird anders aussehen als ein relationales.

Anfangs wurde betont, daß sich alle Benutzer einer bestimmten Datenbank über das konzeptionelle Modell einig sein müssen. Dies ist i.a. bereits ein Kompromiß, denn jeder

Benutzer hat über den ihn interessierenden Realitätsausschnitt verschiedene Vorstellungen. Eventuell ist sein Realitätsausschnitt nur eine Teilmenge des Gesamtrealitätsausschnitts, vielleicht hat er andere Klassifikationen oder zieht andere Denkweisen vor, die einem anderen Datenmodell entsprechen.

So kann man davon ausgehen, daß jeder Benutzer den obenerwähnten Modellierungsprozeß mehr oder weniger bewußt durchführt und damit zu einem eigenen (eventuell noch nicht ausformulierten) *externen Modell* kommt. Wesentlich ist allerdings, daß die verschiedenen externen Modelle wenigstens so weit kompatibel sind, daß sie sich alle auf ein einziges konzeptionelles Modell abbilden lassen. Es ergibt sich die Situation in Abbildung 3.1.

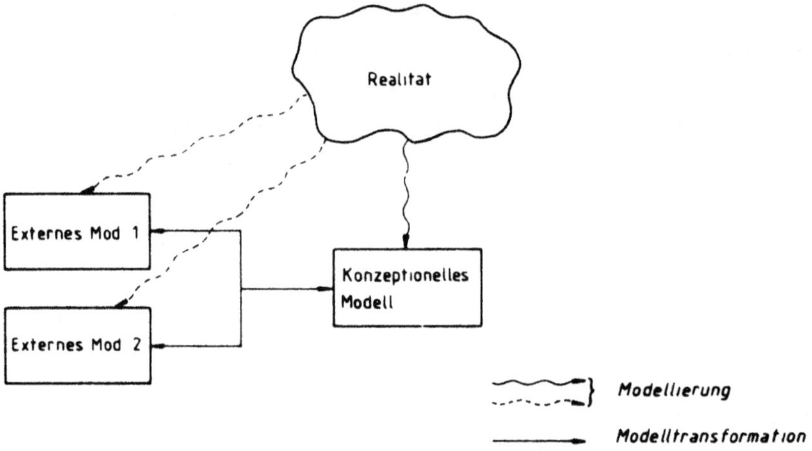

Abb. 3.1 Modellierung: konzeptionelles und externes Modell

Die Reihenfolge dieser Modellierungen ist allerdings nicht festgelegt. Es können zuerst die externen Modelle detailliert festgelegt werden und danach das konzeptionelle Modell als Kompromiß zwischen allen externen Modellen gebildet werden; es kann aber auch das konzeptionelle Modell zuerst erstellt werden und die externen Modelle davon abgeleitet werden.

Man könnte sagen, daß z.B. das zuerst erstellte konzeptionelle Modell den betrachteten Realitätsausschnitt durch eine Standard-Interpretation ergänzt, die selbst Teil der zu modellierenden Realität wird. Dementsprechend beschreiben die später erstellten externen Modelle diese etwas veränderte Realität, sie müssen sich also auch am konzeptionellen Modell orientieren.

Jedenfalls bildet das konzeptionelle Modell den Schwerpunkt der Drei-Schichten-Datenbank. „Es stellt die Beschreibung der Information von Seite des Unternehmens dar, wie sie in der Datenbank modelliert wird. Diese Beschreibung wird informell angerufen, wenn es zwischen Benutzer und Programmierer bezüglich der Bedeutung von Programmspezifikationen einen Disput gibt." (ANSI/SPARC-Bericht [*Tsichritzis/Klug*])

Im Bericht der ANSI/X3/SPARC, der das Drei-Schichten-Modell genauestens analysiert, werden verschiedenen Personen (oder einer Person in verschiedenen Funktionen) die Modellierungsaufgaben übertragen. Der *Unternehmensadministrator* (enterprise administrator) erstellt das konzeptionelle Modell, während der *Anwendungsadministrator* (applications administrator) die externen Modelle entwickelt. Diese Modelle sind rein logische Sichten ohne Bezug auf die maschinenmäßige Realisierung. Unter Hinzunahme von Effizienzüberlegungen, Benutzeranforderungen an die Geschwindigkeit, Hardwarerandbedingungen usf. erstellt nun der *Datenbankadministrator* (data base administrator) das *interne Modell.* Dieses enthält alle für die physische Implementation notwendigen Angaben, wie Speicher- und Zugriffsmethoden, Kodierungen, Hashfunktionen usw.

Zwischen dem konzeptionellen und dem internen Modell sowie zwischen dem konzeptionellen und den externen Modellen werden *Abbildungsvorschriften* angegeben, die die Strukturen der jeweiligen Modelle ineinander transformieren. Diese Situation ist in Abb. 3.2 dargestellt.

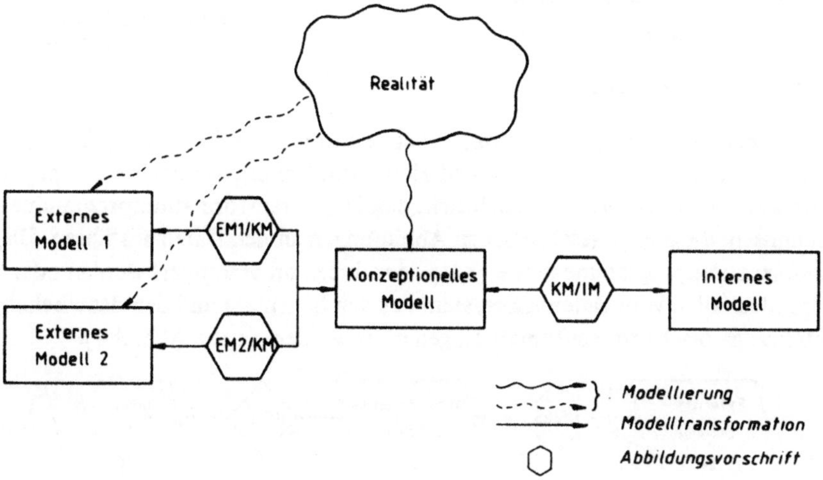

Abb. 3.2 Zusammenhang der Modelle

Die bisher erstellten Modelle sind logischer Natur und weitgehend formalisiert. Sie sind jedoch i.a. nicht direkt maschinell verarbeitbar, sondern sind Beschreibungen, die von einem Benutzer verstanden werden können. Mit Hilfe einer formalen Sprache werden nun die externen, das konzeptionelle und das interne Modell in maschinell verarbeitbare Form übertragen; es entstehen das *konzeptionelle* und das *interne Schema,* sowie die *externen Schemata.* Im Idealzustand unterscheidet sich allerdings ein Schema vom jeweiligen Modell nur wenig – die formale Sprache ist dann dem Beschreibungsformalismus des Modells sehr ähnlich. Die Abbildungsvorschriften zwischen den Modellen werden gleichzeitig in formalisierte Abbildungsvorschriften zwischen den Schemata übertragen.

Diese Zusammenhänge sind in Abb. 3.3 dargestellt, wobei aus Einfachheitsgründen nur noch ein externes Modell angenommen wird.

Die so erzeugten Schemata werden dem Datenbanksystem zur Verfügung gestellt; an Hand des internen Schemas werden die internen Datenstrukturen aufgebaut. Nun kann daran gegangen werden, die Aufnahme von Daten in die Datenbank vorzubereiten.

Gemäß den obigen logischen Überlegungen wird angenommen, daß die Daten von einem Benutzer in der Form angeliefert werden, die von seinem externen Modell (bzw. Schema) beschrieben wird. An Hand der gegebenen Abbildungsvorschriften können sie in

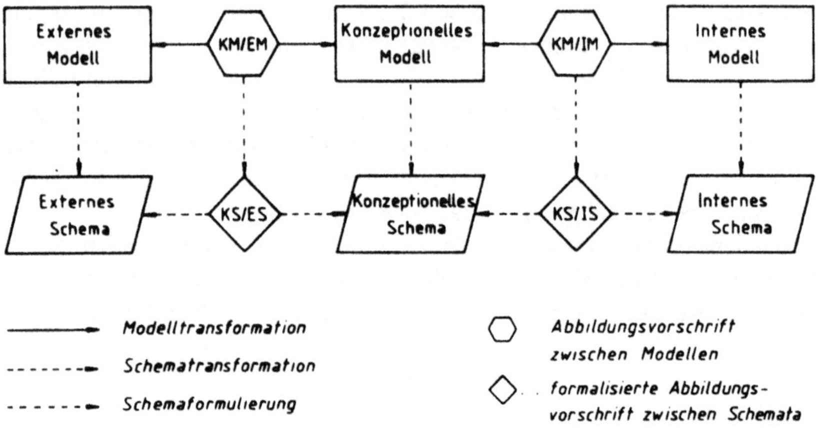

Abb. 3.3 Modelle und Schemata

eine dem konzeptionellen Schema entsprechende Form gebracht werden, dann in eine Form, wie sie vom internen Schema spezifiziert wird. Danach können sie erst physisch gespeichert werden. Daraus ist also ersichtlich, daß Datentransformationsprogramme erstellt werden müssen, die die vorgeschriebenen Abbildungen an den Daten ausführen. Diese Datentransformationsprogramme müssen entweder direkt programmiert werden oder können – im Idealfall – vom Datenbanksystem aus den Schemata und den dazwischen gültigen Abbildungsvorschriften automatisch generiert werden (siehe Abb. 3.4).

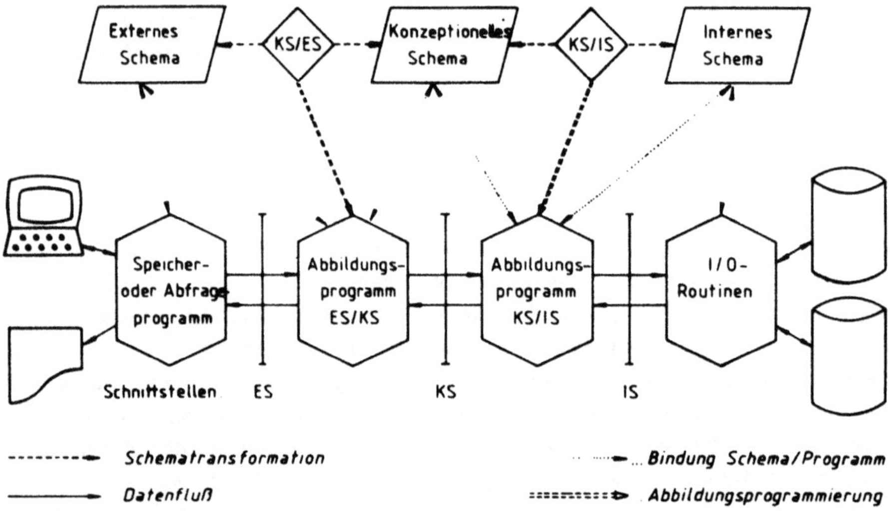

Abb. 3.4 Realisierung der Datenbank

In der selben Weise wie beim obenbeschriebenen Vorgang der Speicherung von Daten werden auch Abfragen an die Datenbank behandelt: die Abfrage, die gemäß den Strukturen des externen Schemas spezifiziert ist, wird in eine Abfrage gemäß dem konzeptionellen Schema transformiert, diese wieder in eine, die die Strukturen des internen Schemas verwendet. Letztere wird mit physischen Lesebefehlen usw. realisiert; die erhaltene Antwort wird durch Umkehrung der Transformationen dann stufenweise in jene Form transformiert, die der Benutzer erwartet.

Die erwähnten Transformationsprogramme müssen natürlich die Struktur der jeweils relevanten Schemata berücksichtigen, was in Abb. 3.4 durch die gepunkteten Pfeile angedeutet wird. Diese sogenannte *Bindung* der Schemata zu den Programmen kann zu verschiedenen Zeitpunkten erfolgen:

a) Bei einer frühen Bindung, etwa zur Übersetzungszeit der Programme, entstehen eigenständige Programme, die die Transformationen direkt ausführen. Falls allerdings die Schemata geändert werden, müssen auch die Transformationsprogramme neu übersetzt werden.

b) bei einer späten Bindung, etwa zur Ausführungszeit, kann man innerhalb des Datenbankverwaltungssystems allgemeine Transformationsprogramme einsetzen, die zu den Schemaspezifikationen zugreifen und sie interpretieren. Durch diese dynamische Bindung gewinnt man eine logische Datenunabhängigkeit auch bei diesen Programmen – bei Änderung der Schemata ist i.a. keine Programmänderung oder Neuübersetzung notwendig –, verliert aber dafür den Vorteil der rascheren Ausführung.

Bei sehr früher Bindung der Schemata zu den Programmen kann man eventuell auch ein einziges Transformationsprogramm vom externen direkt in das interne Schema generieren. Dieses Programm ist meist viel schneller als eine zweistufige Transformation. Als Einschränkung gilt allerdings dabei, daß die Transformation stets gedanklich in zwei Schritte zerlegbar sein muß [*Tsichritzis/Klug*].

Bei vielen laufenden Systemen sind alle externen Modelle und das konzeptionelle Modell mit Hilfe des gleichen Datenmodells formuliert. Die externen Modelle unterscheiden sich dann vom konzeptionellen Modell meist durch Teilmengenbildung, Aggregationen und Operationen innerhalb des Datenmodells (Verbunde, Selektionen, usw.).

Zumindest in logischer Hinsicht ist aber die Drei-Schichten-Datenbank nicht auf ein einziges Datenmodell beschränkt; die externen Modelle und das konzeptionelle Modell könnten durchaus von verschiedenen Typen sein, solange nur die gegenseitige Abbildbarkeit gewahrt bleibt.

Spezifische Benutzergruppen können es vorziehen, ihren betrachteten Realitätsausschnitt in einer *speziellen Modellvorstellung* (preferred mental model) zu sehen. Ist es ihnen erlaubt, dieses Modell als ihr externes Modell zu verwenden, so trägt das dazu bei, daß sie den bestmöglichen Nutzen aus der Datenbank ziehen. "A mental model has a close analogy with religion, which is hopefully selected in freedom." [*Nijssen,* 1976]

Solche Modellvorstellungen könnten etwa sein:

- Tabellen (Relationen) und deren Manipulation über Relationenalgebra- oder -kalkülsprachen
- gerichtete Graphen und deren Manipulation durch Programmiersprachen, die durch Datenmanipulationsbefehle erweitert wurden
- Datenmodelle, die der Denkweise des täglichen Lebens näher kommen, und deren Manipulation über Sprachen, die den natürlichen Sprachen ähnlich sind.

Selbst bei gleicher Modellvorstellung können verschiedene Datenmanipulationssprachen eingesetzt werden.

Diese Vorstellungen nennt Nijssen das „*Koexistenzmodell*". Es sollte aber erwähnt werden, daß die gleichzeitige Verwendung mehrerer Datenmodelle im ANSI/X3/SPARC-Bericht ebenfalls als Möglichkeit vorgesehen wird.

In einem solchen Fall wäre es denkbar, in die Modellstruktur der Datenbank eine vierte Abstraktionsebene einzuführen, indem alle externen Modelle, die mit Hilfe desselben Datenmodells formuliert wurden, zuerst auf ein externes *„Zwischenmodell"* abgebildet werden und erst dieses auf das konzeptionelle Modell (Abb. 3.5).

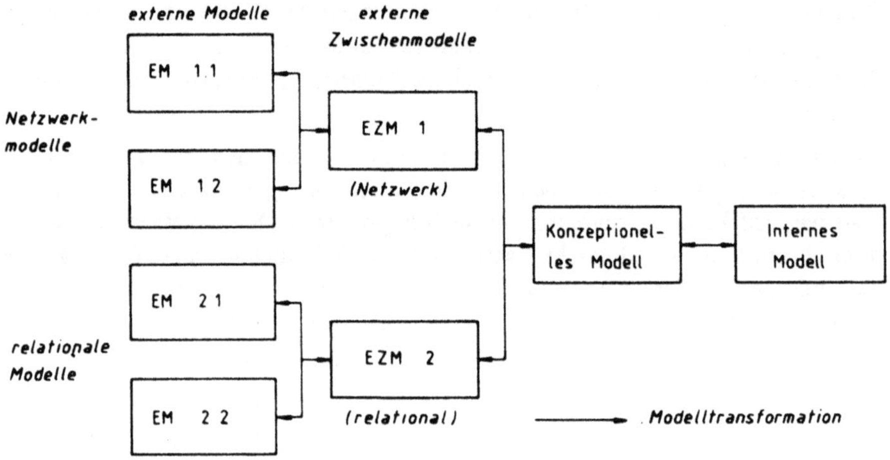

Abb. 3.5 Vierstufige Modellstruktur bei verschiedenartigen externen Modellen

4. Die klassischen Datenmodelle

Zur Formulierung des konzeptionellen Modells bzw. der externen Modelle in Datenbanksystemen haben sich in der Praxis bestimmte Datenmodelle durchgesetzt. Es handelt sich hierbei in erster Linie um das *hierarchische Datenmodell,* um das *Netzwerkmodell* sowie in letzter Zeit um das *Relationenmodell.* In diesem Kapitel sollen diese drei „klassischen" Datenmodelle einander gegenübergestellt werden.

Aus strukturellen Gründen werden dabei das hierarchische und das Netzwerkmodell als *„einfache graphenorientierte Modelle"* gemeinsam behandelt. Es wird dabei allerdings nur ein kurzer Überblick gegeben, da der Schwerpunkt dieses Buches auf den neueren Entwicklungen in der Datenmodellierung liegen soll. Für eine genauere Einführung sei etwa auf die Bücher von *Date* [1977] oder von *Schlageter/Stucky* [1977] verwiesen.

Das von *Codd* [1970] vorgestellte Relationenmodell wird in diesem Kapitel überblickmäßig beschrieben; eine formale Beschreibung folgt im Teil II.

Die durch die Einführung des Relationenmodells angestoßene Diskussion um weitere Formalisierung des Datenmodellierungsprozesses führte in der Folge zur Entwicklung vieler weiterführender Datenmodelle. Einige wichtige Vertreter dieser Datenmodelle werden in den Kapiteln 8 und 12 behandelt.

4.1 Gemeinsame Eigenschaften der klassischen Datenmodelle

Wie im Kapitel 3 beschrieben, gelangt man durch einen im wesentlichen nichtformalisierten Entwurfsprozeß von der Realität zum konzeptionellen Modell. Dabei wird in den klassischen Datenmodellen davon ausgegangen, daß die Realität aus diskreten *Objekten* (entities), ihren *Eigenschaften* und *Beziehungen* zwischen den Objekten besteht.

Durch Klassifikation der betrachteten Objekte werden *Objekttypen* gebildet. Zu jedem Objekttyp wird festgestellt, welche Eigenschaften (*Attribute*) die Objekte dieses Typs haben. Da es notwendig ist, auch innerhalb der Datenbank die Objekte identifizieren zu können, wird zu jedem Objekttyp (mindestens) eine Menge von Attributen angegeben, deren Werte genügen, um ein Objekt eindeutig zu kennzeichnen. Diese Menge wird *Schlüssel* oder identifizierende Attributmenge genannt.

Weiters werden die Beziehungen zwischen den Objekten untereinander und den Objekten und ihren Attributwerten untersucht. Durch einen analogen Klassifikationsvorgang wie bei den Objekten werden Beziehungen zwischen Objekten (*Assoziationen*) zu *Assoziationstypen* zusammengefaßt. Der Beziehungstyp, der die Verbindung zwischen einem Objekttyp und dessen Attributen beschreibt, wird nicht explizit mit einem Namen versehen, sondern durch eine eigene Darstellungsweise angegeben, da er semantisch eine andere Funktion erfüllt.

Da dieser Entwurfsprozeß auf einer eher intuitiven Ebene abläuft, ist das Ergebnis der Analyse keineswegs eindeutig. Insbesondere ist die Grenze zwischen den Elementen der Realität, die als Objekte betrachtet werden, und denjenigen, die Attributwertscharakter

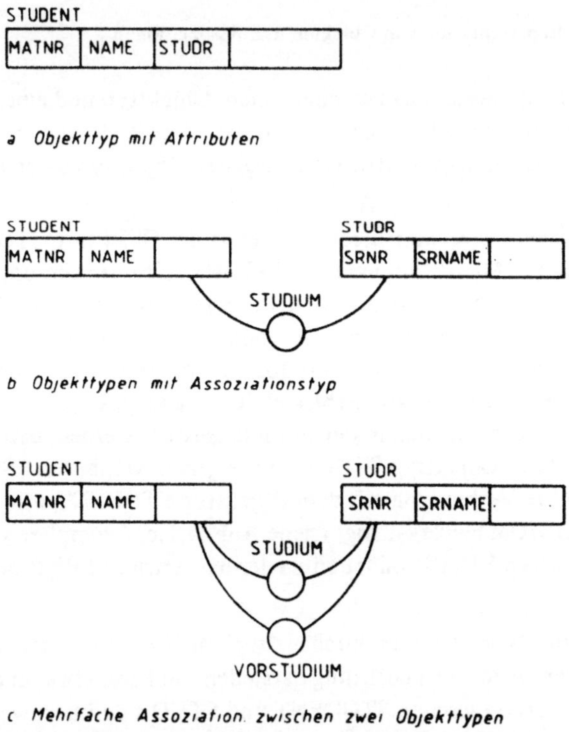

Abb. 4.1 Graphische Repräsentation von Objekttypen und Assoziationstypen

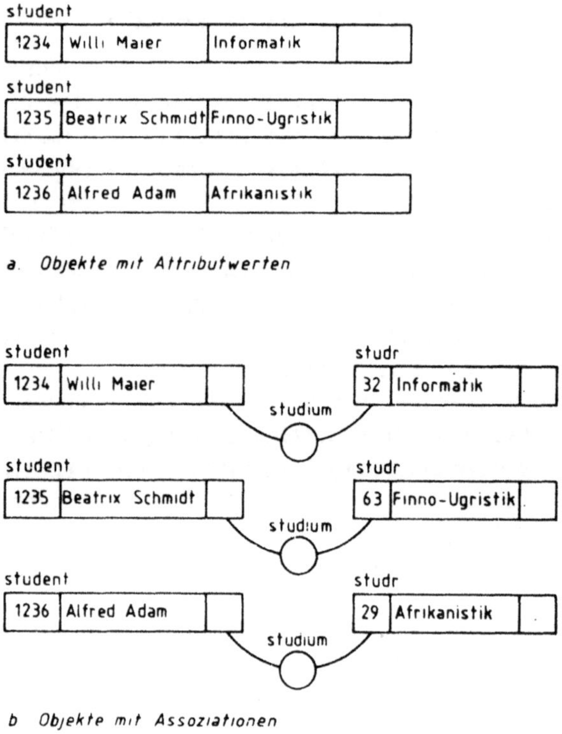

Abb. 4.2 Graphische Repräsentation von Objekten und Assoziationen

haben, oft fließend. Die Beziehung zwischen einem Objekttyp und einem seiner Attribute kann auch als Beziehung zwischen zwei Objekttypen dargestellt werden, soferne man (in einer anderen Interpretation) das Attribut als eigenen Objekttyp darstellt.

Beispiel:
Im Beispiel aus dem Universitätsbereich hat etwa der Objekttyp STUDENT unter anderen die Attribute „Matrikelnummer“ (MATNR), „Studienrichtung“ (STUDR), und NAME. Dies kann graphisch wie in Abb 4.1a dargestellt werden. In Abb. 4.2.a sind einige „Exemplare“ dieses Objekttyps, also konkrete Objekte mit ihren Attributwerten, dargestellt. Zur Identifikation eines Einzelobjekts dient die eindeutige Matrikelnummer, das Attribut MATNR ist also Schlüssel des Objekttyps.
Die gleiche Situation kann auch in der Form dargestellt werden, daß man die Studienrichtung ebenfalls als Objekttyp STUDR (mit eigenen Attributen SRNR, SRNAME, usw.) vorsieht. Ihre Verbindung mit dem Objekttyp STUDENT wird durch einen Assoziationstyp STUDIUM bewerkstelligt (siehe Abb. 4.1.b, Exemplare siehe 4.2.b). Schlüssel für den Objekttyp STUDR bildet entweder das Attribut SRNR oder das Attribut SRNAME.

Zwischen zwei Objekttypen kann es durchaus auch mehrere Assoziationstypen geben, die Beziehungen mit verschiedener Bedeutung darstellen. So kann etwa im obigen Beispiel ein weiterer Assoziationstyp zwischen STUDENT und STUDR definiert werden, der nicht das laufende, sondern ein früheres Studium darstellt (Abb. 4.1.c).

Im allgemeinen ist die Anzahl der an einem Assoziationstyp teilnehmenden Objekttypen nicht beschränkt. Von besonderer Wichtigkeit sind aber *binäre Assoziationstypen,* an denen genau zwei Objekttypen teilnehmen.

Meist wird davon ausgegangen, daß ein Objekttyp eine fixe Anzahl von Attributen mit voneinander verschiedenen Namen besitzt. Fälle, in denen ein reales Objekt durch mehrere Werte zu einem Attribut charakterisiert werden soll, können durch Assoziationen ebenfalls beschrieben werden. Dabei wird das „wiederholende Charakteristikum" als eigener Objekttyp aufgefaßt und die Zuordnung mehrerer Objekte dieses Typs zu einem Objekt des zu beschreibenden Typs durch mehrere Exemplare eines Assoziationstyps dargestellt. Dies ist vor allem dann notwendig, wenn die Anzahl der Wiederholungen im vorhinein nicht bestimmt ist.

Beispiel:
Die Tatsache, daß ein Student mehrere Studien gleichzeitig betreiben kann, führt zu einer Struktur wie in Abb. 4.3. Ist allerdings eine maximale Studienanzahl vorgegeben, so kann auch für jedes Studium ein eigenes Attribut vergeben werden (siehe Abb. 4.4).

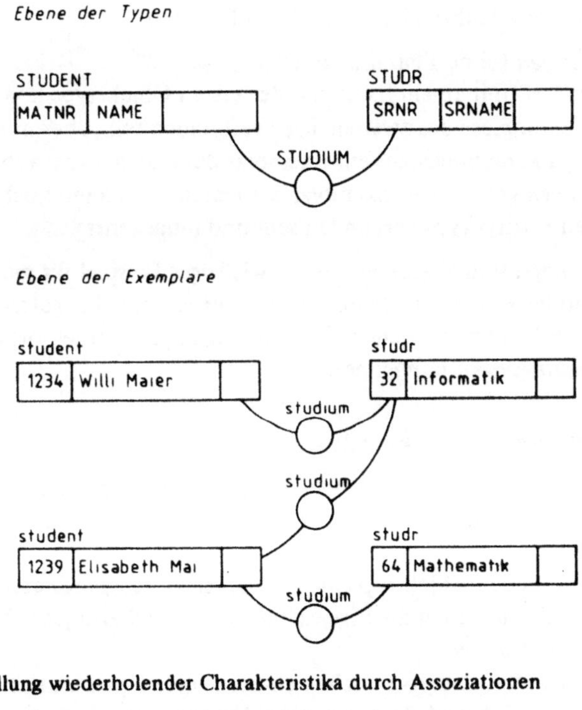

Abb. 4.3 Darstellung wiederholender Charakteristika durch Assoziationen

Attribute dürfen in sich nicht weiter strukturiert sein, sie werden als atomar betrachtet. Dies gilt damit auch für die Attributwerte. Eine Strukturierungsmöglichkeit ist nur über die Assoziationen gegeben. Jeder Bestandteil der Realität, dem Charakteristika (Eigenschaften) zugeordnet werden, muß daher als Objekt dargestellt werden.

Im allgemeinen sind den Exemplaren eines Assoziationstyps insofern keine Beschränkungen auferlegt, als jedes Objekt eines teilnehmenden Objekttyps an beliebig vielen Exemplaren des Assoziationstyps teilnehmen darf. Es können aber auch Einschränkungen

Ebene der Typen

STUDENT

MATNR	NAME	STUDR1	STUDR2	STUDR3	. . .

Ebene der Exemplare

student

1234	Willi Maier	Informatik	-	-	...

student

1239	Elisabeth Mai	Informatik	Mathematik	-	...

Abb. 4.4 Darstellung wiederholender Attribute durch Unterscheidung im Attributnamen

bezüglich der Anzahl angegeben werden. Im Falle binärer Assoziationstypen unterscheidet man entsprechend der erlaubten Höchstzahl von Partnern:

m:n-Assoziationstypen (ohne Einschränkung);
1:n-Assoziationstypen (mit einem Exemplar des ersten Objekttyps können beliebig viele – auch null – Exemplare des zweiten Typs verbunden sein, aber mit einem Exemplar des zweiten Typs kann höchstens ein Exemplar des ersten Typs verbunden sein);
1:1-Assoziationstypen (mit einem Exemplar des ersten Typs kann höchstens ein Exemplar des zweiten Entity-Typs verbunden sein und umgekehrt).

Diese Einschränkungen sind allerdings nur ein wichtiges Beispiel für mögliche Bedingungen, die bei der Modellierung angegeben werden müssen, um eine getreue Abbildung der Realität in die Datenbank zu erreichen. Diese Bedingungen werden oft auch als *Integritäts-* oder *Konsistenzbedingungen* bezeichnet.

4.2 Einfache graphenorientierte Modelle

Ein einfaches graphenorientiertes Modell enthält eine Menge von Objekttypen und eine Menge von (binären) 1:*n*-Assoziationstypen. Zu jedem Objekttyp ist eine fixe Anzahl von Attributen gegeben.

Man bestimmt für jeden Objekttyp eine Teilmenge der zugeordneten Attribute als Schlüssel. Diese Attribute haben die Eigenschaft, daß ihre Werte jedes Exemplar des Objekttyps eindeutig bestimmen.

Bei einem 1:n-Assoziationstyp zwischen einem Objekttyp A und einem Objekttyp B sind die Funktionen von A und B zu unterscheiden (zu jedem B-Exemplar gibt es höchstens ein A-Exemplar); A nennt man den *übergeordneten Objekttyp* in der Assoziation.

Ein übergeordnetes Objekt kann somit mit beliebig vielen untergeordneten Objekten verbunden sein. Die Objekttypen A und B müssen außerdem verschieden sein.

Ein Assoziationstyp wird durch einen Graphen dargestellt, der aus je einem Knoten für den über- und den untergeordneten Objekttyp und einer gerichteten Kante vom über- zum untergeordneten Typ besteht. Die Kante wird mit dem Namen des Assoziationstyps bezeichnet (siehe Abb. 4.5).

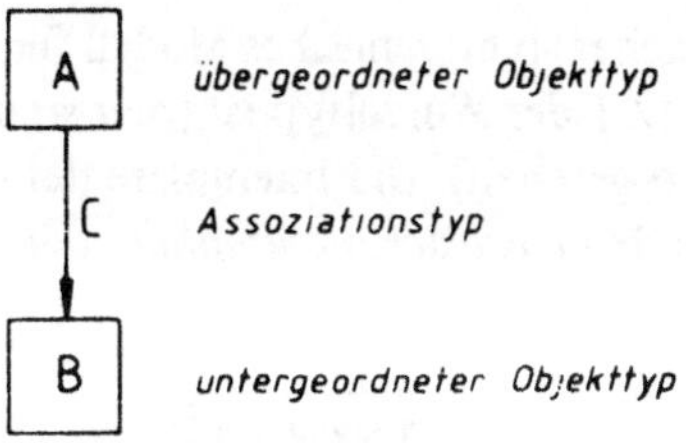

Abb. 4.5 Darstellung eines Assoziationstyps im einfachen graphenorientierten Modell

Der Assoziationstyp STUDIUM des Beispiels im vorigen Abschnitt ist in Abb. 4.6 dargestellt. Dabei gilt allerdings die Einschränkung, daß jeder Student nur eine einzige Studienrichtung studieren darf. Vier Exemplare der Assoziation sind in Abb. 4.6.b aufgezeichnet.

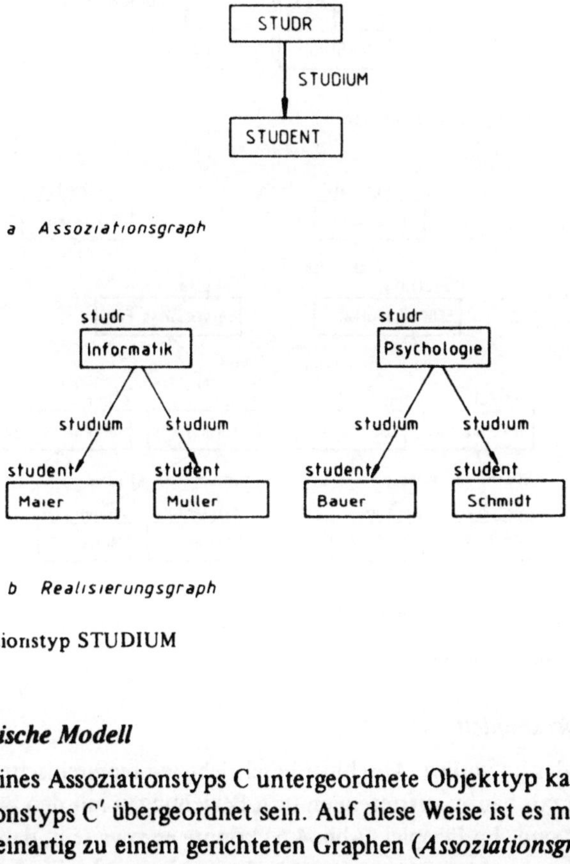

Abb. 4.6 Assoziationstyp STUDIUM

4.2.1 *Das hierarchische Modell*

Der bezüglich eines Assoziationstyps C untergeordnete Objekttyp kann bezüglich eines anderen Assoziationstyps C′ übergeordnet sein. Auf diese Weise ist es möglich, die Assoziationstypen bausteinartig zu einem gerichteten Graphen (*Assoziationsgraphen*) zusammenzusetzen. Verbietet man in diesem Graphen Zyklen und fordert man, daß jeder Objekttyp höchstens einen übergeordneten Objekttyp („Vorgänger“) haben darf, so erhält man ein sogenanntes *hierarchisches Modell.* Dabei gibt es einen oder mehrere Objekttypen ohne Vorgänger, die Wurzeltypen genannt werden; jeder andere Objekttyp im Modell hat genau einen Vorgänger. Der Assoziationsgraph besteht dann aus einem oder mehreren gerichteten Bäumen.

Abb. 4.7a stellt ein (einfaches) hierarchisches Modell für eine Universitätsorganisation dar, bei dem UNIVERSITÄT der Wurzeltyp ist (hier sind auch mehrere Universitäten an einem Hochschulort vorgesehen). Die Exemplare der definierten Objekttypen und Assoziationstypen bilden den *Realisierungsgraphen,* der in Abb. 4.7.b teilweise dargestellt ist.

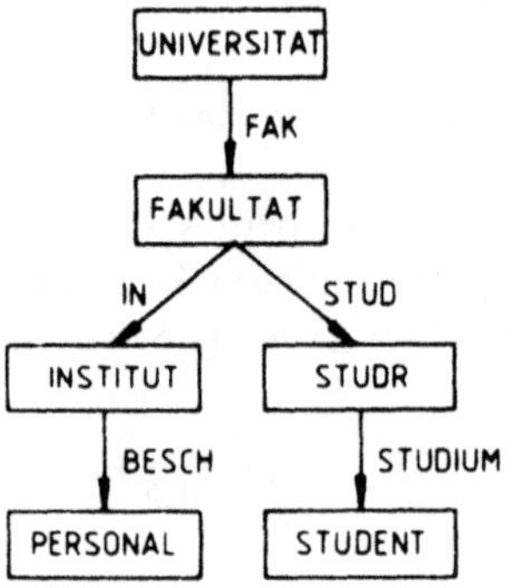

a Assoziationsgraph

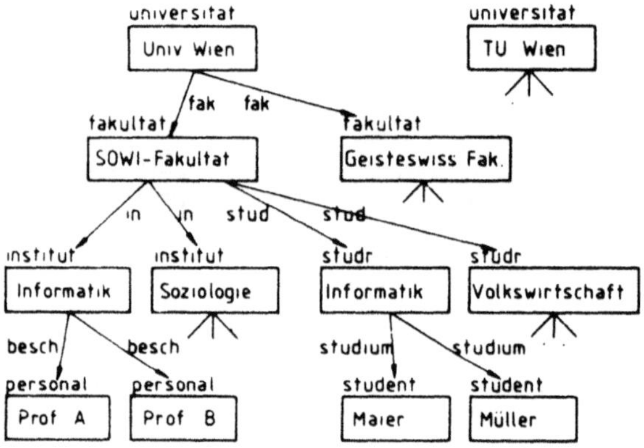

b Realisierungsgraph

Abb. 4.7 Hierarchisches Modell

4.2.2 Das Netzwerkmodell

Ein Nachteil des im vorigen Abschnitt beschriebenen hierarchischen Datenmodells ist, daß die in der Praxis häufig auftretenden m:n-Beziehungen mit den bisherigen Mitteln nicht darstellbar sind. Im Beispiel (Abb. 4.6) könnte es etwa sein, daß jede Studienrichtung von mehreren Studenten studiert wird, aber auch manche Studenten mehrere Studienrichtungen gleichzeitig studieren.

Um eine solche Beziehung zu berücksichtigen, erlaubt man, daß ein Objekttyp auch in mehreren Assoziationstypen untergeordneter Partner sein darf. Ein solcher Objekttyp wird *Verkettungstyp* (link type, connection type) genannt, unterscheidet sich aber außer in der erwähnten Hinsicht nicht von anderen Objekttypen.

Beispiel:
Es wird im Beispiel (Abb. 4.6) ein Verkettungstyp STUDIUM eingeführt. Der entstehende Assoziationsgraph ist in Abb. 4.8.a dargestellt, ein Realisierungsgraph in Abb. 4.8.b.

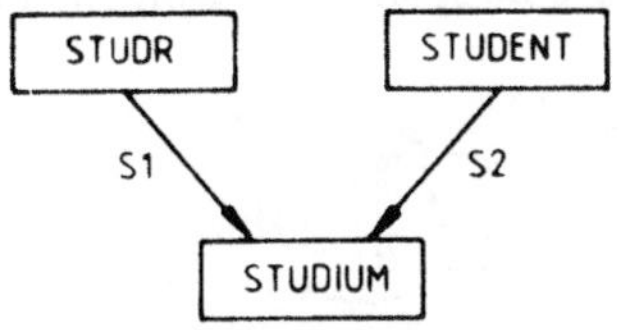

a Assoziationsgraph

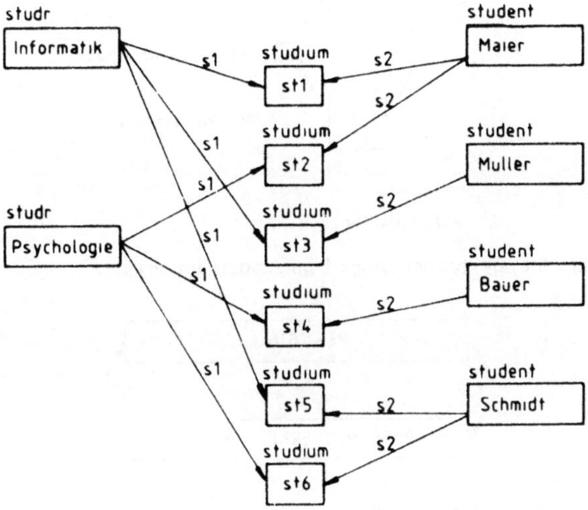

b Realisierungsgraph

Abb. 4.8 Verkettungstyp STUDIUM

Eine zusätzliche Erweiterung wird durch *rekursive Beziehungen* erforderlich gemacht, d.s. Beziehungen, in denen ein Objekttyp sich selbst (evtl. über Zwischenstufen) übergeordnet ist.

Ein Beispiel wäre etwa eine Personalhierarchie (mit Vorgesetzten und Untergebenen, wobei beide aus dem Objekttyp PERSONAL stammen). Eine konkrete Situation ist in Abb. 4.9 schematisch dargestellt.

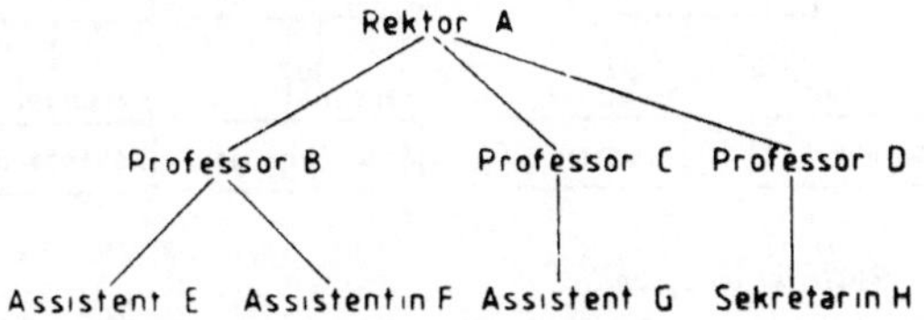

Abb. 4.9 Schematische Darstellung einer Personalhierarchie

Diese Erweiterung wird dadurch bewerkstelligt, daß Zyklen im Assoziationsgraphen erlaubt werden. Um aber die Regel, daß in einer Assoziation übergeordneter und untergeordneter Objekttyp nicht übereinstimmen dürfen, nicht zu verletzen, spaltet man Zyklen der Länge 1 (Abb. 4.10.a) durch Einführung eines zusätzlichen Verkettungstyps auf (Abb. 4.10.b). In Abb. 4.11 sind für das Beispiel der Personalhierarchie Assoziations- und Realisierungsgraph angegeben.

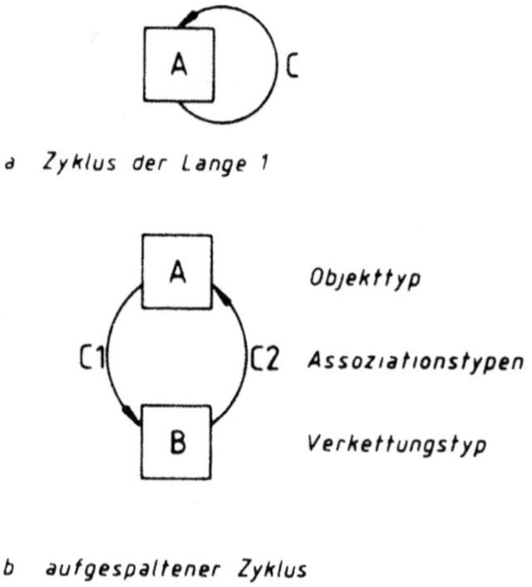

Abb. 4.10 Aufspaltung eines Zyklus der Länge 1 im Assoziationsgraphen

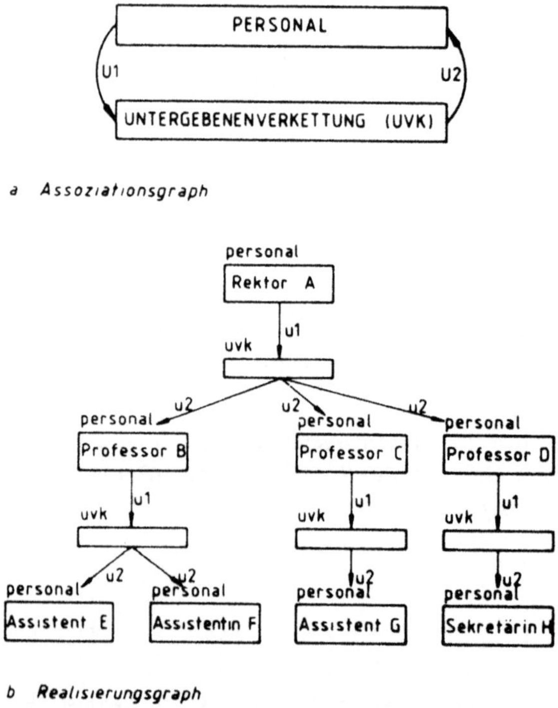

Abb. 4.11 Personalhierarchie im Netzwerkmodell

Wesentlich ist hierbei aber, daß in der Realisierung ein Exemplar eines Objekttyps weder direkt noch indirekt sich selbst übergeordnet sein darf. Zyklen sind nur im Assoziationsgraphen erlaubt.

Das einfache graphenorientierte Modell mit diesen Erweiterungen heißt *Netzwerkmodell.*

4.2.3 Navigation im einfachen graphenorientierten Modell

In einer Datenbank wird der Zugriff zu einzelnen Datenelementen mit Hilfe von *Datenmanipulationssprachen* bewerkstelligt. Die Datenmanipulationssprache erlaubt die Formulierung eines logischen Zugriffs auf der Ebene des Datenmodells, der dann vom Datenbankverwaltungssystem in die erforderlichen physischen Zugriffsvorgänge übersetzt wird.

Der logische Zugriff zu Datenelementen kann entweder durch *Navigation* oder durch *Spezifikation* erfolgen. Während sich vor allem das Relationenmodell (siehe Abschnitt 4.3) für den Zugriff durch Spezifikation eignet, steht im einfachen graphenorientierten Modell auf Grund seiner Struktur der Zugriff durch Navigation im Vordergrund.

Das Charakteristikum des Zugriffs durch Navigation ist es, daß ausgehend von einem Startobjekt in der Struktur (Knoten des Realisierungsgraphen) der Weg über bestimmte Zwischenobjekte bis zum Zielobjekt festgelegt wird. Bei jedem erreichten Objekt ist jeweils zu entscheiden, ob es bereits das gesuchte Zielobjekt ist oder ob weiter navigiert werden soll. Der Benützer einer Datenbank muß bei der Formulierung einer Abfrage mittels einer Navigationssprache die möglichen Wege (*logische Zugriffspfade*) zwischen den Objekten genau kennen, um von dem jeweils erreichten Objekt zu einem weiteren zu gelangen.

Die zum Auffinden einer gesuchten Information notwendigen Navigationsschritte können also nur formuliert werden, wenn der Aufbau des Assoziationsgraphen bekannt ist. Es müssen außerdem im Assoziationsgraphen Einstiegspunkte vordefiniert sein, an denen die Navigation beginnen kann. Diese Einstiegspunke müssen so positioniert sein, daß jedes beliebige Datenelement entlang der logischen Zugriffspfade von mindestens einem Einstiegspunkt aus erreichbar ist.

Bei der Navigation im einfachen graphenorientierten Modell werden i.a. folgende Zugriffspfade definiert, die in Abb. 4.12 veranschaulicht werden:

a) von einem übergeordneten Objekt x kann man bezüglich eines Assoziationstyps zu einem bestimmten („ersten") Objekt y_1 des entsprechenden untergeordneten Typs übergehen (z.B. vom Objekt a1 des Typs TYPA bezüglich Assoziationstyp ASS1 zu Objekt b1 des Typs TYPB oder bezüglich Assoziationstyp ASS2 zu Objekt c1 des Typs TYPC).

b) von einem Objekt y_i eines untergeordneten Typs kann man zum „nächsten" Objekt y_{i+1} desselben Typs übergehen, dem dasselbe Objekt x übergeordnet ist (z.B. vom Objekt d4 zu d5 und von d5 zu d6), falls ein solches Objekt vorhanden ist.

c) von jedem Objekt y_i eines untergeordneten Typs kann man zum entsprechenden übergeordneten Objekt x zurückgehen (z.B. von b4 oder von b5 nach a2).

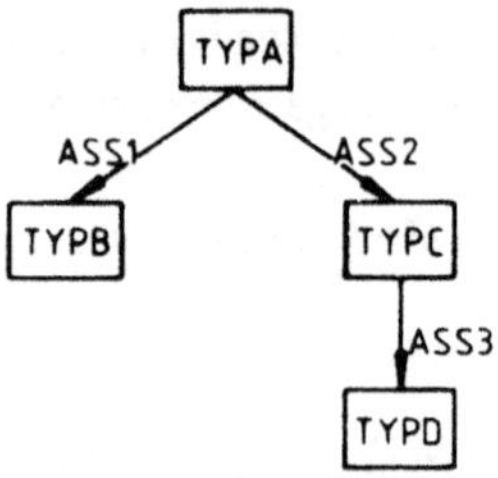

a Assoziationsgraph

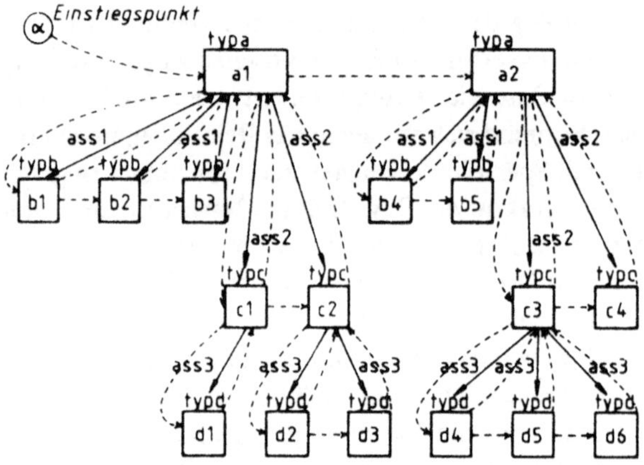

b Realisierungsgraph (Zugriffspfade strichliert)

Abb. 4.12 Zugriffspfade in einem einfachen graphenorientierten Modell

4.2.4 Standardisierung des einfachen graphenorientierten Modells durch die CODASYL-DBTG

Das Netzwerkmodell ist zur Zeit in den Datenbankimplementationen am stärksten verbreitet. Dies hat dazu geführt, daß eine Standardisierung notwendig wurde, die bereits 1971 von der Data Base Task Group (DBTG) der Conference on Data System Languages (CODASYL) durchgeführt wurde [CODASYL/DBTG] und später weiterentwickelt und an den neuesten Stand angepaßt wurde [CODASYL/DBLTG], [CODASYL/DDLC].

Die DBTG verwendet folgende Bezeichnungen für die in den vorhergehenden eingeführten Begriffe:

Begriff	DBTG-Bezeichnung
Objekttyp	record type
Objekt	record (occurrence)
Attribut	data item
Assoziationstyp	DBTG set type
Assoziation	set (occurrence)
übergeordnetes Objekt	owner
untergeordnetes Objekt	member
Assoziationsgraph	network

Der DBTG-Vorschlag bettet die Definition der externen und internen Schemata in die Programmiersprache COBOL ein. Die Grenzen zwischen beiden sind nicht stark gezogen, insbesondere wird auch die physische Datenstruktur bei der Schemadefinition festgelegt. Dies ermöglicht zwar eine sehr effiziente Implementation in COBOL, es wird aber dadurch über die im vorigen Abschnitt beschriebene logische Zugriffspfadabhängigkeit hinaus eine physische Datenabhängigkeit in Kauf genommen.

4.3 Das Relationenmodell

Um verschiedene Probleme zu vermeiden, die bei der Verwendung der herkömmlichen Modelle (Netzwerke, hierarchische Modelle) auftreten, wurde 1970 von Codd das *Relationenmodell* vorgeschlagen [*Codd*, 1970]. Auf diesem Gebiet hat in den letzten Jahren eine intensive Entwicklung stattgefunden. Ein Hauptanliegen des Relationenmodells ist es, ein größeres Maß an logischer Datenunabhängigkeit zu gewährleisten.

4.3.1 Relationenschemata und Relationen

Im Relationenmodell sieht der Benutzer die Daten in Tabellenform. Jedem Objekttyp wird eine *Tabelle* zugeordnet, deren Spalten den einzelnen Attributen entsprechen. Die Spalten sind eindeutig durch (Attribut-)Namen bezeichnet (ihre Reihenfolge ist unwesentlich) und die Tabelle erhält einen eindeutigen Namen. Dieses Tabellengerüst wird *Relationenschema* genannt.

Die Daten der einzelnen Objektexemplare bilden die Zeilen der Tabelle. Die Zeilen werden oft *Tupeln* genannt, ihre Reihenfolge ist unwesentlich. Die Tabelle wird als Menge von Tupeln (Zeilen) angesehen; es dürfen daher keine zwei gleichen Zeilen vorkommen.

Es wird für jeden Objekttyp eine Teilmenge der Attribute bestimmt, deren Werte zusammen ein Objekt eindeutig identifizieren. Diese Attributmenge wird Schlüssel genannt; die Werte der entsprechenden Spalten der Tabelle unterscheiden die Zeilen eindeutig. Um dies zu gewährleisten, muß gefordert werden, daß alle Werte der Schlüsselattribute bekannt sein müssen, während i.a. Attributwerte auch fehlen dürfen (z.B. wenn der entsprechende Wert nicht bekannt ist).

Der Name „Relationenmodell" leitet sich davon ab, daß die Beschreibungen der Tabelleninhalte in Anlehnung an den mathematischen Begriff der Relation formuliert werden können. Die Einfachheit der formalen Beschreibung ist auch ein großer Vorteil des Modells.

Beispiel:
Relationenschema: (Unterstrichene Attributnamen bilden den Schlüssel)
Name des Relationenschemas: STUDENT_1
Attribute: Matrikelnummer, Name, Studienrichtung, Adresse
Attributnamen: MATNR, NAME, STUDR, ADRESSE

STUDENT_1

<u>MATNR</u>	NAME	STUDR	ADRESSE

Relation (Realisierung):

STUDENT_1

MATNR	NAME	STUDR	ADRESSE
123	Maier	Informatik	Berggasse 19
125	Schmidt	Physik	Grabenweg 4
127	Bauer	Informatik	Hochstraße 2

In diesem Beispiel entspricht jede Zeile der Relation einem Objekt vom Typ „STUDENT" mit vier Attributen. Die Matrikelnummer (MATNR) ist der Schlüssel, jedem Studenten ist also eine eindeutige Matrikelnummer zugeordnet. Hier wird die Studienrichtung (STUDR) als Attribut des Objekttyps STUDENT betrachtet.
Führt man einen eigenen Objekttyp STUDIENRICHTUNG ein, so kann man Studenten, Studienrichtungen und auch die Assoziationen zwischen den beiden folgendermassen darstellen.

STUDENT_2

MATNR	NAME	ADRESSE
123	Maier	Berggasse 19
124	Müller	Lange Gasse 9
125	Schmidt	Grabenweg 4
127	Bauer	Hochstraße 2
128	Lang	Brückenweg 23

STUDIENR_2

STUDR	SRNR
Informatik	88
Physik	81
Psychologie	79

STUDIUM_2

MATNR	SRNR	ANFANGSDATUM
123	88	1979.10.01.
124	81	1979.03.01.
123	79	1975.10.01.
125	79	1980.03.01.
128	88	1979.10.01.
128	81	1979.10.01.
127	88	1967.10.01.

Die Zeilen in der Tabelle STUDIUM_2 entsprechen eigentlich Exemplaren eines Assoziationstyps zwischen Student und Studienrichtung, die man aber im Relationmodell als Objekte eines neuen Typs (z.B. „studiertes Studium") auffassen kann. Man bemerke, daß hier die Darstellung einer m:n-Assoziation ohne weitere Hilfsmittel möglich ist.

Sollte aber die Beziehung zwischen Studienrichtung und Student vom Typ 1:n sein, so könnte man das dadurch ausdrücken, daß der Schlüssel der Relation STUDIUM_2 nur aus der Matrikelnummer bestünde, etwa

STUDIUM_3

MATNR	SRNR	ANFANGSDATUM
123	88	1979.10.01.
124	81	1979.03.01.
125	79	1980.03.01.
128	88	1979.10.01.
127	88	1967.10.01.

Hier entspricht jede Zeile wieder einem Objekt vom Typ STUDENT, und man kann (falls gewünscht) die Relationen STUDENT_2 und STUDIUM_3 zusammenfassen:

STUDENT_3

MATNR	NAME	ADRESSE	SRNR	ANFANGSDATUM
123	Maier	Berggasse 19	88	1979.10.01.
124	Müller	Lange Gasse 9	81	1979.03.01.
125	Schmidt	Grabenweg 4	79	1980.03.01.
127	Bauer	Hochstraße 2	88	1967.10.01.
128	Lang	Brückenweg 23	88	1979.10.01.

Hieraus ist ersichtlich, daß es keinen Unterschied in der Beschreibung von Objekten und Assoziationen gibt, die Zusammengehörigkeit von Werten wird nur durch das Nebeneinanderauftreten in einer Zeile einer Tabelle ausgedrückt.

Prinzipiell könnte man die im Beispiel STUDENT_2, STUDIENR_2 und STUDIUM_2 genannten Tabellen zu einer einzigen großen Tabelle verbinden:

STUDIENDATEN_4

MATNR	NAME	ADRESSE	SRNR	STUDR	ANFANGSDATUM
123	Maier	Berggasse 19	88	Informatik	1979.10.01.
124	Müller	Lange Gasse 9	81	Physik	1979.03.01.
123	Maier	Berggasse 19	79	Psychologie	1975.10.01.
125	Schmidt	Grabenweg 4	79	Psychologie	1980.03.01.
128	Lang	Brückenweg 23	88	Informatik	1979.10.01.
128	Lang	Brückenweg 23	81	Physik	1979.10.01.
127	Bauer	Hochstraße 2	88	Informatik	1967.10.01.

Für die Speicherung in der Datenbank ist diese Darstellung aber problematisch, da, wie ersichtlich, dieselben Daten mehrfach vorkommen können bzw. müssen. So muß der Name der Studienrichtung 88 in jeder Zeile, in der sie vorkommt, derselbe sein (Informatik), da er ja nicht von dem Studenten, der sie studiert, abhängt. Auch wäre es hier nicht möglich, eine neue Studienrichtung (z.B. 23, Botanik) aufzunehmen, wenn noch kein Student sie studiert, da in der entsprechenden Zeile kein Wert für das Schlüsselattribut MATNR bekannt wäre.

Derartige sogenannte *Anomalien* können durch einen geeigneten Entwurf von Relationenschemata umgangen werden. Es werden sogenannte *Normalformen* definiert, d.s. Einschränkungen bestimmter Art, denen die Relationen genügen müssen, um solche Anomalien zu vermeiden. Diese Normalformen berücksichtigen die Abhängigkeiten und Zusammenhänge zwischen den einzelnen Attributen.

So würde etwa im Beispiel das Relationenschema STUDIENDATEN_4 in die Relationenschemata STUDENT_2, STUDIENR_2 und STUDIUM_2 zerlegt. Dieser Zerlegungsprozeß garantiert im wesentlichen, daß jedes Relationenschema einem bestimmten „elementaren" Objekt- bzw. Assoziationstyp entspricht.

4.3.2 Manipulation von Relationen

Wird eine Abfrage an die Datenbank gestellt, so wird das Ergebnis der Abfrage wieder in Form einer Tabelle geliefert, deren Aufbau vom Benutzer beliebig spezifiziert werden kann. Diese *Ergebnisrelation* muß aus den in der Datenbank gespeicherten *Basisrelationen* erzeugt werden.

Dazu kommt man im Prinzip mit den folgenden Operationen aus.

Selektion

Aus einer gegebenen Tabelle werden Zeilen ausgewählt, die eine vorgegebene Bedingung erfüllen, z.B. „Wähle aus der Tabelle STUDIUM_2 alle Zeilen aus, für die die Bedingung gilt: (ANFANGSDATUM vor 1979.01.01)".

Ergebnis ist eine Tabelle mit gleicher Struktur, die die ausgewählten Zeilen enthält:

BEISPIEL_1

MATNR	SRNR	ANFANGSDATUM
123	79	1975.10.01.
127	88	1967.10.01.

Projektion

Bestimmte Spalten einer gegebenen Tabelle werden ausgewählt und zu einer neuen Tabelle zusammengefaßt (wobei gleiche Zeilen weggelassen werden, da das Ergebnis wieder eine Relation sein soll), z.B. „Stelle die Studienrichtungsnummern zusammen, die in Tabelle STUDIUM_2 vorkommen", anders ausgedrückt: „Projiziere STUDIUM_2 auf die Spalte SRNR".

Das Ergebnis wäre hier:

BEISPIEL_2

SRNR
88
81
79

Verbund

Gegeben seien zwei Tabellen mit mindestens einem gemeinsamen Attribut. Diese Tabellen werden zu einer neuen Tabelle verbunden, die die Attribute beider Tabellen enthält. Die Zeilen der Ergebnistabelle sind alle möglichen Verkettungen von Zeilen der einen Tabelle mit solchen Zeilen der anderen Tabelle, die in den gemeinsamen Attributen gleiche Werte enthalten. Die gemeinsamen Attribute werden bei der Verkettung nur einmal angeschrieben. Diese Operation wird auch als *natürlicher Gleichverbund* bezeichnet.

Der Verbund der Relationen STUDIUM_3 und STUDIENR_2 (gemeinsames Attribut: SRNR) ergibt:

BEISPIEL_3

MATNR	SRNR	ANFANGSDATUM	STUDR
123	88	1979.10.01.	Informatik
124	81	1979.03.01.	Physik
125	79	1980.03.01.	Psychologie
128	88	1979.10.01.	Informatik
127	88	1967.10.01	Informatik

Außerdem kann man auf Tabellen mit genau gleichem Aufbau die üblichen *Mengenoperationen* (Vereinigung, Durchschnitt, Mengendifferenz) anwenden.

Als weiteres Beispiel soll eine Abfrage formuliert werden, die die Basisrelationen STUDENT_2, STUDIENR_2 und STUDIUM_2 verwendet.
Gesucht seien die Namen aller Studenten, die nach dem 1. Jänner 1979 ihr Studium begonnen haben, sowie die Namen der von ihnen gewählten Studienrichtungen. Der Aufbau einer Tabelle, die diese Daten enthielte, wäre wie folgt:

BEISPIEL_4

NAME	STUDR

Um diese Tabelle zu erhalten, könnte man folgende Operationen anwenden:
1) Selektion aus STUDIUM_2: alle Zeilen, für die gilt:
(ANFANGSDATUM > 1979.01.01.)

ZWISCHEN_1

MATNR	SRNR	ANFANGSDATUM
123	88	1979.10.01.
124	81	1979.03.01.
125	79	1980.03.01.
128	88	1979.10.01.
128	81	1979.10.01.

2) Projektion von ZWISCHEN_1 auf die Attribute MATNR und SRNR:

ZWISCHEN_2

MATNR	SRNR
123	88
124	81
125	79
128	88
128	81

3) Verbund von ZWISCHEN_2 mit STUDIENR_2 (gemeinsames Attribut ist SRNR):

ZWISCHEN_3

MATNR	SRNR	STUDR
123	88	Informatik
124	81	Physik
125	79	Psychologie
128	88	Informatik
128	81	Physik

4) Verbund von STUDENT_2 mit ZWISCHEN_3 (gemeinsames Attribut ist MATNR):

ZWISCHEN_4

MATNR	NAME	ADRESSE	SRNR	STUDR
123	Maier	Berggasse 19	88	Informatik
124	Müller	Lange Gasse 9	81	Physik
125	Schmidt	Grabenweg 4	79	Psychologie
128	Lang	Brückenweg 23	88	Informatik
128	Lang	Brückenweg 23	81	Physik

5) Projektion von ZWISCHEN_4 auf die Attribute NAME und STUDR:

BEISPIEL_4

NAME	STUDR
Maier	Informatik
Müller	Physik
Schmidt	Psychologie
Lang	Informatik
Lang	Physik

Dies ist die gesuchte Ergebnisrelation.
Das gleiche Ergebnis bekäme man durch folgende Operationen:

1) Verbund von STUDENT_2 und STUDIUM_2 (gemeinsames Attribut ist MATNR) zur Tabelle ZWISCHEN_X.

2) Verbund von ZWISCHEN_X und STUDIENR_2 (gemeinsames Attribut ist SRNR) zur Tabelle STUDIENDATEN_4.
3) Selektion aus STUDIENDATEN_4: alle Zeilen, für die gilt (ANFANGSDATUM > 1979.01.01.) mit dem Ergebnis ZWISCHEN_Y.
4) Projektion von Tabelle ZWISCHEN_Y auf die Attribute NAME und STUDR ergibt die Ergebnistabelle BEISPIEL_4.

Die beschriebenen Operationen bilden die sogenannte *Relationenalgebra* [*Codd*, 1972b]. Jede Operation hat als Operanden Tabellen (Relationen) und als Ergebnis wieder eine Tabelle (Relation). Es handelt sich hier also um Operationen auf Relationen, also auf Mengen von Zeilen. Jede Operation bezieht sich damit auf eine Menge von Objekten.

Die Formulierung einer Abfrage auf die beschriebene Weise besteht zwar wie bei der Navigation im Netzwerkmodell weiterhin aus einer zeitlichen Abfolge von Operationen; da aber die Relationenoperationen mächtiger sind, entspricht jede einer großen Anzahl von einzelnen Netzwerknavigationsschritten. Die Reihenfolge der Einzelschritte innerhalb einer Operation ist nicht festgelegt und kümmert den Benützer nicht.

Es ist auch eine nichtprozedurale Formulierung von Abfragen möglich, in der das gewünschte Ergebnis lediglich beschrieben wird, ohne Angabe der zeitlichen Aufeinanderfolge der Operationen. So könnte man obige Abfrage verbal auch so formulieren:

„Stelle NAME und STUDR aller Studenten zusammen, für deren Studium gilt: ANFANGSDATUM > 1979.01.01.“

Hier übernimmt das Datenbankverwaltungssystem die Aufstellung der notwendigen Operationsschritte.

Eine Formulierungsmöglichkeit für eine solche Abfrage bietet das *Relationenkalkül* (siehe Kapitel 14), wodurch die Möglichkeit für deskriptive Abfragesprachen gegeben ist.

4.4 Gegenüberstellung der klassischen Datenmodelle

Der Zugriff auf Informationen in einem Netzwerk kann nur in bestimmten durch das Netzwerk vorgegebenen Richtungen (logische Zugriffspfade) erfolgen. Der Benutzer muß daher die Pfade von den gegebenen Einstiegspunkten zu jedem auszuwählenden Objekt genau kennen, um den Navigationsvorgang durchführen zu können.

Für die Bestimmung der semantischen Bedeutung bestimmter Daten sind nicht nur die Daten selbst maßgebend, vielmehr trägt auch die Struktur des Netzwerkes Information. Die Bedeutung geht aus den Attributwerten, aus den Beziehungen der Objekte untereinander (Kanten des Realisierungsgraphen) und eventuell auch aus der Sortierfolge der Objekte gleichen Typs entlang des Zugriffspfades hervor.

Bei einer Abfrage, die mehr als ein Objekt betrifft, muß der Benutzer die gewünschten Daten selbst zusammenstellen. Die Abfragesprachen sind notwendigerweise prozedural, weil nur nacheinander auf einzelne Objekte zugegriffen werden kann ("one record at a time“).

Allerdings paßt sich das Netzwerkmodell enger an physische Gegebenheiten an; wegen der strukturellen Ähnlichkeit des logischen Konzeptes mit Files von Sätzen, die durch Zeiger verkettet sind, ist die Abbildung zwischen internem und externem Modell einfach und läßt sich daher leicht und effizient implementieren.

Für den Zugriff auf Daten im Relationenmodell gibt es keine vorgeschriebenen Zugriffspfade; es reicht die Kenntnis des Aufbaus der Tabellen (Relationenschemata) aus. Der Benutzer muß sich um den Zugriff zu den einzelnen Zeilen (Tupeln) nicht kümmern und ihre Reihenfolge ist auch irrelevant, da ihm mächtige Mengenoperationen zur Verfügung stehen ("many records at a time"). Das Ergebnis jeder Operation und damit der gesamten Abfrage ist bereits in Tabellenform zusammengestellt. Es sind sowohl prozedurale als auch nicht-prozedurale Abfragesprachen möglich. Da die nichtprozeduralen Sprachen Formulierungen erlauben, die natürlichen Sprachausdrücken sehr ähnlich sind, bietet sich eine einfachere Möglichkeit der Kommunikation mit den Daten auch für Benutzer ohne spezifische EDV-Kenntnise ("casual users") an.

Teil II: Das Relationenmodell

5. Theorie des Relationenmodells

Das ursprünglich von *Codd* [1970] eingeführte Relationenmodell ist dasjenige Datenmodell, das am genauesten theoretisch untersucht wurde. In diesem Kapitel wird ein Überblick über die Grundlagen und die wichtigsten Ergebnisse der Theorie dieses Modells gegeben.

5.1 Grundlagen

5.1.1 Attribute und Wertebereiche

Gegeben sei eine endliche Menge ATR von *Attributen,* die zur Charakterisierung der *Objekttypen* des Modells dienen. Die Menge jener Werte, die ein Attribut aus ATR annehmen kann, heißt der *Wertebereich* (domain) des Attributs. Jedes Element des Wertebereichs ist somit eine mögliche *Ausprägung* des Attributs. Verschiedene Attribute können auch gleiche oder sich überschneidende Wertebereiche haben.

Ein Wertebereich heißt einfach, wenn seine Elemente atomar, d.h. im Rahmen des Modells nicht weiter zerlegbar sind. Im weiteren wird angenommen, daß die Wertebereiche aller Attribute einfach sind.

Es sei folgende Bezeichnungsweise vereinbart:

Die Zeichen A, B, C, ... (eventuell mit einem Index) bezeichnen Attribute, die Buchstaben S, T, U, ... Attributmengen. D (A) ist der Wertebereich des Attributs A. Eine Attributmenge S = {A, B, C} wird auch kurz S = ABC geschrieben.

5.1.2 S-Werte

Gegeben sei eine Attributmenge $S = \{A_1, A_2, \ldots, A_n\}$. In einem bestimmten Fall (für ein bestimmtes Objekt) seien die Ausprägungen dieser Attribute $a_1, a_2, \ldots, a_n$. Dies entspricht einer auf der Menge S definierten Abbildung t[S], die jedem Attribut A_i einen Wert $a_i = t(A_i)$ aus seinem Wertebereich $D(A_i)$ zuordnet. Die Zuordnung a = t(A) heißt *A-Wert* und kann auch als Paar (A, a) geschrieben werden. Die gesamte Abbildung t kann durch Angabe der Menge $\{(A_1, a_1), (A_2, a_2), \ldots, (A_n, a_n)\}$ charakterisiert werden und wird als *S-Wert* bezeichnet [*Beeri/Rissanen*].

Abbildungen dieser Art werden mit t, u, v, ... bezeichnet.

Um die Zuordnung der Werte zu den Attributen zu verdeutlichen, wird in den folgenden Beispielen angenommen, daß der Wertebereich D(A) die Form {a1, a2, ... } hat, usf.

Beispiel 5.1

Attributmenge: S = {A, B, C}
Wertebereiche: D(A) = {a1, a2, a3}
D(B) = {b1, b2, b3, b4}
D(C) = {c1, c2, c3}

S-Werte: $t = t[S]$: $\{(A, a2), (B, b1), (C, c3)\}$
$u = u[S]$: $\{(C, c2), (A, a2), (B, b3)\}$

Die Reihenfolge, in der man die Attributwerte anführt, ist belanglos, da ja die Zuordnung Attribut → Wert explizit angegeben ist.

5.1.3 Einengung von S-Werten

Gegeben seien eine Attributmenge S, eine Teilmenge $X \subseteq S$ und ein S-Wert t[S].

Unter *Einengung* des S-Wertes t[S] auf die Attributmenge X versteht man denjenigen X-Wert u[X], der jedem Attribut $A \in X$ genau dieselben A-Werte aus D (A) zuordnet wie die Abbildung t. Diese Einengung u von t wird t[S]/X oder auch einfachheitshalber t[X] geschrieben (falls der ursprüngliche Definitionsbereich S aus dem Kontext erkenntlich ist).

Ist $\{(A_i, a_i) \mid A_i \in S\}$ die Menge von Paaren, die t[S] charakterisiert, so wird t[S] / X durch die Teilmenge $\{(A_i, a_i) \mid A_i \in X\}$ charakterisiert.

Beispiel 5.2

Die Attribute, Wertebereiche und S-Werte seien wie im Beispiel 5.1.

Sei $X = \{A, B\} \subseteq S$.

Einengungen: $t[S]/X = t[X]$: $\{(A, a2), (B, b1)\}$
$u[S]/X = u[X]$: $\{(A, a2), (B, b3)\}$

5.1.4 Relationen

Eine *Relation* R(S) (im Sinne des Relationenmodells) über der Attributmenge S ist eine Menge von S-Werten t[S].

Um verschiedene Relationen zu unterscheiden, werden die Relationensymbole indiziert: $R_1(S)$, $R_2(T)$, . . .

Der Begriff der Relation (im Sinne des Relationenmodells) hängt eng mit dem Begriff der mathematischen Relation zusammen. Ausgehend von der Attributmenge $S = \{A_1, A_2, \ldots, A_n\}$ und den Wertebereichen $D(A_1)$, $D(A_2)$, . . . , $D(A_n)$ ist eine *mathematische Relation* definiert als Teilmenge des kartesischen Produkts aus den Wertebereichen. Das kartesische Produkt $D(A_1) \times D(A_2) \times \ldots \times D(A_n)$ ist die Menge aller geordneten n-Tupel $<a_1, a_2, \ldots, a_n>$, deren i-te Komponente a_i Element von $D(A_i)$ ist (für $i = 1, \ldots n$).

Die Anordnung der Attribute $A_1, A_2, \ldots, A_n$ ist im Falle einer mathematischen Relation von Bedeutung, nicht aber für eine Relation im Sinne des Relationenmodells. Die ursprüngliche Definition einer Relation (im Sinne des Relationenmodells) [*Codd*, 1970] entspricht daher der Definition der mathematischen Relation mit dem Zusatz, daß Relationen, die sich nur durch die Anordnung ihrer Attribute unterscheiden, als äquivalent gelten.

Im folgenden wird unter Relation immer eine Relation im Sinne des Relationenmodells verstanden. Es ergibt sich aber eine Vereinfachung der Notation, wenn man durch Indizierung eine (willkürliche) Numerierung der Attribute vornimmt. Das Attribut A_i kann dann als „i-tes Attribut" bezeichnet werden. Nimmt man nun implizit eine Numerierung der Attribute an, so genügt das Tupel $<a_1, a_2, \ldots, a_n>$ zur Charakterisierung eines S-Wertes t[S]: $\{(A_1, a_1), (A_2, a_2), \ldots, (A_n, a_n)\}$. In diesem Sinn werden S-Werte auch als *Tupel* bezeichnet; der Wert a_i heißt *A_i-Komponente* des Tupels.

Eine Relation $R(S) = R(A_1, A_2, \ldots, A_n)$ über n Attributen heißt n-äre Relation oder *Relation vom Grad n*; ihre Elemente heißen (im obigen Sinn) *n-Tupel.* Als anschauliche Darstellungsweise für eine Relation bietet sich die Form einer *Tabelle* an, deren Kopfzeile die Reihenfolge und die Namen der Attribute angibt und in deren Zeilen die als Tupel dargestellten S-Werte eingetragen sind.

Beispiel 5.3

R(S):

A	B	C	
			(S = {A, B, C})
a2	b1	c3	(t[S])
a2	b3	c2	(u[S])
a1	b4	c2	(v[S])

Beispiel 5.4

R(S):

B	A	C
b1	a2	c3
b3	a2	c2
b4	a1	c2

Diese Relation ist identisch mit der Relation im Beispiel 5.3, es wurde nur eine andere Ordnung der Attribute vorgenommen.

Hinzufügen, Entfernen bzw. Ändern von Zeilen einer Tabelle dieser Art entspricht dem Übergang von einer Relation R(S) in eine andere Relation R′(S). Da die Relation als Menge von S-Werten definiert ist, ist allerdings die Anordnung der Zeilen belanglos. Aus demselben Grund kann es in einer Tabelle, die eine Relation darstellt, auch nie zwei gleiche Zeilen geben.

Beispiel 5.5

R(S):

B	A	C
b1	a2	c3
b4	a1	c2
b3	a2	c2

Diese Relation ist ebenfalls identisch mit den Relationen aus den vorangegangenen Beispielen.

5.1.5 Operationen auf Relationen

Beim Entwurf und bei der Verwendung einer relationalen Datenbank werden sowohl der Inhalt der Datenbank als auch seine Veränderungen mittels Relationen und Übergängen zwischen Relationen beschrieben. Zu diesem Zweck werden Operationen auf Relationen definiert, die als Ergebnisse wieder Relationen erzeugen. Diese Operationen wurden von *Codd* [1972b] als *Relationenalgebra* bezeichnet.

5.1.5.1 Mengenoperationen

Sind zwei Relationen R_1 (S) und R_2 (S) über der gleichen Attributmenge S gegeben, so kann man mittels der Mengenoperationen *Vereinigung* ($\cup$), *Durchschnitt* ($\cap$) und *Differenz* ($\setminus$) die neuen Relationen $(R_1 \cup R_2)$ (S), $(R_1 \cap R_2)$ (S) sowie $(R_1 \setminus R_2)$ (S) bilden.

Seien R_1 (S) und R_2 (T) zwei Relationen über disjunkten Attributmengen S und T, $S \cap T = \{\}$. Dann ist das *kartesische Produkt* R_1 (S) $\times$ R_2 (T) als Relation R $(S \cup T)$ definiert, deren Tupel gebildet werden, indem jeweils ein Tupel aus R_1 und ein Tupel aus R_2 zu einem Tupel aneinandergefügt werden (und dabei jede mögliche Kombination solcher Tupeln genommen wird):

$$R_1\ (S) \times R_2\ (T) = \{t[S \cup T] \mid (t[S] \in R_1) \wedge (t[T] \in R_2)\}.$$

Entgegen der normalen Definition des kartesischen Produkts ist die Anordnung der Attribute im Ergebnis hier unwesentlich, so daß gilt: R_1 (S) $\times$ R_2 (T) = R_2 (T) $\times$ R_1 (S).

Beispiel 5.6
Gegeben seien

R_1:

A	B	C
a1	b1	c1
a1	b1	c2
a2	b2	c2

R_2:

D
d1
d2

R_3

A	B	C
a2	b2	c1
a2	b2	c2

Dann ergeben die Mengenoperationen folgende Relationen:

$R_1 \cup R_3$:

A	B	C
a1	b1	c1
a1	b1	c2
a2	b2	c2
a2	b2	c1

$R_1 \cap R_3$:

A	B	C
a2	b2	c2

$R_1 \setminus R_3$:

A	B	C
a1	b1	c1
a1	b1	c2

$R_1 \times R_2$:

A	B	C	D
a1	b1	c1	d1
a1	b1	c1	d2
a1	b1	c2	d1
a1	b1	c2	d2
a2	b2	c2	d1
a2	b2	c2	d2

5.1.5.2 Selektion

Sei $a \in D(A)$ mit $A \in S$. Die *Selektion* $\sigma_{A=a}\, R(S)$ aus einer Relation R(S) ist jene Relation über der Attributmenge S, die aus genau den S-Werten von R(S) besteht, die dem Attribut A den Wert a zuordnen:

$$\sigma_{A=a}\, R(S) = \{t[S] \mid (t[S] \in R(S)) \wedge (t(A) = a)\}$$

In der Tabellendarstellung der Relation bedeutet die Selektion $\sigma_{A=a}$ das Streichen aller jener Zeilen, die in der Spalte des Attributs A nicht den Wert a haben.

Beispiel 5.7
Gegeben sei die Relation R(S) aus Beispiel 5.3.

$\sigma_{C=c2}\, R(S) = R_1(S)$:

A	B	C
a2	b3	c2
a1	b4	c2

Ist in einem Wertebereich ein Operator θ derart definiert, daß das Verknüpfungsergebnis einen logischen Wert (wahr oder falsch) ergibt (z.B. Vergleichsoperatoren $<, \leqslant, \ldots$), so kann man die Selektion dementsprechend erweitern:

$$\sigma_{A\theta a}\, R(S) = \{t[S] \mid (t[S] \in R(S)) \wedge (t(A)\, \theta\, a)\}.$$

Beispiel 5.8
Sei in Beispiel 5.3 D(B) dermaßen geordnet, daß gilt: $b1 < b2 < b3 < b4$.

$\sigma_{B<b3}\, R(S) = R_2(S)$:

A	B	C
a2	b1	c3

Die Selektion nach einem Ausdruck der Aussagenlogik läßt sich durch einfache Selektion und Mengenoperationen ausdrücken, z.B.

$$\sigma_{(A=a) \wedge (B > b)}\, R(S) = (\sigma_{A=a}\, R(S)) \cap (\sigma_{B > b}\, R(S))$$

5.1.5.3 Projektion

Gegeben seien eine Relation R(S) und eine nichtleere Teilmenge $X \subseteq S$. Die *Projektion* $\pi_X\, R(S)$ der Relation R(S) auf die Attributmenge X ist die Menge der Einengungen der S-Werte aus R(S) auf X:

$$\pi_X\, R(S) = \{t[S]/X \mid t[S] \in R(S)\}.$$

In der Tabellendarstellung der Relation R(S) bedeutet die Projektion auf X die Streichung der Spalten aller Attribute, die nicht Elemente von X sind. Sind danach Zeilen mehrfach vorhanden, so sind die Duplikate zu streichen (wegen der Definition der Relation als Menge).

Als alternative Schreibweise zu π_X R(S) hat sich R(S)[X] eingebürgert; falls keine Zweideutigkeit entsteht, kann auch R[X] geschrieben werden.

Beispiel 5.9
Gegeben sei

R(S):

A	B	C	D
a1	b1	c1	d1
a1	b1	c1	d2
a2	b2	c2	d3
a2	b2	c2	d4
a2	b2	c2	d5
a1	b3	c3	d1
a1	b3	c3	d2

Die Projektion der Relation R auf die Attributmenge T = {A, B, C} ergibt die Relation:

π_T R(S) = R(S)[T] = R_1(T):

A	B	C
a1	b1	c1
a2	b2	c2
a1	b3	c3

Projiziert man die Relation R auf die Attributmenge U = {A, D}, so erhält man:

π_U R(S) = R(S)[U] = R_2(U):

A	D
a1	d1
a1	d2
a2	d3
a2	d4
a2	d5

5.1.5.4 Verbund

Gegeben seien n Relationen $R_i(S_i)$, i = 1, . . . , n. Die Vereinigungsmenge aller in den Relationen R_i vorkommenden Attribute sei $S = \bigcup_{i=1}^{n} S_i$.

Der *Verbund* (join) $\mathop{*}_{i=1}^{n} R_i(S_i)$ der Relationen R_i [*Codd,* 1972b] [*Aho/Beeri/Ullmann*] ist die Menge aller möglichen S-Werte, deren Einengungen auf die n Attributmengen S_i Elemente der entsprechenden Relationen $R_i(S_i)$ sind:

$$R(S) = \mathop{*}_{i=1}^{n} R_i(S_i) = \{t[S] \mid t[S_i] \in R_i \text{ für } i = 1, \ldots, n\}.$$

Ist n = 2, so schreibt man für den Verbund von R_1 und R_2 auch $R_1(S_1) * R_2(S_2)$.

Beispiel 5.10
Durch Verbund der Relationen $R_1(S_1)$ und $R_2(S_2)$ aus Beispiel 5.9 erhält man die Relation R(S) des gleichen Beispiels.

Sind zwei Relationen $R_1(S_1)$ und $R_2(S_2)$ mit $S_1 \cup S_2 = S$ Projektionen einer Relation R(S), so muß ihr Verbund keineswegs wieder R(S) ergeben. Es gilt:

$$R(S)[S_1] * R(S)[S_2] \supseteq R(S), \text{ falls } S_1 \cup S_2 = S.$$

Beispiel 5.11
Aus der Relation

R(S):

A	B	C	D
a1	b1	c1	d1
a1	b1	c1	d2
a2	b2	c2	d3
a2	b2	c2	d4
a2	b2	c2	d5
a1	b3	c3	d1
a1	b3	c3	d6

erhält man durch die gleichen Projektionen wie in Beispiel 5.9 die beiden Relationen $R_1(T)$ und $R_2(U)$:

$R(S)[T] = R_1(T)$:

A	B	C
a1	b1	c1
a2	b2	c2
a1	b3	c3

$R(S)[U] = R_2(U)$:

A	D
a1	d1
a1	d2
a2	d3
a2	d4
a2	d5
a1	d6

Durch Verbund erhält man die Relation

$R_1(T) * R_2(U) = R_3(S)$:

A	B	C	D
a1	b1	c1	d1
a1	b1	c1	d2
a1	b1	c1	d6
a2	b2	c2	d3
a2	b2	c2	d4
a2	b2	c2	d5
a1	b3	c3	d1
a1	b3	c3	d2
a1	b3	c3	d6

Man beachte: $R_3(ABCD) \neq R(ABCD)$.

Der Verbund $\underset{i=1}{\overset{n}{*}} R_i(S_i)$ mit $S_i \cap S_j = \{\}$ für alle Paare i, j = 1, . . . , n ($i \neq j$) ist das kartesische Produkt aus den Mengen $R_i(S_i)$, also $R_1(S_1) \times R_2(S_2) \times \ldots \times R_n(S_n)$.

Beispiel 5.12

R_1:

A	B
a1	b1
a2	b1

R_2:

C
c1
c2

R_3:

D	E
d1	e1
d1	e2

$\underset{i=1}{\overset{3}{*}} R_i(S_i)$:

A	B	C	D	E
a1	b1	c1	d1	e1
a1	b1	c1	d1	e2
a1	b1	c2	d1	e1
a1	b1	c2	d1	e2
a2	b1	c1	d1	e1
a2	b1	c1	d1	e2
a2	b1	c2	d1	e1
a2	b1	c2	d1	e2

Gegeben seien Relationen $R_i(S_i)$ mit i = 1, . . . , n. Für irgendein Paar R_i und R_j, deren Attributmengen nichtleeren Durchschnitt haben ($S_i \cap S_j \neq \{\}$), möge gelten, daß ihre Projektionen auf diesen nichtleeren Durchschnitt $S_i \cap S_j$ keine Tupel gemeinsam haben:

$$R_i\,[S_i \cap S_j] \cap R_j\,[S_i \cap S_j] = \{\}.$$

Dann ist der Verbund $\mathop{*}\limits_{i=1}^{n} R_i(S_i)$ leer.

Beispiel 5.13

R_1:

A	B	C
a1	b1	c1
a2	b1	c2

R_2:

A	E
a3	e1
a4	e2

$S_1 \cap S_2 = \{A\} \neq \{\}$

$R_1[A] = R_3$:

A
a1
a2

$R_2[A] = R_4$:

A
a3
a4

Der Verbund

$$R_1(A, B, C) * R_2(A, E) = R(A, B, C, E) = \{\}$$

ist leer. Bildet man aus R(A, B, C, E) durch Projektionen R[A, B, C] bzw. R[A, E], so erhält man ebenfalls leere Relationen. Durch den Verbund und die nachfolgenden Projektionen hat man alle Tupel „verloren“.

Die Projektionen eines Verbundes $R(S) = \mathop{*}\limits_{i=1}^{n} R_i(S_i)$ auf die Attributmengen S_i sind Teilmengen der ursprünglichen Relationen $R_i(S_i)$:

$$R(S)[S_i] = (\mathop{*}\limits_{i=1}^{n} R_i(S_i))\,[S_i] \subseteq R_i(S_i),\ i = 1, \ldots, n.$$

Gilt für irgendeinen Index i: $R(S)[S_i] \subsetneq R_i(S_i)$, so heißt das, daß es für einige Elemente von R_i keine „kompatiblen“ Elemente in den anderen Relationen gibt, so daß diese Tupeln von R_i beim Verbund verlorengehen.

Beispiel 5.14

$R_1(S_1)$:

A	B	C
a1	b1	c1
a2	b2	c2
a1	b3	c3

$R_2(S_2)$:

A	D
a1	d1
a2	d2
a2	d3
a3	d1

$R_1(S_1) * R_2(S_2) = R(S_1 \cup S_2)$:

A	B	C	D
a1	b1	c1	d1
a2	b2	c2	d2
a2	b2	c2	d3
a1	b3	c3	d1

$R[S_2] = R[AD] = R'_2(S_2)$:

A	D
a1	d1
a2	d2
a2	d3

Das Tupel < a3, d1 > aus R_2 ging verloren; $R'_2(S_2) \subsetneq R_2(S_2)$.

Eine Menge von Relationen $\{R_i(S_i), i = 1, \ldots, n\}$ heißt *verbundkompatibel,* wenn es eine Relation R(S) gibt, deren Projektionen auf die Attributmengen S_i genau die Relationen $R_i(S_i)$ ergeben.

Beispiel 5.15

Die Relationen

R_1:

A	B
a1	b1
a2	b2
a1	b3

R_2:

B	C
b1	c1
b2	c2
b3	c3

R_3:

A	C
a1	c1
a2	c2
a1	c3
a2	c3

sind nicht verbundkompatibel. Es gibt nämlich keine Relation R(ABC), deren Projektionen auf die Attributmengen AB, BC und AC R_1, R_2 bzw. R_3 ergeben. In R_3 bilden a2 und c3 ein Tupel, in R_1 ist aber a2 mit keinem B-Wert verknüpft, der in R_2 mit c3 gemeinsam vorkommt. R_1, R_2 und R_3 sind jedoch paarweise verbundkompatibel.

Der Verbund von Relationen über der gleichen Attributmenge ergibt den einfachen Mengendurchschnitt:

$$R_1(S) * R_2(S) = R_1(S) \cap R_2(S)$$

Beispiel 5.16

R_1:

A	B
a1	b1
a2	b2
a1	b3

R_2:

A	B
a1	b3
a1	b4
a3	b1
a2	b2

$R_1 * R_2$:

A	B
a2	b2
a1	b3

Um die beschriebene Verbundoperation von der folgenden zu unterscheiden, wird sie auch genauer als *natürlicher Gleichverbund* bezeichnet; in weiterer Folge ist unter „Verbund“ stets der natürliche Gleichverbund gemeint.

5.1.5.5 Theta-Verbund

Gegeben seien zwei Relationen $R_1(S_1)$ und $R_2(S_2)$ mit disjunkten Attributmengen, $S_1 \cap S_2 = \{\}$. Die Elemente der Wertebereiche der Attribute $B_1 \in S_1$ und $B_2 \in S_2$ seien vergleichbar, auf ihre Werte sei die binäre Vergleichsoperation θ (=, <, ≤, . . .) anwendbar, deren Ergebnis ein logischer Wert (wahr oder falsch) ist. Der *Theta-Verbund* (theta-join) $R_1[B_1 \ \theta \ B_2]R_2$ von R_1 und R_2 bezüglich der Attribute B_1 und B_2 entsteht durch Verkettung jedes Tupels t von R_1 mit allen jenen Tupeln u aus R_2, deren B_2-Komponenten mit der B_1-Komponente von t in der Beziehung θ stehen:

$$R_1[B_1 \ \theta \ B_2]R_2 =$$
$$\{t[S_1 \cup S_2] \mid (t[S_1] \in R_1) \wedge (t[S_2] \in R_2) \wedge (t(B_1) \ \theta \ t(B_2))\}.$$

Wird für θ '=' gewählt, so spricht man vom *Gleichverbund* ("equi-join“).

Beispiel 5.17
Die Attribute C und D seien auf den natürlichen Zahlen definiert.

R_1:

A	B	C
a1	b1	3
a2	b1	4
a2	b1	3
a3	b2	5
a3	b3	1

R_2:

D	E
1	e1
2	e2
3	e3
4	e4

$R_1[C=D]R_2$:

A	B	C	D	E
a3	b3	1	1	e1
a1	b1	3	3	e3
a2	b1	3	3	e3
a2	b1	4	4	e4

$R_1[C>D]R_2$:

A	B	C	D	E
a1	b1	3	1	e1
a1	b1	3	2	e2
a2	b1	3	1	e1
a2	b1	3	2	e2
a2	b1	4	1	e1
a2	b1	4	2	e2
a2	b1	4	3	e3
a3	b2	5	1	e1
a3	b2	5	2	e2
a3	b2	5	3	e3
a3	b2	5	4	e4

Der Theta-Verbund ist nur für Relationen mit disjunkten Attributmengen definiert. Soll er auf zwei Relationen mit nichtdisjunkten Attributmengen angewendet werden, so muß man vorher die gleichnamigen Attribute in einer der Relationen umbenennen. In der Literatur wird dieser Schritt oft nicht explizit durchgeführt.

5.1.5.6 Division

Gegeben seien eine binäre Relation R(A, B) und eine unäre Relation R_1(C), wobei die Elemente der Wertebereiche der Attribute B und C vergleichbar seien (B und C können auch das gleiche Attribut sein).

Unter der Bildmenge $g_R(a)$ eines Attributwerts $a \in D(A)$ in der Relation R versteht man die Menge jener Werte $b \in D(B)$, die in Tupeln von R mit a gemeinsam auftreten [*Codd*, 1972b]:

$$g_R(a) = \{t[AB]/B \mid (t[AB] \in R) \wedge (t(A) = a)\}.$$

Diese Menge ist eine unäre Relation mit dem Attribut B und kann durch Selektion und Projektion aus R erzeugt werden:

$$g_R(a) = (\sigma_{A=a} R)[B].$$

Der *Quotient* $R[B : C]R_1$ der Relationen R (Dividend) und R_1 (Divisor) ist dann eine Relation $R_2(A)$, deren Tupel aus genau denjenigen Werten des Attributs A bestehen, deren Bildmengen in R die Menge der C-Werte in R_1 ganz enthalten:

$$R[B : C]R_1 = R_2(A) =$$
$$\{t[AB]/A \mid (t[AB] \in R) \wedge (R_1 \subseteq g_R(t(A)))\}.$$

In anderen Worten, es werden diejenigen A-Werte aus R ausgewählt, die zumindest in Verbindung mit allen C-Werten aus R_1 (als B-Werte in R) auftreten.

Beispiel 5.18

Gegeben seien folgende Relationen (wobei die Attribute B und C auf den natürlichen Zahlen definiert seien):

R:

A	B
a1	1
a1	2
a2	1
a2	2
a2	3
a3	1

R_1:

C
1
2

Dann ist $R[B : C]R_1 = R_2$:

A
a1
a2

Die Definition der Division kann auf Relationen mit höherem Grad folgendermaßen erweitert werden: gegeben seien zwei Relationen R(S) und R_1(T), wobei $S = X \cup Y$ und $T = Y \cup Z$, mit $X \cap Y = \{\}$ und $Y \cap Z = \{\}$. Dann ist der Quotient

$$R[Y : Y]R_1 = R_2(X) =$$
$$\{x \mid (t[S] \in R) \wedge (R_1[Y] \subseteq g_R(x))\}.$$

Dabei ist

$$g_R(x) = \{t[S]/Y \mid (x = t[S]/X) \wedge (t[S] \in R)\} = (\sigma_{X=x} R)[Y].$$

Beispiel 5.19

Gegeben seien die Relationen

R:

A	B	C	D
a1	b1	c1	d1
a1	b1	c2	d1
a2	b2	c1	d1
a2	b2	c2	d2
a2	b2	c1	d2
a3	b3	c2	d2

R_1:

C	D	E
c1	d1	e1
c1	d1	e2
c2	d2	e3

Seien X = {A, B}, Y = {C, D}, Z = {E}.

Dann sind: $R_1[Y]$:

C	D
c1	d1
c2	d2

$g_R(\langle a1, b1\rangle) = \{\langle c1, d1\rangle, \langle c2, d1\rangle\}$
$g_R(\langle a2, b2\rangle) = \{\langle c1, d1\rangle, \langle c2, d2\rangle, \langle c1, d2\rangle\}$
$g_R(\langle a3, b3\rangle) = \{\langle c2, d2\rangle\}$

$R[Y:Y]R_1$:

A	B
a2	b2

Sind $S = X \cup Y$ und $T = U \cup Z$, wobei $X \cap Y = \{\}$, $X \cap U = \{\}$ und $U \cap Z = \{\}$, und di Attribute aus Y und U einander paarweise so zugeordnet werden können, daß die Elemente ihrer jeweiligen Wertebereiche vergleichbar sind, so kann man die Definition analog auf einen Quotienten $R[Y:U]R_1$ erweitern.

Ist $S \cap T = \{\}$, so gilt:

$$(R(S) \times R_1(T))[T:T]R_1(T) = R(S).$$

Aus dieser Beziehung leiten sich die Namen „Division" bzw. „Quotient" ab.

Die Division kann durch andere Operationen auf folgende Art dargestellt werden: seie S, T, X, Y, Z, U wie oben. Dann gilt:

$$R(S)[Y:U]R_1(T) = R[X] \setminus ((R[X] \times R_1[U]) \setminus R)[X].$$

5.2 Einschränkungen und Relationenschemata

5.2.1 Einschränkungen

Bei der Modellierung des betrachteten Ausschnittes der Realität mit Hilfe des Relationenmodells beschreibt jede Relation R(S) Objekte eines bestimmten Objekttyps. Jeder S-Wert von R(S) charakterisiert ein reales Objekt durch Angabe seiner Attributwerte.

Betrachtet man die Menge aller prinzipiell denkbaren Objekte eines bestimmten Objekttyps, so wird es im allgemeinen der Fall sein, daß ihre (gedachten) Attributkombinationen nicht alle theoretisch möglichen S-Werte erschöpfen – aus semantischen Gründen sind nur bestimmte Kombinationen zugelassen.

Im Modell ist es daher notwendig, die Menge der formal möglichen S-Werte auf solche einzuschränken, die Abbild eines realen Objektes sein können. Dies kann durch ein logisches Prädikat ausgedrückt werden, das für jedes Tupel der Relation R(S) erfüllt sein muß. Solche logischen Prädikate werden auch *Einschränkungen* (constraints) genannt.

In jedem konkreten Fall ist die Menge der tatsächlich vorkommenden Objekte des betrachteten Objekttyps eine Untermenge der theoretisch möglichen Objekte dieses Typs. Damit sind die vorkommenden S-Werte aus R(S) stets eine Teilmenge der zugelassenen S-Werte.

Darüber hinaus kann es semantische Zusammenhänge geben, die das gemeinsame Auftreten zweier oder mehrerer Objekte in der Realität regeln. So etwa kann die Existenz eines Objekts die Existenz eines anderen bedingen bzw. ausschließen. Solche Zusammenhänge lassen sich durch Einschränkungen beschreiben, die mehrere Tupel einbeziehen und wieder auf der gesamten Relation erfüllt sein müssen.

Zusätzliche Erweiterungen des Begriffs der Einschränkung ergeben sich aus der Betrachtung semantischer Zusammenhänge zwischen Objekten verschiedenen Typs, wobei dann mehr als eine Relation in das logische Prädikat einbezogen wird.

Im Gegensatz zu den bisher beschriebenen *statischen Einschränkungen,* die die erlaubten Zustände der Datenbank beschreiben, stehen *dynamische Einschränkungen,* die die Übergänge zwischen den Datenbankzuständen und damit die erlaubten Veränderungen der Relationen regeln.

Einschränkungen sind für den Betrieb von Datenbanken von großer praktischer Bedeutung, da man z.B. bei Erreichung eines verbotenen Datenbankzustands Fehlermeldungen geben und Korrekturmaßnahmen veranlassen kann. Für eine genauere Behandlung von Einschränkungen und ihrer Verwendung zur Plausibilitätskontrolle (Integritätsprüfung) wird auf Kapitel 15 verwiesen.

Selbstverständlich sind bereits in der Definition der Relationen Einschränkungen einfacher Art enthalten, so etwa die aus dem Mengenbegriff folgende Regel, daß in einer Relation kein Tupel mehrfach vorkommen darf. In der Realität entspricht dies der Tatsache, daß jeweils zwei Objekte unterscheidbar sind. Diese Einschränkungen sind aber allen Relationen gemeinsam und unabdingbar.

Erweiterungen des grundlegenden Relationenmodells entstehen aus dem Bestreben, immer mehr Arten semantischer Bedingungen zu bestimmen und zu formalisieren. Damit wird ihre Implementierung einfacher und effizienter. Der wichtigste Vorteil ist aber, daß die Kenntnis der allgemeinen Gesetze, die für Einschränkungen bestimmter wichtiger Arten gelten, die Formulierung eines konsistenten und realitätsgetreuen Modells erleichtert.

Im folgenden sollen nur statische Einschränkungen betrachtet werden. Eine *statische Einschränkung* ist ein Paar $e = \langle X, p \rangle$. Dabei ist X eine Attributmenge und p ein logisches Prädikat, das für X erklärt ist. X wird der *Kontext* der Einschränkung e genannt. Die Einschränkung e ist für jede Relation R(X) definiert. R(X) erfüllt die Einschränkung e, wenn die Auswertung des Prädikats p auf R(X) den Wert „wahr" ergibt. Mit $X \subseteq S$ ist die Einschränkung so für R(S) definiert, daß das Prädikat p auf der Projektion R(S)[X] ausgewertet wird. Ist p dort erfüllt, so erfüllt R(S) die Einschränkung e.

Beispiel 5.20

$e = \langle X, p \rangle$ $\quad X = \{A, B, C, D\}$

p = „Mit einem {A, B}-Wert darf nur ein einziger C-Wert auftreten"

Die Relation

R:

A	B	C	D
a1	b1	c1	d1
a1	b2	c3	d2
a2	b1	c2	d3
a1	b1	c1	d4
a2	b1	c2	d5

erfüllt die Einschränkung, weil jeder AB-Wert nur mit einem C-Wert vorkommt.
In der Relation

R_1:

A	B	C	D
a1	b1	c1	d1
a1	b2	c3	d2
a2	b1	c2	d3
a1	b1	c1	d4
a2	b1	c3	d5

hat das Prädikat den Wert „falsch", weil mit dem AB-Wert {(A, a2), (B, b1)} einmal der C-Wert c2, ein andermal c3 assoziiert ist. R_1 erfüllt also die Einschränkung nicht.

Beispiel 5.21
e = ⟨X, p⟩ X = {A, B, C}
D(A) = D(B) = D(C) = {1, 2, 3, 4, 5}
p = „ Die Summe der A-Komponenten aller Tupel muß gleich 10 sein"

Die Relation

R:

A	B	C
3	1	2
3	2	5
4	3	1

erfüllt die Einschränkung. Die Relation R_1 (S) mit S = {A, B, C, D}, D(A) = D(B) = D(C) = D(D) = {1, 2, 3, 4, 5}:

R_1:

A	B	C	D
3	1	2	1
3	1	2	4
3	2	5	2
4	3	1	3
4	3	1	4

erfüllt die Einschränkung ebenfalls, weil das Prädikat p im Kontext {A, B, C} gilt und daher in der Projektion R_1 [A, B, C] zu überprüfen ist.

5.2.2 Relationenschemata

Eine Menge von Attributen S gemeinsam mit einer Menge von Einschränkungen E, deren Kontext S oder eine Teilmenge von S ist, wird *Relationenschema* (RS) genannt [*Cadiou*]:

$$RS(S;E) = \langle S, E\rangle \text{ mit S Attributmenge und } E = \{e_1, e_2, \ldots, e_n\} \text{ mit } e_i = \langle X_i, p_i\rangle,$$
$$X_i \subseteq S \text{ für } i = 1, \ldots, n.$$

Eine Einschränkung e ∈ E heißt *totale Einschränkung* im Relationenschema RS(S;E), wenn ihr Kontext X die gesamte Attributmenge ist, sie heißt *eingebettete Einschränkung*, wenn ihr Kontext X eine echte Teilmenge der Attributmenge S ist.

Eine Relation R(S), die alle Einschränkungen des Relationenschemas RS(S; E) erfüllt, heißt *Ausprägung* oder Zustand (instance) des Relationenschemas, was R(S) ∈ RS(S; E) geschrieben wird. Alle Relationen, die Ausprägung desselben Relationenschemas sind, haben somit gemeinsame Eigenschaften, deren Beschreibung das Relationenschema darstellt. Diese Eigenschaften entsprechen den statischen, zeitunabhängigen Eigenschaften der Objekte der realen Welt. Die dynamischen Veränderungen, die durch das Hinzufügen und Entfernen von Objekten in der realen Welt entstehen, werden im Modell durch ein Hinzufügen und Entfernen von Tupeln in einer Relation und damit durch einen Übergang zu einer neuen Relation dargestellt.

Während also statische Eigenschaften durch Relationenschemata beschrieben werden, repräsentieren die zugehörigen Relationen den momentanen Zustand der realen Welt.

Veranschaulicht man eine Relation als Tabelle, so bildet das Relationenschema das Tabellengerüst, bestehend aus dem Tabellennamen und einer Menge von Attributen (deren Anordnung nicht von Bedeutung ist) ergänzt durch die zugehörigen Einschränkungen. Die entsprechende Relation liefert den jeweiligen Tabelleninhalt.

Die Operationen Projektion und Verbund, die zur Aufspaltung und zur Vereinigung von Relationen beschrieben wurden, können auch als Operationen betrachtet werden, die in erster Linie die Relationenschemata verändern und damit auch die zugehörigen Relationen.

5.2.3 Das relationale Datenbankschema

Ein *relationales Datenbankschema* DBS ist eine Menge von Relationenschemata:

$$DBS = \{RS_1(X_1; E_1), RS_2(X_2; E_2), \ldots\}$$

Diese Menge bildet das Modell der Realität und ist eine Formulierung des konzeptionellen Schemas. Den eigentlichen Inhalt der Datenbank bilden die zugehörigen Relationen.

Zur formalen Beschreibung der Relationenschemata dienen *Datendefinitionssprachen* (DDL); die Aktionen, die sich auf den Inhalt der Datenbank beziehen, werden mit Hilfe von *Datenmanipulationssprachen* (DML) formuliert (siehe Kapitel 14).

Das Ziel des Modellierungsprozesses ist immer der Entwurf eines konsistenten und der Realität möglichst gut angepaßten Datenbankschemas. Im allgemeinen gibt es mehrere Möglichkeiten, die zu modellierenden Objekte und ihre Beziehungen mittels Relationenschemata darzustellen, und es ist ein nichttriviales Problem, festzustellen, welche der möglichen Datenbankschemata in gewissen Hinsichten „günstig" sind. Hauptaufgabe der folgenden Abschnitte soll es sein, verschiedene Kriterien für den Begriff einer günstigen Modellierung zu präzisieren.

5.2.4 Die Forderung der Existenz einer universellen Relation ("Universal Relation Assumption")

Ein denkbarer Weg der Modellierung wäre es, von den Objekttypen ausgehend einzelne Relationenschemata zu definieren und zum Datenbankschema zusammenzutragen. In der Praxis jedoch ergeben sich bei dieser Vorgangsweise oft Widersprüchlichkeiten, die auch zu Schwierigkeiten im Datenbankbetrieb führen und sogar falsche Ergebnisse bei Abfragen bewirken können.

Betrachtet man ein Relationenschema für sich allein, so kann man für jede Relation feststellen, ob sie Ausprägung des Relationenschemas ist. In einem gewissen Sinn hat man damit die ins Relationenschema passenden Informationen „unter Kontrolle". Für eine Sammlung von Relationenschemata mit nichtleerem Durchschnitt der Attributmengen ist das keineswegs der Fall. Intuitiv scheint es daher sinnvoll zu fordern, daß die in der jeweiligen Sammlung von Relationen dargestellte Information auch in einer einzigen „großen" Relation zusammengefaßt werden kann.

Es liegt daher den weiteren Betrachtungen die Annahme zugrunde, daß für jeden Datenbankzustand eine *universelle Relation* existiert, deren Projektionen auf die Attributmengen des Datenbankschemas genau die Relationen in der Datenbank ergeben [*Beeri/Bernstein/Goodman*]. Diese universelle Relation kann man als Ausprägung eines universellen Relationenschemas sehen:

Sei $DBS = \{RS_1(X_1; E_1), RS_2(X_2; E_2), \ldots, RS_n(X_n; E_n)\}$ ein Datenbankschema.

Das universelle Relationenschema ist $RS_U(ATR; E_U)$ mit

$$ATR = \bigcup_{i=1}^{n} X_i \text{ und } E_U \supseteq \bigcup_{i=1}^{n} E_i.$$

Es muß gelten: falls $R_i(X_i) \in RS_i(X_i; E_i)$ für $i = 1, \ldots, n$, so existiert ein $R_U(ATR) \in RS_U(ATR; E_U)$ mit $R_U[X_i] = R_i(X_i)$ für $i = 1, \ldots, n$.

Diese Annahme der Existenz einer universellen Relation liegt den meisten theoretischen Überlegungen zu den Problemen der relationalen Datenbankmodellierung zugrunde, da sie wesentliche Vereinfachungen ermöglicht. Sie ist allerdings nicht unumstritten, da sie beim Datenbankentwurf einschneidende Restriktionen auferlegt. So müssen z.B. alle Attribute unterschiedliche Namen haben, weiters dürfen keine zwei Relationenschemata des Datenbankschemas über derselben Attributmenge definiert sein.

Beispiel 5.22
Gegeben seien zwei Relationenschemata:
HAUPTWOHNSITZ ({NAME, ADRESSE}; E_1) und
NEBENWOHNSITZ ({NAME, ADRESSE}; E_2).
In diesem Fall gibt es i.a. keine universelle Relation, deren Projektion die Relationen der Schemata ergeben würde. Dies folgt daraus, daß die semantische Bedeutung des Attributs ADRESSE in den Relationenschemata verschieden ist, was schon durch den Schemanamen ausgedrückt wurde. Damit die Annahme erfüllt werden kann, müssen zwei Attribute HAUPTADRESSE und NEBENADRESSE definiert werden.

Als weitere Folge der Forderung nach einer universellen Relation ergibt sich die Notwendigkeit, ein besonderes Symbol für „Wert unbekannt" in die Wertebereiche aller Attribute aufzunehmen.

Beispiel 5.23
Gegeben seien die Relationen

R_1:

LEKTOR	INSTITUT
Müller	Geschichte
Maier	Mathematik

R_2:

INSTITUT	FAKULTÄT
Mathematik	Technische
Volkswirtschaft	So-Wi

Für das Institut für Geschichte ist bisher keine Fakultät angegeben. Hält man an der Annahme einer universellen Relation fest, so kann man sich höchstens eine Relation folgender Art vorstellen:

R_U:

LEKTOR	INSTITUT	FAKULTÄT
Müller	Geschichte	?
Maier	Mathematik	Technische
?	Volkswirtschaft	So-Wi

Deren Projektionen sind aber

R_1':

LEKTOR	INSTITUT
Müller	Geschichte
Maier	Mathematik
?	Volkswirtschaft

R_2':

INSTITUT	FAKULTÄT
Geschichte	?
Mathematik	Technische
Volkswirtschaft	So-Wi

Damit erweist es sich als notwendig, unbekannte Werte in die ursprünglichen Relationen zumindest implizit aufzunehmen.

Die Behandlung unbekannter Werte bringt leider Komplikationen mit sich, da z.B. die Definitionen der Operationen Verbund, Projektion usf. abgeändert werden müssen. Auswirkungen treten vor allem auch bei der Auswertung logischer Prädikate auf, also etwa bei Einschränkungen und Abfragen.
Eine gesonderte Behandlung erfahren diese Probleme in Kapitel 10.

Für die folgenden Abschnitte wird die Annahme getroffen, daß man von einer universellen Relation ausgeht, deren Werte alle bekannt sind.

Die Annahme der Existenz einer universellen Relation bedeutet natürlich nicht, daß sie physisch realisiert werden soll. Sie ist stets nur ein gedachter Ausgangspunkt für die tatsächlich im Modell definierten Relationenschemata der Datenbank.

Die allgemeine Überprüfung, ob für einen gegebenen Datenbankzustand eine universelle Relation (ohne unbekannte Werte) tatsächlich existiert, ist ein Problem, dessen Entscheidung nur mit hohem Aufwand möglich ist (NP-vollständig) [*Honeyman/Ladner/Yannakakis*].

5.3 Funktionale Abhängigkeiten

5.3.1 Definition der funktionalen Abhängigkeit

Eine besonders wichtige und besonders eingehend untersuchte Klasse von Einschränkungen sind die funktionalen Abhängigkeiten.

Gegeben seien ein Relationenschema RS(S; E) und zwei Attributmengen X, Y mit $X \cup Y \subseteq S$. Eine *funktionale Abhängigkeit* $X \rightarrow Y$ oder $f: X \rightarrow Y$ der Attributmenge Y von der Attributmenge X in RS(S; E) ist eine Einschränkung $f \in E$ der Form

f = ⟨S, „für je zwei S-Werte (Tupel) u, v ∈ R(S) folgt aus u[X] = v[X] auch u[Y] = v[Y]"⟩

Eine funktionale Abhängigkeit $X \rightarrow Y$ bedeutet also, daß in jeder Ausprägung R(S) ∈ RS(S; E) jedem X-Wert genau ein Y-Wert entspricht.

Funktionale Abhängigkeiten werden manchmal auch starke Abhängigkeiten genannt ("functional" oder "strong dependencies"); verbreitete Ausdrucksweisen für $X \rightarrow Y$ sind „Y hängt (funktional) von X ab" oder „X bestimmt Y (funktional)".

Gilt eine funktionale Abhängigkeit $X \rightarrow Y$ in RS(S; E), so kann man den Kontext S durch jede Menge T mit $X \cup Y \subseteq T \subseteq S$ ersetzen. Erfüllt nämlich eine Relation R(S) ∈ RS(S; E) die Einschränkung, so wird die Einschränkung auch durch R(S)[T] erfüllt.

Werden im folgenden nur funktionale Abhängigkeiten in einem Relationenschema RS(S; E) betrachtet, so wird RS(S; F) geschrieben.

Beispiel 5.24

RS({A, B, C, D} ; {AB → C}).

Die Relation R(A, B, C, D) aus Beispiel 5.20 ist Ausprägung des obigen Relationenschemas. Die Relation R_1 des gleichen Beispiels ist keine Ausprägung des Relationenschemas, weil ihre Elemente mit der funktionalen Abhängigkeit AB → C nicht konform sind.

Ein Spezialfall einer funktionalen Abhängigkeit ergibt sich, wenn die linke Seite X die leere Menge ist, also $\{\} \rightarrow Y$. In diesem Fall müssen alle Tupeln einer Ausprägung R(S) des Relationenschemas in den Y-Attributen übereinstimmen, da die Bedingung $u[\,\{\}\,] = v[\,\{\}\,]$ für alle Tupel u, v stets erfüllt ist. Es gibt also in jeder Ausprägung nur einen einzigen Y-Wert.

5.3.2 Ableitungsregeln für funktionale Abhängigkeiten

Die Gültigkeit von bestimmten funktionalen Abhängigkeiten in einem Relationenschema kann weitere funktionale Abhängigkeiten implizieren. Eine Menge F von funktionalen Abhängigkeiten auf einer Attributmenge S impliziert eine funktionale Abhängigkeit f, wenn f in jeder Relation R(S) erfüllt ist, die auch alle Abhängigkeiten in F erfüllt.

Beispiel 5.25

In einer Relation R(S) sei folgende Menge F von funktionalen Abhängigkeiten gültig:

$$F = \{f_1 : A \rightarrow B, f_2 : B \rightarrow C\}.$$

Aus f_1 und f_2 folgt aber auch $f_3 : A \rightarrow C$.

Durch folgende *Ableitungsregeln* (derivation rules, inference rules) können aus einer Menge gegebener funktionaler Abhängigkeiten weitere abgeleitet werden.

FA 1 (Reflexivität, Projektion):

Aus $Y \subseteq X$ folgt: $X \rightarrow Y$

FA 2 (Erweiterung):

Aus $Z \subseteq W$ und $X \rightarrow Y$ folgt: $XW \rightarrow YZ$

FA 3 (Transitivität):

Aus $X \rightarrow Y$ und $Y \rightarrow Z$ folgt: $X \rightarrow Z$

Armstrong [1974] hat gezeigt, daß mit Hilfe der Regeln FA 1, FA 2 und FA 3 genau diejenigen funktionalen Abhängigkeiten abgeleitet werden können, die durch eine gegebene Menge F von Abhängigkeiten impliziert werden. Dieses sogenannte Armstrong-Axiomensystem ist also ein korrektes und vollständiges *Axiomensystem* für funktionale Abhängigkeiten.

Aus FA 1 bis FA 3 lassen sich weitere Regeln erzeugen, die in der Praxis oft nützlich sind:

FA 4 (Pseudotransitivität):

Aus $X \rightarrow Y$ und $YW \rightarrow Z$ folgt: $XW \rightarrow Z$

FA 5 (Vereinigung):

Aus $X \rightarrow Y$ und $X \rightarrow Z$ folgt: $X \rightarrow YZ$

FA 6 (Zerlegung):

Aus $X \rightarrow YZ$ folgt: $X \rightarrow Y$ und $X \rightarrow Z$.

Aus FA 5 und FA 6 erkennt man, daß man die Elemente von F immer in einer kanonischen Form darstellen kann derart, daß die rechte Seite jeder funktionalen Abhängigkeit nur aus einem einzelnen Attribut besteht.

Die Menge aller funktionalen Abhängigkeiten, die von F auf S impliziert werden, heißt die *Hülle* von F auf S, in Zeichen $F^+(S)$. Ist die Attributmenge aus dem Kontext klar, so wird auch nur F^+ geschrieben.

$F^+(S)$ kann also durch (wiederholte) Anwendung der Ableitungsregeln FA 1, FA 2 und FA 3 aus F erhalten werden, wobei alle in diesen Regeln vorkommenden Attributmengen (W, X, Y, Z) beliebige Teilmengen von S sind. Aus der Regel FA 1 folgt, daß in $F^+(S)$ stets alle Abhängigkeiten der Form $X \rightarrow Y$ mit $Y \subseteq X$ enthalten sind, unabhängig von den Elementen von F. Solche Abhängigkeiten heißen trivial.

Beispiel 5.26
[*Breiteneder,* Beispiel 2.2]
Gegeben ist ein Relationenschema RS(S; F) mit S = {A, B, C} und F = {AB → C}.
Dann ist

$$
\begin{aligned}
F^+(S) = \{ \; & A \rightarrow A, B \rightarrow B, C \rightarrow C, \\
& AB \rightarrow AB, AB \rightarrow A, AB \rightarrow B, \\
& AC \rightarrow AC, AC \rightarrow A, AC \rightarrow C, \\
& BC \rightarrow BC, BC \rightarrow B, BC \rightarrow C, \\
& ABC \rightarrow ABC, \\
& ABC \rightarrow AB, ABC \rightarrow AC, ABC \rightarrow BC, \\
& ABC \rightarrow A, ABC \rightarrow B, ABC \rightarrow C, \\
& AB \rightarrow C, AB \rightarrow AC, AB \rightarrow BC, AB \rightarrow ABC \; \}
\end{aligned}
$$

5.3.3 Das Membership-Problem für funktionale Abhängigkeiten

Beim Entwurf und bei der Untersuchung von Relationenschemata ist folgendes Problem von zentraler Bedeutung:

Gegeben sei eine Menge F funktionaler Abhängigkeiten über einer Attributmenge S sowie eine einzelne funktionale Abhängigkeit f: $X \rightarrow Y$ mit $X \cup Y \subseteq S$. Gefragt ist, ob $f \in F^+(S)$ gilt, d.h. ob die funktionale Abhängigkeit f durch F impliziert wird.

Diese Problem ist als *Membership-Problem* für funktionale Abhängigkeiten bekannt [*Bernstein,* 1975].

Man könnte das Problem so lösen, daß man die Hülle $F^+(S)$ bildet und prüft, ob f darin enthalten ist. Da aber die Anzahl $|F^+(S)|$ der Elemente von $F^+(S)$ i.a. sehr groß ist (sie wächst exponentiell mit der Anzahl $|S|$ der Elemente von S) ist diese Methode nicht brauchbar. Der Membership-Algorithmus von Beeri und Bernstein (Abschnitt 7.2) löst das Problem in einer Zeit, die zu $|S| \cdot |F|$ proportional ist.

Beispiel 5.27
S = {A, B, C, D, E G, H}
F = {ABD → C, C → BD, DG → E, E → H, H → E}.
Wird f: CG → H durch F impliziert, d.h. ist $f \in F^+(S)$?
Eine Ableitung für f aus F ist z.B.:

1. C → BD (gegeben)
2. BD → D (Regel FA 1)
3. C → D (Regel FA 3 aus 1. und 2.)
4. CG → DG (Regel FA 2 aus 3., mit Z = W = {G})
5. DG → E (gegeben)
6. CG → E (Regel FA 3 aus 4. und 5.)
7. E → H (gegeben)
8. CG → H (Regel FA 3 aus 6. und 7.)

Daher ist $f \in F^+(S)$.

5.3.4 Äquivalenz von Systemen funktionaler Abhängigkeiten

Zwei Mengen F_1 und F_2 funktionaler Abhängigkeiten über derselben Attributmenge S heißen *äquivalent*, wenn ihre Hüllen gleich sind, wenn also gilt: $F_1^+ = F_2^+$. F_1 heißt dann auch *Überdeckung* (cover) von F_2 und umgekehrt.

Um die Äquivalenz zweier Mengen funktionaler Abhängigkeiten zu prüfen, ist es allerdings nicht notwendig, ihre Hüllen tatsächlich zu erzeugen. Es genügt vielmehr zu überprüfen, ob F_1 alle Elemente von F_2 impliziert und umgekehrt. Dies kann mit Hilfe des Membership-Algorithmus auf einfache Weise formuliert werden (siehe Algorithmus 7.3).

Beispiel 5.28

$S = \{A, B, C, D, E, G, H\}$

$F_1 = \{A \rightarrow BD, C \rightarrow DE, D \rightarrow CGH, B \rightarrow AC, H \rightarrow G\}$

$F_2 = \{A \rightarrow B, B \rightarrow A, C \rightarrow D, D \rightarrow C, H \rightarrow G, A \rightarrow C, C \rightarrow EH\}$

F_1 und F_2 sind äquivalent.

5.3.5 Minimale Überdeckungen

Beim Entwurf eines relationalen Datenmodells legt der Entwerfer eine Menge von funktionalen Abhängigkeiten über einer betrachteten Attributmenge S fest. Die Abhängigkeiten in F ergeben sich aus einer Analyse des zu modellierenden Realitätsausschnittes. Der Entwerfer nimmt dabei an, daß F alle in der Realität gültigen funktionalen Abhängigkeiten impliziert.

Im allgemeinen ist F redundant, d.h. es folgen manche Abhängigkeiten in F aus den anderen; diese könnten weggelassen werden, ohne daß sich die Hülle $F^+(S)$ ändert. Für den Entwerfer ist es wünschenswert, eine möglichst redundanzfreie Menge F' zu finden, die zur ursprünglichen Menge F äquivalent ist.

Eine Menge F' von funktionalen Abhängigkeiten über einer Attributmenge S heißt *minimale Überdeckung* (minimal cover) von F, wenn F' zu F äquivalent ist und wenn keine echte Teilmenge von F' diese Eigenschaft hat. (Dabei werden F und F' in kanonischer Darstellung angenommen.)

Mit Hilfe des Algorithmus 7.4 läßt sich zu jeder gegebenen Menge F funktionaler Abhängigkeiten eine minimale Überdeckung finden, die Teilmenge der ursprünglichen Menge F ist. Es werden dadurch also redundante funktionale Abhängigkeiten aus F entfernt.

Zu einer gegebenen Menge F kann es mehrere verschiedene minimale Überdeckungen geben, je nachdem welche von zwei oder mehreren redundanten Abhängigkeiten gestrichen werden. Die Eigenschaft „minimal" bedeutet nur, daß man keine weiteren funktionalen Abhängigkeiten streichen kann. Sie bedeutet nicht, daß es keine andere Überdekkung mit weniger Elementen gibt.

Beispiel 5.29

$S = \{A, B, C, D, E, G, H\}$

$F = \{A \rightarrow BDGH, B \rightarrow AC, C \rightarrow DE, D \rightarrow CGH, H \rightarrow G\}$

Die Überführung von F in kanonische Form ergibt:

$F = \{A \rightarrow B, A \rightarrow D, A \rightarrow G, A \rightarrow H, B \rightarrow A, B \rightarrow C, C \rightarrow D, C \rightarrow E, D \rightarrow C, D \rightarrow G, D \rightarrow H, H \rightarrow G\}$

Eine minimale Überdeckung von F ist gegeben durch:

$F' = \{A \rightarrow B, B \rightarrow A, B \rightarrow C, C \rightarrow D, C \rightarrow E, D \rightarrow C, D \rightarrow H, H \rightarrow G\}$.

Beispiel 5.30

$S = \{A, B, C, D, E, G, H\}$

$F = \{A \rightarrow BCGH, BC \rightarrow EGH, B \rightarrow E, G \rightarrow H, BE \rightarrow DH\}$

Eine minimale Überdeckung von F ist gegeben durch:

$F' = \{A \rightarrow BC, BC \rightarrow G, B \rightarrow E, G \rightarrow H, BE \rightarrow DH\}$

5.3.6 Volle funktionale Abhängigkeiten

Betrachtet man das Beispiel 5.30, so sieht man, daß in der minimalen Überdeckung $F' = \{A \rightarrow BC, BC \rightarrow G, B \rightarrow E, G \rightarrow H, BE \rightarrow DH\}$ eine weitere Vereinfachung möglich ist. Unter Berücksichtigung von $B \rightarrow E$ kann man $BE \rightarrow DH$ durch $B \rightarrow DH$ ersetzen. Diese Darstellung ist deswegen vorzuziehen, weil bei isolierter Betrachtung von $BE \rightarrow DH$ der Eindruck entsteht, daß Kombinationen von B und E notwendig sind, um die Attribute D und H zu bestimmen. Daß B allein der bestimmende Faktor für D und H ist, erkennt man erst aus den anderen funktionalen Abhängigkeiten in F'. Solche Überlegungen führen zur Definition der vollen funktionalen Abhängigkeit.

Eine funktionale Abhängigkeit $X \rightarrow A$ heißt *volle funktionale Abhängigkeit,* wenn für keine echte Teilmenge $X' \subsetneq X$ gilt: $X' \rightarrow A$.

Ein Algorithmus, der nicht-volle funktionale Abhängigkeiten aus einer Menge F eliminiert und durch volle ersetzt, wird in Abschnitt 7.5 angegeben.

Beispiel 5.31

$S = \{A, B, C, D, E, G, H\}$

$F = \{ABD \rightarrow C, ABG \rightarrow DE, AC \rightarrow BDE, BC \rightarrow A, C \rightarrow D, DG \rightarrow EH, B \rightarrow G,$
$E \rightarrow H, H \rightarrow E\}.$

Die Reduktion auf volle funktionale Abhängigkeiten ergibt:

$F' = \{AB \rightarrow CDE, AC \rightarrow BE, BC \rightarrow A, C \rightarrow D, DG \rightarrow EH, B \rightarrow G, E \rightarrow H, H \rightarrow E\}.$

F' ist jedoch noch keine minimale Überdeckung von F, eine solche ist:

$F'' = \{AB \rightarrow C, AC \rightarrow B, BC \rightarrow A, C \rightarrow D, DG \rightarrow H, B \rightarrow G, E \rightarrow H, H \rightarrow E\}.$

5.3.7 Der Schlüsselbegriff

Für das Arbeiten mit einer Datenbank ist es wesentlich zu wissen, durch welche Attributkombinationen die Objekte der realen Welt, die durch Tupel von Relationen beschrieben werden, identifiziert werden können. Auf Grund der Definition einer Relation als Menge ist sichergestellt, daß die Tupel eindeutig sind und daher auf jeden Fall durch die Kombination aller Attribute identifiziert werden. Im allgemeinen genügt jedoch wegen der vorhandenen funktionalen Abhängigkeiten eine Teilmenge der Attribute zur Identifizierung der Tupel.

Betrachtet wird ein Relationenschema RS(S; F) und eine Attributmenge $X \subseteq S$. X heißt *Oberschlüssel* (superkey) von RS(S; F), wenn alle Attribute des Relationenschemas RS(S; F) von X funktional bestimmt werden. Ein Oberschlüssel X eines Relationenschemas RS(S; F) heißt (minimaler) *Schlüssel,* wenn keine echte Teilmenge von X Oberschlüssel von RS(S; F) ist. Gibt es mehrere Attributmengen $X_1, X_2, \ldots,$ die Schlüssel sind, so bezeichnet man sie auch als *Schlüsselkandidaten* des Relationenschemas RS(S; F).

Ein Attribut, das in mindestens einem Schlüssel vorkommt, heißt *prim.*

Beispiel 5.32

S = {A, B, C, D, E}

F = {A → B, AC → D, C → E, E → C}

Oberschlüssel: ABCDE, ABCD, ABCE, ABDE, ACDE, ABC, ACD, ABE, ACE, ADE, AC, AE

Schlüsselkandidaten: AC, AE

Mittels Algorithmus 7.6 kann ein Schlüsselkandidat zu gegebenen S und F gefunden werden; Algorithmus 7.7 findet alle Schlüsselkandidaten.

5.3.8 Primärschlüssel

Aus praktischen Gründen ist es manchmal sinnvoll, auch Tupel in Relationen aufzunehmen, die Objekten entsprechen, zu denen nicht alle verlangten Attributwerte bekannt sind. An die Stelle der fehlenden Attributwerte wird ein Symbol „unbekannt" gesetzt (siehe dazu Abschnitt 5.2.4 und Kapitel 10). Bei der Identifizierung von Tupeln durch ihre Schlüssel ergibt sich nun das Problem, daß die Identifizierung nur dann ohne Zweifel gelingen kann, wenn für mindestens einen Schlüssel alle Tupelwerte bekannt sind.

Gibt es in einem Relationenschema mehrere Schlüsselkandidaten, so wird i.a. einer von ihnen daher als *Primärschlüssel* ausgezeichnet. Dieser unterliegt der zusätzlichen Einschränkung, daß in jedem Tupel die Werte aller Attribute, die zum Primärschlüssel gehören, bekannt sein müssen.

Bei der Darstellung von Relationenschemata werden die Namen der Attribute, die zum Primärschlüssel gehören, durch $\underline{\text{Unterstreichung}}$ hervorgehoben.

Beispiel 5.33

S und F seien wie in Beispiel 5.32. Als Primärschlüssel werde AC gewählt. Das entsprechende Relationenschema kann folgendermaßen geschrieben werden:

RS({$\underline{A}$, B, $\underline{C}$, D, E}; F).

5.4 Entwurf von Relationenschemata bei Berücksichtigung funktionaler Abhängigkeiten

5.4.1 Zerlegungen und Entwurfskriterien

Wie bereits erläutert, kann man beim Entwurf eines relationalen Datenbankschemas von einem universellen Relationenschema $RS_U(ATR; E_U)$ ausgehen, wobei ATR die Gesamtheit aller Attribute des Datenbankschemas ist und E_U aus den darauf geltenden Einschränkungen besteht. In diesem Abschnitt werden allerdings nur funktionale Abhängigkeiten behandelt. Die Gesamtheit der Information in der Datenbank zu einem bestimmten Zeitpunkt läßt sich demnach in einer großen universellen Relation $R_U(ATR)$ darstellen.

Dieses universelle Relationenschema ist jedoch i.a. nur von theoretischem Interesse. In der Praxis wird die Information, die in der Datenbank zu speichern ist, meist zu inhomogen sein, um sie in einer einzigen Relation sinnvoll zusammenzufassen. Die Tupel der universellen Relation werden meist auch keinen in der realen Welt interessanten Objekten entsprechen; der Objekttyp der universellen Relation ist i.a. „eine Aussage, die über die Objekte der realen Welt gemacht werden kann, zu denen Informationen in der Datenbank gespeichert sind."

Beispiel 5.34
Seien im Datenbankschema folgende Attribute und funktionale Abhängigkeiten zu berücksichtigen:
Attribute: {STUDENT, STUDIENFACH, VORLESUNG, LEKTOR}
funktionale Abhängigkeiten:

STUDENT → STUDIENFACH
VORLESUNG → LEKTOR

Folgende Informationen sollen gespeichert werden:

Der Student E. Bauer studiert Volkswirtschaft;
die Studentin K. Schmidt studiert Informatik;
der Lektor A. Anders liest die Vorlesung „Ökonometrie II";
der Lektor L. Sorgenfrei liest die Vorlesungen „Programmierung I" und „Graphentheorie".

Eine Information darüber, welche Studenten welche Vorlesung inskribieren, ist nicht beabsichtigt.
Die universelle Relation sieht folgendermaßen aus:

R_U:

STUDENT	STUDIENFACH	VORLESUNG	LEKTOR
E. Bauer	Volkswirtschaft	Ökonometrie II	A. Anders
E. Bauer	Volkswirtschaft	Programmierung I	L. Sorgenfrei
E. Bauer	Volkswirtschaft	Graphentheorie	L. Sorgenfrei
K. Schmidt	Informatik	Ökonometrie II	A. Anders
K. Schmidt	Informatik	Programmierung I	L. Sorgenfrei
K. Schmidt	Informatik	Graphentheorie	L. Sorgenfrei

Diese Darstellung ist redundant; jede Zeile entspricht aber einer wahren Aussage, etwa die erste der Aussage „E. Bauer studiert Volkswirtschaft und A. Anders hält die Vorlesung ‚Ökonometrie II' ". Eine Änderung eines Tupels, z.B. die Feststellung, daß E. Bauer nicht Volkswirtschaft, sondern Betriebswirtschaft studiert, betrifft viele andere Tupel, genauer alle, in denen E. Bauer vorkommt.
Hier bietet sich eine andere Darstellung an: die Zerlegung in zwei getrennte Relationen auf folgende Weise.

R_1:

STUDENT	STUDIENFACH
E. Bauer	Volkswirtschaft
K. Schmidt	Informatik

R_2:

VORLESUNG	LEKTOR
Ökonometrie II	A. Anders
Programmierung I	L. Sorgenfrei
Graphentheorie	L. Sorgenfrei

Das kartesische Produkt dieser beiden Relationen ergibt wieder die ursprüngliche Relation R_U.

Wie aus dem Beispiel zu ersehen ist, ist die universelle Relation i.a. außerordentlich groß und hochredundant; es ergeben sich daher Probleme bei der Handhabung ihrer Speicherung. In Anbetracht dessen wird versucht, das universelle Relationenschema auf sinnvolle Weise in Teilrelationenschemata zu *zerlegen*, und damit die universelle Relation durch einige ihrer Projektionen zu ersetzen.

Gegeben sei eine Menge F funktionaler Abhängigkeiten auf einer Attributmenge S, sei $X \subseteq S$. Die durch F auf X *induzierte Hülle funktionaler Abhängigkeiten* $F^+(S)/X$ ist wie folgt definiert:

$$F^+(S) / X = \{Y \rightarrow Z \mid (Y \rightarrow Z \in F^+(S)) \wedge (Y \cup Z \subseteq X)\}.$$

Eine *Zerlegung* eines Relationenschemas RS(S; F) ist eine Menge von Relationenschemata $\{RS_i(X_i; F_i) \mid i = 1, \ldots, n\}$ mit folgenden Eigenschaften [*Beeri/Bernstein/Goodman*], [*Biskup/Dayal/Bernstein*]:

a) Die Vereinigung der Attributmengen X_i, $i = 1, \ldots, n$, ergibt die Gesamtattributmenge S:

$$\bigcup_{i=1}^{n} X_i = S.$$

Die Mengen X_i, $i = 1, \ldots, n$, sind jedoch nicht notwendigerweise disjunkt.

b) Für jedes $i = 1, \ldots, n$ ist F_i eine Überdeckung der durch F auf X_i induzierten Hülle funktionaler Abhängigkeiten:

$$F_i^+(X_i) = F^+(S)/X_i.$$

Zu bemerken ist, daß die Vereinigung der F_i, $i = 1, \ldots, n$, keine Abhängigkeiten impliziert, die nicht schon von F impliziert werden:

$$(\bigcup_{i=1}^{n} F_i)^+(S) \subseteq F^+(S).$$

Eine universelle Relation R_U (ATR) sei Ausprägung eines universellen Relationenschemas RS_U (ATR; F_U). Die *Darstellung* von R_U (ATR) gemäß der Zerlegung $\{RS_i(X_i; F_i) \mid i = 1, \ldots, n\}$ von RS_U (ATR; F_U) ist die Menge $\{R_U(ATR)\ [X_i] \mid i = 1, \ldots, n\}$, also die Menge der Projektionen von R_U (ATR) auf die Attributmengen X_i.

Beispiel 5.35

Gegeben seien die Attribute

ATR =

{STUDENT, VORLESUNG, LEKTOR, SEMESTER, INSTITUT, UNIVERSITÄT}

mit den funktionalen Abhängigkeiten

F_U = { (STUDENT, VORLESUNG → LEKTOR),
(LEKTOR, SEMESTER → VORLESUNG),
(LEKTOR → INSTITUT),
(INSTITUT → UNIVERSITÄT) }.

Jeder Student hört also eine bestimmte Vorlesung nur bei einem Lektor, jeder Lektor hält maximal eine Vorlesung pro Semester, jeder Lektor gehört maximal einem Institut an, jedes Institut gehört zu genau einer Universität.
Eine Ausprägung des Relationenschemas RS_U (ATR; F_U) ist:
R_U:

STUDENT	VORLESUNG	LEKTOR	SEMESTER	INSTITUT	UNIVERSITÄT
K.Schmidt	Programmierung	L.Sorgenfrei	WS79/80	Informatik	TU Wien
K.Schmidt	Ökonometrie	A.Anders	WS79/80	Ökonometrie	Uni Wien
P.Reinhardt	Programmierung	L.Sorgenfrei	WS79/80	Informatik	TU Wien
P.Reinhardt	Ökonometrie	A.Anders	WS79/80	Ökonometrie	Uni Wien
S.Kahr	Programmierung	L.Sorgenfrei	SS80	Informatik	TU Wien
S.Kahr	Ökonometrie	B.Danner	WS79/80	Ökonometrie	Uni Wien

Dabei entspricht ein Tupel einer Aussage „Student X besucht die Vorlesung Y im Semester Z bei Lektor U, der dem Institut V angehört, das sich auf Universität W befindet".
Folgende Zerlegung sei gegeben:

RS_1 ({STUDENT, VORLESUNG, LEKTOR};
{(STUDENT, VORLESUNG → LEKTOR)})
RS_2 ({VORLESUNG, LEKTOR, SEMESTER};
{(LEKTOR, SEMESTER → VORLESUNG)})
RS_3 ({LEKTOR, INSTITUT, UNIVERSITÄT};
{LEKTOR → INSTITUT), (INSTITUT → UNIVERSITÄT)}).

Die Darstellung von R_U(ATR) gemäß dieser Zerlegung ist wie folgt:

R_1:

STUDENT	VORLESUNG	LEKTOR
K. Schmidt	Programmierung	L. Sorgenfrei
K. Schmidt	Ökonometrie	A. Anders
P. Reinhardt	Programmierung	L. Sorgenfrei
P. Reinhardt	Ökonometrie	A. Anders
S. Kahr	Programmierung	L. Sorgenfrei
S. Kahr	Ökonometrie	B. Danner

R_2:

VORLESUNG	LEKTOR	SEMESTER
Programmierung	L. Sorgenfrei	WS 79/80
Ökonometrie	A. Anders	WS 79/80
Programmierung	L. Sorgenfrei	SS 80
Ökonometrie	B. Danner	WS 79/80

R_3:

LEKTOR	INSTITUT	UNIVERSITÄT
L. Sorgenfrei	Informatik	TU Wien
A. Anders	Ökonometrie	Uni Wien
B. Danner	Ökonometrie	Uni Wien

Bei der Wahl einer geeigneten Zerlegung können verschiedene Ziele von Interesse sein, die man auf folgende Weise einteilen kann:

1) Semantische Kriterien:
[*Rissanen*, 1977], [*Osborn*], [*Beeri/Bernstein/Goodman*], [*Biskup/Dayal/Bernstein*]
   a) Normalisierung: die Teilrelationenschemata sollen bestimmte formale Bedingungen erfüllen, um gewisse Schwierigkeiten („Anomalien") zu vermeiden, die sonst bei der Speicherung, Löschung bzw. Veränderung von Tupeln auftreten können. Diese Probleme werden in der Theorie der Normalformen behandelt.
   b) Abhängigkeitstreue (faithful closure property): die Gesamtheit der in den Teilrelationenschemata geltenden funktionalen Abhängigkeiten soll äquivalent sein zum ursprünglichen F_U.
   c) Verbundtreue (lossless join property): der natürliche Verbund der Teilrelationen soll stets die universelle Relation (und nicht mehr als diese) ergeben.

2) Datenmanipulationskriterien:
[*Osborn*]
   a) Die Relationenschemata sollen so strukturiert sein, daß bestimmte „Inputeinheiten" leicht zu behandeln sind. Ist etwa bereits bekannt, daß gewisse Attributwerte stets zusammen auftreten werden, so werden sie sinnvollerweise in ein einziges Teilrelationenschema zusammen einbezogen.
   b) Die Relationenschemata sollen so strukturiert sein, daß bestimmte Abfragen leicht zu befriedigen sind.
   c) Es sollen weitere Nebenbedingungen erfüllt werden, etwa daß möglichst wenig Relationenschemata aufgestellt werden sollen, oder daß möglichst große Redundanzfreiheit erreicht wird, usw.

Es wird vermutlich selten gelingen, alle diese Kriterien gleichzeitig optimal zu erfüllen. Bisher sind auch hauptsächlich die semantischen Kriterien genauer untersucht worden, da sie leichter formal zu behandeln sind. Auf diese soll im folgenden eingegangen werden.

5.4.2 Normalformen von Relationen

Bei der Verwendung intuitiv aufgestellter Relationen treten häufig „Änderungs- und Löschungsanomalien" (update and delete anomalies) auf, die in den folgenden Abschnitten an Hand von Beispielen erläutert werden sollen. Bei genauerer Untersuchung erkennt man, daß viele dieser Probleme auf die Struktur der funktionalen Abhängigkeiten der Relation zurückzuführen sind. Es wurden schrittweise immer restriktivere Bedingungen aufgestellt, denen die funktionalen Abhängigkeiten innerhalb einer Relation genügen müssen, um solche Anomalien zu vermeiden [*Codd*, 1972a].

5.4.2.1 Erste Normalform

Diese Normalform wird nur aus historischen Gründen angeführt, da jede Relation im Sinne der gegebenen Definition bereits in Erster Normalform ist.

Im Prinzip könnte man sich vorstellen, daß die Wertebereiche von Attributen beliebig wären, d.h. es könnten neben einfachen Attributen auch solche auftreten, deren Werte selbst Tabellen oder Relationen sind (im Gegensatz zur Definition im Abschnitt 5.1.1).

Beispiel 5.36
Die Relation R_1 im Beispiel 5.35 könnte auch so lauten:

R_1 :

<table>
<tr><th>STUDENT</th><th colspan="2">LEHRVERANSTALTUNG</th></tr>
<tr><td rowspan="3">K. Schmidt</td><td>VORLESUNG</td><td>LEKTOR</td></tr>
<tr><td>Programmierung</td><td>L. Sorgenfrei</td></tr>
<tr><td>Ökonometrie</td><td>A. Anders</td></tr>
<tr><td rowspan="3">P. Reinhardt</td><td>VORLESUNG</td><td>LEKTOR</td></tr>
<tr><td>Programmierung</td><td>L. Sorgenfrei</td></tr>
<tr><td>Ökonometrie</td><td>A. Anders</td></tr>
<tr><td rowspan="3">S. Kahr</td><td>VORLESUNG</td><td>LEKTOR</td></tr>
<tr><td>Programmierung</td><td>L. Sorgenfrei</td></tr>
<tr><td>Ökonometrie</td><td>B. Danner</td></tr>
</table>

Solche Relationen bringen jedoch sehr viele Probleme mit sich, da sie eigentlich einer hierarchischen Anordnung entsprechen. Es ist z.B. oft schwierig, die Tupel solcher Relationen zu Objekten in Beziehung zu setzen. Es wird daher folgende Forderung gestellt:

Attributwerte sollen stets atomar oder einfach, d.h. selbst (für die Zwecke des Modells) nicht weiter zerlegbar sein.

Ein Relationenschema, das diese Forderung erfüllt, heißt *normalisiert* oder in *Erster Normalform* (1NF). Relationenschemata, die dies nicht erfüllen, heißen *unnormalisiert*. In der Literatur wird fast immer mit dem Begriff „Relation" die Erste Normalform impliziert.

5.4.2.2 Zweite Normalform

Ist die Attributmenge X ein Schlüssel des Relationenschemas RS(S; F), so besteht jedenfalls für jedes Attribut $A \in S$ eine funktionale Abhängigkeit $X \rightarrow A$. Die Eigenschaften dieser „Schlüsselabhängigkeiten" werden nun genauer untersucht.

Bei Relationenschemata in 1NF gibt es Anomalien bei der Speicherung, Löschung oder Veränderung von Informationen.

Beispiel 5.37

Gegeben seien die Relationen aus Beispiel 5.35.

Schlüssel zu den Relationenschemata sind:

RS_1 {STUDENT, VORLESUNG}

RS_2 {LEKTOR, SEMESTER}

RS_3 {LEKTOR}

RS_U {STUDENT, VORLESUNG, SEMESTER} und
{STUDENT, LEKTOR, SEMESTER}

Man betrachte die Projektion

$R_4 = R_U$[VORLESUNG, LEKTOR, SEMESTER, INSTITUT]:

R_4:

VORLESUNG	LEKTOR	SEMESTER	INSTITUT
Programmierung	L. Sorgenfrei	WS 79/80	Informatik
Ökonometrie	A. Anders	WS 79/80	Ökonometrie
Programmierung	L. Sorgenfrei	SS 80	Informatik
Ökonometrie	B. Danner	WS 79/80	Ökonometrie

mit folgenden funktionalen Abhängigkeiten:

LEKTOR, SEMESTER → VORLESUNG

LEKTOR → INSTITUT

Schlüssel dieses Relationenschemas und zugleich Primärschlüssel ist {LEKTOR, SEMESTER}.

Beispiele für auftretende Anomalien:

- beim Speichern: möchte man die Information speichern, daß der Lektor R. Blass zum Institut für Palaeontologie gehört, so muß man warten, bis er in irgendeinem Semester eine Vorlesung hält. Vorher ist die Speicherung nicht möglich, da ein Wert für SEMESTER (Teil des Primärschlüssels) nicht vorhanden ist.
- beim Löschen: löscht man das vierte Tupel, weil B. Danner im WS 79/80 keine Vorlesung hält, so verliert man gleichzeitig die Information, daß B. Danner zum Institut für Ökonometrie gehört.
- beim Ändern: ändert man das Institut von L. Sorgenfrei auf (z.B.) Institut für Mathematik, so muß man alle Tupel der Relation, in denen L. Sorgenfrei vorkommt, suchen und ändern, da ansonsten die funktionale Abhängigkeit LEKTOR → INSTITUT nicht mehr erfüllt ist.

Diese Anomalien resultieren aus der Tatsache, daß das Attribut INSTITUT nur von LEKTOR, nicht aber vom ganzen Schlüssel des Relationenschemas abhängt.

Es wird daher die Zweite Normalform (2NF) nach Codd wie folgt definiert:

Ein normalisiertes Relationenschema ist in *Zweiter Normalform*, wenn jedes nicht prime Attribut von einem Schlüssel des Relationenschemas voll funktional abhängig ist. (Ist es von einem Schlüssel voll funktional abhängig, so ist es von allen Schlüsselkandidaten voll funktional abhängig.)

Beispiel 5.38
Gegeben seien die Relationen aus den obigen Beispielen.
R_1, R_2 und R_3 sind in 2NF, R_U und R_4 nur in 1NF.

5.4.2.3 Dritte Normalform

Bei Relationenschemata in Zweiter Normalform treten allerdings immer noch Anomalien auf.

Beispiel 5.39
Im Relationenschema RS_3 (Beispiel 5.35) ist der (Primär-)schlüssel {LEKTOR}.

Beispiele für auftretende Anomalien:
- beim Speichern: will man die Information speichern, daß das Institut für Technische Mathematik sich an der Technischen Universität Wien befindet, so muß man warten, bis ein Lektor an diesem Institut genannt wird, da ansonsten der Schlüsselwert unbekannt wäre.
- beim Löschen: will man den Lektor L. Sorgenfrei löschen, so verliert man die Information, daß sich das Institut für Informatik an der Technischen Universität Wien befindet.
- beim Ändern: befindet sich das Institut für Ökonometrie nunmehr an der Technischen Universität Wien, so muß man alle Tupel durchsuchen, um die funktionale Abhängigkeit INSTITUT → UNIVERSITÄT zu gewährleisten.

Diese Anomalien resultieren aus der transitiven Abhängigkeit LEKTOR → INSTITUT → UNIVERSITÄT.

Gegeben sei eine Menge F funktionaler Abhängigkeiten über einer Attributmenge S, sei $X \subseteq S$ und $A \in S$. Eine funktionale Abhängigkeit $X \rightarrow A \in F^+(S)$ heißt *transitiv*, falls es funktionale Abhängigkeiten $X \rightarrow Y$ und $Y \rightarrow A$ aus $F^+(S)$ gibt mit $X \neq Y$, $Y \rightarrow X \notin F^+(S)$ und $A \notin Y$.

Die obenangeführten Anomalien führten zur Definition der *Dritten Normalform* durch *Codd* [1972a] (Codd-3NF):

Ein normalisiertes Relationenschema ist in Codd-3NF, wenn kein nichtprimes Attribut von irgendeinem Schlüsselkandidaten des Schemas transitiv abhängig ist.

Beispiel 5.40
Gegeben seien wieder die Relationen aus Beispiel 5.35. R_1 und R_2 sind bereits in Codd-3NF. Ersetzt man R_3 durch seine Projektionen

R_5:

LEKTOR	INSTITUT
L. Sorgenfrei	Informatik
A. Anders	Ökonometrie
B. Danner	Ökonometrie

RS_5({LEKTOR, INSTITUT};{(LEKTOR → INSTITUT)})

und

R_6:

INSTITUT	UNIVERSITÄT
Informatik	TU Wien
Ökonometrie	Uni Wien

RS_6({INSTITUT, UNIVERSITÄT}; {(INSTITUT → UNIVERSITÄT)})
die beide in Codd-3NF sind, so ist {RS_1, RS_2, RS_5, RS_6} eine Zerlegung von RS_U(ATR; F_U) in Codd-3NF-Relationenschemata.

Es läßt sich leicht zeigen, daß die Codd-Dritte-Normalform die Zweite Normalform impliziert.

5.4.2.4 Boyce-Codd-Normalform

Eine restriktivere Definition einer Normalform, die auch nur auf funktionalen Abhängigkeiten beruht, geben Boyce und Codd [*Codd,* 1974].

Ein Relationenschema RS(S; F) ist in *Boyce-Codd-Normalform* (BCNF), wenn für jede nichttriviale funktionale Abhängigkeit $X \to Y \in F^+(S)$ gilt, daß X ein Oberschlüssel des Relationenschemas ist (d.h. $X \to S \in F^+(S)$).

Jede funktionale Abhängigkeit läßt sich hier aus einer Schlüsselabhängigkeit erklären.

Beispiel 5.41 [*Date,* 1977]

Gegeben sei das Relationenschema RS(S; F) mit

S = {STUDENT, VORLESUNG, LEKTOR}

und den funktionalen Abhängigkeiten

F = { (STUDENT, VORLESUNG → LEKTOR),
(LEKTOR → VORLESUNG) }.

Dieses Relationenschema ist in Codd-3NF, jedoch nicht in BCNF, da {LEKTOR} kein Oberschlüssel ist. Schlüssel sind nämlich {STUDENT, VORLESUNG} und {STUDENT, LEKTOR}.

Das obige Beispiel zeigt, daß durch die Codd-Dritte-Normalform noch nicht alle Anomalien beseitigt sind (eine neue Beziehung Lektor x – Vorlesung y läßt sich erst einfügen, wenn ein Student die Vorlesung y besucht). Allerdings ist es gar nicht möglich, das gegebene Relationenschema so zu zerlegen, daß alle Teilschemata in BCNF sind, und daß die Zerlegung abhängigkeitstreu ist (siehe nächsten Abschnitt).

Allgemein läßt sich zeigen [*Osborn*], daß BCNF die Codd-3NF impliziert, jedoch nicht umgekehrt. Weiters sind alle Relationenschemata (bezüglich der funktionalen Abhängigkeiten) abhängigkeitstreu in Codd-3NF-Teilschemata zerlegbar, jedoch nicht alle in BCNF-Teilschemata. Die Frage, ob ein gegebenes Relationenschema abhängigkeitstreu in BCNF-Teilschemata zerlegbar ist, ist NP-vollständig.

Eine zur BCNF äquivalente Normalform wurde von *Kent* [1973] definiert:

Ein Relationenschema RS(S; F) ist in Kent-3NF, falls kein Attribut im Komplement eines Schlüsselkandidaten transitiv von diesem Schlüsselkandidaten abhängt, d.h. für jedes $X \subseteq S$, wobei X Schlüssel von RS(S; F) ist, und für jedes $A \in S \backslash X$ gilt: $X \to A$ ist keine transitive Abhängigkeit.

5.4.3 Abhängigkeitstreue und Verbundtreue

Sind einerseits die Normalformen für das Verhalten der einzelnen Relationen von grosser Wichtigkeit, so sind andererseits die Begriffe der Abhängigkeitstreue und der Verbundtreue zentral für das Verhalten der gesamten Zerlegung eines (universellen) Relationenschemas.

Eine Zerlegung $\{RS_i(X_i; F_i) \mid i = 1, \ldots, n\}$ eines Relationenschemas RS(S; F) heißt *abhängigkeitstreue Zerlegung* (decomposition with faithful closure property), wenn gilt:

$$(\bigcup_{i=1}^{n} F_i)^+ (S) = F^+ (S)$$

d.h. wenn die Vereinigung der F_i auf S zu F äquivalent ist.

Eine Zerlegung $\{RS_i(X_i; F_i) \mid i = 1, \ldots, n\}$ eines Relationenschemas RS(S; F) heißt *verbundtreue Zerlegung* (decomposition with non-loss join), wenn für jede Relation R(S), die Ausprägung des Relationenschemas RS(S; F) ist, gilt:

$$\mathop{*}_{i=1}^{n} (R_i (X_i)) = R(S)$$

d.h. wenn der natürliche Verbund der Projektionen von R(S) auf die Teilmengen X_i von S stets die ursprüngliche Relation R(S) ergibt.

Beispiel 5.42

a) Das im Beispiel 5.35 angegebene Relationenschema $RS_U(ATR; F_U)$ möge folgendermaßen zerlegt werden (Schlüssel unterstrichen):

RS_7 ({STUDENT, LEKTOR, SEMESTER}; { })
(keine nichttrivialen funktionalen Abhängigkeiten)
RS_2 ({VORLESUNG, LEKTOR, SEMESTER};
{ (LEKTOR, SEMESTER → VORLESUNG) })
RS_5 ({LEKTOR, INSTITUT}; { (LEKTOR → INSTITUT) })
RS_6 ({INSTITUT, UNIVERSITÄT};
{ (INSTITUT → UNIVERSITÄT) }).

Diese Zerlegung ist verbundtreu, jedoch nicht abhängigkeitstreu, da die funktionale Abhängigkeit (STUDENT, VORLESUNG → LEKTOR) durch $F_5 \cup F_6 \cup F_7 \cup F_2$ nicht impliziert wird. Die erwähnte funktionale Abhängigkeit könnte auch zu keiner dieser Relationenschemata hinzugefügt werden, da die drei Attribute in der funktionalen Abhängigkeit nicht gemeinsam in einem Teilrelationenschema auftreten. Alle Teilrelationenschemata sind in Codd-3NF und auch in BCNF.

b) Sei

RS_1 ({STUDENT, VORLESUNG, LEKTOR};
{ (STUDENT, VORLESUNG → LEKTOR) }).

Die Zerlegung $\{RS_1, RS_2, RS_5, RS_6\}$ ist abhängigkeitstreu ($F_1 \cup F_2 \cup F_5 \cup F_6 =$ F), jedoch nicht verbundtreu. Mit den Daten aus Beispiel 5.35 ist der Verbund $R_1 * R_2 * R_5 * R_6$ nämlich:

R':

STUDENT	VORLESUNG	LEKTOR	SEMESTER	INSTITUT	UNIVERSITÄT
K.Schmidt	Programmierung	L.Sorgenfrei	WS 79/80	Informatik	TU Wien
K.Schmidt	Programmierung	L.Sorgenfrei	SS 80	Informatik	TU Wien
K.Schmidt	Ökonometrie	A.Anders	WS 79/80	Ökonometrie	Uni Wien
P.Reinhardt	Programmierung	L.Sorgenfrei	WS 79/80	Informatik	TU Wien
P.Reinhardt	Programmierung	L.Sorgenfrei	SS 80	Informatik	TU Wien
P.Reinhardt	Ökonometrie	A.Anders	WS 79/80	Ökonometrie	Uni Wien
S.Kahr	Programmierung	L.Sorgenfrei	WS 79/80	Informatik	TU Wien
S.Kahr	Programmierung	L.Sorgenfrei	SS 80	Informatik	TU Wien
S.Kahr	Ökonometrie	B.Danner	WS 79/80	Ökonometrie	Uni Wien

Die mit ‚*' bezeichneten Tupel waren in der ursprünglichen Relation R nicht vorhan den. Alle Teilrelationenschemata sind in Codd-3NF (und auch in BCNF).

c) Sei

RS_9 ({STUDENT, VORLESUNG, LEKTOR, SEMESTER};
{ (STUDENT, VORLESUNG → LEKTOR),
(LEKTOR, SEMESTER → VORLESUNG) })

mit den Schlüsselkandidaten

{STUDENT, VORLESUNG, SEMESTER} und
{STUDENT, LEKTOR, SEMESTER}.

Die Zerlegung $\{RS_5, RS_6, RS_9\}$ ist sowohl abhängigkeitstreu als auch verbundtreu und alle Teilrelationenschemata sind in Codd-3NF. Allerdings ist nun RS_9 nicht in BCNF, da z.B. LEKTOR vom Schlüssel {STUDENT, VORLESUNG, SEMESTER} transitiv abhängt.

Ist eine Zerlegung eines Relationenschemas sowohl abhängigkeitstreu als auch verbundtreu, so nennt man die Teilrelationenschemata *unabhängige Komponenten* (independent components [*Rissanen*, 1977]) oder *irreduzibel* [*Nicolas*, 1978a].

Um die Abhängigkeitstreue einer Zerlegung zu überprüfen, muß man nur die Äquivalenz von $\bigcup_i F_i$ und F auf S überprüfen (Algorithmus 7.3).

Die Frage, ob eine bestimmte Zerlegung verbundtreu ist, kann mit Hilfe der Tableaudarstellung von Relationenschemata entschieden werden (siehe Abschnitte 5.6.4–5).

Für den Spezialfall, daß die Zerlegung nur aus zwei Codd-3NF-Relationenschemata besteht, gilt der folgende Satz [*Delobel/Casey*]:
Die Zerlegung $\{RS_1 (X_1; F_1), RS_2 (X_2; F_2)\}$ des Relationenschemas RS(S; F) ist genau dann verbundtreu, wenn entweder $X_1 \cap X_2 \to X_1$ oder $X_1 \cap X_2 \to X_2 \in F^+(S)$, d.h. wenn der Durchschnitt der Attributmengen X_1 und X_2 einen Schlüssel für eines der beiden Relationenschemata enthält.

5.4.4 Zerlegungsalgorithmen für Relationenschemata

Einen Algorithmus zur Erzeugung einer abhängigkeitstreuen Zerlegung eines Relationenschemas in Codd-3NF-Teilrelationenschemata geben *Beeri/Bernstein* [1979a] an (Algorithmus 7.11).

Einen Algorithmus zur Erzeugung einer abhängigkeits- und verbundtreuen Zerlegung eines Relationenschemas in Codd-3NF-Teilrelationenschemata, die außerdem noch minimal ist (d.h. daß keine Teilrelationenschemata überflüssig sind), gibt *Osborn* [1978] an (Algorithmus 7.12). Dieser Algorithmus hat allerdings eine im schlechtesten Fall sehr viel höhere Komplexität als der Algorithmus von Beeri und Bernstein.

Einen weiteren Algorithmus zur Lösung dieses Problems, der eine abhängigkeits- und verbundtreue, aber nicht unbedingt minimale Zerlegung liefert, geben *Ling/Tompa/Kameda* [1981] an. Diese gehen von der Überlegung aus, daß auch in einer Zerlegung in Codd-3NF-Teilrelationenschemata (wie sie etwa der Algorithmus von Beeri und Bernstein liefert) nicht unbedingt alle Redundanzen beseitigt sind. Die Codd-3NF nimmt ja nur auf ein einzelnes Relationenschema Bezug; Attribute in einem Schlüssel eines solchen Relationenschemas können aber manchmal unter Berücksichtigung der in den anderen Relationenschemata enthaltenen funktionalen Abhängigkeiten aus einem anderen Schlüssel des Relationenschemas abgeleitet werden. Diese kann man dann weglassen, ohne die Abhängigkeits- und Verbundtreue der Zerlegung zu stören.

Beispiel 5.43 [*Ling* et al.]
Gegeben sei RS(S; F) mit

$S = \{A, B, C, D, E, G, H\}$ und
$F = \{AD \rightarrow B, B \rightarrow C, C \rightarrow DH, AB \rightarrow E, AC \rightarrow G\}$.

Eine abhängigkeits- und verbundtreue Zerlegung dieses Schemas in Codd-3NF-Teilrelationenschemata wäre z.B. $\{RS_1, RS_2, RS_3\}$ mit

RS_1 $(\{A, B, C, D, E, G\};\ \{AB \rightarrow CDEG, AC \rightarrow B, AD \rightarrow B\})$
RS_2 $(\{B, C\};\ \{B \rightarrow C\})$
RS_3 $(\{C, D, H\};\ \{C \rightarrow DH\})$.

Hier ist allerdings das Attribut C in RS_1 redundant, da es ja mit $B \rightarrow C$ in RS_2 bereits angegeben ist. Da es jedoch ein primes Attribut ist, hat es auf die Feststellung der Codd-3NF des Schemas RS_1 keinen Einfluß. Man kann C aus RS_1 entfernen.

Ling et al. definieren eine „Verbesserte Dritte Normalform", in der solche „überflüssigen" Attribute in den Relationen nicht vorkommen; ihr Algorithmus produziert eine Zerlegung, bei der alle Teilrelationenschemata in dieser Normalform sind (Algorithmus 7.13).

5.5 Mehrwertige Abhängigkeiten

Eine weitere wichtige Klasse von Einschränkungen bilden die mehrwertigen Abhängigkeiten, die eine Verallgemeinerung der funktionalen Abhängigkeiten darstellen [*Yang*], [*Zaniolo*, 1976], [*Fagin*, 1977], [*Armstrong, Delobel*].

5.5.1 Definition der mehrwertigen Abhängigkeit

Gegeben seien ein Relationenschema RS(S; E) sowie zwei Attributmengen X und Y mit $X \cup Y \subseteq S$. Sei $Z = S \setminus (X \cup Y)$. Eine *mehrwertige Abhängigkeit* $X \rightarrow\rightarrow Y$ oder $s: X \rightarrow\rightarrow Y$

der Attributmenge Y von der Attributmenge X in RS(S; E) ist eine Einschränkung S ∈ E der Form

s = ⟨S, „für jeden X-Wert x und Z-Wert z gilt:

$$(\sigma_{X=x}\ R(S))\,[Y] = (\sigma_{(X=x)\ \wedge\ (Z=z)}\ R(S))\,[Y]\text{“}\rangle,$$

d.h. die Projektionen der Selektionen (X = x) und (X = x) ∧ (Z = z) aus R(S) auf die Attributmenge Y sind gleich für jedes R(S) ∈ RS(S; E).

Eine mehrwertige Abhängigkeit X →→ Y bedeutet in anderen Worten, daß jeder X-Wert x genau eine Menge von Y-Werten bestimmt, die für jeden Z-Wert z, der in Verbindung mit x auftritt, stets alle auftreten müssen.

Mehrwertige Abhängigkeiten werden auch als *schwache Abhängigkeiten* bezeichnet (multivalued dependencies, weak dependencies); verbreitete Ausdrucksweisen für X →→ Y sind „Y hängt schwach von X ab“ oder „X bestimmt Y schwach“.

Beispiel 5.44

Sei S = {A, B, C, D, G}, X = {A, B}, Y = {C, D}. Dann ist Z = {G}.

Es gelte die mehrwertige Abhängigkeit X →→ Y.

Folgende Relation erfüllt diese Abhängigkeit:

X		Z	Y	
A	B	G	C	D
a1	b1	g1	c1	d1
a1	b1	g1	c2	d1
a1	b1	g1	c3	d2
a2	b1	g2	c1	d2
a1	b1	g3	c1	d1
a1	b1	g3	c2	d1
a1	b1	g3	c3	d2
a2	b1	g3	c1	d2

$$(\sigma_{(AB=a1b1)\ \wedge\ (G=g1)}R)\,[CD] = (\sigma_{AB=a1b1}R)\,[CD]$$

$$(\sigma_{(AB=a2b1)\wedge\ (G=g2)}\ R)\,[CD] = (\sigma_{AB=a2b1}\ R)\,[CD]$$

$$(\sigma_{(AB=a1b1)\ \wedge\ (G=g3)}\ R)\,[CD] = (\sigma_{AB=a1b1}\ R)\,[CD]$$

$$(\sigma_{(AB=a2b1)\ \wedge\ (G=g3)}\ R)\,[CD] = (\sigma_{AB=a2b1}\ R)\,[CD]$$

Beispiel 5.45

Sei S = {STUDENT, STUDIENRICHTUNG, LEHRVERANSTALTUNG},

F = {STUDENT → STUDIENRICHTUNG},

M = {STUDIENRICHTUNG →→ LEHRVERANSTALTUNG},

FM = F ∪ M.

Die Bedeutung dieser Abhängigkeiten sei wie folgt: jeder Student studiert genau eine Studienrichtung; jede Studienrichtung erfordert eine bestimmte Menge von (Pflicht-) Lehrveranstaltungen, die von allen Studenten dieser Studienrichtung besucht werden müssen.

Eine Ausprägung des Relationenschemas RS(S; FM) ist:

STUDENT	STUDIENRICHTUNG	LEHRVERANSTALTUNG
E. Bauer	Informatik	Informatik I
E. Bauer	Informatik	Mathematik I
P. Huber	Geschichte	Mittelalter II
P. Huber	Geschichte	Latein
K. Berger	Informatik	Informatik I
K. Berger	Informatik	Mathematik I
R. Wagner	Geschichte	Mittelalter II
R. Wagner	Geschichte	Latein

Eine äquivalente Definition der mehrwertigen Abhängigkeit kann folgendermaßen formuliert werden [*Cadiou*]:
Gegeben seien RS(S; E), X, Y, Z wie oben, wobei folgende Schreibweise angewendet wird: für jeden S-Wert u wird ⟨xyz⟩ geschrieben, wenn u [X] = x, u [Y] = y, u [Z] = z.

Eine *mehrwertige Abhängigkeit* X ↠ Y ist eine Einschränkung s ∈ E der Form

s = ⟨S, „für je zwei Tupel ⟨xyz⟩ und ⟨xy′z′⟩ ∈ R (S) gibt es zwei Tupel ⟨xy′z⟩ und ⟨xyz′⟩ ∈ R (S)" ⟩.

Wenn die Menge ($\sigma_{X=x}$ R (S)) [Y] stets nur einen Y-Wert enthalten kann, d.h. in der obigen Schreibweise für je zwei Tupel ⟨xyz⟩ und ⟨xy′z′⟩ stets gilt y = y′, so erhält man den Sonderfall der funktionalen Abhängigkeit X → Y; in diesem Fall kann man von einer unechten mehrwertigen Abhängigkeit X ↠ Y sprechen.

Folgende mehrwertige Abhängigkeiten gelten immer und werden als *trivial* bezeichnet:

X ↠ Y für X ∪ Y = S (d.h. Z = { });
X ↠ { } für jedes X ⊆ S.

Ein Spezialfall der (ersten) trivialen mehrwertigen Abhängigkeit ist { }↠ S.

Eine mehrwertige Abhängigkeit der Form { } ↠ X mit X ⊊ S bedeutet, daß jede Ausprägung des betreffenden Relationenschemas das kartesische Produkt ihrer Projektionen auf die disjunkten Attributmengen X und S \ X ist.

5.5.2 Mehrwertige Abhängigkeiten und verlustfreie Zerlegungen

Gegeben sei ein Relationenschema RS (S; E); sei X ∪ Y = S. RS (S; E) ist bezüglich X und Y *verlustfrei zerlegbar,* wenn für jede Relation R (S) ∈ RS (S; E) gilt, daß der natürliche Gleichverbund ihrer Projektionen auf die Attributmengen X und Y wieder R (S) ergibt:

R (S) [X] * R (S) [Y] = R (S).

Beispiel 5.46
Die Relation R (S) im Beispiel 5.11 (Abschnitt 5.1.5.4) ist nicht verlustfrei zerlegbar bezüglich {A, B, C} und {A, D}.

Es gilt [*Fagin,* 1977]: ein Relationenschema RS (S; E) ist genau dann bezüglich X und Y ($X \cup Y = S$) verlustfrei zerlegbar, wenn die mehrwertige Abhängigkeit $X \cap Y \twoheadrightarrow Y$ in RS (S; E) gilt (und damit nach den Regeln des nächsten Abschnittes auch $X \cap Y \twoheadrightarrow X$ und $X \cap Y \twoheadrightarrow Y \setminus X$). Diese Eigenschaft kann auch zur Definition der mehrwertigen Abhängigkeit herangezogen werden.

Die Verallgemeinerung der verlustfreien Zerlegung auf mehr als zwei Projektionen führt zum Begriff der Verbundabhängigkeit (siehe Abschnitt 5.6.1).

5.5.3 Ableitungsregeln für mehrwertige Abhängigkeiten

Ebenso wie bei den funktionalen Abhängigkeiten werden durch gegebene mehrwertige Abhängigkeiten weitere impliziert. Dafür gelten folgende *Ableitungsregeln*:

MA 0 (Komplementregel):
Ist $S = X \cup Y \cup Z$, $Y \cap Z \subseteq X$, dann gilt:
$X \twoheadrightarrow Y$ genau dann, wenn $X \twoheadrightarrow Z$.
MA 1(Reflexivität):
Aus $Y \subseteq X$ folgt $X \twoheadrightarrow Y$.
MA 2 (Erweiterung):
Aus $Z \subseteq W$ und $X \twoheadrightarrow Y$ folgt $XW \twoheadrightarrow YZ$.
MA 3 (Transitivität):
Aus $X \twoheadrightarrow Y$ und $Y \twoheadrightarrow Z$ folgt $X \twoheadrightarrow Z \setminus Y$.
MA 4 (Pseudotransitivität):
Aus $X \twoheadrightarrow Y$ und $YW \twoheadrightarrow Z$ folgt $XW \twoheadrightarrow Z \setminus YW$.
MA 5 (Vereinigung):
Aus $X \twoheadrightarrow Y$ und $X \twoheadrightarrow Z$ folgt $X \twoheadrightarrow YZ$.
MA 6 (Dekomposition):
Aus $X \twoheadrightarrow Y$ und $X \twoheadrightarrow Z$ folgen
$X \twoheadrightarrow Y \cap Z$, $X \twoheadrightarrow Y \setminus Z$ und $X \twoheadrightarrow Z \setminus Y$.

Die Regeln MA 0, MA 1 und MA 3 bilden ein korrektes und vollständiges *Axiomensystem* für mehrwertige Abhängigkeiten [*Mendelzon*], genügen also auch, um die anderen Regeln abzuleiten. Dasselbe gilt für das System MA 0, MA 1 und MA 4. Es wurden jedoch alle Regeln angeführt, weil sie in der Praxis von Nutzen sind. Außerdem sei auf die Parallelität zwischen den Regeln MA 1 bis MA 6 und den Regeln FA 1 bis FA 6 für funktionale Abhängigkeiten hingewiesen.

5.5.4 Gemischte Ableitungsregeln

Es wurde bereits darauf hingewiesen, daß jede funktionale Abhängigkeit als Spezialfall einer mehrwertigen Abhängigkeit betrachtet werden kann. Für das Zusammenwirken funktionaler und mehrwertiger Abhängigkeiten gelten folgende *„gemischte" Ableitungsregeln*:

FA–MA 1: Aus $X \rightarrow Y$ folgt $X \twoheadrightarrow Y$.

FA–MA 2: Sei $Y \cap Z = \{\}$, $Z' \subseteq Z$, $X \twoheadrightarrow Z$ und $Y \rightarrow Z'$. Dann gilt $X \rightarrow Z'$.

FA–MA 3: Aus $X \twoheadrightarrow Y$ und $XY \rightarrow Z$ folgt $X \rightarrow Z \setminus Y$.

Sind eine Menge F funktionaler Abhängigkeiten und eine Menge M mehrwertiger Abhängigkeiten gegeben, so kann man i.a. mit Hilfe der gemischten Ableitungsregeln funktionale Abhängigkeiten ableiten, die sich nicht aus F mit Hilfe der Regeln FA 1 bis FA 3 erzeugen lassen, weil sie nicht durch F allein, sondern durch $M \cup F$ impliziert werden. Die gemischten Regeln erzeugen jedoch keine zusätzlichen echten mehrwertigen Abhängigkeiten. (FA–MA 1 erzeugt ja nur unechte mehrwertige Abhängigkeiten.)

Beeri/Fagin/Howard [1977] bewiesen, daß das Regelsystem {FA 1, FA 2, FA 3, MA 0, MA 1, MA 3, FA–MA 1, FA–MA 2} ein vollständiges und korrektes Axiomensystem für funktionale und mehrwertige Abhängigkeiten bildet. In diesem System kann MA 3 durch MA 4 ersetzt werden, eine weitere Reduktion ist jedoch nicht möglich.

Die intuitiv schwer verständliche Regel FA–MA 2 läßt sich im Axiomensystem durch folgende Regel ersetzen [*Zaniolo,* 1980]:

FA–MA 2′ (gemischte Transitivität):
Aus $X \twoheadrightarrow Y$ und $Y \rightarrow Z$ folgt $X \rightarrow Z \setminus Y$.

Weiterhin können Regeln aus dem Axiomensystem auf folgende Weise ausgetauscht werden [*Biskup*]:
Regel MA 3 kann ersetzt werden durch:

MA 3′ (Teilmengenregel):
Aus $X \twoheadrightarrow W$ und $Z \twoheadrightarrow T$ mit $Z \cap W = \{\}$ folgt
$X \twoheadrightarrow W \cap T$ und $X \twoheadrightarrow W \setminus T$.

Regel FA–MA 2 bzw. FA–MA 2′ kann ersetzt werden durch:

FA–MA 2″ (gemischte Teilmengenregel):
Aus $X \twoheadrightarrow W$ und $Z \rightarrow T$ mit $Z \cap W = \{\}$ folgt
$X \rightarrow W \cap T$.

5.5.5 Hülle einer Attributmenge und Abhängigkeitsbasis

Die *Hülle einer Attributmenge* $X \subseteq S$ bezüglich einer Menge funktionaler Abhängigkeiten F (die auf der Attributmenge S definiert ist) ist die Menge aller Attribute, deren funktionale Abhängigkeit von X durch F impliziert wird:

$$X^{*}_{F,S} = \{ A \mid X \rightarrow A \in F^{+}(S)\}$$

(siehe Algorithmus 7.2, Aufruf Expansion).

Gegeben sei nun zusätzlich eine Menge M mehrwertiger Abhängigkeiten. Es sei die Gesamtabhängigkeitsmenge $F \cup M$ mit FM bezeichnet. Sei $FM^{+}(S)$ die Menge derjenigen (funktionalen oder mehrwertigen) Abhängigkeiten, die durch FM impliziert werden und daher durch Anwendung der Ableitungsregeln berechnet werden können. Dann wird mit $FM^{+}_{funkt.}(S)$ jene Teilmenge von $FM^{+}(S)$ bezeichnet, deren Elemente die funktionalen Abhängigkeiten sind:

$FM^+_{funkt.}(S) = \{ X \rightarrow Y \mid (X, Y \subseteq S) \wedge (X \rightarrow Y \text{ folgt aus FM}) \}.$

Da die mehrwertigen Abhängigkeiten über die gemischten Ableitungsregeln funktionale Abhängigkeiten implizieren können, die nicht von F allein impliziert werden, ist i.a. $FM^+_{funkt.}(S) \neq F^+(S)$; es gilt aber die Beziehung $F^+(S) \subseteq FM^+_{funkt.}(S)$.

Analog zur Definition der Hülle einer Attributmenge bezüglich funktionaler Abhängigkeiten definiert man die Hülle einer Attributmenge $X \subseteq S$ bezüglich einer Menge funktionaler und mehrwertiger Abhängigkeiten FM (die auf der Attributmenge S definiert ist) als die Menge aller Attribute, deren funktionale Abhängigkeit von X durch FM impliziert wird:

$$X^*_{FM,S} = \{ A \mid X \rightarrow A \in FM^+_{funkt.}(S)\}.$$

Analog definiert man für mehrwertige Abhängigkeiten die Menge

$$X^{**}_{FM,S} = \{ W \mid (W \subseteq S) \wedge (X \twoheadrightarrow W \text{ folgt aus FM}) \}.$$

Diese Menge ist (gemäß MA 5 und MA 6) gegenüber Vereinigung, Durchschnitt und Mengendifferenz abgeschlossen. Es ist daher möglich, Attributmengen $W_i (i = 1, \ldots, w)$ anzugeben, aus denen sich alle $W \in X^{**}_{FM,S}$, d.h. alle Attributmengen, die schwach von X abhängen, zusammensetzen lassen:

Die *Abhängigkeitsbasis* $\mathbf{DEP}_{S,FM}(X)$ einer Attributmenge $X \subseteq S$ bezüglich einer Menge funktionaler und mehrwertiger Abhängigkeiten FM (die auf S definiert ist) im Kontext S ist diejenige (eindeutige) Menge von Attributmengen W_i, für die gilt:

a) $X \twoheadrightarrow W_i$ folgt aus FM, d.h. $X \twoheadrightarrow W_i \in FM^+(S)$ für alle i;
b) für jedes $X \twoheadrightarrow Y \in FM^+(S)$ gilt: Y ist eine Vereinigung einer oder mehrerer W_i.

Die Abhängigkeitsbasis hat folgende wichtige Eigenschaften:

1) $\mathbf{DEP}_{S,FM}(X)$ ist eine Partition von S, d.h. $W_i \cap W_j = \{\}$ für $i \neq j$, sowie $\bigcup_i W_i = S$.
2) Falls $A \in X^*_{FM,S}$, so gilt $\{A\} \in \mathbf{DEP}_{S,FM}(X)$, d.h. jedes Element der Hülle von X bezüglich FM ist, als einelementige Menge betrachtet, Element der Abhängigkeitsbasis von X bezüglich FM im Kontext S.

Beispiel 5.47

Sei $S = \{A, B, C, D, G, H, I, J, K, L\}$,
$F = \{AB \rightarrow C, G \rightarrow DK, CG \rightarrow I\}$,
$M = \{AB \twoheadrightarrow DLKG, A \twoheadrightarrow B, ABG \twoheadrightarrow LH, AB \twoheadrightarrow LIJ\}$,
$FM = F \cup M$.

Die Hüllen der Attributmenge AB bezüglich F und FM sind:

$$AB^*_{F,S} = ABC$$

$$AB^*_{FM,S} = ABCI.$$

Die funktionale Abhängigkeit $AB \rightarrow I$ folgt nicht aus F allein, jedoch aus FM: setzt man in Regel FA–MA 2 $X = AB$, $Y = CG$, $Z = LIJ$ und $Z' = I$, so folgt $AB \rightarrow I$.

Die Abhängigkeitsbasis von AB ist

$$\mathbf{DEP}_{S,\,FM}\,(AB) = \{A, B, C, DKG, L, H, I, J\}.$$

5.5.6 Probleme bei der Aufstellung mehrwertiger Abhängigkeiten

In der Praxis ist es oft nicht einfach, den richtigen Kontext mehrwertiger Abhängigkeiten zu bestimmen, und entsprechende Vorsicht ist bei ihrer Aufstellung geboten [*Beeri,* 1979].

Beispiel 5.48
Gegeben sei das Relationenschema RS aus Beispiel 5.45. Es soll zusätzlich noch die Information gespeichert werden, daß jede Lehrveranstaltung eine bestimmte Stundenzahl beansprucht, d.h. ein neues Attribut STUNDENZAHL wird zu S hinzugefügt und die neue funktionale Abhängigkeit

LEHRVERANSTALTUNG → STUNDENZAHL

soll in F aufgenommen werden.
Dann muß allerdings die Definition der mehrwertigen Abhängigkeit in M geändert werden, da aus

STUDIENRICHTUNG ↠ LEHRVERANSTALTUNG und
LEHRVERANSTALTUNG → STUNDENZAHL

laut FA–MA 2′

STUDIENRICHTUNG → STUNDENZAHL

folgen würde, was offenbar nicht realistisch ist.
Eine denkbare Ausprägung des Relationenschemas, wie es eigentlich gemeint ist, wäre

STUDENT	STUDIENRICHTUNG	LEHRVERANSTALTUNG	STUNDENZAHL
E. Bauer	Informatik	Informatik I	3
E. Bauer	Informatik	Mathematik I	4
P. Huber	Geschichte	Mittelalter II	6
P. Huber	Geschichte	Latein	5
K. Berger	Informatik	Informatik I	3
K. Berger	Informatik	Mathematik I	4
R. Wagner	Geschichte	Mittelalter II	6
R. Wagner	Geschichte	Latein	5

Den darzustellenden Tatsachen entspricht daher folgende Definition:

F = { (STUDENT → STUDIENRICHTUNG),
(LEHRVERANSTALTUNG → STUNDENZAHL) }

und

M = { (STUDIENRICHTUNG ↠ {LEHRVERANSTALTUNG,
STUNDENZAHL }) }

Genauere Untersuchungen der Probleme, die bei der Angabe von mehrwertigen Abhängigkeiten entstehen, haben *Beeri* [1979] bzw. *Armstrong/Delobel* [1980] durchgeführt.

5.5.7 Das Membership-Problem für funktionale und mehrwertige Abhängigkeiten

Analog zum Membership-Problem für funktionale Abhängigkeiten stellt sich bei der Untersuchung mehrwertiger Abhängigkeiten folgende Frage: gegeben sei eine Menge FM funktionaler und mehrwertiger Abhängigkeiten über einer Attributmenge S, sowie eine einzelne (funktionale oder mehrwertige) Abhängigkeit a. Wird a von FM impliziert, d.h. gilt $a \in FM^+(S)$?

Ein Algorithmus zur Beantwortung dieses Problems ist in Abschnitt 7.9 angegeben; Algorithmus 7.10 dient zur Berechnung der Abhängigkeitsbasis $\mathbf{DEP}_{S,\,FM}(X)$ und der Hülle $X^*_{FM,S}$ einer Attributmenge X.

5.5.8 Entwurf von Relationenschemata bei Berücksichtigung mehrwertiger Abhängigkeiten; Vierte Normalform

Der Versuch, beim Entwurf von Relationenschemata durch Berücksichtigung von funktionalen Abhängigkeiten Anomalien zu vermeiden, führte zur Definition der Dritten Normalform von Codd bzw. der Boyce-Codd-Normalform. Aus dem folgenden Beispiel wird ersichtlich, daß auch die Einhaltung dieser Normalformen nicht alle Anomalien verhindert.

Beispiel 5.49
Gegeben sei folgendes Relationenschema:

RS ({<u>INSTITUT, PROFESSOR, STUDENT</u>};
{ (INSTITUT $\twoheadrightarrow$ PROFESSOR) })

Eine Ausprägung dieses Schemas ist

R:

INSTITUT	PROFESSOR	STUDENT
Informatik	A. Speicher	L. Lobesam
Informatik	B. Bithuber	L. Lobesam
Informatik	C. Beitmayer	L. Lobesam
Informatik	A. Speicher	M. Fleissig
Informatik	B. Bithuber	M. Fleissig
Informatik	C. Beitmayer	M. Fleissig
Mathematik	D. Satzinger	Q. Zifferer
Mathematik	C. Beitmayer	Q. Zifferer
Mathematik	D. Satzinger	N. Streberer
Mathematik	C. Beitmayer	N. Streberer
Informatik	A. Speicher	N. Streberer
Informatik	B. Bithuber	N. Streberer
Informatik	C. Beitmayer	N. Streberer

Die Bedeutung eines Tupels dieser Relation sei: „Professor x lehrt am Institut y und Student z studiert dort".

Schlüssel dieses Relationenschemas ist die ganze Attributmenge, daher ist das Schema automatisch in Codd-3NF und in BCNF.

Es gilt die Abhängigkeit INSTITUT $\twoheadrightarrow$ PROFESSOR und auf Grund der Ableitungsregel MA 0 auch INSTITUT $\twoheadrightarrow$ STUDENT.

Durch das Bestehen dieser mehrwertigen Abhängigkeiten entstehen Update- und Delete-Anomalien etwa folgender Art:

a) Will man die Information einfügen, daß der Professor E. Schleife am Institut für Informatik lehrt, so muß man ein Tupel für jeden Studenten einfügen, der am Institut für Informatik studiert.

b) Löscht man die Studenten Q. Zifferer und N. Streberer, so geht die Information über die Professoren des Instituts für Mathematik verloren.

Die Zerlegung

RS_1 ({INSTITUT, PROFESSOR} ; { }) und
RS_2 ({INSTITUT, STUDENT} ; { })

weist obige Anomalien nicht mehr auf.

Die am Schluß des obigen Beispiels vorgeschlagene Zerlegung entspricht wohl auch der intuitiven Vorstellung, daß im Relationenschema RS zwei voneinander unabhängige Aussagen in jedem Tupel enthalten sind. Überhaupt könnte man in diesem Fall sagen, daß RS schon von vornherein schlecht entworfen war. Dies ist in einem einfachen Beispiel leicht zu sehen und daher auch bei einem intuitiven Entwurf leicht zu vermeiden; in einem komplizierten Fall aber (mit mehr mehrwertigen und funktionalen Abhängigkeiten) kann eine derartige Situation manchmal wesentlich schwerer zu erkennen sein.

Der Versuch, Anomalien wie die im Beispiel angeführten zu vermeiden, führte zur Definition der Vierten Normalform [*Fagin*, 1977]:

Ein (normalisiertes) Relationenschema RS (S; FM) ist in *Vierter Normalform* (4NF), wenn für jede nichttriviale mehrwertige Abhängigkeit $X \twoheadrightarrow Y \in FM^+(S)$ gilt, daß X ein Oberschlüssel des Relationenschemas ist, d.h. $X \rightarrow S \in FM^+(S)$.

Im obigen Beispiel (5.49) sind die Schemata in der Zerlegung $\{RS_1, RS_2\}$ beide in Vierter Normalform.

An dieser Stelle sei darauf hingewiesen, daß die bisher nur für funktionale Abhängigkeiten definierten Begriffe der Zerlegung von Relationenschemata und der Abhängigkeitstreue analog auf mehrwertige Abhängigkeiten (und weitere Abhängigkeitstypen) erweitert werden können.

Einen Algorithmus zur verlustfreien, aber nicht unbedingt abhängigkeitstreuen Zerlegung von Relationenschemata in 4NF-Teilrelationenschemata gibt *Fagin* [1977] an.

Ein Relationenschema in 4NF ist auch in BCNF (und daher auch in Codd-3NF). Daraus folgt (siehe Abschnitt 5.4.2.4), daß es nicht zu jedem gegebenen Relationenschema eine abhängigkeitstreue Zerlegung in 4NF gibt. Da die Frage, ob es eine solche Zerlegung gibt, NP-vollständig ist, gibt es auch keinen effizienten Algorithmus, dies zu überprüfen. Aus diesem Grund können die mehrwertigen Abhängigkeiten nicht für eine automatische Zerlegung herangezogen werden. Sie können jedoch im Entwurfsprozeß beim Versuch verwendet werden, Relationenschemata zur Vermeidung von noch vorliegenden Anomalien weiter zu zerlegen. Dies gilt ebenso für die in den folgenden Abschnitten behandelten weiteren Abhängigkeitstypen.

5.5.9 Eingebettete mehrwertige Abhängigkeiten

Ein wesentlicher Unterschied zu den funktionalen Abhängigkeiten besteht bei den mehrwertigen Abhängigkeiten darin, daß sie vom „Kontext" abhängig sind, d.h. von der Gesamtattributmenge S. Die Abhängigkeit $X \twoheadrightarrow Y$ ist laut Definition nicht nur durch X und Y selbst bestimmt, sondern auch von der Menge Z, die durch $Z = S \setminus (X \cup Y)$ definiert ist. Dies drückt sich in der Regel MA 0 aus, die S benötigt und auch keine Entsprechung bei den funktionalen Abhängigkeiten hat.

Wegen dieser *Kontextabhängigkeit* müsste man zu jeder mehrwertigen Abhängigkeit eigentlich den Kontext angeben, etwa $X \overset{S}{\twoheadrightarrow} Y$ oder (in der Literatur gebräuchlicher) $X \twoheadrightarrow Y \mid Z$, mit $Z = S \setminus (X \cup Y)$ [*Fagin*, 1977], [*Tanaka/Kambayashi/Yagima*]. Wird jedoch der Kontext (wie bisher) nicht explizit angegeben, so wird die Gesamtattributmenge S des jeweiligen Relationenschemas als Kontext angenommen.

Die Kontextabhängigkeit von mehrwertigen Abhängigkeiten äußert sich auch in folgender Tatsache: gilt in einer Relation R (S) die mehrwertige Abhängigkeit $X \overset{S}{\twoheadrightarrow} Y$, so gilt auch in jeder Projektion R (S) [U] mit $X \cup Y \subseteq U \subseteq S$ die Abhängigkeit $X \overset{U}{\twoheadrightarrow} Y$. Gilt in einer Projektion R (S) [U] mit $U \subsetneqq S$ die mehrwertige Abhängigkeit $X \overset{U}{\twoheadrightarrow} Y$, so folgt daraus jedoch keineswegs, daß $X \overset{V}{\twoheadrightarrow} Y$ in den Projektionen R (S) [V] mit $U \subsetneqq V \subseteq S$ gilt. (Man vergleiche damit die funktionalen Abhängigkeiten, bei denen die obigen Beziehungen in beide Richtungen gelten.)

Gegeben sei ein Relationenschema RS (S; E) sowie zwei Attributmengen X, Y mit $X \cup Y \subseteq U \subsetneqq S$. Sei $Z = U \setminus (X \cup Y)$. Eine *eingebettete mehrwertige Abhängigkeit* (embedded multivalued dependency) $X \overset{U}{\twoheadrightarrow} Y$ oder $X \twoheadrightarrow Y \mid Z$ der Attributmenge Y von der Attributmenge X im Kontext U ist eine Einschränkung $s \in E$ der Form

$$s = \langle S, \text{„für jeden X-Wert x und jeden Z-Wert z gilt } (\sigma_{X=x}\, R(S))\,[Y] = (\sigma_{(X=x)\,\wedge\,(Z=z)}\, R(S))\,[Y]\text{"}\rangle.$$

Eine eingebettete mehrwertige Abhängigkeit ist also eine mehrwertige Abhängigkeit, deren Kontext eingeengt ist. Sie entspricht einer auf den Projektionen R (S) [U] definierten gewöhnlichen mehrwertigen Abhängigkeit.

Beispiel 5.50
Gegeben sei das Relationenschema RS (S; E) mit
$S = \{A, B, C, D, G, H\}$ und
$E = \{AB \twoheadrightarrow CD \mid G\}$
Eine Ausprägung von RS (S; E) ist

R (S):

A	B	C	D	G	H
a1	b1	c1	d1	g1	h1
a1	b1	c2	d1	g1	h2
a1	b1	c3	d2	g1	h3
a2	b1	c1	d2	g2	h4
a1	b1	c1	d1	g3	h5
a1	b1	c2	d1	g3	h6
a1	b1	c3	d2	g3	h7
a2	b1	c1	d2	g3	h8

Hier gilt die mehrwertige Abhängigkeit AB $\twoheadrightarrow$ CD nur im Kontext ABCDG (siehe Beispiel 5.44), jedoch nicht im Kontext S.

Beispiel 5.51
Gegeben sei das Relationenschema RS aus Beispiel 5.45. RS ist eine Projektion des Relationenschemas RS_1 (S_1 ; E), mit

S_1 = S ∪ {JAHR} und
E = { (STUDENT → STUDIENRICHTUNG),
(STUDIENRICHTUNG $\twoheadrightarrow$ LEHRVERANSTALTUNG | STUDENT) }.

Die Bedeutung eines Tupels von RS_1 ist „Student x studiert Studienrichtung y und inskribiert die Pflichtlehrveranstaltung z im Jahr j". Jeder Student studiert genau eine Studienrichtung und muß alle Pflichtvorlesungen dieser Studienrichtung mindestens einmal inskribieren; in welchem Jahr er dies tut, ist jedoch nicht vorgeschrieben. Es ist auch möglich, eine Vorlesung mehrmals zu belegen.

Die Abhängigkeit STUDIENRICHTUNG $\twoheadrightarrow$ LEHRVERANSTALTUNG gilt nur im Kontext S, aber nicht in S_1, ist also eine eingebettete mehrwertige Abhängigkeit.

Beispiel 5.52
Im erweiterten Relationenschema des Beispiels 5.48 ist STUDIENRICHTUNG $\twoheadrightarrow$ LEHRVERANSTALTUNG | STUDENT ebenfalls eingebettet.

Die Unterscheidung zwischen gewöhnlichen und eingebetteten mehrwertigen Abhängigkeiten, die durch die Kontextabhängigkeit notwendig gemacht wird, erschwert den Design-Prozeß beträchtlich. Es ist daher versucht worden, der Kontextabhängigkeit auszuweichen, d.h. ohne die Regel MA 0 auszukommen. Dies erwies sich jedoch als unmöglich. Von *Biskup* [1978] und *Mendelzon* [1979] wurde gezeigt, daß man zumindest eine abgeschwächte Version von MA 0 braucht, und zwar die Regel { } $\twoheadrightarrow$ S.

Eine vollständige Axiomatisierung der funktionalen, mehrwertigen und eingebetteten mehrwertigen Abhängigkeiten ist bis jetzt noch nicht gelungen. Es ist jedoch einfach zu zeigen, daß durch Berücksichtigung eingebetteter mehrwertiger Abhängigkeiten zusätzliche funktionale und mehrwertige Abhängigkeiten impliziert werden.

5.6 Weitere Abhängigkeiten

5.6.1 Verbundabhängigkeiten

Es wurde bereits darauf hingewiesen, daß ein Relationenschema RS (S; E) genau dann bezüglich X und Y mit $X \cup Y = S$ verlustfrei zerlegbar ist, wenn die mehrwertige Abhängigkeit $X \cap Y \twoheadrightarrow Y$ in RS (S; E) gilt (siehe Abschnitt 5.5.2). Bei dieser Überlegung ging es um die Zerlegung eines Relationenschemas in genau zwei seiner Projektionen. Verallgemeinert man die Fragestellung auf verlustfreie Zerlegungen in mehr als zwei Projektionen, so könnte man versucht sein, schrittweise vorzugehen, indem man jeweils eine Zerlegung in zwei Teilschemata durchführt und diese Teile dann weiter zerlegt.

Es gibt jedoch auch Relationenschemata, bei denen eine verlustfreie Zerlegung in zwei Teile nicht möglich ist, wohl aber eine Zerlegung in drei oder mehr Projektionen (gleichzeitig) [*Aho/Beeri/Ullman*], [*Rissanen,* 1978].

Beispiel 5.53 [*Delobel,* 1980]

Sei S = {A, B, C} und R (S) eine mögliche Ausprägung eines Relationenschemas RS (S; E):

R (S):

A	B	C
a1	b1	c1
a2	b1	c1
a1	b2	c1
a1	b1	c2

Die Projektionen von R (S) auf alle Attributpaare sind:

R [AB]:

A	B
a1	b1
a2	b1
a1	b2

R [BC]:

B	C
b1	c1
b2	c1
b1	c2

R [AC]:

A	C
a1	c1
a2	c1
a1	c2

Es gilt: R (S) = R [AB] * R [BC] * R [AC], jedoch
R (S) ≠ R [AB] * R [BC],
R (S) ≠ R [AB] * R [AC],
R (S) ≠ R [BC] * R [AC].

R (S) ist also nur bezüglich AB, BC und AC gleichzeitig verlustfrei zerlegbar. Gilt diese Eigenschaft für alle Ausprägungen des Relationenschemas RS (S; E), so bildet sie eine Einschränkung $e \in E$, die Verbundabhängigkeit genannt wird und mit * [AB] [BC] [AC] bezeichnet wird.

Gegeben sei ein Relationenschema RS (S; E) sowie $X_i \subseteq S$ (für i = 1, . . . , n) mit

$$\bigcup_{i=1}^{n} X_i = S.$$

Eine *Verbundabhängigkeit* (join dependency) $\overset{n}{\underset{i=1}{*}} [X_i]$ oder $* [X_1] [X_2] \ldots [X_n]$ ist eine Einschränkung $e \in E$ der Form $e = \langle S, \text{„}R(S) = \overset{n}{\underset{i=1}{*}} R[X_i]\text{“}\rangle$.

In Abhängigkeit von n werden Verbundabhängigkeiten in der Literatur oft mit n-JD (2-JD, 3-JD, ...) bezeichnet.

Es ist sofort einzusehen, daß jede mehrwertige Abhängigkeit $X \overset{S}{\twoheadrightarrow} Y$ gleichzeitig eine Verbundabhängigkeit $* [X \cup Y] [X \cup (S \setminus Y)]$ ist; mehrwertige Abhängigkeiten sind also ein Sonderfall von Verbundabhängigkeiten.

Ähnlich wie für die bisher behandelten Abhängigkeitstypen ist auch eine Normalform für Relationenschemata definiert worden, die die Verbundabhängigkeiten berücksichtigt. Diese heißt *Projektions-Verbund-Normalform* (PJ/NF) [*Fagin*, 1979] und impliziert die Vierte Normalform.

Wie bei den mehrwertigen Abhängigkeiten kann man auch *eingebettete Verbundabhängigkeiten* untersuchen [*Delobel*, 1980], [*Beeri/Vardi*].

5.6.2 Hierarchische Abhängigkeiten

Gegeben sei ein Relationenschema RS (S; E) und paarweise disjunkte Attributmengen

$$X, Y_1, Y_2, \ldots, Y_k, W \text{ mit } X \cup Y_1 \cup Y_2 \cup \ldots \cup Y_k \cup W = S.$$

Eine *hierarchische Abhängigkeit* (first order hierarchical decomposition, FOHD, [*Delobel*, 1978]) $X : Y_1 \mid Y_2 \mid \ldots \mid Y_k$ ist eine Einschränkung $e \in E$ der Form

$$e = \langle S, \text{„für jeden X-Wert x gilt } (\sigma_{X=x} R(S))[Y_1 Y_2 \ldots Y_k] =$$

$$(\sigma_{X=x} R(S))[Y_1] \times \ldots \times (\sigma_{X=x} R(S))[Y_k]\text{“}\rangle.$$

Diese Bedingung ist äquivalent zu

$$\text{„}R[XY_1 Y_2 \ldots Y_k] = R[XY_1] * R[XY_2] * \ldots * R[XY_k]\text{“}.$$

Beispiel 5.54

In Erweiterung des Beispiels 5.51 soll noch die Information hinzugefügt werden, welche Institute die verschiedenen Studienrichtungen betreuen; die Stundenanzahl der Pflichtlehrveranstaltungen soll auch angegeben werden. Damit ist

S = {STUDENT, STUDIENRICHTUNG, LEHRVERANSTALTUNG,
STUNDENZAHL, JAHR, INSTITUT}.

Die Bedeutung eines Tupels ist jetzt „Student x studiert Studienrichtung y und inskribiert die Pflichtlehrveranstaltung z, die n-stündig ist, im Jahr j; die Studienrichtung y wird (unter anderem auch) vom Institut k betreut“. Die Bemerkungen im Beispiel 5.51 gelten weiter, eine Studienrichtung kann von mehreren Instituten betreut werden. Da die Beziehungen

STUDIENRICHTUNG – STUDENT,
STUDIENRICHTUNG – (LEHRVERANSTALTUNG, STUNDENZAHL), sowie
STUDIENRICHTUNG – INSTITUT

voneinander unabhängig sind, besteht hier eine hierarchische Abhängigkeit:

E = { (STUDENT → STUDIENRICHTUNG),
(LEHRVERANSTALTUNG → STUNDENZAHL),
(STUDIENRICHTUNG : STUDENT |
LEHRVERANSTALTUNG, STUNDENZAHL |
INSTITUT) }.

Eine Ausprägung des Relationenschemas RS (S; E) ist

R (S):

STUDENT	STUDIENRICHTUNG	LEHRVERANSTALTUNG	STUNDENZAHL	JAHR	INSTITUT
E. Bauer	Informatik	Informatik I	3	79/80	Informatik
E. Bauer	Informatik	Informatik I	3	79/80	Mathematik
E. Bauer	Informatik	Mathematik I	4	79/80	Informatik
E. Bauer	Informatik	Mathematik I	4	79/80	Mathematik
P. Huber	Geschichte	Mittelalter II	6	78/79	Geschichte
P. Huber	Geschichte	Neuzeit I	5	79/80	Geschichte
K. Berger	Informatik	Informatik I	3	78/79	Informatik
K. Berger	Informatik	Informatik I	3	78/79	Mathematik
K. Berger	Informatik	Mathematik I	4	79/80	Informatik
K. Berger	Informatik	Mathematik I	4	79/80	Mathematik
R. Wagner	Geschichte	Mittelalter II	6	77/78	Geschichte
R. Wagner	Geschichte	Neuzeit I	5	78/79	Geschichte
R. Wagner	Geschichte	Neuzeit I	5	80/81	Geschichte
E. Bauer	Informatik	Informatik I	3	80/81	Informatik
E. Bauer	Informatik	Informatik I	3	80/81	Mathematik

Jede hierarchische Abhängigkeit $X : Y_1 \mid Y_2 \mid \ldots \mid Y_k$ ist äquivalent zu einer Menge von eingebetteten mehrwertigen Abhängigkeiten

$$X \twoheadrightarrow Y_i \ (i = 1, \ldots, k) \text{ im Kontext } X \cup Y_1 \cup Y_2 \cup \ldots \cup Y_k.$$

Ist $W = \{\}$, d.h. $X \cup Y_1 \cup Y_2 \cup \ldots \cup Y_k = S$, so spricht man von einer *totalen hierarchischen Abhängigkeit* oder einer verallgemeinerten mehrwertigen Abhängigkeit; sie ist äquivalent zu einer Menge von mehrwertigen Abhängigkeiten $X \overset{S}{\twoheadrightarrow} Y_i$ $(i = 1, \ldots, k)$. Jede totale hierarchische Abhängigkeit ist eine Verbundabhängigkeit der Form $* [XY_1] [XY_2] \ldots [XY_k]$. Es handelt sich also um den Sonderfall der Verbundabhängigkeit, in welchem der Durchschnitt der Attributmengen je zweier Projektionen jeweils derselbe ist (X).

Beispiel 5.55
Wird das Relationenschema des vorigen Beispiels auf die Attributmenge S \ {JAHR} projiziert, so wird die hierarchische Abhängigkeit total.

Die Bezeichnung „hierarchische Abhängigkeit" leitet sich aus einer Betrachtung der betreffenden Objektbeziehungen ab, die einer Hierarchie entsprechen. Jeder X-Wert (der linken Seite) bestimmt voneinander unabhängige Y_1-, Y_2-, ..., Y_k-Wertemengen, die man in einer Baumstruktur veranschaulichen kann. In diesem Sinn wird bei einer hierarchischen Abhängigkeit $X : Y_1 \mid Y_2 \mid \ldots \mid Y_k$ die Attributmenge X als Wurzelsegment (root segment) und Y_i ($i = 1, \ldots, k$) als Segmente der Abhängigkeit bezeichnet.

Beispiel 5.56
Die hierarchische Abhängigkeit in der Relation R (S) des Beispiels 5.54 kann in der Baumstruktur in Abb. 5.1a dargestellt werden. Die Abhängigkeit selbst ist in Abb.5.1b schematisiert.

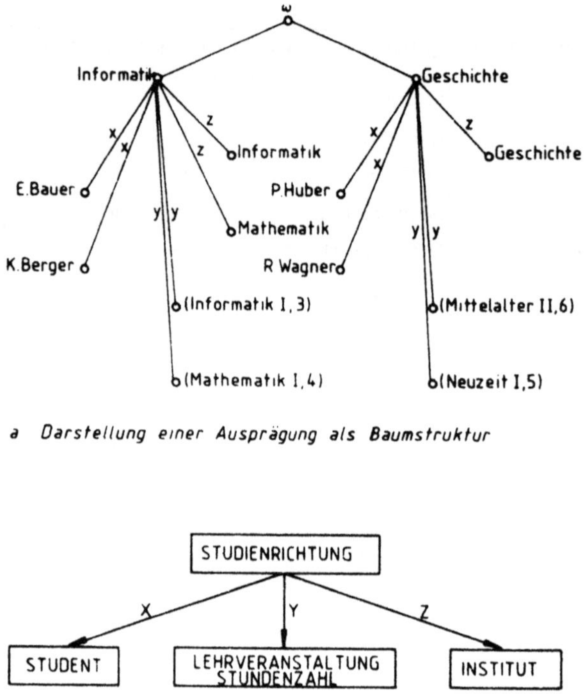

a Darstellung einer Ausprägung als Baumstruktur

b Schematisierung

Abb. 5.1 Hierarchische Abhängigkeit

5.6.3 Die Projektions-Verbund-Abbildung

Gegeben sei eine Attributmenge S sowie eine Menge von Attributmengen $\mathbf{X} = \{X_i \mid i = 1, \ldots, k\}$ mit $\bigcup_{i=1}^{k} X_i = S$. Es wurde bereits (s. Abschnitt 5.1.5.4) darauf hingewiesen, daß der Verbund der Projektionen einer Relation R (S) auf die Attributmengen $X_i \in \mathbf{X}$ nicht notwendigerweise wieder R (S) ergibt; es gilt vielmehr allgemein:

$$R'(S) = \mathop{*}_{i=1}^{k} (R(S)[X_i]) \supseteq R(S).$$

Die Zuordnung jeder Relation R (S) zur Relation $\mathop{*}_{i=1}^{k} (R(S)[X_i])$ bezeichnet man als *Pro-*

jektions-Verbund-Abbildung pv_X (project-join mapping) bezüglich **X**. Es handelt sich also um eine Abbildung, deren Definitionsbereich und Wertebereich die Menge aller Relationen über der Attributmenge S sind.

Eine Relation R (S), die durch die Projektions-Verbund-Abbildung auf sich selbst abgebildet wird, bei der also gilt pv_X R (S) = R (S), heißt *Fixpunkt* der Abbildung. Jeder Fixpunkt kann demnach durch Projektion auf die Attributmengen $X_i \in \mathbf{X}$ verlustfrei zerlegt werden.

Die Projektions-Verbund-Abbildung pv_X hat folgende Eigenschaften:

1) $R(S) \subseteq pv_X(R(S))$.
2) $pv_X(R(S)) = pv_X(pv_X(R(S)))$. (Idempotenz)
3) Falls $R_1(S) \subseteq R_2(S)$, so gilt $pv_X(R_1(S)) \subseteq pv_X(R_2(S))$ (Monotonie)

Sei nun ein Relationenschema RS (S; E) definiert. Sind alle Ausprägungen R (S) von RS (S; E) Fixpunkte der Abbildung pv_X, so bedeutet das, daß die Zerlegung von RS (S; E) gemäß **X** in Teilrelationenschemata mit Attributmengen $X_1, X_2, \ldots, X_k$ verbundtreu ist. Dies ist gleichbedeutend damit, daß die Verbundabhängigkeit $* [X_1] \ldots [X_k]$ durch die Abhängigkeiten in E impliziert wird.

5.6.4 Überprüfung von Verbundabhängigkeiten mit Hilfe der Tableau-Technik

Wie im vorigen Abschnitt seien ein Relationenschema RS (S; E) sowie eine Menge von Attributmengen $\mathbf{X} = \{X_1, \ldots, X_k\}$ mit $\bigcup_{i=1}^{k} X_i = S$ gegeben. Es soll überprüft werden, ob RS (S; E) verlustfrei in Relationenschemata mit Attributmengen $X_1, X_2, \ldots, X_k$ zerlegt werden kann, d.h. ob E die Verbundabhängigkeit $* [X_1] \ldots [X_k]$ impliziert.

Diese Frage ist analog zum Membership-Problem bei funktionalen und mehrwertigen Abhängigkeiten. Zu ihrer Beantwortung kann die *Tableau-Technik* herangezogen werden [*Aho/Beeri/Ullman*], die anhand eines Beispiels erläutert werden soll [*Maier/Mendelzon/Sagiv*].

Beispiel 5.57
Sei S = {A, B, C, D, G}, **X** = {ABD, BCG, DG},
E = { (B → C), (BD → G), (* [CDG] [ABG]) }
Die letzte Abhängigkeit kann auch als mehrwertige Abhängigkeit G →→ CD geschrieben werden, die Darstellung als Verbundabhängigkeit wird hier jedoch vorgezogen.

Sei R (S) eine beliebige Ausprägung von RS (S; E). Falls die Verbundabhängigkeit * [ABD] [BCG] [DG] in RS (S; E) gilt, so ist R (S) ein Fixpunkt der Projektions-Verbund-Abbildung pv_X. Es müssen daher die Bedingungen dafür untersucht werden, daß für jedes R (S) ∈ RS (S; E) gilt: $pv_X(R(S)) = R(S)$.

Man kann $pv_X(R(S))$ auch folgendermaßen charakterisieren, indem man sich der Tupelschreibweise bedient:

$$
\begin{aligned}
pv_X(R(S)) = \{ \langle a_1, a_2, a_3, a_4, a_5 \rangle \mid\ & (\langle a_1, a_2, a_4 \rangle \in R(S)[ABD]) \\
& (\langle a_2, a_3, a_5 \rangle \in R(S)[BCG]) \\
& (\langle a_4, a_5 \rangle \in R(S)[DG]) \quad \}
\end{aligned}
$$

Dabei ist $a_1 \in D(A)$, $a_2 \in D(B)$, usw.

Dies kann man auch mit Hilfe von Tupeln aus der ursprünglichen Relation R (S) so schreiben:

$$pv_X (R (S)) = \{\langle a_1, a_2, a_3, a_4, a_5 \rangle \mid \text{es existieren Tupeln } \langle a_1, a_2, b_1, a_4, b_2 \rangle, \langle b_3, a_2, a_3, b_4, a_5 \rangle \text{ und } \langle b_5, b_6, b_7, a_4, a_5 \rangle \text{ in R (S), wobei } b_1, \ldots, b_7 \text{ nicht näher bestimmt sind}\}.$$

Diese Tupeln können in einem *Tableau* zusammengestellt werden:

	A	B	C	D	G
w_1:	a_1	a_2	b_1	a_4	b_2
w_2:	b_3	a_2	a_3	b_4	a_5
w_3:	b_5	b_6	b_7	a_4	a_5

Jede Spalte dieses Tableaus entspricht einem Attribut aus S, wobei die j-te Spalte (j = 1, . . . , 5) nur die „ausgezeichnete Variable" a_j oder beliebige „nichtausgezeichnete Variable" b_ℓ enthalten darf. Im Ausgangszustand kommt jedes b_ℓ im Gesamttableau nur einmal vor. In der i-ten Zeile des Tableaus kommt a_j in jenen Spalten vor, deren Attribut in X_i enthalten ist (i = 1, . . . , k), in den anderen Spalten werden eindeutige b_ℓ eingetragen.

Die Bedeutung des Tableaus ist, anders ausgedrückt, folgende: kommt in pv_X (R (S)) das Tupel $\langle a_1, a_2, a_3, a_4, a_5 \rangle$ vor, so muß es in R (S) Tupel $\langle a_1, a_2, b_1, a_4, b_2 \rangle$, $\langle b_3, a_2, a_3, b_4, a_5 \rangle$ und $\langle b_5, b_6, b_7, a_4, a_5 \rangle$ geben, die jedoch nicht notwendigerweise verschieden sein müssen. Das Tableau beschreibt also in allgemeiner Weise, welche Tupeln in R (S) notwendig enthalten sein müssen, um ein als bestimmt angenommenes „ausgezeichnetes" Tupel $\langle a_1, a_2, a_3, a_4, a_5 \rangle$ in pv_X (R (S)) zu erzeugen. Da es sich um Tupeln in allgemeiner Schreibweise handelt, wird nur von den Zeilen w_1, w_2, w_3 des Tableaus gesprochen.

Durch die Einschränkungen E des Relationenschemas wird nun die Menge der möglichen Tupel eingeschränkt. Aus der funktionalen Abhängigkeit B → C folgt z.B., daß im Tableau $b_1 = a_3$ gelten muß, da die Zeilen w_1 und w_2 in der B-Spalte übereinstimmen. Da a_3 als bestimmt angenommen wurde, wird also an Stelle von b_1 in Zeile w_1 a_3 gesetzt

	A	B	C	D	G
w_1:	a_1	a_2	a_3	a_4	b_2
w_2:	b_3	a_2	a_3	b_4	a_5
w_3:	b_5	b_6	b_7	a_4	a_5

Dieses Tableau bedeutet also: bei Berücksichtigung der funktionalen Abhängigkeit B → C muß es in R (S) Tupel der Form $\langle a_1, a_2, a_3, a_4, b_2 \rangle$, $\langle b_3, a_2, a_3, b_4, a_5 \rangle$ und $\langle b_5, b_6, b_7, a_4, a_5 \rangle$ geben, um in pv_X (R (S)) das Tupel $\langle a_1, a_2, a_3, a_4, a_5 \rangle$ zu erzeugen.

Nun wird die Verbundabhängigkeit * [ABG] [CDG] berücksichtigt. Aus der Existenz von Tupeln der Form $\langle b_3, a_2, a_3, b_4, a_5 \rangle$ und $\langle b_5, b_6, b_7, a_4, a_5 \rangle$ in R (S) folgt, daß dort auch Tupeln der Form $\langle b_3, a_2, b_7, a_4, a_5 \rangle$ und $\langle b_5, b_6, a_3, b_4, a_5 \rangle$ existieren müssen. Das Tableau wird also um diese beiden Zeilen erweitert:

	A	B	C	D	G
w_1:	a_1	a_2	a_3	a_4	b_2
w_2:	b_3	a_2	a_3	b_4	a_5
w_3:	b_5	b_6	b_7	a_4	a_5
w_4:	b_3	a_2	b_7	a_4	a_5
w_5:	b_5	b_6	a_3	b_4	a_5

Hier muß wegen der Abhängigkeit $B \rightarrow C$ in der Zeile w_4 b_7 durch a_3 ersetzt werden; dies muß für jedes Auftreten von b_7 im Tableau geschehen, in diesem Fall also auch in w_3:

	A	B	C	D	G
w_1:	a_1	a_2	a_3	a_4	b_2
w_2:	b_3	a_2	a_3	b_4	a_5
w_3:	b_5	b_6	a_3	a_4	a_5
w_4:	b_3	a_2	a_3	a_4	a_5
w_5:	b_5	b_6	a_3	b_4	a_5

Jetzt wird die funktionale Abhängigkeit $BD \rightarrow G$ berücksichtigt. Durch Vergleich von w_1 und w_4 ergibt sich $b_2 = a_5$, da die Zeilen in der B- und D-Spalte übereinstimmen. Es wird daher b_2 durch a_5 ersetzt:

	A	B	C	D	G
w_1:	a_1	a_2	a_3	a_4	a_5
w_2:	b_3	a_2	a_3	b_4	a_5
w_3:	b_5	b_6	a_3	a_4	a_5
w_4:	b_3	a_2	a_3	a_4	a_5
w_5:	b_5	b_6	a_3	b_4	a_5

Eine nochmalige Anwendung von * [ABG] [CDG] ergibt eine weitere Zeile w_6:

	A	B	C	D	G
w_1:	a_1	a_2	a_3	a_4	a_5
w_2:	b_3	a_2	a_3	b_4	a_5
w_3:	b_5	b_6	a_3	a_4	a_5
w_4:	b_3	a_2	a_3	a_4	a_5
w_5:	b_5	b_6	a_3	b_4	a_5
w_6:	a_1	a_2	a_3	b_4	a_5

Dieses Tableau kann mit Hilfe der gegebenen Abhängigkeiten nicht mehr weiterentwikkelt werden.
Die erste Zeile des Tableaus ergibt indes die Antwort auf die ursprüngliche Fragestellung. Das Tableau hat nämlich nun die Bedeutung: kommt in pv_X (R (S)) das Tupel $\langle a_1, a_2, a_3, a_4, a_5 \rangle$ vor, so muß es bereits in R (S) das Tupel $\langle a_1, a_2, a_3, a_4, a_5 \rangle$ selbst gegeben haben (zusätzlich zu eventuellen anderen Tupeln $\langle b_3, a_2, a_3 . b_4, a_5 \rangle$, usw.). Jedes Tupel von pv_X (R (S)) ist bereits Tupel von R (S), also gilt pv_X (R (S)) $\subseteq$ R (S).
Da immer gilt: pv_X (R (S)) $\supseteq$ R (S), folgt pv_X (R (S)) = R (S).
Damit ist R (S) Fixpunkt von pv_X. Da es sich um eine (allgemein beschriebene) beliebige Ausprägung von RS (S; E) handelt, gilt in RS (S; E) die Verbundabhängigkeit * [ABD] [BCG] [DG]. Die entsprechende Zerlegung ist also verbundtreu.

5.6.5 Tableaux und ihre Transformationsregeln

Die im vorhergehenden Abschnitt eingeführten Tableaux werden nun etwas formaler definiert.

Ein *Tableau* ist eine Matrix, deren Spalten jeweils einem Attribut aus der Gesamtattributmenge $S = \{A_1, A_2, \ldots, A_n\}$ zugeordnet sind. Die Elemente der Matrix sind entweder *ausgezeichnete Variable* (distinguished variables) a_j, $j = 1, \ldots, n$, oder *nichtausgezeichnete Variable* (nondistinguished variables) $b_1, b_2, \ldots$ Jede ausgezeichnete Variable a_j darf ausschließlich in der dem Attribut A_j zugeordneten Spalte auftreten; jedes b_ϱ darf ausschließlich in einer Spalte auftreten (es können in jeder Spalte auch mehrere $b_{\varrho 1}, b_{\varrho 2}, \ldots$ auftreten).

Will man eine funktionale Abhängigkeit $X \rightarrow A_j$ (mit $X \subseteq S$) im Tableau berücksichtigen, so wird das Tableau folgendermaßen transformiert. Stimmen zwei Zeilen w_1 und w_2 des Tableaus in den X-Spalten überein, und sind v_1 bzw. v_2 die Elemente in der A_j-Spalte von w_1 und w_2, so müssen v_1 und v_2 nach folgender Regel gleichgesetzt werden:

1) Ist einer der beiden Elemente v_1 und v_2 die ausgezeichnete Variable a_j, so ist die andere Variable durch a_j zu ersetzen.
2) Sind beide Elemente nichtausgezeichnete Variable $b_{\varrho 1}$ und $b_{\varrho 2}$, so ist die Variable mit dem größeren Index durch die andere zu ersetzen.

Diese Ersetzung ist an jeder Stelle durchzuführen, an der die ersetzte Variable vorkommt. Entstehen im Tableau gleiche Zeilen, so werden alle bis auf eine entfernt.

Um eine Verbundabhängigkeit $* [X_1] \ldots [X_k]$ mit $\bigcup_{i=1}^{k} X_i = S$ im Tableau zu berücksichtigen, wird das Tableau folgendermaßen transformiert: Zeilen $w_1, \ldots, w_k$ des Tableaus (nicht notwendigerweise alle verschieden) heißen verbindbar, falls es eine weitere noch nicht im Tableau enthaltene Zeile w gibt, die in den X_i-Spalten mit der Zeile w_i übereinstimmt (für alle $i = 1, \ldots, k$). Gibt es verbindbare Zeilen $w_1, \ldots, w_k$, so wird die Zeile w zum Tableau hinzugefügt.

Mehrwertige Abhängigkeiten können in ihrer Darstellung als Verbundabhängigkeiten nach der vorherigen Regel behandelt werden.

Um eine Menge E von funktionalen Abhängigkeiten und Verbundabhängigkeiten in einem Tableau vollständig zu berücksichtigen, geht man schrittweise vor, indem jeweils eine der obigen Transformationen durchgeführt wird. Danach wird überprüft, ob die gleiche oder eine andere Abhängigkeit aus E auf das neue Tableau anwendbar ist.

Die Tableau-Technik wird wie folgt zur Überprüfung von Abhängigkeiten verwendet:

a) Um eine Verbundabhängigkeit $* [X_1] \ldots [X_k]$ mit $\bigcup_{i=1}^{k} X_i = S$ (die nicht in E explizit enthalten ist) zu überprüfen, bildet man ein Anfangstableau mit k Zeilen. Die i-te Zeile (für $i = 1, \ldots, k$) erhält in den X_i-Spalten die ausgezeichneten Variablen, die diesen Spalten entsprechen. Alle anderen Elemente der Matrix werden mit verschiedenen nichtausgezeichneten Variablen besetzt. An Hand der Abhängigkeiten in E wird dieses Anfangstableau so lange transformiert, bis keine Veränderung mehr möglich ist. Das Endtableau enthält genau dann eine Zeile, die nur aus den ausgezeichneten Variablen a_j $(j = 1, \ldots, n)$ besteht, wenn die untersuchte Verbundabhängigkeit durch E impliziert wird. Diese Zeile kann eventuell bereits in einem früheren Tableau auftreten, in welchem Fall das Verfahren schon früher abgebrochen werden kann.

b) Um eine funktionale Abhängigkeit $X \rightarrow A_j$ zu überprüfen, bildet man ein Anfangstableau mit 2 Zeilen. Die erste Zeile enthält in jeder Spalte die entsprechende ausgezeichnete Variable, in der zweiten Zeile ausgezeichnete Variable in den X-Spalten, nichtausgezeichnete Variable sonst.
Eine Interpretation dieses Anfangstableaus ist: es wird angenommen, daß in einer Relation R (S) das Tupel $t = \langle a_1, a_2, \ldots, a_n \rangle$ enthalten ist, ebenso ein Tupel t_1 (nicht notwendigerweise von t verschieden), das in den X-Spalten mit t übereinstimmt. Es soll untersucht werden, welche Form t_1 dann haben muß, bzw. welche anderen Tupel noch in R (S) vorkommen müssen, wenn R (S) die Abhängigkeiten in E erfüllt.
An Hand der Abhängigkeiten in E wird dieses Anfangstableau so lange transformiert, bis keine Veränderung mehr eintritt. Die funktionale Abhängigkeit $X \rightarrow A_j$ wird genau dann durch E impliziert, wenn die A_j-Spalte des Endtableaus nur die ausgezeichnete Variable a_j enthält.

c) Die Menge aller Attribute A_j, für die die funktionale Abhängigkeit $X \rightarrow A_j$ von E impliziert wird (ein erweiterter Begriff $X^*_{E,S}$ der Hülle $X^*_{FM,S}$ unter Einbeziehung von Verbundabhängigkeiten) kann gleichzeitig bestimmt werden. Es handelt sich nämlich um genau jene Attribute A_j, deren Spalten im Endtableau des Falls b) nur die entsprechenden ausgezeichneten Variablen enthalten.

d) Eine mehrwertige Abhängigkeit $X \twoheadrightarrow Y$ kann entweder nach Fall a) als Verbundabhängigkeit überprüft werden oder aus dem Endtableau des Falls b) ermittelt werden: $X \twoheadrightarrow Y$ mit $Y \cap X^*_{E,S} = \{\}$ wird genau dann von E impliziert, wenn im Endtableau von b) eine Zeile enthalten ist, die in den Spalten aller Attribute aus $X^*_{E,S} \cup Y$ ausgezeichnete Variable enthält und nichtausgezeichnete Variable in allen anderen.

e) Auf einfache Weise kann man aus demselben Endtableau des Falls b) auch die Abhängigkeitsbasis $\mathbf{DEP}_{S,E}$ (X) bestimmen. Man sucht aus den festgestellten mehrwertigen Abhängigkeiten $X \twoheadrightarrow Y$ jene Y, die keine echten Untermengen Y' mit $X \twoheadrightarrow Y'$ mehr enthalten. Dazu kommen noch die Elemente der Hülle $X^*_{E,S}$, als einelementige Mengen betrachtet.

Beispiel 5.58
Es sei wie vorher

$S = \{A, B, C, D, G\}$,

$E = \{(B \rightarrow C), (BD \rightarrow G), (G \twoheadrightarrow AB)\}$

Es sollen $G^*_{E,S}$ und $\mathbf{DEP}_{S,E}$ (G) bestimmt werden. Das Anfangstableau ist

	A	B	C	D	G
w_1:	a_1	a_2	a_3	a_4	a_5
w_2:	b_1	b_2	b_3	b_4	a_5

Durch Berücksichtigung von $G \twoheadrightarrow AB$ (d.h. * [ABG] [CDG]) erhält man das Tableau

	A	B	C	D	G
w_1:	a_1	a_2	a_3	a_4	a_5
w_2:	b_1	b_2	b_3	b_4	a_5
w_3:	a_1	a_2	b_3	b_4	a_5
w_4:	b_1	b_2	a_3	a_4	a_5

Hier kann nun $B \rightarrow C$ angewendet werden:

	A	B	C	D	G
w_1:	a_1	a_2	a_3	a_4	a_5
w_2:	b_1	b_2	a_3	b_4	a_5
w_3:	a_1	a_2	a_3	b_4	a_5
w_4:	b_1	b_2	a_3	a_4	a_5

BD → G bewirkt keine Veränderung, da die G-Spalte sowieso in allen Zeilen übereinstimmt; eine nochmalige Anwendung von G →→ AB verändert das Tableau auch nicht mehr. Das Endtablau ist erreicht.
Aus diesem Endtableau kann folgendes abgelesen werden:

$G^*_{E,S} = \{C, G\}$, d.h. es gilt G → C;
DEP$_{S,E}(G) = \{C, G, AB, D\}$, es gilt also G →→ AB (gegeben), G →→ D. G →→ C wird bereits durch G → C impliziert. Weiters gelten alle Vereinigungen G →→ ABC, G →→ ABD, G →→ CD, G →→ ABCD.

Das Tableauverfahren ist also eine anschauliche Alternative zu den Membershipalgorithmen für funktionale und mehrwertige Abhängigkeiten. Es berücksichtigt außerdem zusätzliche Verbundabhängigkeiten. Allerdings ist die Komplexität des Tableauverfahrens i.a. exponentiell; falls nur funktionale Abhängigkeiten berücksichtigt werden, ist sie polynomial (von vierter Ordnung). Im Falle, daß nur funktionale bzw. funktionale und mehrwertige Abhängigkeiten berücksichtigt werden, sind also die Membership-Algorithmen 7.2 und 7.9 dem Tableauverfahren überlegen.

Eine Erweiterung des Tableauverfahrens zur Berücksichtigung eingebetteter Verbundabhängigkeiten ist noch nicht genauer untersucht worden.

Bemerkung:
Liu/Demers [1980] geben einen weiteren Algorithmus zur Überprüfung von Verbundabhängigkeiten an, der polynomial von dritter Ordnung ist, wenn nur funktionale Abhängigkeiten berücksichtigt werden.

6. Beispiel zum Relationenmodell

Es soll nun an Hand der ersten Stufe des Beispiels zur Universitätsorganisation (Abschnitt 1.3) die Modellierung im Relationenmodell vorgeführt werden. Es wird versucht, die schrittweise Entwicklung eines solchen Modells zumindest teilweise nachzuzeichnen und einige auftretende Schwierigkeiten zu analysieren.

Zuerst wird das (allen Benutzern gemeinsame) konzeptionelle Modell erstellt; die verschiedenen Sichten der einzelnen Universitätsabteilungen werden anschließend kurz behandelt.

6.1 Objekttypen

Bei Analyse der Problemspezifikation stellt man fest, daß im wesentlichen Daten über Studenten und über Universitätsangestellte gespeichert werden sollen. Es handelt sich also um zwei Hauptobjektgruppen, ihre Eigenschaften und ihre Interaktionen miteinander. Sowohl Studenten als auch Universitätsangestellte sind Personen, und man kann annehmen, daß sie gemeinsame Eigenschaften haben werden; allerdings werden die meisten relevanten Eigenschaften einer Gruppe auf die andere nicht anwendbar sein.

Es ergibt sich daher die Frage, ob man

a) einen Objekttyp PERSON, mit verschiedenen Rollen (als Student, als Universitätsangestellter), oder
b) zwei Objekttypen STUDENT, UNIV_ANGEST mit teilweise gleichartigen Attributen

definieren soll. In beiden Fällen ergeben sich bei der Modellierung Probleme, wie im folgenden aufgezeigt werden wird. Es sei an dieser Stelle darauf hingewiesen, daß dieses Problem aus der Generalisation zweier Objekttypen zu einem übergeordneten Typ PERSON (bzw. aus der Subtypenbildung aus dem Typ PERSON) resultiert, eine Situation, welche im Kapitel 9 genauer untersucht wird.

Schwierigkeiten derselben Art ergeben sich bei der weiteren Analyse der Eigenschaften der Universitätsangestellten. Manche von diesen sind Lehrbeauftragte, manche nicht. Vor allem die ersteren treten in Beziehungen zu den Studenten ein, dies aber gleich in mehreren Rollen, insbesondere als „Lehrer" und als „Prüfer". Es mögen jedoch diese Überlegungen für den Augenblick beiseite gelassen werden.

Für das erste sei nun ein gemeinsamer Objekttyp PERSON definiert, der die Studenten und die Universitätsangestellten zusammenfaßt. Jede erfaßte Person ist also entweder Student oder Universitätsangestellter oder auch gegebenenfalls beides zugleich.

Es sind auch einige weitere einfache Objekttypen von vornherein zu berücksichtigen. Diese sind bei Durchsicht der Problemspezifikation meist leicht zu erkennen:

- STUDIENRICHTUNG
- SEMESTER (eventuell, wenn nicht einfach eine Zeitangabe)
- STAAT
- LEHRVERANSTALTUNG
- DIENSTPOSTEN
- INSTITUT bzw. ABTEILUNG
- FAKULTÄT

Im Laufe der Modellierung wird sich herausstellen, daß auch PRÜFUNGSTYP und LEHRFACH als Objekttypen verwendet werden.

Einige weitere Objekttypen ergeben sich aus Assoziationen der obigen einfachen Typen:

- KURS (Assoziation Lehrveranstaltung–Semester)
- STUDIUM (Assoziation Student–Studienrichtung)
- INSKRIPTION (Assoziation Student–Studienrichtung–Semester)
- PRÜFUNG (Assoziation Student–Prüfer)
- LEHRBEFUGNIS (Assoziation Lehrperson (= Universitätsangestellter)–Lehrfach)

Für die Assoziationstypen KURS, PRÜFUNG und LEHRBEFUGNIS ist zur Identifikation ein zusätzliches Attribut (Kursnummer, Prüfungsdatum, Zeitraum) notwendig, da die Assoziation nicht (wie sonst üblich) eindeutig ist.

6.2 Attribute der einfachen Objekttypen

Die Attribute der obigen einfachen Objekttypen werden nun definiert. Da der Wertebereich der Attribute aus dem Kontext meist klar ist, wird er nur dort explizit erwähnt, wo zusätzliche Erläuterungen notwendig sind.

1. Objekttyp PERSON

a) gemeinsame Attribute für alle Personen

PERSDAT: Personendaten, bestehend aus Vorname, Familienname, Geburtsdatum, Geschlecht, Adresse, Telephonnummer. Da diese Daten im folgenden immer gemeinsam auftreten, wird einfachheitshalber nur der Name PERSDAT für die Menge der einzelnen Attribute VORNAME, FAMNAME, GEBDAT, GESCHL, ADR, TELNR gewählt und in den Algorithmen so verwendet, als ob er ein einziges Attribut wäre. PERSDAT kann dann am Schluß durch die oben angeführten Attribute ersetzt werden.

SOZVNR: Sozialversicherungsnummer, bildet ein Identifikationsmerkmal (Schlüssel) für den Objekttyp PERSON. Es wird angenommen, daß auch Ausländern eine solche Nummer zugeteilt wird.

STAAT: Name des Staates, dessen Staatsbürgerschaft die Person besitzt. Bei Doppelstaatsbürgern wird nur eine Staatsbürgerschaft geführt.

b) Attribute für Studenten

MATRNR: Matrikelnummer, bildet eine Identifikation für die Studenten.

MATURATYP: Code für den Schultyp, bei dem der Student die Matura (Abitur) abgelegt hat.

STUDTYP: Code für den Typ des Studenten (ordentlich, außerordentlich, Gasthörer).

IMMATDAT: Immatrikulationsdatum, d.h. Datum, an dem der Student sich auf der Universität angemeldet hat.

c) Attribute für Universitätsangestellte

PERSNR: Personalnummer, bildet eine Identifikation für die Universitätsangestellten.

AMTSTITEL: z.B. Universitätsprofessor, Amtsrat, usw.

POSTENNR: Nummer des Dienstpostens (siehe Objekttyp DIENSTPOSTEN)

STELLENART: Code für die Stellenart, z.B. Assistent, Professor, Sekretär, Bürobote, Kanzleivorstand.

STELLENTYP: bei Assistenten: Universitätsassistent, Studienassistent; bei Professoren: ordentlicher, außerordentlicher, Gastprofessor, Honorarprofessor; bei anderen Stellen: eine entsprechende Einteilung, falls notwendig, sonst leer.

VERTRAGSDATEN: Daten zum Dienstvertrag, d.h. Vertragsanfang, Vertragsende, Vertragsart, usw. Diese Attribute treten stets gemeinsam auf und werden daher durch nur ein Attribut vertreten.

2. Objekttyp STUDIENRICHTUNG:

SRNAME: Name (Bezeichnung) der Studienrichtung, eindeutig innerhalb der Universität.

SRKENN: Kennzahl für die Studienrichtung, Identifikation.

3. Objekttyp SEMESTER:

SEMESTER: Bezeichnung des Semesters (Sommer-, Wintersemester), z.B. ‚SS 1979', ‚WS 1979/80'.

4. Objekttyp STAAT:

STAAT: Name des Staates.

BEFREIUNG: Befreiung von Studiengebühren für dessen Staatsbürger (ja/nein).

5. Objekttyp LEHRVERANSTALTUNG:

LVNAME: Name der Lehrveranstaltung, Identifikation.

WOCHSTD: Anzahl der Wochenstunden der Lehrveranstaltung.

LVART: Code für die Art der Lehrveranstaltung: Vorlesung (‚VO'), Übung (‚UE'), Seminar (‚SE'), Praktikum (‚PR'), usw.

LEHRFACH: Name des Lehrfachs, dem die Lehrveranstaltung zugeordnet ist.

6. Objekttyp DIENSTPOSTEN:

   POSTENNR: Nummer des Dienstpostens, Identifikation.

   PLSTTYP: Planstellentyp (Code, enthält Information über Gehaltsschema usw.)

   INSTNR: Nummer des Instituts (bzw. der Abteilung), dem (der) der Posten zugeordnet ist (siehe Objekttyp INSTITUT).

   FAKNR: Nummer der Fakultät, der der Posten zugeordnet ist.

7. Objekttypen INSTITUT bzw. ABTEILUNG:

   Um eine einfachere Struktur zu erreichen, wird vereinbart, daß Institute und Abteilungen der Hochschulverwaltung analog numeriert werden. Die Nummern der Institute sind innerhalb der Fakultät eindeutig; die Abteilungen sind ebenfalls eindeutig numeriert. Ebenso wie eine Fakultät den Instituten übergeordnet ist, ist die Universitätsdirektion den Verwaltungsabteilungen übergeordnet und wird daher als Objekt des Typs FAKULTÄT betrachtet.

   INSTNR: Instituts- bzw. Abteilungsnummer, innerhalb der zugehörigen Fakultät (bzw. der Hochschulverwaltung) eindeutig.

   INSTNAM: Instituts- bzw. Abteilungsname, innerhalb der Gesamtuniversität eindeutig.

   Zur Identifikation dient entweder das Attribut INSTNAM oder die Attribute INSTNR und FAKNR (s.u.).

8. Objekttyp FAKULTÄT:

   FAKNR: Fakultätsnummer, Identifikation.

   FAKNAM: Fakultätsname (bzw. „Universitätsdirektion", s.o.), Identifikation.

9. Objekttyp PRÜFUNGSTYP:

   PRTYP: Code für den Prüfungstyp (Diplomprüfung, Kolloquium, Übungsbeurteilung, Rigorosum, usw.), Identifikation.

   PRTAXE: Höhe der Prüfungstaxe (Entgelt für Prüfungsabnahme) für eine Prüfung des entsprechenden Typs.

10. Objekttyp LEHRFACH:

    LEHRFACH: Name des Fachs (Statistik, Volkswirtschaft, usw.), Identifikation.

6.3 Assoziationstypen und ihre Attribute

1. Assoziation KURS:

   KURSNR: Kursnummer, eindeutig innerhalb des Semesters.

   SEMESTER: Bezeichnung des Semesters (s.o.).

   KURSNR und SEMESTER bilden die Identifikation für KURS.

   LVNAME: Name der Lehrveranstaltung.

   LEHRERNR: Personalnummer des Kursleiters. Dieses Attribut wäre identisch mit PERSNR, hier tritt die Person aber in einer zweiten Rolle (als Lehrperson) auf. Eine genauere Begründung der Verwendung eines neuen Attributs wird in Abschnitt 6.5 gegeben.

2. Assoziation STUDIUM:
   MATRNR: Matrikelnummer des Studenten.
   SRKENN: Kennzahl für die Studienrichtung.
   MATRNR und SRKENN bilden die Identifikation für STUDIUM.
   STUDANF: Anfangsdatum des Studiums.

3. Assoziation INSKRIPTION:
   MATRNR: Matrikelnummer des Studenten.
   SRKENN: Kennzahl für die Studienrichtung.
   SEMESTER: Bezeichnung des Semesters.
   MATRNR, SRKENN und SEMESTER bilden die Identifikation für INSKRIPTION.
   INSKDAT: Inskriptionsdatum (für ein bestimmtes Studium in einem bestimmten Semester).

4. Assoziation PRÜFUNG:
   MATRNR: Matrikelnummer des Studenten.
   PRDAT: Prüfungsdatum.
   PRUEFERNR: Personalnummer des Prüfers. Hier tritt die Person in der Rolle des Prüfers auf (genaueres siehe Abschnitt 6.5).
   LEHRFACH: Name des Prüfungsfaches (das Prüfungsfach muß ein Lehrfach sein).
   MATRNR, PRDAT, PRUEFERNR und LEHRFACH bilden die Identifikation für PRÜFUNG.
   NOTE: Prüfungsnote (1, 2, 3, 4, 5).
   PRTYP: Code für den Prüfungstyp.

5. Assoziation LEHRBEFUGNIS:
   PERSNR: Personalnummer des Universitätsangestellten.
   LEHRFACH: Name des Lehrfachs.
   LBANF: Anfangsdatum der Lehrbefugnis.
   PERSNR, LEHRFACH und LBANF bilden die Identifikation für LEHRBEFUGNIS.
   LBEND: Enddatum der Lehrbefugnis (falls sie befristet ist).
   LBTYP: Lehrbefugnistyp (befristet, unbefristet).
   Es wird hier übrigens angenommen, daß alle Lehrbefugte Universitätsangestellte sind. Dies ist in der Praxis nicht so, da Lektoren und Dozenten auch von außerhalb des Universitätsbereiches kommen können. Hier sollen ihnen allerdings trotzdem Personalnummern usw. zugewiesen werden.

6.4 Funktionale Abhängigkeiten

Folgende funktionale Abhängigkeiten werden aufgestellt; sie ergeben sich in einfacher Weise aus dem Bisherigen.

1. Objekttyp PERSON:

a) Äquivalenz der Identifikationsschlüssel:

f_1: SOZVNR $\rightarrow$ MATRNR, PERSNR

f_2: MATRNR $\rightarrow$ SOZVNR

f_3: PERSNR $\rightarrow$ SOZVNR

Diese Äquivalenz ist jedoch nicht vollständig: während es zu jedem vorhandenen Wert von MATRNR bzw. PERSNR einen Wert von SOZVNR gibt, ist nicht zu jedem SOZVNR-Wert ein MATRNR-Wert bzw. ein PERSNR-Wert vorhanden.

b) gemeinsame Attribute:

f_4: SOZVNR → PERSDAT, STAAT

c) Studenten:

f_5: MATRNR → MATURATYP, STUDTYP, IMMATDAT

d) Universitätsangestellte:

f_6: PERSNR → AMTSTITEL, POSTENNR, STELLENART, STELLENTYP, VERTRAGSDATEN

2. Objekttyp STUDIENRICHTUNG:

f_7: SRNAME → SRKENN
f_8: SRKENN → SRNAME

3. Objekttyp SEMESTER:

(keine funktionalen Abhängigkeiten)

4. Objekttyp STAAT:

f_9: STAAT → BEFREIUNG

5. Objekttyp LEHRVERANSTALTUNG:

f_{10}: LVNAME → WOCHSTD, LVART, LEHRFACH

6. Objekttyp DIENSTPOSTEN:

f_{11}: POSTENNR → PLSTTYP, INSTNR, FAKNR

7. Objekttyp INSTITUT:

f_{12}: INSTNR, FAKNR → INSTNAM
f_{13}: INSTNAM → INSTNR, FAKNR

8. Objekttyp FAKULTÄT:

f_{14}: FAKNR → FAKNAM
f_{15}: FAKNAM → FAKNR

9. Objekttyp PRÜFUNGSTYP:

f_{16}: PRTYP → PRTAXE

10. Objekttyp LEHRFACH:

(keine funktionalen Abhängigkeiten)

11. Assoziation KURS:

f_{17}: KURSNR, SEMESTER → LVNAME, LEHRERNR

12. Assoziation STUDIUM:

f_{18}: MATRNR, SRKENN → STUDANF

13. Assoziation INSKRIPTION:

f_{19}: MATRNR, SRKENN, SEMESTER → INSKDAT

14. Assoziation PRÜFUNG

f_{20}: MATRNR, PRDAT, PRUEFERNR, LEHRFACH → NOTE, PRTYP

15. Assoziation LEHRBEFUGNIS:

f_{21}: PERSNR, LEHRFACH, LBANF → LBEND, LBTYP

6.5 Universelles Relationenschema, weitere Abhängigkeiten

Sei ATR die Menge der in 6.2–6.3 definierten Attribute. Nach Abschnitt 5.2.4 wird von einem universellen Relationenschema RS_U (ATR; E_U) ausgegangen, das die obigen funktionalen Abhängigkeiten befolgt. Allerdings kann die Annahme einer universellen Relation nicht in der einfachsten Form aufrechterhalten werden, da bereits bemerkt wurde, daß gewisse Attribute für gewisse Objekte vom Typ PERSON irrelevant sind und daher „unbekannt"-Werte eingetragen werden müßten.

Darauf soll jedoch vorläufig nicht eingegangen werden, es soll vielmehr versucht werden, die Zerlegungsalgorithmen anzuwenden und dadurch zu sinnvollen Teilrelationenschemata zu gelangen.

Die Bedeutung eines Tupels der universellen Relation ist nicht sehr leicht zu erkennen, da die Anzahl der Attribute den Überblick erschwert. Wendet man aber den Zerlegungsalgorithmus nach Osborn (Abschnitt 7.12) an, so enthält eines der Teilrelationenschemata einen Schlüssel für das universelle Schema. Die Überlegungen dazu werden daher auf einen Zeitpunkt nach der Zerlegung aufgeschoben.

Bemerkung: eigentlich sollte ja von einem bestehenden universellen Relationenschema mit vorgegebener Bedeutung ausgegangen werden und daraus die Zerlegung abgeleitet werden. Praktisch wird aber hier zum Teil der umgekehrte Weg beschritten: ausgehend von der Objektstruktur und den gegebenen funktionalen Abhängigkeiten wird eine Zerlegung gebildet und dann überlegt, welche Bedeutung das universelle Relationenschema haben könnte. Ist es nicht sinnvoll, so müssen die Abhängigkeiten bzw. die Attribute so lange modifiziert werden, bis eine „vernünftige" Interpretation des universellen Relationenschemas herauskommt. – Diese Vorgangsweise mag zwar etwas unexakt erscheinen, läßt sich aber damit rechtfertigen, daß auch die Annahme einer universellen Relation (ohne „unbekannt"-Werte) unrealistisch ist; das Ziel ist in jedem Fall nur das, eine brauchbare Zerlegung zu bekommen.

Jetzt schon läßt sich jedoch bemerken, daß einige Zusammenhänge noch nicht berücksichtigt wurden.

a) Jeder Lehrbeauftragte kann auch mehrere Lehrbefugnisse haben, was einer (eventuell eingebetteten) mehrwertigen Abhängigkeit

   PERSNR $\twoheadrightarrow$ LBTYP, LBANF, LBEND, LEHRFACH

   entspricht.

b) Die in jedem Kurs inskribierten Studenten können durch eine mehrwertige Abhängigkeit ungefähr der Art

   SEMESTER, KURSNR $\twoheadrightarrow$ $(\text{MATRNR})^*_{E_U,\text{ATR}}$ (= Hülle von MATRNR bezüglich E_U)

   dargestellt werden.

Da im Moment jedoch wie bemerkt der Überblick fehlt, ist der Kontext dieser Abhängigkeiten nicht ganz klar; sie werden daher später untersucht werden.

Die Einführung verschiedener "Rollen" (und damit verschiedener Attribute) für Personen, die Universitätsangestellte sind (Universitätsangestellte = Lehrbeauftragte, Lehrpersonen, Prüfer) ist aus dem folgenden Grund notwendig: in einem Tupel der universellen

Relation kommt (durch die gegenseitig funktional abhängigen Attribute SOZVNR, MATRNR und PERSNR) vorerst nur eine Person vor. Bei der Prüfung, bzw. auf dem Umweg über die Inskription eines Kurses, treten jedoch Studenten mit einer zweiten Person, dem Prüfer bzw. dem Lehrer, in Assoziation. Aus diesem Grund wird mittels eines weiteren Attributs die zweite Person eingeführt. Geeignete Integritätsregeln müssen natürlich dafür sorgen, daß die unter LEHRERNR und PRUEFERNR angeführten Personalnummern auch wirklich unter PERSNR bereits angeführt sind.

6.6 Erste Zerlegung in Teilrelationenschemata

Die Zerlegung des obigen Relationenschemas nach dem Algorithmus von Osborn (7.12) ergibt folgende Teilrelationenschemata. Für die Relationen werden Namen angegeben, die ihren Inhalt andeuten; diese bestehen meist aus den Namen der beschriebenen Objekttypen.

$RS_{1.1}(S_{1.1}; F_{1.1})$
Relationenname: PERSON
$S_{1.1}$ = {PERSDAT, SOZVNR, STAAT, MATRNR, PERSNR, AMTSTITEL, MATURATYP, STUDTYP, POSTENNR, STELLENART, STELLENTYP, VERTRAGSDATEN, IMMATDAT}
$F_{1.1} = \{f_1, f_2, f_3, f_4, f_5, f_6\}$
Schlüssel sind {SOZVNR}, {MATRNR} und {PERSNR}.

$RS_{1.2}(S_{1.2}; F_{1.2})$
Relationenname: BEFREIUNGSSTATUS
$S_{1.2}$ = {STAAT, BEFREIUNG}
$F_{1.2} = \{f_9\}$
Schlüssel ist {STAAT}.

$RS_{1.3}(S_{1.3}; F_{1.3})$
Relationenname: LEHRVERANSTALTUNG
$S_{1.3}$ = {LVNAME, WOCHSTD, LVART, LEHRFACH}
$F_{1.3} = \{f_{10}\}$
Schlüssel ist {LVNAME}.

$RS_{1.4}(S_{1.4}; F_{1.4})$
Relationenname: DIENSTPOSTEN
$S_{1.4}$ = {POSTENNR, PLSTTYP, INSTNR, FAKNR}
$F_{1.4} = \{f_{11}\}$
Schlüssel ist {POSTENNR}.

$RS_{1.5}(S_{1.5}; F_{1.5})$
Relationenname: INSTITUT
$S_{1.5}$ = {INSTNR, FAKNR, INSTNAM, FAKNAM}
$F_{1.5} = \{f_{12}, f_{13}, f_{14}, f_{15}\}$
Schlüssel sind {INSTNR, FAKNR}, {INSTNR, FAKNAM} und {INSTNAM}.

$RS_{1.6}$ $(S_{1.6}; F_{1.6})$
Relationenname: PRUEFUNGSTYP
$S_{1.6}$ = {PRTYP, PRTAXE}
$F_{1.6} = \{f_{16}\}$
Schlüssel ist {PRTYP}.

$RS_{1.7}$ $(S_{1.7}; F_{1.7})$
Relationenname: KURS
$S_{1.7}$ = {SEMESTER, KURSNR, LVNAME, LEHRERNR}
$F_{1.7} = \{f_{17}\}$
Schlüssel ist {SEMESTER, KURSNR}.

$RS_{1.8}$ $(S_{1.8}; F_{1.8})$
Relationenname: STUDIUM
$S_{1.8}$ = {SOZVNR, MATRNR, PERSNR, SRKENN, SRNAME, STUDANF}
$F_{1.8} = \{f_1, f_2, f_3, f_7, f_8, f_{18}\}$
Schlüssel sind {SOZVNR, SRKENN}, {SOZVNR, SRNAME}, {MATRNR, SRKENN}, {MATRNR, SRNAME}, {PERSNR, SRKENN} und {PERSNR, SRNAME}.

$RS_{1.9}$ $(S_{1.9}; F_{1.9})$
Relationenname: INSKRIPTION
$S_{1.9}$ = {SOZVNR, MATRNR, PERSNR, SRKENN, SRNAME, SEMESTER, INSKDAT}
$F_{1.9} = \{f_1, f_2, f_3, f_7, f_8, f_{19}\}$
Schlüssel sind diejenigen von $RS_{1.8}$, jeweils mit dem zusätzlichen Attribut SEMESTER.

$RS_{1.10}$ $(S_{1.10}; F_{1.10})$
Relationenname: PRUEFUNG
$S_{1.10}$ = {SOZVNR, MATRNR, PERSNR, PRDAT, PRUEFERNR, LEHRFACH, NOTE, PRTYP}
$F_{1.10} = \{f_1, f_2, f_3, f_{20}\}$
Schlüssel sind {SOZVNR, PRDAT, PRUEFERNR, LEHRFACH}, {MATRNR, PRDAT, PRUEFERNR, LEHRFACH} und {PERSNR, PRDAT, PRUEFERNR, LEHRFACH}.

$RS_{1.11}$ $(S_{1.11}; F_{1.11})$
Relationenname: LEHRBEFUGNIS
$S_{1.11}$ = {SOZVNR, MATRNR, PERSNR, LEHRFACH, LBANF, LBEND, LBTYP}
$F_{1.11} = \{f_1, f_2, f_3, f_{21}\}$
Schlüssel sind {SOZVNR, LEHRFACH, LBANF}, {MATRNR, LEHRFACH, LBANF} und {PERSNR, LEHRFACH, LBANF}.

$RS_{1.12}$ $(S_{1.12}; F_{1.12})$
Relationenname: GESAMT
$S_{1.12}$ = {SOZVNR, MATRNR, PERSNR, SRKENN, SRNAME, SEMESTER, KURSNR, PRDAT, PRUEFERNR, LBANF}
$F_{1.12} = \{f_1, f_2, f_3, f_7, f_8\}$
Schlüssel sind diejenigen von $RS_{1.8}$, jeweils mit den zusätzlichen Attributen SEMESTER, KURSNR, PRDAT, PRUEFERNR und LBANF.

Bei dieser Zerlegung fällt vielleicht auf, daß keine überraschenden neuen Strukturen zu Tage kommen; die Relationenschemata enthalten im wesentlichen je eine der gegebenen (Gruppen von) funktionalen Abhängigkeiten, abgesehen von der Einbeziehung aller äquivalenten Schlüsselkomponenten in jedes Relationenschema. Dies ist allerdings eine natürliche Folge dessen, daß bereits von vornherein die Objektstruktur, die Attribute und die Abhängigkeiten übersichtlich geordnet wurden; jedem Relationenschema entspricht ein Objekttyp. Würde man die Attribute und Abhängigkeiten ohne vorherige Objektstrukturanalyse „wild durcheinander" definieren, so würde die Zerlegung auch zur Klärung der Objektstruktur beitragen.

6.7 Untersuchung der ersten Zerlegung

Dasjenige Relationenschema, das den Schlüssel des universellen Relationenschemas enthält (d.i. $RS_{1.12}$ = GESAMT), wird nun untersucht. (Die Bedeutung der anderen Relationenschemata ist klar erkennbar.) Es sind hier die Schlüssel der Objekttypen PERSON, STUDIENRICHTUNG, SEMESTER und KURS voll enthalten. Die Schlüssel der Objekttypen PRÜFUNG und LEHRBEFUGNIS sind jedoch nur teilweise vorhanden, und zwar fehlt das Attribut LEHRFACH. LEHRFACH wird allerdings durch KURS (d.h. durch SEMESTER, KURSNR) funktional bestimmt.

Ein Tupel ⟨a, b, c, d, e, f, g, h, i, j⟩ einer Ausprägung von $RS_{1.12}$ könnte nun, je nach Typ der Person, etwa folgendermaßen interpretiert werden (wobei einfachheitshalber Identifikationsattributwerte stellvertretend für die entsprechenden Objekte genannt werden: „die Person a" bedeutet eigentlich „die Person mit der Sozialversicherungsnummer a", usw.):

- Die Person a ist Student (mit Matrikelnummer b) und studiert die Studienrichtung d (bzw. e), hat im Semester f den Kurs Nummer g inskribiert und eine Prüfung zum Lehrfach, das durch diesen Kurs bestimmt wird, am Datum h beim Prüfer i abgelegt; c und j sind dabei leer (irrelevant).
- Die Person a ist Universitätsbediensteter (mit Personalnummer c) und hat ab Datum j die Lehrbefugnis für das Fach, das durch den angegebenen Kurs (f, g) bestimmt wird; b, d, e, h und i sind dabei leer.

Die Bedeutung eines Tupels der universellen Relation ist nun gleich dieser Aussage, ergänzt um die Attribute, die von den angegebenen funktional abhängen: „Die Person a mit Personaldaten . . . , Staatsbürgerschaft . . . ist Student mit Matrikelnummer b und Immatrikulationsdatum . . . und studiert . . . ", usw.

In dieser Interpretation treten eine Reihe von Problemen auf.

a) Das Lehrfach wird stets nur durch die Attribute SEMESTER und KURSNR bestimmt. Wenn ein Student zu einem Lehrfach, zu dem er keinen Kurs inskribiert hat, eine Prüfung ablegt, so kann das nicht dargestellt werden.

b) Bei Personen, die gleichzeitig Studenten und Universitätsangestellte sind, treten Widersprüche in den Aussagen auf: der Kurs ist ein inskribierter Kurs, bestimmt aber zugleich das Lehrfach einer eventuellen Lehrbefugnis.

c) Die Notwendigkeit, leere Attributwerte zuzulassen, steht im Widerspruch zur Regel, daß der Primärschlüssel einer Relation niemals unbekannte Werte („Nullwerte") enthalten darf.

Außerdem ist $RS_{1.1}$ (PERSON) ebenfalls problematisch:

d) Jede Ausprägung des Relationenschemas $RS_{1.1}$ enthält in (fast) jedem Tupel sehr viele unbekannte Werte, je nach Typ der dargestellten Person.

Um dieser unbefriedigenden Situation abzuhelfen, werden nun einige Änderungen an den ursprünglichen Attributen und funktionalen Abhängigkeiten durchgeführt.

6.8 Änderungen der Schemastruktur

Das Problem a) des vorigen Abschnitts läßt sich dadurch lösen, daß auch für Lehrfächer verschiedene Rollen (und eine genauere Unterteilung) definiert werden, und zwar mit folgenden Attributen:

LEHRFACH: Name des Lehrfachs einer Lehrveranstaltung oder einer Prüfung.
PRFACH: Name des Prüfungsfachs (= Lehrfachname).
LBFACH: Lehrbefugnisfach = Fach, für das eine Lehrbefugnis erteilt wird.

Folgende funktionale Abhängigkeiten werden geändert bzw. neu definiert:

f_{20}: MATRNR, PRDAT, PRUEFERNR, PRFACH → NOTE, PRTYP
f_{21}: PERSNR, LBFACH, LBANF → LBEND, LBTYP

f_{10} bleibt unverändert.

Hier wird eine bedeutsame Voraussetzung des Relationenmodells (unter Annahme der Existenz einer universellen Relation) angeschnitten, nämlich die, daß jedes Attribut eine und nur eine Bedeutung haben darf, genauer gesagt, nur eine Rolle spielen kann. Diese Voraussetzung wird in der Literatur oft nur implizit angenommen, ist aber für alle Modellierungsmethoden wesentlich. Wie aus dem Beispiel an dieser Stelle zu sehen ist, ist es in der Praxis oft gar nicht so einfach, die verschiedenen Rollen der Attribute von vornherein zu erkennen.

Die Probleme b) und d) stehen im Zusammenhang mit der Zweiteilung der Personen in Studenten und Universitätsangestellte. Aus diesem Grund wird nun eine Trennung dieser Objektsubtypen durchgeführt. Es werden statt der Attribute PERSDAT, SOZVNR und STAAT die folgenden Attribute definiert:

SPERSDAT: Personendaten von Studenten.
APERSDAT: Personendaten von Universitätsangestellten.
SSOZVNR: Sozialversicherungsnummern von Studenten.
ASOZVNR: Sozialversicherungsnummern von Universitätsangestellten.
SSTAAT: Staatsbürgerschaft von Studenten.
ASTAAT: Staatsbürgerschaft von Universitätsangestellten.

Folgende funktionale Abhängigkeiten werden geändert bzw. neu eingeführt:

f_{1a}: SSOZVNR → MATRNR
f_{1b}: ASOZVNR → PERSNR
f_2: MATRNR → SSOZVNR
f_3: PERSNR → ASOZVNR
f_{4a}: SSOZVNR → SPERSDAT, SSTAAT
f_{4b}: ASOZVNR → APERSDAT, ASTAAT
f_9: SSTAAT → BEFREIUNG (da der Befreiungsstatus nur für Studenten relevant ist).

An dieser Stelle könnte man versucht sein, die Attribute PERSNR, LEHRERNR und PRUEFERNR, die verschiedene Rollen der Universitätsangestellten darstellen, zu einem einzigen Atribut PERSNR zu vereinigen. Die gegenseitige funktionale Abhängigkeit von PERSNR und MATRNR, die im Abschnitt 6.5 als Motivation für die Auftrennung angeführt wurde, ist ja nun weggefallen. Allerdings wird es aus denselben Gründen, die die Trennung von LEHRFACH in LEHRFACH, PRFACH und LBFACH erforderten, weiterhin notwendig sein, die Rollentrennung der Universitätsangestellten beizubehalten.

Um die Anhäufung von äquivalenten Schlüsseln in allen Relationen zu vermeiden, wird nun eine Zerlegung nach dem Algorithmus von Ling, Tompa und Kameda durchgeführt (Abschnitt 7.13).

6.9 Zweite Zerlegung in Teilrelationenschemata

Das Ergebnis der zweiten Zerlegung ist wie folgt. Den Relationen werden wieder sprechende Relationennamen gegeben. Schlüssel sind alle linken Seiten von Abhängigkeiten im jeweiligen Schema.

$RS_{2.1}$ ($S_{2.1}$; $F_{2.1}$)
Relationenname: STUDENT
$S_{2.1}$ = {SSOZVNR, MATRNR, SPERSDAT, SSTAAT, MATURATYP, STUDTYP, IMMATDAT}
$F_{2.1}$ = {(SSOZVNR → MATRNR, SPERSDAT, SSTAAT),
(MATRNR → SSOZVNR, MATURATYP, STUDTYP, IMMATDAT)}

$RS_{2.2}$ ($S_{2.2}$; $F_{2.2}$)
Relationenname: BEDIENSTETER
$S_{2.2}$ = {ASOZVNR, PERSNR, APERSDAT, ASTAAT, AMTSTITEL, POSTENNR, STELLENART, STELLENTYP, VERTRAGSDATEN}
$F_{2.2}$ = {(ASOZVNR → PERSNR, APERSDAT, ASTAAT),
(PERSNR → ASOZVNR, AMTSTITEL, POSTENNR, STELLENART, STELLENTYP, VERTRAGSDATEN)}

$RS_{2.3}$ ($S_{2.3}$; $F_{2.3}$)
Relationenname: STUDIENRICHTUNG
$S_{2.3}$ = {SRKENN, SRNAME}
$F_{2.3}$ = {(SRKENN → SRNAME), (SRNAME → SRKENN)}

$RS_{2.4}$ ($S_{2.4}$; $F_{2.4}$)
Relationenname: BEFREIUNGSSTATUS
$S_{2.4}$ = {SSTAAT, BEFREIUNG}
$F_{2.4}$ = {(SSTAAT → BEFREIUNG)}

$RS_{2.5}$ ($S_{2.5}$; $F_{2.5}$)
Relationenname: LEHRVERANSTALTUNG
$S_{2.5}$ = {LVNAME, WOCHSTD, LVART, LEHRFACH}
$F_{2.5}$ = {(LVNAME → WOCHSTD, LVART, LEHRFACH)}

$RS_{2.6}$ ($S_{2.6}$; $F_{2.6}$)
Relationenname: DIENSTPOSTEN
$S_{2.6}$ = {POSTENNR, PLSTTYP, INSTNR, FAKNR}
$F_{2.6}$ = {(POSTENNR → PLSTTYP, INSTNR, FAKNR)}

$RS_{2.7}$ ($S_{2.7}$; $F_{2.7}$)
Relationenname: INSTITUT
$S_{2.7}$ = {INSTNR, FAKNR, INSTNAM}
$F_{2.7}$ = {(INSTNR, FAKNR → INSTNAM),
(INSTNAM → INSTNR, FAKNR)}

$RS_{2.8}$ ($S_{2.8}$; $F_{2.8}$)
Relationenname: FAKULTAET
$S_{2.8}$ = {FAKNR, FAKNAM}
$F_{2.8}$ = {(FAKNR → FAKNAM), (FAKNAM → FAKNR)}

$RS_{2.9}$ ($S_{2.9}$; $F_{2.9}$)
Relationenname: PRUEFUNGSTYP
$S_{2.9}$ = {PRTYP, PRTAXE}
$F_{2.9}$ = {(PRTYP → PRTAXE)}

$RS_{2.10}$ ($S_{2.10}$; $F_{2.10}$)
Relationenname: KURS
$S_{2.10}$ = {SEMESTER, KURSNR, LVNAME, LEHRERNR}
$F_{2.10}$ = {(KURSNR, SEMESTER → LVNAME, LEHRERNR)}

$RS_{2.11}$ ($S_{2.11}$; $F_{2.11}$)
Relationenname: STUDIUM
$S_{2.11}$ = {MATRNR, SRKENN, STUDANF}
$F_{2.11}$ = {(MATRNR, SRKENN → STUDANF)}

$RS_{2.12}$ ($S_{2.12}$; $F_{2.12}$)
Relationenname: INSKRIPTION
$S_{2.12}$ = {MATRNR, SRKENN, SEMESTER, INSKDAT}
$F_{2.12}$ = {(MATRNR, SRKENN, SEMESTER → INSKDAT)}

$RS_{2.13}(S_{2.13}; F_{2.13})$
Relationenname: PRUEFUNG
$S_{2.13}$ = {MATRNR, PRDAT, PRUEFERNR, PRFACH, NOTE, PRTYP}
$F_{2.13}$ = {(MATRNR, PRDAT, PRUEFERNR, PRFACH → NOTE, PRTYP)}

$RS_{2.14}(S_{2.14}; F_{2.14})$
Relationenname: LEHRBEFUGNIS
$S_{2.14}$ = {PERSNR, LBFACH, LBANF, LBEND, LBTYP}
$F_{2.14}$ = {(PERSNR, LBFACH, LBANF → LBEND, LBTYP)}

$RS_{2.15}(S_{2.15}; F_{2.15})$
Relationenname: GESAMT
$S_{2.15}$ = {MATRNR, PERSNR, SRKENN, SEMESTER, KURSNR, PRDAT, PRUEFERNR, PRFACH, LBFACH, LBANF}
$F_{2.15}$ = { }
$S_{2.15}$ ist der Primärschlüssel des Relationenschemas und gleichzeitig ein Schlüssel für ganz ATR.

6.10 Untersuchung der zweiten Zerlegung

Das Relationenschema $RS_{2.15}$, das einen Schlüssel für die Gesamtattributmenge ATR enthält, ist nun etwas einfacher zu deuten, als es $RS_{1.12}$ war. Schlüssel für die Objekttypen STUDENT, UNIV_ANGESTELLTER, STUDIENRICHTUNG, SEMESTER, KURS, PRUEFUNG und LEHRBEFUGNIS sind jeweils voll enthalten. Ein Tupel ⟨ a, b, c, d, e, f, g, h, i, j ⟩ einer Ausprägung von $RS_{2.15}$ kann nun folgendes bedeuten:

„Student a (d.h. mit der Matrikelnummer a) studiert Studienrichtung c und hat im Semester d den Kurs Nummer e inskribiert, und außerdem hat Student a am Datum f bei Prüfer g aus Fach h eine Prüfung abgelegt, und außerdem hat Universitätsangestellter b ab Datum j aus Fach i eine Lehrbefugnis."

Die Bedeutung der universellen Relation ist hieraus wieder direkt abzuleiten.

Hierzu ist einiges zu bemerken:

a) Es handelt sich um drei mehr oder weniger unabhängige Aussagen, nämlich:
   - eine über eine Studienrichtung, eine Inskription eines Studenten und einen Kurs,
   - eine zweite über eine Prüfung und
   - eine dritte über eine Lehrbefugnis.

   Dies ist eigentlich eine natürliche Folge der Tatsache, daß drei Hauptarbeitsbereiche (Evidenzstelle, Personalabteilung, Prüfungsabteilung) gemeinsam erfaßt werden.

b) Es ist gelungen, die im Abschnitt 6.5 erwähnte Information über die zu einem Kurs inskribierten Studenten in die erste Teilaussage einzubeziehen. Dies wäre nicht automatisch der Fall, man könnte auch eine Aussage „Student a studiert Studienrichtung c und hat im Semester d inskribiert; außerdem gab es im Semester d einen Kurs e" annehmen. Hier zeigt sich also die Möglichkeit, eine Absichtserklärung einzubringen: „die zu jedem Kurs inskribierten Studenten sollen erfaßt werden" (siehe auch die Bemerkung zur universellen Relation in Abschnitt 6.5).

c) Die Probleme mit unbekannten Werten sind teilweise beseitigt worden, insbesondere diejenigen, die in Abschnitt 6.7 erwähnt wurden. Allerdings gibt es noch einige (bisher nicht behandelte):

- hat Student a noch nie eine Prüfung abgelegt, so sind f, g und h leer; hat Student a zwar immatrikuliert, aber noch nicht inskribiert, so sind d und e (und vermutlich f, g, h) leer;
- gibt es einen Kurs Nr. e im Semester d, der von niemandem belegt wird, so müssen d und e in einem Tupel zusammen auftreten, in dem a, c, f, g und h leer sind;
- ist Universitätsangestellter b nicht lehrbefugt, so sind i und j leer.

Die Feststellungen in c) beleuchten wiederum die Tatsache, daß es eigentlich sehr selten realistisch ist, die Existenz einer universellen Relation ohne Nullwerte (unbekannte Werte) vorauszusetzen. Diese Annahme vereinfacht zwar die Theorie, in der Praxis muß aber auch für den Fall unvollständiger Information oder irrelevanter Attribute vorgesorgt werden (siehe Kapitel 10).

Es stellt sich nun die Frage, inwieweit das gesamte Relationenschema $RS_{2.15}$ notwendig ist. $RS_{2.15}$ garantiert die Verbundtreue der Zerlegung 2, da es einen Schlüssel des universellen Relationenschemas enthält. Viel von seiner Information (z.B. über Lehrbefugnisse) ist jedoch bereits in den anderen Teilschemata (z.B. $RS_{2.14}$) enthalten. Kann man unter gewissen Umständen $RS_{2.15}$ ganz oder teilweise weglassen?

6.11 Weitere Zerlegung und zusätzliche Überlegungen

Bisher sind lediglich funktionale Abhängigkeiten betrachtet worden, von denen im Relationenschema $RS_{2.15}$ nur triviale auftreten. Die oben angegebene Interpretation eines Tupels einer Ausprägung von $RS_{2.15}$ entspricht aber einer Abhängigkeit einer anderen Art, und zwar der Verbundabhängigkeit

v_1: *[MATRNR, SRKENN, SEMESTER, KURSNR]
[MATRNR, PRDAT, PRUEFERNR, PRFACH]
[PERSNR, LBFACH, LBANF]

Diese Abhängigkeit impliziert (wie leicht mit Hilfe der Tableautechnik überprüft werden kann) die in 6.5 erwähnten mehrwertigen Abhängigkeiten (im Kontext $S_{2.15}$)

mw_1: PERSNR $\twoheadrightarrow$ LBFACH, LBANF
mw_2: SEMESTER, KURSNR $\twoheadrightarrow$ MATRNR, SRKENN, PRDAT, PRUEFERNR, PRFACH

ebenso aber auch

mw_3: MATRNR $\twoheadrightarrow$ SRKENN, SEMESTER, KURSNR
mw_4: MATRNR $\twoheadrightarrow$ PRDAT, PRUEFERNR, PRFACH.

$RS_{2.15}$ ist offenbar ein kartesisches Produkt zweier Schemata mit den disjunkten Attributmengen

S_1 = {MATRNR, SRKENN, SEMESTER, KURSNR, PRDAT, PRUEFERNR, PRFACH}
S_2 = {PERSNR, LBFACH, LBANF}.

Die aktuellen Ausprägungen der Relationenschemata seien mit den oben angegebenen Namen bezeichnet. Unter Berücksichtigung der Bemerkung c) des vorigen Abschnittes und der Semantik der anderen Teilschemata kann man feststellen, daß GESAMT[PERSNR] = BEDIENSTETER[PERSNR], also alle Universitätsbediensteten in GESAMT und BEDIEN-

STETER vorkommen und daß LEHRBEFUGNIS [S_2] genau die Tupel von GESAMT [S_2] enthält, die nicht für die Attribute LBFACH und LBANF den Wert „unbekannt" enthalten (also alle Lehrbefugten). Die Einbeziehung von S_2 in $RS_{2.15}$ bringt also keinen Informationszuwachs, man kann $RS_{2.15}$ auf S_1 beschränken und definieren:

$RS'_{2.16}$ ($S'_{2.16}$; $E'_{2.16}$)

Relationenname: GESAMT2

$S'_{2.16} = S_1$

$E'_{2.16} = \{(v'_1 : *[\text{MATRNR, SRKENN, SEMESTER, KURSNR}]$
$[\text{MATRNR, PRDAT, PRUEFERNR, PRFACH}])\}.$

Die Abhängigkeit v'_1 ist eine hierarchische Abhängigkeit und entspricht den beiden mehrwertigen Abhängigkeiten mw_3 und mw_4 (s.o.), nun allerdings im Kontext S_1. Das Relationenschema $RS'_{2.16}$ ist nicht in Vierter Normalform (Abschnitt 5.5.8), da mw_3 nicht trivial ist, MATRNR aber kein Oberschlüssel ist.

Durch eine weitere Zerlegung in Relationenschemata mit den Attributmengen

S_3 = {MATRNR, SRKENN, SEMESTER, KURSNR}
S_4 = {MATRNR, PRDAT, PRUEFERNR, PRFACH}

erhält man aber eine Darstellung in Vierter Normalform.

Analog zu weiter oben kann man erkennen, daß PRUEFUNG [S_4] genau die Tupel von GESAMT2 [S_4] enthält, die nicht für die Attribute PRDAT, PRUEFERNR und PRFACH den Wert „unbekannt" enthalten. Außerdem ist GESAMT2 [MATRNR] $\subseteq$ STUDENT [MATRNR]. Man kann also GESAMT2 [S_4] aus GESAMT2 entfernen (d.h. GESAMT2 auf S_3 projizieren), da alle Information über Prüfungen in PRUEFUNG enthalten ist und es sich um zwei unabhängige Aussagen handelt.

Man erhält also:

$RS''_{2.15}$ ($S''_{2.15}$; $E''_{2.15}$)

Relationenname: BELEGUNG

$S''_{2.15} = S_3$ = {MATRNR, SRKENN, SEMESTER, KURSNR}

$E''_{2.15} = \{\}$

$RS''_{2.15}$ beschreibt die Kursbelegungen der Studenten. Die endgültige Zerlegung besteht jetzt aus den Relationenschemata $RS_{2.1} - RS_{2.14}$ und $RS''_{2.15}$.

Der Verbund von BELEGUNG mit PRUEFUNG ergibt allerdings nur unter Einbeziehung von Nullwerten die Relation $R'_{2.15}$ (die Zerlegung ist also in der Praxis nicht ganz verbundtreu), da ja Studenten, die noch nie Prüfungen abgelegt haben, nicht in PRUEFUNG aufscheinen, und Studenten, die nie inskribiert haben, vermutlich auch in BELEGUNG nicht aufscheinen.

Das Problem der Kurse, die von niemandem belegt worden sind (ein im nachhinein vielleicht unwahrscheinlicher Fall, vor Beginn der Inskriptionszeit aber allgemein auf die Kurse des beginnenden Semesters zutreffend, da sie ja vorher festgelegt werden) ist weiterhin noch ungeklärt. Analoges gilt für Prüfungstypen, die noch nicht vorgekommen sind (zu denen aber Prüfungstaxen vereinbart sind) oder Dienstposten, die nicht besetzt sind, usw. Die einfachste Lösung, nämlich Einbeziehung der entsprechenden Tupeln in die aktuellen Ausprägungen der Schemata $RS_{2.10}$, $RS_{2.9}$ bzw. $RS_{2.6}$, verstößt gegen die Annahme der universellen Relation, außer wenn beim Verbund Nullwerte vorgesehen werden. Ungeachtet dessen wird wohl diese Lösung eingeschlagen werden müssen.

6.12 Integritätsbedingungen

Zusätzlich zu den impliziten Integritätsbedingungen, die durch die Abhängigkeiten innerhalb der einzelnen Teilschemata kontrolliert werden (z.B. „die Werte zu SRKENN und SRNAME bestimmen einander eindeutig" zu STUDIENRICHTUNG), müssen viele weitere Bedingungen explizit angegeben werden. Welcher Art diese sind, müßte aus dem Beispiel im wesentlichen klar sein; die folgende Liste enthält nur eine Auswahl.

Seien wieder die aktuellen Ausprägungen des Datenbankschemas mit den angegebenen Relationennamen bezeichnet.

a) Schlüsselhierarchien:
   - Jeder MATRNR-Wert aus STUDIUM (bzw. INSKRIPTION, PRUEFUNG, BELEGUNG) muß auch in STUDENT vorkommen.
   - Jeder SRKENN-Wert aus STUDIUM (bzw. INSKRIPTION, BELEGUNG) muß auch in STUDIENRICHTUNG vorkommen.
   - Jede Kombination von MATRNR- und SRKENN-Werten aus INSKRIPTION (bzw. BELEGUNG) muß auch in STUDIUM vorkommen.
   - Jede Kombination von MATRNR-, SRKENN- und SEMESTER-Werten aus BELEGUNG muß auch in INSKRIPTION vorkommen.
   - Jede Kombination von SEMESTER- und KURSNR-Werten aus BELEGUNG muß auch in KURS vorkommen.
   - Jeder PERSNR-Wert aus LEHRBEFUGNIS muß auch in BEDIENSTETER vorkommen.

b) Verweise auf andere Objekte:
   - Jeder SSTAAT-Wert in STUDENT muß auch in BEFREIUNGSSTATUS vorkommen.
   - Jeder POSTENNR-Wert in BEDIENSTETER muß auch in DIENSTPOSTEN vorkommen.

c) semantische Zusammenhänge, die mit der Abhängigkeitsstruktur zu tun haben, aber bei der Modellierung nicht direkt berücksichtigt werden konnten:
   - Eindeutigkeit der Sozialversicherungsnummer für eine Person: wenn ein SSOZVNR-Wert aus STUDENT mit einem ASOZVNR-Wert aus BEDIENSTETER übereinstimmt, so müssen auch die entsprechenden SPERSDAT- und APERSDAT-Werte bzw. SSTAAT- und ASTAAT-Werte übereinstimmen.
   - Identität der Universitätsangestellten in allen Rollen: jeder LEHRERNR-Wert aus KURS und jeder PRUEFERNR-Wert aus PRUEFUNG muß auch als PERSNR-Wert in BEDIENSTETER vorkommen.
   - Die Identität des Lehrfachs in allen Rollen (Attribute LEHRFACH, PRFACH, LBFACH) kann dadurch kontrolliert werden, daß der Wertebereich bei allen drei Attributen als gleich definiert wird. Man könnte aber auch eine eigene unäre Relation aufstellen (mit dem einen Attribut LEHRFACH), die alle erlaubten Lehrfächer aufzählt:

$RS_{2.a}$ ({LEHRFACH}; { }).

Dann gilt die Regel: jeder LEHRFACH-Wert in LEHRVERANSTALTUNG, PRFACH-Wert in PRUEFUNG und LBFACH-Wert in LEHRBEFUGNIS muß auch als LEHRFACH-Wert in $R_{2.a}$ auftreten.

d) sachlich bedingte Einschränkungen, die aus der beschriebenen Realität stammen und nicht aus der Modellierung:
- Ein Dienstposten darf höchstens von einem Angestellten besetzt sein, ausgenommen dann, wenn ein Angestellter auf Karenzurlaub ist und ein zweiter zeitweilig aufgenommen wird.
- Die Inskription von Kursen einer bestimmten Studienrichtung durch einen Studenten darf frühestens nach seinem Studienbeginn erfolgen.
- Derjenige Universitätsangestellte, der einen Kurs zu einer Lehrveranstaltung mit einem bestimmten Lehrfach hält, muß für das betreffende Semester auch die Lehrbefugnis für dieses Fach haben.

6.13 Abschließende Bemerkungen zur Zerlegung

Durch eine der oben angegebenen Integritätsbedingungen wurde sichergestellt, daß die Sozialversicherungsnummer eindeutig eine Person kennzeichnet. Um diejenigen Personen herauszufinden, die sowohl studieren als auch an der Universität angestellt sind, könnte man eine abgeleitete Relation definieren:

BEIDES (SSOZVNR, MATRNR, PERSNR) =
(STUDENT [SSOZVNR = ASOZVNR] BEDIENSTETER)
[SSOZVNR, MATRNR, PERSNR]

BEIDES enthält also Sozialversicherungsnummer, Matrikelnummer und Personalnummer dieser Personen.

Eine andere Definition wäre (im Relationenkalkül):
für jedes Tupel x von STUDENT, dessen SSOZVNR-Komponente mit der ASOZVNR-Komponente eines Tupels von BEDIENSTETER übereinstimmt, muß BEIDES ein Tupel z enthalten, das aus der SSOZVNR- und MATRNR-Komponente von x sowie der PERSNR-Komponente von y besteht.

Diese Ableitungsregel läßt sich aber auch als Integritätsregel verwenden, wenn man BEIDES explizit definiert: falls ein Student gleichzeitig Universitätsangestellter ist, muß vor seiner Aufnahme in STUDENT oder BEDIENSTETER das entsprechende Tupel in BEIDES eingetragen werden; bei Fehlen dieses Tupels wird wegen der genannten Regel ein Fehler gemeldet. BEIDES gehört jedoch nicht in den Rahmen der konstruierten Zerlegung.

Noch sinnvoller wäre es, die gemeinsamen Personendaten sozusagen „herauszuheben" und für alle Personen eine Relation

PERSONENDATEN (<u>SOZVNR</u>, PERSDAT, STAAT)

zu führen. Diese Relation würde jetzt allerdings „über der universellen Relation" stehen, ihre Verwendung bringt ähnliche Probleme wie bereits die Zerlegung 1 aufwies (so kann man z.B. nicht die funktionalen Abhängigkeiten MATRNR – PERSDAT, STAAT und PERSNR – PERSDAT, STAAT definieren, ohne die Interpretation der universellen Relation zu stören).

Diese Schwierigkeiten, die aus dem Versuch herrühren, eine reichere semantische Struktur zu modellieren, als sie das Relationenmodell allein eigentlich darstellen kann, finden eine Lösung im Beispiel zum RM/T-Modell (Kapitel 12).

6.14 Benutzersichten

Es sollen nun kurz die Sichten der einzelnen Abteilungen der Universitätsverwaltung skizziert werden.

1 Evidenzstelle

Zur Sicht der Evidenzstelle gehören die Relationenschemata $RS_{2.1}$, $RS_{2.3}$, $RS_{2.4}$, $RS_{2.5}$, $RS_{2.10}$, $RS_{2.11}$, $RS_{2.12}$, $RS_{2.14}$ und $RS''_{2.15}$ (Relationennamen STUDENT, STUDIENRICHTUNG, BEFREIUNGSSTATUS, LEHRVERANSTALTUNG, KURS, STUDIUM, INSKRIPTION, LEHRBEFUGNIS und BELEGUNG) in ihrer Gesamtheit. Dazu kommt noch folgende abgeleitete Relation:

LEHRBEFDAT =
(BEDIENSTETER * LEHRBEFUGNIS) [PERSNR, APERSDAT, AMTSTITEL]

(Personaldaten und Amtstitel der Lehrbefugten).

2 Personalabteilung

Die Sicht der Personalabteilung besteht aus den Relationenschemata $RS_{2.2}$, $RS_{2.6}$, $RS_{2.7}$, $RS_{2.8}$ und $RS_{2.14}$ (Relationennamen BEDIENSTETER, DIENSTPOSTEN, INSTITUT FAKULTAET und LEHRBEFUGNIS).

3 Quästur

Die Sicht der Quästur besteht zum Großteil aus abgeleiteten Relationen, z.B.:

KURSDATEN = (KURS * LEHRVERANSTALTUNG)
[SEMESTER, KURSNR, LEHRERNR, WOCHSTD]

(zu jedem Kurs Lehrperson und Wochenstunden)

BELEGANZ = (KURSDATEN * BELEGUNG)
[SEMESTER, KURSNR, ANZAHL (MATRNR, SRKENN)]

(zu jedem Kurs die Anzahl der inskribierten Hörer)

PRUEFANZ =
PRUEFUNG [PRDAT, PRUEFERNR, PRFACH, PRTYP, ANZAHL (MATRNR)]

(zu jeder Prüfung die Anzahl der teilnehmenden Studenten)

sowie das gesamte Relationenschema $RS_{2.9}$ (Relation PRUEFUNGSTYP).

4 Prüfungsabteilung

Die Sicht der Prüfungsabteilung besteht aus den Relationenschemata $RS_{2.11}$, $RS_{2.13}$ und $RS_{2.14}$ (Relationen STUDIUM, PRUEFUNG und LEHRBEFUGNIS) sowie Daten zu den Personen:

STUDENTDAT = STUDENT [MATRNR, SPERSDAT, STUDTYP]
BEDIENSTDAT = BEDIENSTETER [PERSNR, APERSDAT, AMTSTITEL, STELLENART, STELLENTYP].

5 Andere Sichten

Es ist denkbar, daß verschiedene Personen je nach ihrer Funktion mehr oder weniger eingeschränkte Teilsichten innerhalb der Hauptsichten der angeführten Abteilungen haben. Darüberhinaus sind für viele weitere Anwendungen sinnvolle Sichten möglich. So könnte etwa für jedes Institut eine Sicht auf diejenigen Daten, die das Institut betreffen, definiert werden; jeder Lehrbefugte könnte auf die von ihm abgehaltenen Kurse bzw. Prüfungen zugreifen; sogar jeder Student könnte eventuell eine Sicht erhalten, die ihm ermöglicht, die Daten über seinen Studienfortgang abzufragen. Genauere Spezifikationen für diese Sichten würden allerdings eine wesentlich genauere Analyse des geplanten Einsatzes der anzulegenden Datenbank erfordern.

7. Algorithmen zum Relationenmodell

7.1 Bemerkungen zu den Algorithmen

In den folgenden Algorithmen wird eine gemeinsame Notation verwendet, die in Anlehnung an die Programmiersprache PASCAL konzipiert ist. Im Interesse einer übersichtlichen Darstellung der Algorithmen wurde jedoch darauf verzichtet, die „Programme“ in allen Details auszuführen. Wesentliche Punkte dabei sind:

a) auf Typ- und Variablendeklarationen wurde ganz verzichtet, die Variablen und ihre Funktion sind aus dem Kontext ersichtlich.

b) Die Details der Speicherung von Mengen, Mengen von Mengen, funktionalen bzw. mehrwertigen Abhängigkeiten und anderen Strukturen wurden nicht ausgeführt.

c) Einfache Mengen werden mit (meist einzelnen) Großbuchstaben, eventuell mit Index, bezeichnet (z. B. X, F_1), Mengen von Mengen mit fettgedruckten Großbuchstaben, eventuell mit Index (z.B. $\mathbf{K}$, $\mathbf{L}_1$).

d) Bei vielen der gebildeten Mengen erweist es sich als von Vorteil, zusätzlich zu den Mengenoperationen auch einen Direktzugriff zu den einzelnen Elementen vorzusehen. Die Realisation dieses Direktzugriffes wird von der jeweiligen Programmiersprache abhängig sein; es lassen sich etwa Listenspeicherung mit Zeigerzugriff, Indexfelder o.ä. vorstellen. Zur Vereinfachung der Darstellung werden hier zu diesem Zweck die Mengenelemente einfach indiziert, d.h. eine willkürliche Ordnung in der Menge eingeführt. Dies möge aber so verstanden werden, daß etwa bei der Löschung eines Elementes die „Indizes“ der anderen weiterhin auf die „richtigen“ Elemente weisen.

   Zur Unterstützung dieser Indizierung werden folgende zwei Funktionen verwendet:

   – Mengenindex (Menge, Element) ergibt den Index des angegebenen Elements in der Menge. Falls das „Element“ noch nicht in der Menge enthalten ist, so wird es hinzugefügt.

– Kard (Menge) ergibt die Kardinalität (= Anzahl der Elemente = höchster Index) der angegebenen Menge.

e) Der Operator | | bedeutet das Hinzufügen eines zusätzlichen Elements zu einer Menge, wobei bereits bekannt ist, daß das Element noch nicht in der Menge enthalten ist; das neue Element bekommt den höchsten Index.

f) Der Programmbefehl

for jedes Elementvariable ∈ Mengenvariable **do** Befehl

ist eine Schleife. Vor der Ausführung des angegebenen „Befehls" wird jeweils ein (noch nicht vorher ausgewähltes) Element aus der Menge, die durch die Mengenvariable bezeichnet ist, willkürlich ausgewählt und der Elementvariable zugewiesen. Der Wert der Mengenvariable wird dabei nicht geändert, dieser kann allerdings innerhalb der Schleife geändert werden. Der Befehl in der Schleife wird so lange ausgeführt, bis die Mengenvariable die leere Menge bezeichnet oder bis alle Elemente der Menge bereits einmal ausgewählt worden sind.

g) Die leere Menge wird mit { } bezeichnet.

h) Kommentare werden mit /* begonnen und mit */ beendet.

i) Die Attribute in der Attributmenge $S = \{A_1, A_2, \ldots, A_m\}$ werden i.a. durch ihren Index $j = 1, \ldots, m$ dargestellt.

j) Die Abhängigkeiten in der Menge $F = \{f_1, f_2, \ldots, f_n\}$ werden i.a. durch ihren Index $i = 1, \ldots, n$ dargestellt.

k) Mittels der Konstruktionsfunktion ABH werden funktionale und mehrwertige Abhängigkeiten erzeugt:
– ABH ($X \rightarrow Y$) ergibt die funktionale Abhängigkeit $X \rightarrow Y$,
– ABH ($X \twoheadrightarrow Y$) ergibt die mehrwertige Abhängigkeit $X \twoheadrightarrow Y$,
in der jeweils gewählten internen Darstellung.

l) LS (a) bzw. RS (a) sind Funktionen, die als Ergebnisse die Attributmengen der linken bzw. rechten Seite der funktionalen oder mehrwertigen Abhängigkeit a liefern:
– sei f: = ABH ($X \rightarrow Y$), dann ist LS (f) = X, RS (f) = Y;
– sei s: = ABH ($X \twoheadrightarrow Y$), dann ist LS (s) = X, RS (s) = Y.

m) FA (a) ist eine Funktion, die das Ergebnis **true** liefert, falls a eine funktionale Abhängigkeit ist, und **false**, falls a eine mehrwertige Abhängigkeit ist.

n) Eine funktionale Abhängigkeit $X \rightarrow Y$ mit Y = { } wird als leer bzw. gelöscht betrachtet.

o) Um die Komplexität der Algorithmen abzuschätzen, wird die O-Notation [*Knuth*, 104–108] verwendet. Ist x eine Variable, die ein Maß für die Größe der Eingabe zum Algorithmus ist (z.B. Anzahl der Attribute), so bedeutet die Formulierung „der Algorithmus ist von der Ordnung O (f (x))", daß es für jede Implementation des Algorithmus in der angeführten Form eine positive Konstante M gibt, so daß der Algorithmus für beliebig großes x in einer Zeit $t(x) \leqslant M \cdot |f(x)|$ durchführbar ist. Die Verallgemeinerung auf mehrere Variable $x_1, x_2, \ldots$ kann einfach vorgenommen werden.

p) Um den Verlauf der Algorithmen nachvollziehen zu können, werden bestimmte Stellen jeweils am rechten Blattrand mit Zahlen, z.B. (5), markiert. In den Beispielen werden dann „Schnappschüsse" vom Inhalt der jeweils relevanten Variablen und Strukturen bei Erreichen dieser Stellen im Algorithmus angefertigt. Dabei wird für die leere Menge entweder gar nichts oder { } geschrieben, für nicht definierte Werte wird ‚–' geschrieben. Obwohl die Variablen intern mit ihrem Index bezeichnet werden (siehe Punkt i dieses Abschnittes), werden diese Indizes übersichtlichkeitshalber in den Schnappschußtabellen meist durch die Attributnamen ersetzt.

q) Die Potenzmenge einer Menge S (also die Menge aller Teilmengen von S) wird $\mathcal{P}(S)$ geschrieben.

7.2 Das Membership-Problem für funktionale Abhängigkeiten [*Beeri/Bernstein*, Abschnitt 4.3]

Fragestellung:

Gegeben ist eine Menge funktionaler Abhängigkeiten $F = \{f_1, f_2, \ldots, f_n\}$ über der Attributmenge $S = \{A_1, A_2, \ldots, A_m\}$. Weiters sei eine einzelne funktionale Abhängigkeit $f : X \to T$ gegeben mit $X, T \subseteq S$.

Es ist zu entscheiden, ob $f \in F^+(S)$, d.h., ob die Abhängigkeit f bereits durch die Abhängigkeiten in F impliziert wird.

Eingabe:

Eine Menge F von n funktionalen Abhängigkeiten über der Attributmenge $S = \{A_1, A_2, \ldots, A_m\}$ und eine funktionale Abhängigkeit $f : X \to T$ mit $X \subseteq S$, $T \subseteq S$.

Ausgabe:

true, wenn $f \in F^+(S)$; **false**, wenn $f \notin F^+(S)$.

Arbeitsweise:

Es wird die Menge ABHAENGT derjenigen Attribute berechnet, die unter F von X funktional abhängig sind. Diese Menge wird auch als Hülle $X^*_{F,S}$ von X bezüglich F bezeichnet (siehe Abschnitt 5.5.5).

Anfänglich wird wegen der Reflexivität ($X \to X$ für alle X) ABHAENGT : = X gesetzt. Jetzt werden wiederholt Abhängigkeiten $f' \in F$ gewählt, deren linke Seite LS (f') in ABHAENGT enthalten ist, aber deren rechte Seite RS (f') nicht. Wegen der Pseudotransitivität gilt dann $X \to$ RS (f'), man kann also RS (f') zu ABHAENGT hinzufügen. Wenn kein weiteres passendes f' gefunden werden kann, wird geprüft, ob $T \subseteq$ ABHAENGT; ist dies der Fall, dann wird $f : X \to T$ durch F impliziert, sonst nicht.

Zur Verbesserung des Algorithmus werden Hilfsdatenstrukturen eingeführt, so daß eine von der Länge der Beschreibung der Menge F linear abhängige Laufzeit erreicht werden kann.

Datenstrukturen:

a) ABHAENGT ist die Menge der Attribute, von denen bis zum jeweiligen Zeitpunkt sichergestellt ist, daß sie unter F von X funktional abhängig sind.

b) NEUABHAENGT ist eine Teilmenge von ABHAENGT, die Attribute enthält, die noch zu überprüfen sind (ob von ihnen weitere Attribute abhängen).

c) ZAEHLER [1 : n] gibt für jedes f_i die Anzahl der Attribute in LS (f_i) an, die bis jetzt noch nicht in ABHAENGT enthalten sind.
d) ATTRLIST [1 : m] (ein Feld, dessen Elemente Mengen von Abhängigkeiten sind) gibt für jedes Attribut A_j alle Abhängigkeiten an, in denen A_j auf der linken Seite vorkommt.

Laufzeit:
Der Algorithmus Membership ist von der Ordnung O (| S | • | F |) = O (m • n).

Bemerkungen:
- Bei wiederholter Anwendung des Algorithmus für dieselbe Menge F kann der Teil „Initialisiere" weggelassen werden, wenn man die Datenstrukturen ATTRLIST und (die Anfangswerte von) ZAEHLER aufhebt sowie n und m.
- Bei wiederholter Anwendung des Algorithmus für dieselben Mengen X und F kann man sich durch Rückgabe der Menge ABHAENGT mehrmalige Aufrufe des Algorithmus ersparen. Dieser Aufruf wird in den anderen Algorithmen mit *Expansion (F, S, X)* bezeichnet; er soll die Menge ABHAENGT = $X^*_{F,S}$ liefern.
- Um festzustellen, ob die Menge X ein Schlüssel für die Menge S darstellt, kann man den Algorithmus mit Membership (F, S, f : X → S) aufrufen.

```
Algorithmus Membership (F, S, f): Boolean;
begin
/* initialisiere */
n : = Kard (F);  m : = Kard (S);
X : = LS (f);  T : = RS (f);
for j : = 1 to m do
     ATTRLIST [j] : = { }; /* leere Menge */                    (0)
for i : = 1 to n do
     begin
     ZAEHLER [i] : = 0;                                         (1)
     for jedes j ∈ LS (f_i) do
          begin
          ATTRLIST [j] : = ATTRLIST [j] ∪ {i};
          ZAEHLER [i] : = ZAEHLER [i] + 1                       (2)
          end
     end;                                                       (3)
ABHAENGT : = X;  NEUABHAENGT : = ABHAENGT;                      (4)

/* finde neues Attribut */
for jedes k ∈ NEUABHAENGT do
     begin
     NEUABHAENGT : = NEUABHAENGT \ {k};                         (5)
     /* prüfe  F */
     for jedes i ∈ ATTRLIST [k] do
          begin
```

```
        ZAEHLER [i] : = ZAEHLER [i] − 1;                                    (6)
        if (ZAEHLER [i] = 0) then
            for jedes j ∈ RS (f_i) do                                       (7)
                if ( j ∉ ABHAENGT) then
                    begin
                    ABHAENGT : = ABHAENGT ∪ {j};
                    NEUABHAENGT : = NEUABHAENGT ∪ {j}                       (8)
                    end
        end /* pruefe F */
    end; /* finde neues Attribut */

/* Ergebnis */
if T ⊆ ABHAENGT then return (true)
                else return (false)
end. /* Algorithmus */
```

Beispiel:

$S = \{A, B, C, D, E, G, H\}$ $(m = 7)$

$F = \{ABD \rightarrow C, C \rightarrow BD, DG \rightarrow E, E \rightarrow H, H \rightarrow E\}$ $(n = 5)$

$f: CG \rightarrow H$

Ist $f \in F^+(S)$? Aufruf: Membership (F, S, f)

Die Attribute in S und die Abhängigkeiten in F werden durch ihre Indizes dargestellt:

Attribut:	A	B	C	D	E	G	H
Darstellung:	1	2	3	4	5	6	7

Abhängigkeit:	ABD → C	C → BD	DG → E	E → H	H → E
Darstellung:	1	2	3	4	5

Die Ergebnisse beim Aufruf von LS und RS sind demnach:

i:	1	2	3	4	5
LS (f_i):	1, 2, 4	3	4, 6	5	7
RS (f_i):	3	2, 4	5	7	5

und f hat die Form $3, 6 \rightarrow 7$.

Arbeitsweise des Algorithmus Membership im Teil „initialisiere":

Wert bei	i	j	LS (f_i)	ZAEHLER 1	2	3	4	5	ATTRLIST 1 (A	2 B	3 C	4 D	5 E	6 G	7 H)
0	–	–	–	–	–	–	–	–							
1	1	–	A, B, D	0	–	–	–	–							
2	1	A	A, B, D	1	–	–	–	–	1						
2	1	B	A, B, D	2	–	–	–	–	1	1					
2	1	D	A, B, D	3	–	–	–	–	1	1		1			
1	2	–	C	3	0	–	–	–	1	1		1			
2	2	C	C	3	1	–	–	–	1	1	2	1			
			. . . . usw.												
1	5	–	H	3	1	2	1	0	1	1	2	1, 3	4	3	
2	5	H	H	3	1	2	1	1	1	1	2	1, 3	4	3	5
3	–	–	–	3	1	2	1	1	1	1	2	1, 3	4	3	5

An der Stelle (4) haben ABHAENGT und NEUABHAENGT beide den Wert {C, G}.

Arbeitsweise des Algorithmus Membership im Hauptteil:

Wert bei	ABHAENGT	NEUAB-HAENGT	k	ATTRLIST [k]	i	RS (f_i)	j	ZAEHLER 1 2 3 4 5
5	C, G	G	C	2	–	–	–	3 1 2 1 1
6	C, G	G	C	2	2	B, D	–	3 0 2 1 1
7	C, G	G	C	2	2	B, D	B	3 0 2 1 1
8	B, C, G	B, G	C	2	2	B, D	B	3 0 2 1 1
7	B, C, G	B, G	C	2	2	B, D	D	3 0 2 1 1
8	B, C, D, G	B, D, G	C	2	2	B, D	D	3 0 2 1 1
								Dies entspricht den Abhängigkeiten C → B, C → D.

Wert bei	ABHAENGT	NEUABHAENGT	k	ATTRLIST [k]	i	RS (f_i)	j	ZAEHLER 1 2 3 4 5
5	B, C, D, G	D, G	B	1	–	–	–	3 0 2 1 1
6	B, C, D, G	D, G	B	1	1	C	–	2 0 2 1 1
5	B, C, D, G	G	D	1, 3	–	–	–	2 0 2 1 1
6	B, C, D, G	G	D	1, 3	1	C	–	1 0 2 1 1
6	B, C, D, G	G	D	1, 3	3	E	–	1 0 1 1 1
5	B, C, D, G		G	3	–	–	–	1 0 1 1 1
6	B, C, D, G		G	3	3	E	–	1 0 0 1 1
7	B, C, D, G		G	3	3	E	E	1 0 0 1 1
8	B, C, D, E, G	E	G	3	3	E	E	1 0 0 1 1
Dies entspricht der Abhängigkeit DG → E.								
5	B, C, D, E, G		E	4	–	–	–	1 0 0 1 1
6	B, C, D, E, G		E	4	4	H	–	1 0 0 0 1
7	B, C, D, E, G		E	4	4	H	–	1 0 0 0 1
8	B, C, D, E, G, H	H	E	4	4	H	H	1 0 0 0 1
Dies entspricht der Abhängigkeit E → H.								
5	B, C, D, E, G, H		H	5	–	–	–	1 0 0 0 1
6	B, C, D, E, G, H		H	5	5	E	–	1 0 0 0 0
7	B, C, D, E, G, H		H	5	5	E	E	1 0 0 0 0

Es wurden also die funktionalen Abhängigkeiten C → BD, DG → E, E → H, H → E einbezogen. Der Algorithmus bricht ab, da NEUABHAENGT = { }.
ABHAENGT = {2, 3, 4, 5, 6, 7}d.h. eigentlich {B, C, D, E, G, H}.
Da G ∈ ABHAENGT, ist $f \in F^+(S)$ und es wird die Antwort **true** zurückgegeben.
Beim Aufruf Expansion (F, S, {C, G}) wird die Menge ABHAENGT = {B, C, D, E, G, H} als Ergebnis geliefert.

7.3 Prüfen zweier Systeme funktionaler Abhängigkeiten auf Äquivalenz

Fragestellung:
Gegeben sind eine Menge von Attributen $S = \{A_1, A_2, \ldots, A_m\}$ und zwei Mengen funktionaler Abhängigkeiten $F_1 = \{f_1, f_2, \ldots, f_{n1}\}$ und $F_2 = \{g_1, g_2, \ldots, g_{n2}\}$ über diesen Attributen. Zu prüfen ist, ob F_1 und F_2 äquivalent sind, d.h. ob $F_1^+(S) = F_2^+(S)$.

Eingabe: S, F_1, F_2

Ausgabe:
true, falls $F_1^+(S) = F_2^+(S)$; **false** sonst.

Arbeitsweise:
Mit Hilfe des Membership-Algorithmus (7.2) wird überprüft, ob jedes f_i aus F_1 durch die funktionalen Abhängigkeiten in F_2 impliziert wird, und umgekehrt. Ist dies der Fall, so ist $F_1^+(S) = F_2^+(S)$.

Laufzeit:
Der Algorithmus F_Äquiv ist von der Ordnung $O(|F_1| \cdot |F_2| \cdot |S|)$.

Algorithmus F_Aquiv (S, F_1, F_2): Boolean;
begin
for jedes $f_i \in F_1$ **do**
    if not Membership (F_2, S, f_i) **then**
        return (false);
for jedes $g_i \in F_2$ **do**
    if not Membership (F_1, S, g_i) **then**
        return (false);
return (true) /* äquivalent */
end. /* Algorithmus */

Beispiel:

$S = \{A, B, C, D, E, G, H\}$
$F_1 = \{A \rightarrow BD, C \rightarrow DE, D \rightarrow CGH, B \rightarrow AC, H \rightarrow G\}$
$F_2 = \{A \rightarrow B, B \rightarrow A, C \rightarrow D, D \rightarrow C, H \rightarrow G, A \rightarrow C, C \rightarrow EH\}$

Aufruf: F_Aequiv (S, F_1, F_2)

Die Hüllen der linken Seiten der Abhängigkeiten f_i unter F_2 sind ABCDEGH, CDEGH, CDEGH, ABCDEGH und GH, die rechten Seiten der Abhängigkeiten sind jeweils in der entsprechenden Hülle enthalten. Daher ist das Ergebnis des Membership-Aufrufs in der ersten Schleife stets **true**.

Die Hüllen der rechten Seiten der Abhängigkeiten g_i unter F_1 sind ABCDEGH, ABCDEGH, CDEGH, CDEGH, GH, ABCDEGH und CDEGH. Auch hier ist das Membership-Ergebnis stets **true**.

Der Algorithmus F_Aequiv liefert also das Ergebnis **true**.

7.4 Minimale Überdeckung eines Systems funktionaler Abhängigkeiten

Fragestellung:
Gegeben ist eine Menge $F = \{f_1, f_2, \ldots, f_n\}$ von funktionalen Abhängigkeiten über einer Attributmenge $S = \{A_1, A_2, \ldots, A_m\}$. Gesucht ist eine minimale Überdeckung F' von F, d.h. eine Menge F' funktionaler Abhängigkeiten, für die gilt $(F')^+(S) = F^+(S)$, wobei dies für keine echte Teilmenge von F' gilt.

Eingabe: F, S

Ausgabe: F′

Arbeitsweise:
Mit Hilfe des Membership-Algorithmus wird für jede einzelne funktionale Abhängigkeit f in F geprüft, ob sie in F redundant ist, d.h., ob sie durch den Rest von F impliziert wird. Ist dies der Fall, so wird f aus F gestrichen und mit dem reduzierten F weitergearbeitet.

Das Ergebnis F′ ist demnach eine Teilmenge von F : $F' \subseteq F$. Das erhaltene F′ ist jedoch i.a. durch die Reihenfolge der Elemente von F bestimmt. Bei einer anderen Reihenfolge der funktionalen Abhängigkeiten könnten durchaus auch andere funktionale Abhängigkeiten gestrichen werden. Es ist auch keineswegs gesichert, daß es keine andere minimale Überdeckung F″ gibt mit weniger Elementen als F′.

Der Algorithmus wird in zwei Varianten angeführt, die beide in den nachfolgenden Algorithmen benötigt werden:

a) Mindeck_K: es wird angenommen, daß F in kanonischer Form vorliegt, d.h. daß die rechte Seite jeder funktionalen Abhängigkeit $f_i \in F$ aus einem einzigen Attribut besteht.
b) Mindeck_A: die rechten Seiten der funktionalen Abhängigkeiten f_i können auch aus mehreren Attributen bestehen. Diese Darstellung ist zwar kürzer (da man funktionale Abhängigkeiten mit gleicher linker Seite zusammenfassen kann), allerdings muß man beachten, daß jedes f_i nun mehrere einzelne funktionale Abhängigkeiten definiert, die auch einzeln behandelt werden müssen.

Laufzeit:
Der Algorithmus Mindeck_K ist von der Ordnung $O(|F|^2 \cdot |S|)$, der Algorithmus Mindeck_A ist von der Ordnung $O(p \cdot |F| \cdot |S|)$, wobei $p = \sum_{i=1}^{n} |RS(f_i)|$ (p in Mindeck_A = | F | in Mindeck_K).

Algorithmus Mindeck_K (F, S): (Ergebnis ist eine Menge von funktionalen Abhängigkeiten);

```
begin
n := Kard (F);
for i := 1 to n do                                              (1)
    if Membership (F \ {f_i}, S, f_i) then
                          F := F \ {f_i};                       (2)
                    /* f_i redundant */
return (F)  /* reduziert, F = F' */                             (3)
end. /* Algorithmus */
```

Algorithmus Mindeck_A (F, S): (Ergebnis ist eine Menge von funktionalen Abhängigkeiten);

begin

```
n : = Kard (F);
for i : = 1 to n do                                                    (1)
    begin
    for jedes j ∈ RS (f_i) do
        begin      /* f_i aufspalten */
        X : = RS (f_i) \ {j};
        g1 : = ABH ( LS (f_i) → X );
        g2 : = ABH ( LS (f_i) → j );                                   (2).
        if Membership ((F \ {f_i}) ∪ {g1}, S, g2) then
                                    /* g2 redundant */
                                    f_i : = g1                         (3)
        end
    end;
return (F)    /* reduziert, F = F' */                                  (4)
end.   /* Algorithmus */
```

Beispiel (Mindeck_K):

S = {A, B, C, D, E, G, H} (m = 7)

F = {A → B, A → D, C → D, C → E, D → C, D → G,
D → H, B → A, B → C, H → G, A → G, A → H} (n = 12)

Aufruf: Mindeck_K (F, S)

Ablauf des Algorithmus:

Wert bei	i	f_i	Membership-Ergebnis	Expansion (LS (f_i))	Bemerkungen
1	1	A → B	**false**	ACDEGH	–
1	2	A → D	**true**	ABCDEGH	–
2	2	A → D			f_2 gelöscht
1	3	C → D	**false**	CE	–
1	4	C → E	**false**	CDGH	–
1	5	D → C	**false**	DGH	–
1	6	D → G	**true**	CDEGH	–
2	6	D → G			f_6 gelöscht
1	7	D → H	**false**	CDE	–
1	8	B → A	**false**	BCDEGH	–
1	9	B → C	**false**	ABGH	–
1	10	H → G	**false**	GH	–
1	11	A → G	**true**	ABCDEGH	–
2	11	A → G			f_{11} gelöscht

Wert bei	i	f_i	Membership-Ergebnis	Expansion (LS (f_i))	Bemerkungen
1	12	A → H	true	ABCDEGH	–
2	12	A → H			f_{12} gelöscht

Ergebnis:

F' = {A → B, C → D, C → E, D → C, D → H, B → A, B → C, H → G}

Beispiel (Mindeck_A):
S = {A, B, C, D, E, G, H} (m = 7)

F = {A → BCGH, BC → EGH, B → E, G → H, BE → DH} (n = 5, p = 11)

Aufruf: Mindeck_A (F, S)

Ablauf des Algorithmus:

Wert bei	i	f_i	RS (f_i)	j	X	g1	g2	Membership Ergebn.	neues f_i
1	1	A → BCGH	BCGH	–	–	–	–	–	–
2	1	A → BCGH	BCGH	B	CGH	A → CGH	A → B	false	–
2	1	A → BCGH	BCGH	C	BGH	A → BGH	A → C	false	–
2	1	A → BCGH	BCGH	G	BCH	A → BCH	A → G	true	–
3	1	A → BCH	BCH	G	BCH	A → BCH	A → G	–	f_1 : A → BCH
2	1	A → BCH	BCH	H	BC	A → BC	A → H	true	–
3	1	A → BC	BC	H	BC	A → BC	A → H	–	f_1 : A → BC
1	2	BC → EGH	EGH	–	–	–	–	–	–
2	2	BC → EGH	EGH	E	GH	BC → GH	BC → E	true	–
3	2	BC → GH	GH	E	GH	BC → GH	BC → E	–	f_2 : BC → GH
2	2	BC → GH	GH	G	H	BC → H	BC → G	false	–
2	2	BC → GH	GH	H	G	BC → G	BC → H	true	–
3	2	BC → G	G	H	G	BC → G	BC → H	–	f_2 : BC → G
1	3	B → E	E	–	–	–	–	–	–
2	3	B → E	E	E	{ }	B → { }	B → E	false	–
1	4	G → H	H	–	–	–	–	–	–
2	4	G → H	H	H	{ }	G → { }	G → H	false	–

Wert bei	i	f_i	RS (f_i)	j	X	g1	g2	Membership Ergebn.	neues f_i
1	5	BE → DH	DH	–	–	–	–	–	–
2	5	BE → DH	DH	D	H	BE → H	BE → D	false	–
2	5	BE → DH	DH	H	D	BE → D	BE → H	false	–

Ergebnis: F′ = {A → BC, BC → G, B → E, G → H, BE → DH}.

7.5 Reduktion nicht-voller funktionaler Abhängigkeiten auf volle [*Beeri/Bernstein*] [*Osborn*]

Fragestellung:
Gegeben ist eine Menge funktionaler Abhängigkeiten $F = \{f_1, f_2, \ldots, f_n\}$ über einer Attributmenge $S = \{A_1, A_2, \ldots, A_m\}$. Die Elemente von F sind dahingehend zu überprüfen, ob sie volle funktionale Abhängigkeiten sind; ist dies für ein $f_i \in F$ nicht der Fall, so soll f_i durch (eine oder mehrere) volle funktionale Abhängigkeiten ersetzt werden.

Eingabe: F, S

Ausgabe: F (auf volle funktionale Abhängigkeiten reduziert)

Arbeitsweise:
Für jede funktionale Abhängigkeit $f_i \in F$ wird für jedes Attribut auf der linken Seite von f_i überprüft, ob der Rest der linken Seite bereits einen Teil der rechten Seite funktional bestimmt. Ist dies für ein Attribut der Fall, so werden die funktional bestimmten Attribute aus der rechten Seite von f_i entfernt und eine neue funktionale Abhängigkeit gebildet, deren linke Seite wie die von f_i ohne das betreffende Attribut lautet und deren rechte Seite aus den funktional bestimmten Attributen besteht. Diese funktionale Abhängigkeit wird in F aufgenommen und die Überprüfung fortgesetzt.

Laufzeit:
Der Algorithmus Vollred ist von der Ordnung $O(|S|^2 \cdot p^2)$, wobei $p = \sum_{i=1}^{n} |RS(f_i)|$.

Bemerkung:
An sich ist der Begriff der vollen funktionalen Abhängigkeit nur für funktionale Abhängigkeiten in kanonischer Form definiert. Besteht die rechte Seite einer funktionalen Abhängigkeit aus mehr als einem Attribut, so kann sie als Zusammenfassung mehrerer kanonischer funktionaler Abhängigkeiten aufgefaßt werden, die alle volle funktionale Abhängigkeiten sein sollen.

Bei kanonischer Darstellung der funktionalen Abhängigkeiten wäre der Algorithmus etwas einfacher zu formulieren, da dann funktionale Abhängigkeiten nur ersetzt oder gelöscht werden, aber keinesfalls neue funktionale Abhängigkeiten in F aufgenommen werden. Die Zusammenfassung von funktionalen Abhängigkeiten mit gleicher linker Seite erlaubt aber i.a. eine deutliche Laufzeitverbesserung, wenn auch die Ordnung des Algorithmus dieselbe bleibt.

```
Algorithmus Vollred (F, S): (Ergebnis ist eine Menge von funktionalen Abhängigkeiten);
begin /* Erläuterungen siehe Abschnitt „Arbeitsweise“ */
for jedes f_i ∈ F do
    if Kard (LS (f_i) ) > 1 then                                        (1)
        for jedes j ∈ LS (f_i) do
            begin
            Z : = LS (f_i) \ {j};
            X : = Expansion (F, S, Z);
            Y : = X ∩ RS (f_i);                                         (2)
            if Y ≠ { } then /* f_i nicht voll */
                begin
                g1 : = ABH (Z → Y);
                g2 : = ABH (LS (f_i) → (RS (f_i) \ Y) );                (3)
                if Y ≠ RS (f_i) then
                    /* f_i teilweise ersetzen */
                    begin
                    F : = F ∪ {g1}; /* g1 wird in F aufgenommen, falls es
                          noch nicht enthalten ist */
                    g1 : = g2                                           (4)
                    end;
                if g1 ∈ F then
                    F : = F \ {f_i} /* lösche f_i und adjustiere Indizes */
                else
                    f_i : = g1                                          (5)
                end
            end;
return (F) /* reduziert */
end. /* Algorithmus */
```

Beispiel:

$S = \{A, B, C, D, E, G, H\}$ $(m = 7)$

$F = \{ABD \to C, ABG \to DE, AC \to BDE, BC \to A, C \to D, DG \to EH,$
$B \to G, E \to H, H \to E\}$ $(n = 9)$

Aufruf: Vollred (F, S)

Darstellung von S und F:

Attribut:	A	B	C	D	E	G	H
Darstellung:	1	2	3	4	5	6	7

Abhängigkeit:	ABD → C	ABG → DE	AC → BDE	BC → A	C → D
Darstellung:	1	2	3	4	5

Abhängigkeit:	DG → EH	B → G	E → H	H → E
Darstellung:	6	7	8	9

Bei Aufruf der Funktionen LS und RS ergibt sich demnach:

i:	1	2	3	4	5	6	7	8	9
LS (f_i):	1, 2, 4	1, 2, 6	1, 3	2, 3	3	4, 6	2	5	7
RS (f_i):	3	4, 5	2, 4, 5	1	4	5, 7	6	7	5

Ablauf des Algorithmus:

Wert bei	i	LS (f_i)	RS (f_i)	j	Z	X	Y	g1	g2
1	1	A, B, D	C	–	–	–	–	–	–
2	1	A, B, D	C	A	B, D	BDEGH	{ }	–	–
2	1	A, B, D	C	B	A, D	AD	{ }	–	–
2	1	A, B, D	C	D	A, B	ABCDEGH	C	–	–
3	1	A, B, D	C	D	A, B	ABCDEGH	C	AB → C	ABD → { }
5	1	A, B	C	D	A, B	ABCDEGH	C	AB → C	ABD → { }
f_1 wird auf f_1 : AB → C geändert.									
1	2	A, B, G	D, E	–	–	–	–	–	–
2	2	A, B, G	D, E	A	B, G	BG	{ }	–	–
2	2	A, B, G	D, E	B	A, G	AG	{ }	–	–
2	2	A, B, G	D, E	G	A, B	ABCDEGH	D, E	–	–
3	2	A, B, G	D, E	G	A, B	ABCDEGH	D, E	AB → DE	ABG → { }
5	2	A, B	D, E	G	A, B	ABCDEGH	D, E	AB → DE	ABG → { }
f_2 wird auf f_2 : AB → DE geändert.									
1	3	A, C	B, D, E	–	–	–	–	–	–
2	3	A, C	B, D, E	A	C	CD	D	–	–
3	3	A, C	B, D, E	A	C	CD	D	C → D	AC → BE
Jetzt wird g1 : C → D geprüft, ist aber bereits in F (f_5).									

Wert bei	i	LS (f_i)	RS (f_i)	j	Z	X	Y	g1	g2
4	3	A, C	B, D, E	A	C	CD	D	AC → BE	AC → BE
5	3	A, C	B, E	A	C	CD	D	AC → BE	AC → BE
								f_3 wird auf f_3 : AC → BE geändert.	
2	3	A, C	B, E	C	A	A	{}	–	–

Im weiteren Verlauf des Algorithmus ergeben sich keine weiteren Änderungen. Es wurden also die nicht-vollen funktionalen Abhängigkeiten f_1, f_2, f_3 durch volle ersetzt. Das reduzierte F ergibt sich zu:

F = {AB → C, AB → DE, AC → BE, BC → A, C → D, DG → EH, B → G, E → H, H → E}.

7.6 Suchen eines minimalen Schlüssels [*Osborn,* Abschnitt 4.1]

Fragestellung:
Gegeben ist eine Menge funktionaler Abhängigkeiten $F = \{f_1, f_2, \ldots, f_n\}$ über der Attributmenge $S = \{A_1, A_2, \ldots, A_m\}$. Es sei dafür ein Oberschlüssel $K \subseteq S$ bekannt.
Gesucht ist irgendein minimaler Schlüssel $K' \subseteq K$.

Eingabe: F, S und K.

Ausgabe: K'

Arbeitsweise:
Ausgehend von K' = K wird für jedes Attribut $B \in K'$ nachgeprüft, ob es für K' „notwendig" ist, d.h. ob $K' \setminus \{B\}$ kein Oberschlüssel mehr ist. Falls B nicht notwendig ist, wird es entfernt. Es wird der Membership-Algorithmus verwendet (siehe Abschnitt 7.2).

Laufzeit:
Der Algorithmus Minimalschlüssel ist von der Ordnung $O(|S|^2 \cdot |F|) = O(m^2 \cdot n)$.

Algorithmus Minimalschlüssel (F, S, K): (Ergebnis Attributmenge);
begin
K' : = K;
for jedes j ∈ K **do**

  /* falls A_j nicht notwendig ist, löschen */
  if Membership (F, S, ABH ((K' \ {j}) → S)) **then** (1)
    K' : = K' \ {j}; (2)

return (K')
end. /* Algorithmus */

Beispiel:

S : = {A, B, C, D, E}
F : = {AB → C, D → E, E → BD, C → D}
K : = S

Aufruf: Minimalschlüssel (F, S, K)

Ablauf des Algorithmus:

Wert bei	K'	j	überprüfte funkt. Abhängigkeit	Membership-Ergebnis
1	ABCDE	A	BCDE → ABCDE	**false**
1	ABCDE	B	ACDE → ABCDE	**true**
2	ACDE	B	–	–
1	ACDE	C	ADE → ABCDE	**true**
2	ADE	C	–	–
1	ADE	D	AE → ABCDE	**true**
2	AE	D	–	–
1	AE	E	A → ABCDE	**false**

Das Ergebnis ist der minimale Schlüssel K' = {A, E}.

7.7 Suchen aller minimalen Schlüssel zu einer Attributmenge [*Osborn*, Abschnitt 4.6]

Fragestellung:

Gegeben sei eine Menge funktionaler Abhängigkeiten $F = \{f_1, f_2, \ldots, f_n\}$ über der Attributmenge $S = \{A_1, A_2, \ldots, A_m\}$, sowie eine Teilmenge $T \subseteq S$. Gesucht sind alle minimalen Attributmengen K, für die K → T und T → K aus $F^+(S)$ sind.

K ist nicht unbedingt ein minimaler Schlüssel für T, da nicht immer $K \subseteq T$ gilt. Findet man aber (etwa mittels des abgewandelten Membership-Algorithmus „Expansion", Abschnitt 7.2, Bemerkungen) die Menge $T^*_{F,S}$ aller von T unter F abhängigen Attribute, so reduziert sich das Problem auf die Suche nach allen minimalen Schlüsseln K für $T^*_{F,S}$, wobei $K \subseteq T^*_{F,S}$ gilt. Diese Fragestellung tritt bei der Konstruktion einer Zerlegung eines Relationenschemas in Codd-3NF-Relationenschemata auf.

Eingabe: F, S, T

Ausgabe: Die Menge **K** aller Attributmengen K.

Arbeitsweise:

Es wird zuerst $T^*_{F,S}$ gebildet und F auf die Menge der in $T^*_{F,S}$ anwendbaren funktionalen Abhängigkeiten F' beschränkt (eine funktionale Abhängigkeit, deren linke Seite nicht in $T^*_{F,S}$ enthalten ist, kann in $T^*_{F,S}$ nicht verwendet werden). Mit $T^*_{F,S}$ selbst als Startoberschlüssel wird ein erster minimaler Schlüssel gesucht und in **K** einbezogen.

Es gilt [*Osborn*, Lemma 4.9]: $\mathcal{P}(S) \setminus \mathbf{K}$ enthält genau dann einen weiteren minimalen Schlüssel für $T^*_{F,S}$, wenn es ein $K \in \mathbf{K}$ und eine funktionale Abhängigkeit $f : X \rightarrow Y \in F'$ gibt, so daß $X \cup (K \setminus Y)$ keinen Schlüssel aus $\mathbf{K}$ enthält.

Es werden daher nacheinander alle K aus **K** mit allen f aus F′ diesem Test unterzogen; falls er positiv ausgeht, wird mit $X \cup (K \setminus Y)$ als Startoberschlüssel ein neuer minimaler Schlüssel gesucht und zu **K** hinzugefügt.

Laufzeit:
Der Algorithmus Alle_minimalen_Schlüssel ist von der Ordnung $O(|F| \cdot |S| \cdot |\mathbf{K}| \cdot (|\mathbf{K}| + |S|))$.

Bemerkung:
Falls T bereits expandiert ist, d.h. $T = T^*_{F,S}$, so kann man den ersten Aufruf von Expansion einsparen; dies erfordert eine geringfügige Änderung des Algorithmus. Der so geänderte Algorithmus wird im folgenden mit Alle_Minkeys (F, S, T*) aufgerufen.

Algorithmus Alle_minimalen_Schlüssel (F, S, T): (Ergebnis ist eine Menge von Attributmengen);

```
begin
if T ≠ S then
    /* T expandieren und F beschränken */
    begin
    T* : = Expansion (F, S, T);
    F' : = { };
    for jedes f_i ∈ F do
        if LS (f_i) ⊆ T* then
            F' : = F' ∪ {f_i}                                        (1)
    end
else
    /* T = S, man kann sich die Expansion ersparen */
    begin
    T* : = S;
    F' : = F
    end;
K : = { Minimalschlüssel (F', T*, T*) };                             (2)
for jedes K ∈ K do                                                   (3)
    for jedes f ∈ F' do
        begin
        T_1 : = LS (f) ∪ (K \ RS (f) );
        testvar : = true;                                            (4)
        for jedes L ∈ K while (testvar) do
            if L ⊆ T_1 then testvar : = false;                       (5)
        if (testvar) then
            K : = K ∪ {Minimalschlüssel (F', T*, T_1) }              (6)
        end;
return (K)
end. /* Algorithmus */
```

Beispiel:

S : = {A, B, C, D, E, G, H}
F : = {AB → CD, D → EG, DE → A, G → B, H → A}
T : = {A, B, C}

Aufruf: Alle_minimalen_Schlüssel (F, S, T)

Ablauf des Algorithmus:
Zeile (1): T^* : = {A, B, C, D, E, G}
F' : = {AB → CD, D → EG, DE → A, G → B}

Wert bei	K	f	T_1	testvar	L	K
2	–	–	–	–	–	{D}
3	{D}	–	–	–	–	{D}
4	{D}	AB → CD	{A, B}	**true**	–	{D}
5	{D}	AB → CD	{A, B}	**true**	{D}	{D}
6	{D}	AB → CD	{A, B}	**true**	–	{D}, {A, B}
4	{D}	D → EG	{D}	**true**	–	{D}, {A, B}
5	{D}	D → EG	{D}	**false**	{D}	{D}, {A, B}
4	{D}	DE → A	{D, E}	**true**	–	{D}, {A, B}
5	{D}	DE → A	{D, E}	**false**	{D}	{D}, {A, B}
4	{D}	G → B	{D, G}	**true**	–	{D}, {A, B}
5	{D}	G → B	{D, G}	**false**	{D}	{D}, {A, B}
3	{A, B}	–	–	–	–	{D}, {A, B}
4	{A, B}	AB → CD	{A, B}	**true**	–	{D}, {A, B}
5	{A, B}	AB → CD	{A, B}	**true**	{D}	{D}, {A, B}
5	{A, B}	AB → CD	{A, B}	**false**	{A, B}	{D}, {A, B}
4	{A, B}	D → EG	{A, B, D}	**true**	–	{D}, {A, B}
5	{A, B}	D → EG	{A, B, D}	**false**	{D}	{D}, {A, B}
4	{A, B}	DE → A	{B, D, E}	**true**	–	{D}, {A, B}
5	{A, B}	DE → A	{B, D, E}	**false**	{D}	{D}, {A, B}
4	{A, B}	G → B	{A, G}	**true**	–	{D}, {A, B}
5	{A, B}	G → B	{A, G}	**true**	{D}	{D}, {A, B}
5	{A, B}	G → B	{A, G}	**true**	{A, B}	{D}, {A, B}
6	{A, B}	G → B	{A, G}	**true**	–	{D}, {A, B}, {A, G}

Wert bei	K	f	T_1	testvar	L	**K**
3	{A, G}	-	–	–	–	{D}, {A, B}, {A, G}
4	{A, G}	AB → CD	{A, B, G}	**true**	–	{D}, {A, B}, {A, G}
5	{A, G}	AB → CD	{A, B, G}	**true**	{D}	{D}, {A, B}, {A, G}
5	{A, G}	AB → CD	{A, B, G}	**false**	{A, B}	{D}, {A, B}, {A, G}
4	{A, G}	D → EG	{A, D}	**true**	–	{D}, {A, B}, {A, G}
5	{A, G}	D → EG	{A, D}	**false**	{D}	{D}, {A, B}, {A, G}
4	{A, G}	DE → A	{D, E, G}	**true**	–	{D}, {A, B}, {A, G}
5	{A, G}	DE → A	{D, E, G}	**false**	{D}	{D}, {A, B}, {A, G}
4	{A, G}	G → B	{A, G}	**true**	–	{D}, {A, B}, {A, G}
5	{A, G}	G → B	{A, G}	**true**	{D}	{D}, {A, B}, {A, G}
5	{A, G}	G → B	{A, G}	**true**	{A, B}	{D}, {A, B}, {A, G}
5	{A, G}	G → B	{A, G}	**false**	{A, G}	{D}, {A, B}, {A, G}

Ergebnis: **K** : = { {D}, {A, B}, {A, G}}

7.8 Suchen aller zusätzlichen minimalen Schlüssel zu einer Attributmenge

Fragestellung:
Wie im Algorithmus Alle_minimalen_Schlüssel, nur seien bereits eine oder mehrere minimale Schlüssel bekannt. Außerdem sei T bereits expandiert ($T = T^{*}_{F,S}$).

Eingabe: F, S, T und **K** = {alle bisher bekannten minimalen Schlüssel für T}

Ausgabe: Die Menge **K** aller minimalen Schlüssel K für T.

Arbeitsweise:
Wie im Algorithmus Alle_minimalen_Schlüssel.

Algorithmus Alle_zusätzlichen_Minkeys (F, S, T, **K**): (Ergebnis ist eine Menge von Attributmengen);

```
begin
if T ≠ S then
    begin
    /* funktionale Abhängigkeiten beschränken */
    F' : = { };
    for jedes f_i ∈ F do
        if LS (f_i) ⊆ T then
            F' : = F' ∪ {f_i}
    end
```

```
else
    F' := F;
for jedes K ∈ K do
    for jedes f ∈ F' do
        begin
        T1 := LS (f) ∪ (K \ RS (f) );
        testvar := true;
        for jedes L ∈ K while (testvar) do
            if L ⊆ T1 then
                            testvar := false;
        if (testvar) then
            K := K ∪ {Minimalschlüssel (F', T, T1) }
        end;
return (K)
end. /* Algorithmus */
```

7.9 Das Membership-Problem für funktionale und mehrwertige Abhängigkeiten [*Sagiv*]

Fragestellung:

Gegeben ist eine Attributmenge $S = \{A_1, A_2, \ldots, A_m\}$ sowie eine Menge FM von funktionalen und mehrwertigen Abhängigkeiten, die über S definiert sind: $FM = \{f_1, f_2, \ldots, f_{n1}, s_1, s_2, \ldots, s_{n2}\}$ mit einer Menge funktionaler Abhängigkeiten $F = \{f_i \mid i = 1, \ldots, n1\}$ und einer Menge mehrwertiger Abhängigkeiten (im Kontext von ganz S) $M = \{s_k \mid k = 1, \ldots, n2\}$.

Zur einfacheren Darstellung wird $FM = \{a_1, a_2, \ldots, a_n\}$ geschrieben, mit $n = n1 + n2$.

Weiters sei eine einzelne funktionale Abhängigkeit $a : X \rightarrow Y$ oder eine einzelne mehrwertige Abhängigkeit $a : X \twoheadrightarrow Y$ im Kontext von S mit $X, Y \subseteq S$, $X \cap Y = \{\}$, gegeben.

Es ist zu entscheiden, ob $a \in FM^+(S)$, d.h. ob die Abhängigkeit a durch die Abhängigkeiten in FM impliziert wird.

Eingabe: S, F, M, a

Ausgabe: **true**, falls $a \in FM^+(S)$, **false** sonst.

Datenstrukturen:

a) Die Attribute $A_j \in S$ werden durch ihren Index $j = 1, \ldots, m$ dargestellt; ein zusätzliches (dummy-)Attribut A_0 ($j = 0$) wird aus Einfachkeitsgründen eingeführt.
b) Die Abhängigkeiten f_i und s_k (d.h. a_ℓ) werden durch den Index $\ell = 1, \ldots, n$ dargestellt; $n = n1 + n2$.
c) Die Bedeutung der Menge W wird im Abschnitt „Arbeitsweise" beschrieben.
d) Das Hilfsfeld ZAEHLER [1 : n] enthält anfangs für jede Abhängigkeit a_ℓ, $\ell = 1, \ldots, n$, die Anzahl der Attribute in LS (a_ℓ); im Lauf des Algorithmus ist ZAEHLER [ℓ] die Anzahl der Attribute in LS $(a_\ell) \cap W$.
e) Für jedes Attribut A_j wird eine verkettete Liste geführt, die die Indizes aller Abhängigkeiten a_ℓ mit $A_j \in LS(a_\ell)$ (also in deren linker Seite A_j vorkommt) enthält. Diese Listen werden mit LISTE [j] bezeichnet und zum Feld LISTE [0 : m] zusammengefaßt.

LISTE [j] wird in der Programmformulierung wie eine Menge behandelt. LISTE [0] enthält die Indizes aller Abhängigkeiten a_ℓ mit LS $(a_\ell) = \{\}$.

f) QUEUE ist eine Warteschlange, die die Indizes noch nicht behandelter Abhängigkeiten aus FM enthält. Zur Manipulation dieser Warteschlange werden die Befehle
- einreihen (QUEUE, ℓ): füge ℓ am Ende der Warteschlange ein
- entnehme (QUEUE, ℓ): nimm das erste ℓ aus der Warteschlange

sowie der Wert leer (Warteschlange ohne Elemente) verwendet.

Arbeitsweise:

Der Algorithmus arbeitet folgendermaßen:

Es soll die Abhängigkeit a : $X \rightarrow Y$ oder a : $X \twoheadrightarrow Y$ überprüft werden. Für jedes Attribut $A \in Y$ wird dasjenige Element $W_A \in \mathbf{DEP}_{S,FM}$ (X) gebildet, das A enthält ($A \in W_A$). Dies geschieht in der Prozedur FIND. Die Menge W wird zuerst gleich $S \setminus X$ gesetzt (einzige Anwendung der Komplementregel MA 0 für mehrwertige Abhängigkeiten); es gilt ja stets $X \twoheadrightarrow (S \setminus X)$. W enthält also anfangs A, da $X \cap Y = \{\}$.

Nacheinander werden nun alle Abhängigkeiten s : $Z \twoheadrightarrow T$ bzw. f : $Z \rightarrow T$ aus FM betrachtet, für die $Z \cap W = \{\}$ ist. Falls $A \in T$ ist, so kann nach der Teilmengenregel W auf $W \cap T$ verringert werden, sonst auf $W \setminus T$. Ist die betrachtete Abhängigkeit aus FM eine funktionale Abhängigkeit f : $Z \rightarrow T$ mit $A \in T$, so wird das Verfahren mit b = **true** und $W_A = \{A\}$ abgebrochen, da nach der gemischten Teilmengenregel $X \rightarrow W \cap T$ und daher $X \rightarrow A$ gilt. A ist dann Element von $X^*_{FM,S}$. Ansonsten wird das Verfahren mit dem geänderten W fortgesetzt. Sind keine Abhängigkeiten $Z \twoheadrightarrow T$ bzw. $Z \rightarrow T$ mit $Z \cap W = \{\}$ mehr in FM vorhanden, so ist die gesuchte Menge W_A gleich W.

Falls nun $W_A \not\subseteq Y$, so kann $X \twoheadrightarrow Y$ nicht aus FM folgen, da Y dann nicht eine Vereinigung einer oder mehrerer Elemente von $\mathbf{DEP}_{S,FM}$ (X) wäre; ist jedes $W_A \subseteq Y$, so folgt $X \twoheadrightarrow Y$ aus FM.

Ist aber a : $X \rightarrow Y$ funktionale Abhängigkeit, so ist jedes $A \in Y$ in $X^*_{FM,S}$, wenn a aus FM folgt, und umgekehrt, d.h. die Prozedur FIND bricht für jedes $A \in Y$ mit b = **true** ab. Bricht für irgendein $A \in Y$ FIND (A, W, b, X, S, FM) mit b = **false** ab, so folgt a nicht aus FM.

Laufzeit:

Im Algorithmus wird eine Sequenz von (max.) m Operationen $W := W \cap T_j$ bzw. $W := W \setminus T_j$ ausgeführt, wobei W, $T_j \in S$, also (max.) n Elemente enthalten. Durch geeignete Darstellung von W (als doppelt verkettete Liste) und durch Verwendung von Hilfsfeldern kann diese Sequenz in Laufzeit

$$0\,(n + \sum_{j=1}^{m} |T_j|)$$

ausgeführt werden. Ohne Komplexitätsvergrößerung kann man gleichzeitig eine Liste der aus W entfernten Elemente erzeugen [*Sagiv*]. Im Algorithmus, wie er hier dargestellt wird, wurden diese Strukturen der Übersichtlichkeit halber nicht verwendet.

Unter Verwendung dieser Strukturen ist der Gesamtalgorithmus von der Ordnung $O(|S| \cdot |FM| \cdot \bar{p})$, wobei $\bar{p}$ die Anzahl der $W_i \in \mathbf{DEP}_{S,FM}$ (X) ist mit $W_i \cap Y \neq \{\}$.

Bemerkungen:

1) Im ursprünglichen Sagiv-Algorithmus werden mehrwertige Abhängigkeiten als aussagenlogische Ausdrücke (propositional formulas) dargestellt. Diese Darstellung ist jedoch nicht unbedingt nötig [*Galil*] und wurde hier weggelassen.

2) Zum vorliegenden Problem wurden mehrere ähnliche Algorithmen veröffentlicht, die sich in der Laufzeitordnung unterscheiden. Die meisten berechnen die ganze Abhängigkeitsbasis $\mathbf{DEP}_{S,FM}$ (X) zuerst und prüfen anhand dieser (in linearer Zeit) nach, ob Y aus den Mengen W_i zusammengesetzt werden kann. Im Sagiv-Algorithmus ist dies nicht der Fall; zur Berechnung der Abhängigkeitsbasis siehe den folgenden Algorithmus (7.10).
Ein Vergleich der Laufzeiten der verschiedenen Algorithmen ergibt:
a) [*Beeri*, 1980]: Berechnung der Abhängigkeitsbasis in $O(|S|^4 \cdot |FM|^4)$.
b) [*Hagihara/Ito/Taniguchi/Kasami*]: Berechnung der Abhängigkeitsbasis in $O(\min(k^2 \cdot |S|, |S|^2 \cdot |FM|^2))$.
c) [*Sagiv*]: Membership-Test in $O(|S| \cdot |FM| \cdot \bar{p})$; Berechnung der Abhängigkeitsbasis in $O(|S| \cdot |FM| \cdot p)$ (siehe folgenden Algorithmus).
d) [*Galil*]: Membership-Test $O(\min(|FM|, \log \bar{p}) \cdot |S| \cdot |FM|)$; Berechnung der Abhängigkeitsbasis in $O(\min(|FM|, \log p) \cdot |S| \cdot |FM|)$.
Dabei sei p die Anzahl der Elemente von $\mathbf{DEP}_{S,FM}$ (X) und $\bar{p}$ die Anzahl dieser Elemente, die mit Y einen nichtleeren Durchschnitt haben.
Algorithmus d) ist in der Laufzeit besser als der hier dargestellte Sagiv-Algorithmus c), verwendet aber dazu sehr komplizierte Datenstrukturen, so daß hier auf seine Darstellung verzichtet wurde.

3) *Beeri* [1979] weist darauf hin, daß die erwähnten Algorithmen alle nur im Kontext von S arbeiten, d.h. $X \twoheadrightarrow Y$ gilt in einem Relationenschema über S. Manchmal (etwa bei der Synthese von Relationenschemata aus Teilrelationenschemata) stört diese Kontextabhängigkeit, da aus $X \twoheadrightarrow Y$ in S nicht $X \twoheadrightarrow Y$ in S′ folgt, falls $S \subsetneq S'$. *Beeri* führt einen anderen Begriff der mehrwertigen Abhängigkeit ein, der kontextfrei ist: $X \twoheadrightarrow Y$ gilt in allen Relationenschemata, deren Attributmengen $X \cup Y$ enthalten. Dazu schlägt Beeri einen zum Algorithmus [*Beeri*, 1980] parallelen Algorithmus zur Berechnung der Abhängigkeitsbasis (kontextfrei) vor, der die Komplementationsregel für mehrwertige Abhängigkeiten nicht verwendet, da diese Regel die einzige kontextabhängige ist.

```
Algorithmus Membership_Sagiv (F, M, S, a): Boolean;

procedure MAKE_TRUE (P);                                              (1)
/* P ist eine Attributmenge */
/* ZAEHLER wird um die Attribute in der Menge P verringert und alle Abhängig-
   keiten, deren linke Seite zu W disjunkt ist, werden in QUEUE eingereiht  */
/* Globale Variable: ZAEHLER, QUEUE, LISTE                                  */
begin
for jedes j ∈ P do                                                    (2)
    for jedes ℓ ∈ LISTE [j] do
        begin
```

```
        ZAEHLER [ℓ] : = ZAEHLER [ℓ] − 1;
        if ZAEHLER [ℓ] = 0 then
                                einreihen (QUEUE, ℓ)
        end                                                          (3)
end MAKE_TRUE;
procedure FIND (k, W, b, X, S, FM);                                  (4)
/* Finde diejenige Menge W der Abhängigkeitsbasis von X unter FM, die das
   Attribut A_k enthält.                                              */
/* Rückgabe: Attributmenge W, sowie Boolean-Variable b = true, falls
   A_k ∈ X*_{FM,S}, b = false sonst                                   */
/* Globale Variable: ZAEHLER, LISTE, QUEUE                            */
begin /* procedure FIND */
/* initialisiere ZAEHLER und LISTE */
n : = Kard (FM); /* Anzahl der Abhängigkeiten */
for ℓ: = 1 to n do
    begin
    ZAEHLER [ℓ] : = 0;                                               (5)
    if LS (a_ℓ) = { } then
        begin
        ZAEHLER [ℓ] : = 1;
        LISTE [0] : = LISTE [0] ∪ {ℓ}                                (6)
        end
    else
        for jedes j ∈ LS (a_ℓ) do
            begin
            ZAEHLER [ℓ] : = ZAEHLER [ℓ] + 1;
            LISTE [j] : = LISTE [j] ∪ {ℓ}
            end                                                      (7)
    end;
QUEUE : = leer; /* Warteschlange leer setzen */                      (8)
W : = S \ X; /* alle Attribute außer denen in X */
MAKE_TRUE ( {A_0} ∪ X );                                             (9)
while QUEUE ≠ leer do /* unbehandelte Abhängigkeiten */
    begin
    entnehme (QUEUE, ℓ); /* aus der Warteschlange */
    T : = RS (a_ℓ);                                                  (10)
    if k ∈ T then /* k in rechter Seite der Abh. */
        if FA (a_ℓ) then /* funktionale Abhängigkeit */
            begin
            W : = {k};
            b : = true;
            return /* Rücksprung mit b = true */                     (11)
            end
```

```
        else
            V := W ∩ T /* V enthält k */                          (12)
    else
        V := W \ T; /* V enthält k */                             (13)
    R := W \ V; /* alle aus W gelöschten Attribute */
    W := V; /* neues W */
    MAKE_TRUE (R)                                                 (14)
    end;
b := false;                                                       (15)
return
end FIND;
/* Hauptprogramm */
begin
FM := F ∪ M;
Y := RS (a);                                                      (16)
for jedes k ∈ Y do
    begin
    X := LS (a);
    Find (k, W, b, X, S, FM);                                     (17)
    if FA (a) then /* a ist funktionale Abhängigkeit */
        begin
        if not b then /* Rücksprung aus FIND mit b = false */
            return (false) /* A_k ∉ X*_FM,S */                    (18)
        end
    else /* a ist mehrwertige Abhängigkeit */
        if W ⊄ Y then
            return (false) /* X ->> Y gilt nicht */               (19)
    end; /* Schleife über k */
return (true) /* a : X ->> Y bzw. a : X -> Y gilt */             (20)
end. /* Hauptprogramm */
```

Beispiel:

$S = \{A, B, C, D, E, G, H, I\}$ (m = 8)

$F = \{AB \rightarrow C, H \rightarrow DG, C \rightarrow I\}$

$M = \{AB \twoheadrightarrow DEGH, A \twoheadrightarrow CI, ABH \twoheadrightarrow E\}$ (n = 6)

$a : (AB \twoheadrightarrow CEH)$

$FM = F \cup M$

Aufruf: Membership_SAGIV (F, M, S, a)

Darstellung von S und FM:

Attribut:	A	B	C	D	E	G	H	I
Darstellung:	1	2	3	4	5	6	7	8

Abhängigkeit:	AB → C	H → DG	C → I	AB →→ DEGH	A →→ CI	ABH →→ E
Darstellung (ℓ):	1	2	3	4	5	6
LS (a_ℓ):	1, 2	7	3	1, 2	1	1, 2, 7
RS (a_ℓ):	3	4, 6	8	4, 5, 6, 7	3, 8	5
FA (a_ℓ):	**true**	**true**	**true**	**false**	**false**	**false**

LS (a) = {1, 2} RS (a) = {3, 5, 7} FA (a) = **false**

Ergebnis der Initialisierung bei jedem FIND-Aufruf:

ℓ:	1	2	3	4	5	6
ZAEHLER [ℓ]:	2	1	1	2	1	3

j:	0	1	2	3	4	5	6	7	8
LISTE [j]:	–	1, 4, 5, 6	1, 4, 6	3	–	–	–	2, 6	–

X = {1, 2}

Ablauf des Algorithmus:
Hauptprogramm: Y = {C, E, H} X = {A, B}

Wert bei	k	FIND-Ergebnis W	FIND-Ergebnis b	return-Ergebnis	Aufruf von FIND
17	C	{C}	**true**	–	FIND (3, W, b, X, S, FM)
17	E	{D, E, G, H}	**false**	–	FIND (5, W, b, X, S, FM)
19	E	{D, E, G, H}	**false**	**false**	–

Ergebnis: a: AB →→ CEH folgt nicht aus FM

Aufruf von FIND (3, W, b, X, S, FM):

Wert bei	QUEUE	MAKE_TRUE Argument	j	ZAEHLER 1 2 3 4 5 6	W	T	V	R	ℓ
8	Initialisierung siehe oben				–	–	–	–	–
9	–	A_0AB		2 1 1 2 1 3	CDEGHI	–	–	–	–
2	–	A_0AB	A_0	2 1 1 2 1 3					
2	–	A_0AB	A	2 1 1 2 1 3					
3	5	A_0AB	A	1 1 1 1 0 2	MAKE_TRUE ({A_0, A, B})				
2	5	A_0AB	B	1 1 1 1 0 2					
3	5, 1, 4	A_0AB	B	0 1 1 0 0 1					
10	1, 4				CDEGHI	CI	–	–	5
12	1, 4				CDEGHI	CI	CI	–	5
14	1, 4	DEGH			CI	CI	CI	DEGH	5
2	1, 4	DEGH	D	0 1 1 0 0 1					
2	1, 4	DEGH	E	0 1 1 0 0 1					
2	1, 4	DEGH	G	0 1 1 0 0 1	MAKE_TRUE ({D, E, G, H})				
2	1, 4	DEGH	H	0 1 1 0 0 1					
3	1, 4, 2, 6	DEGH	H	0 0 1 0 0 0					
10	4, 2, 6				CI	C			1
11	4, 2, 6				C				–
	W = {C} b = **true** **return**								

Aufruf von FIND (5, W, b, X, S, FM):

Wert bei	QUEUE	MAKE_TRUE Argument	j	ZAEHLER 1 2 3 4 5 6	W	T	V	R	ℓ
8	Initialisierung siehe oben				–	–	–	–	–
9	–	A_0AB		2 1 1 2 1 3	CDEGHI	–	–	–	–
2	–	A_0AB	A_0	2 1 1 2 1 3					
2	–	A_0AB	A	2 1 1 2 1 3					
3	5	A_0AB	A	1 1 1 1 0 2	MAKE_TRUE ({A_0, A, B})				
2	5	A_0AB	B	1 1 1 1 0 2					
3	5, 1, 4	A_0AB	B	0 1 1 0 0 1					
10	1, 4				CDEGHI	CI	–	–	5
13	1, 4				CDEGHI	CI	DEGH	–	5
14	1, 4	CI			DEGH	CI	DEGH	CI	5
2	1, 4	CI	C	0 1 1 0 0 1					
3	1, 4, 3	CI	C	0 1 0 0 0 1	MAKE_TRUE ({C, I})				
2	1, 4, 3	CI	I	0 1 0 0 0 1					
10	4, 3				DEGH	C	–	–	1
13	4, 3				DEGH	C	DEGH	–	1
14	4, 3	{ }			DEGH	C	DEGH	{ }	1
10	3				DEGH	DEGH	–	–	4
12	3				DEGH	DEGH	DEGH	–	4
14	3	{ }			DEGH	DEGH	DEGH	{ }	4
10					DEGH	I	–	–	3
13					DEGH	I	DEGH	–	3
14		{ }			DEGH	I	DEGH	{ }	3
15		W = {D, E, G, H}	b	= **false**	**return**				

7.10 Konstruktion der Abhängigkeitsbasis und der Hülle

Der vorhergehende Algorithmus kann, leicht modifiziert, dazu verwendet werden, die Abhängigkeitsbasis $\mathbf{DEP}_{S,\ FM}$ (X) für gegebenes S, FM und X zu berechnen. Zusätzlich wird auch die Hülle $X^*_{FM,S}$ berechnet.

Eingabe: S, F, M, X

Ausgabe: Abhängigkeitsbasis und Hülle

Arbeitsweise:

1) Die Hülle $X^*_{F,S}$ von X wird mittels des Algorithmus Expansion (siehe Membership-Algorithmus für funktionale Abhängigkeiten, Abschnitt 7.2) berechnet.

   $X^*_{FM,S}$ wird mit $X^*_{F,S}$ initialisiert,

   $\mathbf{DEP}_{S,FM}(X)$ mit $\{ \{A\} \mid A \in X^*_{F,S} \}$.

   Dieser Schritt ist nicht unbedingt notwendig, verbessert aber die Laufzeit. Es gilt $\mathbf{DEP}_{S,FM}(X) = \mathbf{DEP}_{S,FM}(X^*_{F,S})$, so daß mit $X^*_{F,S}$ weitergearbeitet werden kann.

2) Für jedes Attribut $A_j \in S$, das nicht in $X^*_{F,S}$ enthalten ist, wird mittels der Prozedur FIND dasjenige Element W_ℓ aus $\mathbf{DEP}_{S,FM}(X^*_{F,S})$ berechnet, das A_j enthält. Natürlich brauchen andere A_i, die im selben W_ℓ enthalten sind, nicht weiter untersucht werden. Bricht FIND für A_j mit b = **true** ab, so wird A_j weiters in $X^*_{FM,S}$ eingefügt.

   Das Boolean-Hilfsfeld BEHANDELT [1 : m] hat folgende Funktion: ist BEHANDELT [j] **true**, so wurde A_j bereits behandelt, sonst nicht.

Algorithmus Abhängigkeitsbasis (F, M, S, X): (Ergebnis siehe **return**-Befehl);

```
begin
/* Initialisierung */
FM : = F ∪ M;
DEP : = { };
m : = Kard (S);
for j : = 1 to m do
     BEHANDELT [j] : = false
/* X*F,S berechnen und weiter initialisieren */
Y : = Expansion (F, S, X);                                   (1)
for jedes j ∈ Y do
     begin
     BEHANDELT [j] : = true;
     DEP : = DEP ∪ { {j} }
     end;
X*FM,S : = Y;                                                (2)
for j : = 1 to m do                                          (3)
     if not BEHANDELT [j] then
          begin /* bereits behandelte Attribute weglassen */
          /* Element der Abhängigkeitsbasis bestimmen */
          FIND (j, W, b, X*FM,S, S, FM);                      (4)
          DEP : = DEP ∪ {W};                                  (5)
          if b then /* Aj ist in der Hülle, W = {Aj} */
               X*FM,S : = X*FM,S ∪ W;                          (6)
          for jedes i ∈ W do
               BEHANDELT [i] : = true                         (7)
          end;
```

return (**DEP**, /* Abhängigkeitsbasis */
$X^*_{FM,S}$ /* Hülle */) (8)
end. /* Algorithmus */

Beispiel:

S = {A,B,C,D,E,G,H,I,J,K} (m=10)

F = {AB → C, H → DG, CH → J}

M = {AB →→ DEGH, A →→ B, ABH →→ EI, AB →→ EJK}

FM = F ∪ M (n=7)

X = {A, B}

Aufruf: Abhängigkeitsbasis (F, M, S, X)

Darstellung von S und FM:

Attribut:	A	B	C	D	E	G	H	I	J	K
Darstellung:	1	2	3	4	5	6	7	8	9	10

Abhängigkeit:	AB → C	H → DG	CH → J	AB →→ DEGH
Darstellung:	1	2	3	4

Abhängigkeit:	A →→ B	ABH →→ EI	AB →→ EJK
Darstellung:	5	6	7

Ablauf des Algorithmus:

Wert bei	X	Y	j	BEHANDELT	$X^*_{FM,S}$	W	b	neu in **DEP**
1	AB	ABC	–	FFFFFFFFFF	–	–	–	–
2	AB	ABC	–	TTTFFFFFFF	ABC	–	–	{A}, {B}, {C}
3	AB	ABC	A	TTTFFFFFFF	ABC	–	–	–
3	AB	ABC	B	TTTFFFFFFF	ABC	–	–	–
3	AB	ABC	C	TTTFFFFFFF	ABC	–	–	–
3	AB	ABC	D	TTTFFFFFFF	ABC	–	–	–
4	AB	ABC	D	Aufruf FIND (4,W,b,{A,B,C},S,FM)				ergibt
						DGH	**false**	–
5	AB	ABC	D	TTTFFFFFFF	ABC	DGH	**false**	{D,G,H}
7	AB	ABC	D	TTTTFTTFFF	ABC	DGH	**false**	–
3	AB	ABC	E	TTTTFTTFFF	ABC	–	–	–

Wert bei	X	Y	j	BEHANDELT	$X^*_{FM,S}$	W	b	neu in **DEP**
4	AB	ABC	E	Aufruf FIND (5,W,b,{A,B,C}, S,FM)				ergibt
						E	**false**	–
5	AB	ABC	E	TTTTFTTFFF	ABC	E	**false**	{E}
7	AB	ABC	E	TTTTTTTFFF	ABC	E	**false**	–
3	AB	ABC	G	TTTTTTTFFF	ABC	–	–	–
3	AB	ABC	H	TTTTTTTFFF	ABC	–	–	–
3	AB	ABC	I	TTTTTTTFFF	ABC	–	–	–
4	AB	ABC	I	Aufruf FIND (8,W,b, {A,B,C}, S, FM)				ergibt
						I	**false**	–
5	AB	ABC	I	TTTTTTTFFF	ABC	I	**false**	{I}
7	AB	ABC	I	TTTTTTTTFF	ABC	I	**false**	–
3	AB	ABC	J	TTTTTTTTFF	ABC	–	–	–
4	AB	ABC	J	Aufruf FIND (9,W,b,{A,B,C}, S,FM)				ergibt
						J	**true**	–
5	AB	ABC	J	TTTTTTTTFF	ABC	J	**true**	{J}
6	AB	ABC	J	TTTTTTTTFF	ABCJ	J	**true**	–
7	AB	ABC	J	TTTTTTTTTF	ABCJ	J	**true**	–
3	AB	ABC	K	TTTTTTTTTF	ABCJ	–	–	–
4	AB	ABC	K	Aufruf FIND (10,W,b,{A,B,C},S,FM)				ergibt
						K	**false**	–
5	AB	ABC	K	TTTTTTTTTF	ABCJ	K	**false**	{K}
7	AB	ABC	K	TTTTTTTTTT	ABCJ	K	**false**	–
8	return **DEP** ={{A}, {B}, {C}, {D,G,H}, {E}, {I}, {J}, {K}} und $X^*_{FM,S}$ = {A,B,C,J}							

7.11 Konstruktion einer abhängigkeitstreuen Codd-3NF-Zerlegung nach *Beeri/Bernstein* [1979a]

Fragestellung:
Gegeben sind eine Attributmenge $S = \{A_1, A_2, \ldots, A_m\}$ und eine Menge $F = \{f_1, f_2, \ldots, f_n\}$ funktionaler Abhängigkeiten über S.
Gesucht ist eine abhängigkeitstreue Zerlegung $\{RS_q (S_q; F_q) \mid q = 1, \ldots, r\}$ von RS (S; F), wobei jedes Teilrelationenschema in Codd-Dritter Normalform ist.
Es soll also gelten:

$$\bigcup_{q=1}^{r} S_q = S, \quad (\bigcup_{q=1}^{r} F_q)^+ (S) = F^+(S).$$

Eingabe: F, S

Ausgabe: (S_q, F_q) $(q = 1, \ldots, r)$

Arbeitsweise:
Die prinzipielle Idee des Algorithmus ist folgende: es wird versucht, F durch eine nichtredundante Menge von funktionalen Abhängigkeiten G zu beschreiben. Dann wird für jede Gruppierung von funktionalen Abhängigkeiten mit gleicher linker Seite ein Relationenschema gebildet. Um zu garantieren, daß die Relationen in Codd-3NF sind, um die Anzahl der Relationen möglichst niedrig zu halten, und damit die linken Seiten der entsprechenden funktionalen Abhängigkeiten minimale Schlüssel der erzeugten Relationen sind, werden jedoch vorher alle funktionalen Abhängigkeiten $f \in F$ reduziert (d.h. unwesentliche Attribute aus der linken Seite entfernt); außerdem werden alle funktionalen Abhängigkeiten, deren linke Seiten wechselseitig voneinander funktional abhängen, zum Erzeugen einer einzigen Relation verwendet.

Algorithmus (Textbeschreibung):

1) Erzeuge aus F durch Eliminieren aller unwesentlichen Attribute (d.h. durch Umwandeln aller nicht-vollen funktionalen Abhängigkeiten in volle) die Menge G.
2) Finde für G eine nichtredundante Überdeckung H.
3) Teile H nach den linken Seiten der funktionalen Abhängigkeiten in Gruppen $H_\ell (\ell = 1, \ldots, s)$ ein. Die funktionalen Abhängigkeiten der Gruppe H_ℓ haben dieselbe linke Seite X_ℓ.
4) Sei $J = \{\}$. Prüfe für jedes Paar von Gruppen H_ℓ und H_k, mit den entsprechenden linken Seiten X_ℓ und X_k, ob $X_\ell \to X_k$ und $X_k \to X_\ell \in H^+(S)$. Ist dies der Fall, so vereinige H_ℓ und H_k zu einer einzigen Gruppe; füge die funktionalen Abhängigkeiten $X_\ell \to X_k$ und $X_k \to X_\ell$ zu J hinzu.
5) Eliminieren transitiver Abhängigkeiten: finde eine minimale Menge $H' \subseteq H$, so daß $(H' \cup J)^+ = (H \cup J)^+$. Die Gruppen H_ℓ in H werden dabei zu Gruppen H'_ℓ in H', die eventuell leer sein können. Füge jede funktionale Abhängigkeit aus J, die aus einer Gruppe H_ℓ in H gekommen ist, in die entsprechende Gruppe H'_ℓ ein.
6) Konstruiere für jede Gruppe H'_ℓ ein Relationenschema, das alle Attribute enthält, die in den funktionalen Abhängigkeiten dieser Gruppe vorkommen. Als Einschränkungsmenge wird H'_ℓ selbst genommen. Jede Attributmenge, die als linke Seite einer funktionalen Abhängigkeit in der Gruppe auftritt, ist ein minimaler Schlüssel der Relation.

Datenstrukturen:

a) H_ℓ, $\ell = 1, \ldots, s$, sind die aus H gebildeten Gruppen von funktionalen Abhängigkeiten. Die jeweils gemeinsamen linken Seiten sind die Mengen LINKS [ℓ], $\ell = 1, \ldots, s$; ihre Expansion (siehe Abschnitt 7.2) sind die Mengen LINKSEXP [ℓ]. Die Elemente von H_ℓ werden mit $f'_{\ell k}$ bezeichnet. Für jedes $f_i \in H$ wird im i-ten Element des Feldes GRUPPE [1 : n] der Index ℓ der Gruppe H_ℓ vermerkt, in die f_i eingegliedert wurde.
b) Bei Vereinigung zweier Gruppen H_ℓ und H_k wird im k-ten Element des Hilfsfeldes VEREINIGT [1 : s] der Index ℓ eingetragen; anfangs wird VEREINIGT [k] mit k initialisiert (für $k = 1, \ldots, s$).

Laufzeit:

Ist $p = \sum_{i=1}^{n} | RS(f_i) |$, so ist der Algorithmus von der Ordnung $O(p^2 \cdot |S|^2)$.

```
Algorithmus Codd_3NF_Zerlegung_Beeri_Bernstein (F, S):
(Ergebnis siehe return-Befehl);
/* Erläuterungen siehe Abschnitt „Arbeitsweise“ */
begin
/* 1. Entferne alle nicht-vollen funktionalen Abhängigkeiten aus F und ersetze sie
durch volle */
F : = Vollred (F, S);                                                        (1)
/* F ist jetzt gleich der Menge G in der Textbeschreibung des Algorithmus */
/* 2. Finde eine nichtredundante Überdeckung von F */
F : = Mindeck_A (F, S);                                                      (2)
n : = Kard (F);                                                              (3)
/* F ist jetzt gleich der Menge H in der Textbeschreibung des Algorithmus */
/* 3. Teile F in Gruppen mit gleicher linken Seite */
/* Die Elemente von F sind f_i, i = 1, . . . , n */
ℓ : = 0;
for i : = 1 to n do
    begin
    X : = LS (f_i);
    ℓ1 : = 0; ℓ2 : = 1;
    /* suche Gruppe mit gleicher linken Seite */
    while (ℓ1 = 0) and (ℓ2 ≤ ℓ) do
                        if LINKS [ℓ2] = X then
                                   ℓ1 : = ℓ2
                        else
                              ℓ2 : = ℓ2 + 1;
    if ℓ1 = 0 then /* noch keine solche Gruppe da */                         (4)
        begin
        ℓ : = ℓ + 1; /* Index der neuen Gruppe */
        ℓ1 : = ℓ;
        LINKS [ℓ] : = X                                                      (5)
        H_ℓ : = { }; S_ℓ : = { }
        end;
    GRUPPE [i] : = ℓ1                                                        (6)
    end;
/* 4. Vereinige Gruppen mit wechselseitig abhängiger linker Seite */
J : = { };
for ℓ2 : = 1 to ℓ do
    begin
    VEREINIGT [ℓ2] : = ℓ2;
    LINDSEXP [ℓ2] : = Expansion (F, S, LINKS [ℓ2])                           (7)
    end;
for ℓ2 : = 2 to ℓ do
    for ℓ1 : = 1 to ℓ2 − 1 do
        if (LINKS [ℓ2] ≠ { }) and (LINKS [ℓ1] ≠ { }) then
```

```
            begin
            X := LINKS [ℓ1];
            Y := LINKS [ℓ2];                                              (8)
            if (LINKSEXP [ℓ2] = LINKSEXP [ℓ1]) then
                begin
                LINKS [ℓ2] := { };
                LINKSEXP [ℓ2] := { };
                H_0 := {ABH (X → Y), ABH (Y → X)};
                H_ℓ1 := H_ℓ1 ∪ H_0;
                S_ℓ1 := S_ℓ1 ∪ X ∪ Y;
                VEREINIGT [ℓ2] := ℓ1;
                J := J ∪ H_0                                              (9)
                end
            end;
/* 5. Eliminiere transitive Abhängigkeiten */
for i := 1 to n do
    for jedes j ∈ RS (f_i) do
        begin
        X := RS (f_i) \ {j};
        g1 := ABH (LS (f_i) → X);
        g2 := ABH (LS (f_i) → {j});                                       (10)
        if Membership ( (F \ {f_i}) ∪ {g1} ∪ J, S, g2) then f_i := g1
        end;
/* Die Menge F ist nun gleich der Menge H' in der Textbeschreibung des Algo-
rithmus */
/* Erzeuge die Gruppen H_ℓ und ihre Attributmengen S_ℓ */
/* (bereits in Schritt 4 initialisiert) */
for i := 1 to n do
    begin
    ℓ1 := GRUPPE [i];
    ℓ2 := VEREINIGT [ℓ1];
    H_ℓ2 := H_ℓ2 ∪ {f_i};
    S_ℓ2 := S_ℓ2 ∪ LS (f_i) ∪ RS (f_i)                                    (11)
    end;
/* Rückgabe des Ergebnisses */
return (alle (S_ℓ, H_ℓ), die nicht leer sind)                             (12)
end. /* Algorithmus */
```

Beispiel:

$S = \{A, B, C, D, E, I, K\}$ (m = 7)

$F = \{ABD \rightarrow C, ABI \rightarrow DE, AC \rightarrow BDE, BC \rightarrow A, C \rightarrow D,$
$DI \rightarrow EK, B \rightarrow I, E \rightarrow K, K \rightarrow E\}$ (n = 9)

Aufruf: Codd_3NF_Zerlegung_Beeri_Bernstein (F, S)
Darstellung von S und F:

Attribut:	A	B	C	D	E	I	K
Darstellung:	1	2	3	4	5	6	7

Abhängigkeit:	ABD → C	ABI → DE	AC → BDE	BC → A	C → D
Darstellung:	1	2	3	4	5

Abhängigkeit:	DI → EK	B → I	E → K	K → E
Darstellung:	6	7	8	9

Ablauf des Algorithmus:
Schritt 1:
(1) Die nicht-vollen funktionalen Abhängigkeiten f_1, f_2, f_3 werden durch die vollen funktionalen Abhängigkeiten AB → C, AB → DE, AC → BE und C → D ersetzt. Da C → D bereits in F ist, wird es nicht neu aufgenommen.
Schritt 2:
(2) f_3 wird durch AC → B, f_6 durch DI → K ersetzt. f_2 wird gelöscht, die Indizierung muß adjustiert werden. Die Darstellung von H ist nunmehr:

Abhängigkeit:	AB → C	AC → B	BC → A	C → D
Darstellung:	1	2	3	4

Abhängigkeit:	DI → K	B → I	E → K	K → E
Darstellung:	5	6	7	8

(3) n = 8

Schritt 3:

Wert bei	i	ℓ	X	ℓ1	ℓ2	LINKS 1	2	3	4	5	6	7	8	GRUPPE 1	2	3	4	5	6	7	8
4	1	0	AB	0	1	–	–	–	–	–	–	–	–	–	–	–	–	–	–	–	–
5	1	1	AB	1	1	AB	–	–	–	–	–	–	–	–	–	–	–	–	–	–	–
6	1	1	AB	1	1	AB	–	–	–	–	–	–	–	1	–	–	–	–	–	–	–

Wert bei	i	ℓ	X	$\ell 1$	$\ell 2$	LINKS								GRUPPE							
						1	2	3	4	5	6	7	8	1	2	3	4	5	6	7	8
4	2	1	AC	0	2	AB	–	–	–	–	–	–	–	1	–	–	–	–	–	–	–
5	2	2	AC	2	2	AB	AC	–	–	–	–	–	–	1	–	–	–	–	–	–	–
6	2	2	AC	2	2	AB	AC	–	–	–	–	–	–	1	2	–	–	–	–	–	–
						.... usw.															
6	8	8	K	8	8	AB	AC	BC	C	DI	B	E	K	1	2	3	4	5	6	7	8

Schritt 4

Wert bei	$\ell 2$	VEREINIGT [$\ell 2$]	LINKS [$\ell 2$]	LINKSEXP [$\ell 2$]
7	1	1	AB	ABCDEIK
7	2	2	AC	ABCDEIK
7	3	3	BC	ABCDEIK
7	4	4	C	CD
7	5	5	DI	DEIK
7	6	6	B	BI
7	7	7	E	EK
7	8	8	K	EK

Wert bei	$\ell 1$	$\ell 2$	LINKS		LINKSEXP		$H_{\ell 1}$	$S_{\ell 1}$	VEREINIGT [$\ell 2$]	neue fkt. Abh. in J
			$\ell 1$	$\ell 2$	$\ell 1$	$\ell 2$				
8	1	2	AB	AC	ABCDEIK	ABCDEIK	{ }	{ }	2	–
9	1	2	AB	{ }	ABCDEIK	{ }	AB → AC AC → AB	ABC	1	AB → AC AC → AB

Wert bei	ℓ1	ℓ2	LINKS ℓ1	LINKS ℓ2	LINKSEXP ℓ1	LINKSEXP ℓ2	$H_{\ell 1}$	$S_{\ell 1}$	VEREINIGT [ℓ2]	neue fkt. Abh. in J
8	1	3	AB	BC	ABCDEIK	ABCDEIK	s.o.	ABC	3	–
9	1	3	AB	{}	ABCDEIK	{}	AB → AC AC → AB AB → BC BC → AB	ABC	1	AB → BC BC → AB
8	1	4	AB	C	ABCDEIK	CD	s.o.	ABC	4	–
8	1	5	AB	DI	ABCDEIK	DEIK	s.o.	ABC	5	–
8	4	5	C	DI	CD	DEIK	{}	{}	5	–
8	1	6	AB	B	ABCDEIK	BI	s.o.	ABC	6	–
8	4	6	C	B	CD	BI	{}	{}	6	–
8	5	6	DI	B	DEIK	BI	{}	{}	6	–
8	1	7	AB	E	ABCDEIK	EK	s.o.	ABC	7	–
8	4	7	C	E	CD	EK	{}	{}	7	–
8	5	7	DI	E	DEIK	EK	{}	{}	7	–
8	6	7	B	E	BI	EK	{}	{}	7	–
8	1	8	AB	K	ABCDEIK	EK	s.o.	ABC	8	–
8	4	8	C	K	CD	EK	{}	{}	8	–
8	5	8	DI	K	DEIK	EK	{}	{}	8	–
8	6	8	B	K	BI	EK	{}	{}	8	–
8	7	8	E	K	EK	EK	{}	{}	8	–
9	7	8	E	{}	EK	{}	E → K K → E	EK	7	E → K K → E

Inhalte der Datenstrukturen:

ℓ:	1	2	3	4	5	6	7	8
VEREINIGT [ℓ]:	1	1	1	4	5	6	7	7
LINKS [ℓ]:	AB	{}	{}	C	DI	B	E	{}
S_{ℓ}:	ABC	{}	{}	{}	{}	{}	EK	{}

$H_1 = \{AB \rightarrow AC, AC \rightarrow AB, AB \rightarrow BC, BC \rightarrow AB\}$,
$H_7 = \{E \rightarrow K, K \rightarrow E\}$
Alle anderen H_ℓ sind leer.

$J = \{AB \rightarrow AC, AC \rightarrow AB, AB \rightarrow BC, BC \rightarrow AB, E \rightarrow K, K \rightarrow E\}$.

Schritt 5:

Wert bei	i	LS (f_i)	RS (f_i)	j	X	g1	g2	Membership	geänderte f_i
10	1	AB	C	C	{ }	AB → { }	AB → C	true	f_1 : AB → { }
10	2	AC	B	B	{ }	AC → { }	AC → B	true	f_2 : AC → { }
10	3	BC	A	A	{ }	BC → { }	BC → A	true	f_3 : BC → { }
10	4	C	D	D	{ }	C → { }	C → D	false	–
10	5	DI	K	K	{ }	DI → { }	DI → K	false	–
10	6	B	I	I	{ }	B → { }	B → I	false	–
10	7	E	K	K	{ }	E → { }	E → K	true	f_7 : E → { }
10	8	K	E	E	{ }	K → { }	K → E	true	f_8 : K → { }

f_1, f_2, f_3, f_7 und f_8 wurden gelöscht (rechte Seite = { }).

Wert bei	i	ℓ1	ℓ2	$H_{\ell 2}$	$S_{\ell 2}$
11	1	1	1	AB → AC, AC → AB, AB → BC, BC → AB	ABC
11	2	2	1	AB → AC, AC → AB, AB → BC, BC → AB	ABC
11	3	3	1	AB → AC, AC → AB, AB → BC, BC → AB	ABC
11	4	4	4	C → D	CD
11	5	5	5	DI → K	DIK
11	6	6	6	B → I	BI
11	7	7	7	E → K, K → E	EK
11	8	8	7	E → K, K → E	EK

Ergebnis: (12)

Relationenschema RS1 (A, B, C) mit AB → AC, AC → AB, AB → BC, BC → AB, Schlüsselkandidaten AB, AC, BC;
Relationenschema RS2 (C, D) mit C → D, Schlüssel C;
Relationenschema RS3 (D, I, K) mit DI → K, Schlüssel DI;
Relationenschema RS4 (B, I) mit B → I, Schlüssel B;
Relationenschema RS5 (E, K) mit E → K, K → E, Schlüsselkandidaten E, K.

7.12 Konstruktion einer abhängigkeits- und verbundtreuen Codd-3NF-Zerlegung nach *Osborn* [1978, Kapitel 5]

Fragestellung:

Gegeben ist ein (universelles) Relationenschema RS (S; F) über der Attributmenge $S = \{A_1, A_2, \ldots, A_m\}$ mit einer Menge $F = \{f_1, f_2, \ldots, f_n\}$ funktionaler Abhängigkeiten über S. Gesucht ist eine minimale Menge von Relationenschemata $RS_q(S_q; F_q)$, $q = 1, \ldots, r$, die jeweils in Codd-3NF sind und die eine abhängigkeits- und verbundtreue Zerlegung des Relationenschemas RS (S; F) bilden. Es muß also gelten: $\bigcup_q S_q = S$, $(\bigcup_q F_q)^+(S) = F^+(S)$ und für jede Relation R (S), die Ausprägung des Relationenschemas RS (S; F) ist, $\ast_q R_q(S_q) = \ast_q (R[S_q]) = R(S)$.

Eingabe: F, S

Ausgabe: (S_q, F_q) $(q = 1, \ldots, r)$ sowie zu jedem dieser Relationenschemata die Menge der Schlüsselkandidaten.

Datenstrukturen:

Die Bedeutung der Hilfsfelder LIND [1 : n], RIND [1 : m], KANTEN [1 : s, 1 : s1], FXVON [1 : t1] und FXBIS [1 : t1] werden im Abschnitt „Arbeitsweise" beschrieben.

Arbeitsweise:

1) Alle nicht-vollen funktionalen Abhängigkeiten werden aus F entfernt und durch volle ersetzt (mittels Algorithmus Vollred, Abschnitt 7.5).

2) Für jede funktionale Abhängigkeit f_i: LS $(f_i) \rightarrow$ RS (f_i) wird die Menge L_i^* aller Attribute gebildet, die unter F von LS (f_i) abhängen (mittels Algorithmus Expansion, Abschnitt 7.2). Gleichzeitig wird LS (f_i) als minimaler Schlüssel von L_i^* vermerkt. Die L_i^* (die i.a. nicht alle ungleich sind) werden zur Menge **L** zusammengefaßt, deren Elemente dann mit T_k^* $(k = 1, \ldots, s)$ bezeichnet werden. Im Feldelement LIND [i] wird der Index k desjenigen T_k^*, das aus f_i hervorgegangen ist $(T_k^* = L_i^*)$, gespeichert. Falls LS (f_i) aus einem einzigen Attribut A_j besteht, wird k auch in RIND [j] gespeichert.

3) Falls die gesamte Attributmenge S noch nicht in **L** ist, wird sie hinzugefügt. Dies geschieht, um später sicherzustellen, daß ein Relationenschema einen Schlüssel für ganz S enthält. (Ohne diesen Schritt wäre etwa aus der Zerlegung für S = {A, B, C, D}, F = {A → B, C → D} das ursprüngliche Relationenschema RS (S; F) nicht rekonstruierbar.)

4) Für jedes T_k^* aus **L** werden jetzt alle minimalen Schlüssel gesucht (zusätzlich zu den bereits in Schritt 2 vermerkten; mittels des abgeänderten Algorithmus Alle_zusätzlichen _Minkeys) und in der Menge $\mathbf{K}_k$ gespeichert. Aus jedem T_k^* wird im folgenden ein Relationenschema konstruiert werden; jedes Attribut, das in einem Element von $\mathbf{K}_k$ vorkommt, wird in dem Relationenschema prim sein, und die Elemente von $\mathbf{K}_k$ sind Schlüsselkandidaten dieses Relationenschemas.

5) Für jedes Attribut A_j, das in keinem $\mathbf{K}_k$ allein als minimaler Schlüssel vorgekommen ist (d.h. in keinem Relationenschema ein Schlüssel ist), wird in RIND [j] ein eindeutiger Index > s (s = Kard (**L**)) gespeichert; der größte Index sei s1.

6) Es wird eine Boolean-Matrix KANTEN [1 : s, 1 : 1] definiert und initialisiert. Alle Elemente werden **false** gesetzt, ausgenommen die Elemente KANTEN [k, k], k = 1, . . . , s, die **true** gesetzt werden. KANTEN dient zur Erleichterung der Überprüfungen in Schritt 7.

7) Es soll nun eine Menge F_x von funktionalen Abhängigkeiten konstruiert werden, die eine reduzierte Darstellung der Abhängigkeiten späterer Nichtschlüsselattribute von Relationenschemaschlüsseln ist. Die funktionalen Abhängigkeiten in F_x werden indiziert und mit f'_ℓ ($\ell = 1, \ldots, t'$) bezeichnet.
Für jede funktionale Abhängigkeit $f_i \in F$ wird für jedes Attribut A_j der rechten Seite RS (f_i) überprüft, ob A_j in irgendeinem Element desjenigen $\mathbf{K}_k$, das aus f_i hervorging, enthalten ist. (In diesem Fall ist A_j ein primes Attribut in der entsprechenden Relation.) Falls dies nicht der Fall ist, wird weiters überprüft, ob bereits eine „äquivalente" funktionale Abhängigkeit aufgenommen wurde. Dabei gelten zwei funktionale Abhängigkeiten $S_1 \to A_j$, $S_2 \to A'_j$ als äquivalent, wenn S_1 und S_2 demselben $\mathbf{K}_k$ sowie $\{A_j\}$ und $\{A'_j\}$ demselben $\mathbf{K}_{k'}$ entstammen. Falls auch dies nicht der Fall ist, wird die funktionale Abhängigkeit LS (f_i) $\to A_j$ in F_x aufgenommen. LIND [i] und RIND [j] werden für jedes f'_ℓ in den Feldelementen FXVON [ℓ] und FXBIS [ℓ] gespeichert.

8) Eine zweite Menge F_y von den funktionalen Abhängigkeiten wird nun so generiert, daß für jedes $\mathbf{K}_k$ genügend funktionale Abhängigkeiten aufgenommen werden, um die volle Abhängigkeit jedes der Elemente (minimale Schlüssel) von allen anderen zu gewährleisten. Seien die Elemente von $\mathbf{K}_k$ wieder indiziert und mit $K_{k,h}$, h = 1, . . . , h', h' = Kard ($\mathbf{K}_k$), bezeichnet. Es genügt, in F_y die funktionalen Abhängigkeiten

$$K_{k,1} \to K_{k,2}, K_{k,2} \to K_{k,3}, \ldots, K_{k,h'-1} \to K_{k,h'}, K_{k,h'} \to K_{k,1}$$

aufzunehmen, wobei außerdem Projektivitätsabhängigkeiten weggelassen werden können (so daß eigentlich $K_{k,1} \to (K_{k,2} \setminus K_{k,1})$, usw., aufgenommen werden).
F_y ist eine reduzierte Darstellung der Beziehungen zwischen den äquivalenten Schlüsseln der späteren Relationen. Die funktionalen Abhängigkeiten in F_y werden mit f''_ℓ ($\ell = 1, \ldots, t$) bezeichnet.

9) Mittels des Membership-Algorithmus (Abschnitt 7.2) wird nun eine minimale Reduktion von F_x unter Beiziehung von F_y erzeugt. Nacheinander werden möglichst viele funktionale Abhängigkeiten in F_x, die durch F_y und den Rest von F_x impliziert werden, gestrichen.

10) Aus den erzeugten Datenstrukturen werden nun die Relationen extrahiert:
   a) Für jede Menge $\mathbf{K}_k$ minimaler Schlüssel wird folgendes gebildet:
      $S_k := \bigcup_{K \in \mathbf{K}_k} K$ (d.h. Vereinigung aller Elemente = Menge der primen Attribute)
      $F_k :=$ {genügend funktionale Abhängigkeiten aus F, um den vollständigen Zusammenhang der Elemente von $\mathbf{K}_k$ zu erzeugen}
   b) Für jede funktionale Abhängigkeit f' in F_x wird nun festgestellt, in welchem $\mathbf{K}_k$ bzw. $\mathbf{K}_{k'}$ ihre linke bzw. rechte Seite als Element enthalten ist. Aus $\mathbf{K}_k$ wird ein beliebiges Element Y, aus $\mathbf{K}_{k'}$ ein beliebiges Element Z ausgewählt. Z wird zu S_k hinzugefügt und die funktionale Abhängigkeit f : Y → Z in F_k aufgenommen (siehe auch Bemerkung 2).

c) Alle S_k, die in anderen $S_{k'}$ enthalten sind, werden mitsamt ihren F_k gelöscht. Diese wären redundante Relationen (siehe auch Bemerkung 1).

d) Zu jedem F_k werden schließlich alle funktionalen Abhängigkeiten aus $F_x \cup F_y$ hinzugefügt, deren linke und rechte Seiten Teilmengen von S_k sind. (Diejenigen aus F_y sind im Algorithmus bereits in Schritt 8 hinzugefügt worden, es bleibt also nur F_x zu betrachten.)

Die übriggebliebenen (S_k, F_k)-Paare bilden die gesuchte Codd-3NF-Zerlegung; die dazugehörigen $\mathbf{K}_k$ geben jeweils alle Schlüsselkandidaten an.

Laufzeit:

Sei p die Anzahl der funktionalen Abhängigkeiten in F, wenn alle funktionalen Abhängigkeiten in kanonischer Darstellung beschrieben wären (d.h. auf der rechten Seite steht nur ein Attribut):

$$p = \sum_{i=1}^{n} \mathrm{Kard}(\mathrm{RS}(f_i)).$$

Die Anzahl der $\mathbf{K}_k$ sei $s \leqslant |F| + 1$, die Anzahl der Elemente von $\mathbf{K}_k$ sei t_k.

Dann ist der Algorithmus CODD_3NF_Zerlegung_Osborn von der Ordnung

$$O(|S|^2 \cdot p^2 + |S|^2 \cdot p \cdot \sum_{k=1}^{s} t_k + |S| \cdot p \cdot \sum_{k=1}^{s} t_k^2).$$

Es ist zu beachten, daß die t_k sehr groß sein können. Es gibt nämlich [*Osborn*, 4.2–3] für die Gesamtrelation maximal min (| F | !, clique (| S |)) minimale Schlüssel, wobei

$$\mathrm{clique}(n) = \begin{cases} 3^r & \text{für } n = 3r \\ 4 \cdot 3^{r-1} & \text{für } n = 3r + 1 \\ 2 \cdot 3^r & \text{für } n = 3r + 2 \end{cases}$$

Algorithmus Codd_3NF_Überdeckung_Osborn (F, S): (Ergebnis siehe **return**-Befehl);

```
/* Erläuterungen siehe Abschnitt „Arbeitsweise“ */
begin
/* 1. Entferne alle nicht-vollen funktionalen Abhängigkeiten aus F und ersetze sie
durch volle */
F := Vollred (F, S);                                                   (1)
n : = Kard (F);
m : = Kard (S);
/* 2. Generiere die Expansionen der linken Seiten, initialisiere die Mengen minimaler
Schlüssel mit den linken Seiten */
for j : = 1 to m do
              RIND [j] : = 0;
L : = { }; /* leere Menge */
/* Alle Kk seien ursprünglich leer */
for i : = 1 to n do
    begin
    X : = LS (fi);
    L* : = Expansion (F, S, X);
    k : = Mengenindex (L, L*);                                         (5)
```

```
    if Kard (X) = 1  then
        for jedes j ∈ X do  /* (es gibt nur ein j) */
                RIND [j] : = k;                                          (6)
    LIND [i] : = k;
    K_k : = K_k ∪ {X}                                                    (7)
    end;
/* 3. Füge S hinzu, falls nicht vorhanden */
k : = Mengenindex (L, S);
s : = Kard (L);                                                          (8)
if K_k = { } then
    begin
    K : = Minimalschlüssel (F, S, S);
    K_k : = {K}                                                          (9)
    end;
/* Die Elemente von L sind T*_k, k = 1, . . . , s */

/* 4. Finde alle minimalen Schlüssel für jedes T*_k ∈ L */
/* 10a. Initialisiere die Attributmengen der Ergebnisrelationen */

for k : = 1 to s do
    begin
    K_k : = Alle_zusätzlichen_Minkeys (F, S, T*_k, K_k);
        /* K_k enthält jetzt alle minimalen Schlüssel von T*_k */         (10)
    S_k : = { }; F_k : = { };
    for jedes K ∈ K_k do
                        S_k : = S_k ∪ K                                  (11)
    end;

/* 5. RIND ergänzen */
s1 : = s;
for j : = 1 to m do                                                      (12)
    if RIND [j] = 0 then
        begin
        s1 : = s1 + 1;
        RIND [j] : = s1                                                  (13)
        end;

/* 6. Matrix KANTEN definieren */
define Boolean matrix KANTEN [1 : s, 1 : s1];
for k : = 1 to s do
    begin
    for k1 : = 1 to s1 do
        KANTEN [k, k1] : = false;
    KANTEN [k, k] : = true
    end;                                                                 (14)
```

```
/* 7. F_x erstellen */
F_x := {}; t1 := 0;
for i := 1 to n do
    begin
    k1 := LIND [i];
    X := RS (f_i) ∩ S_k1;                                          (15)
        /* funkt. Abh. innerhalb derselben Komponente */
    for jedes j ∈ X do
        KANTEN [k1, RIND [j]] := true;                             (16)
    Y := RS (f_i) \ X;
    for jedes j ∈ Y do                                             (17)
        begin
        if KANTEN [k1, RIND [j]] then /* Leerbefehl */
        else /* noch keine äquiv. f. Abh. behandelt */
            begin
            t1 := t1 + 1;
            KANTEN [k1, RIND [j]] := true;
            f'_t1 := ABH (LS (f_i) → {j});
            F_x := F_x || f'_t1;
            FXVON [t1] := k1;
            FXBIS [t1] := RIND [j]                                 (18)
            end
        end
    end;
/* 8. F_y erstellen */
/* 10a. Initialisiere die funktionalen Abhängigkeiten der Ergebnisrelationen */
/* 10d. Funktionale Abhängigkeiten enthaltener Primärattribute in andere
Relationen einfügen */
F_y := {}; t := O;
for k := 1 to s do
    begin
    F_k := {};
    ℓ := Kard (K_k);                                               (19)
    if ℓ > 1 then
        begin
        for h := 2 to ℓ do
            F_k := F_k || ABH (K_k,h-1 → (K_k,h \K_k,h-1));        (20)
        F_k := F_k || ABH (K_k,ℓ → (K_k,1 \ K_k,ℓ));
        F_y := F_y ∪ F_k;
        t := t + 1;                                                (20a)
        for k1 := 1 to k - 1 do
            begin                                                  (21)
            if S_k ⊆ S_k1 then
                        F_k1 := F_k1 ∪ F_k
```

```
                        else if S_{k1} ⊆ S_k then
                                  F_k := F_k ∪ F_{k1}                    (21a)
                        end
             end
      end;

/* 9. Minimale Reduktion von F_x erzeugen */
for ℓ := 1 to t1 do
      if Membership (F_y ∪ (F_x \ {f'_ℓ}), S, f'_ℓ) then                   (22)
                               F_x := F_x \ {f'_ℓ};
t1 := Kard (F_x);
adjustiere Indizes in F_x sowie Werte in FXVON und FXBIS;                  (23)

/* 10. Erzeuge Relationen */
/* 10a. Initialisierung: bereits vorweggenommen (s.o.) */
/* 10b. Erweiterung */
for ℓ := 1 to t1 do
      begin /* sei f'_ℓ : X → {j} */
      q := FXVON [ℓ]; q1 := FXBIS [ℓ];                                     (24)
      wähle Y ∈ K_q; /* wähle irgendein Element aus */
      if q1 ⩽ s then
            wähle Z ∈ K_{q1} /* wähle irgendein Element aus */
      else
            Z := RS (f'_ℓ); /* d.h. Z := {j} */
      S_q := S_q ∪ Z;
      F_q := F_q || ABH (Y → Z)                                            (25)
      end;
/* 10c. Redundante Relationen eliminieren */
for k := 1 to s do
      for k1 := 1 to k − 1 do                                              (26)
            if S_{k1} ⊆ S_k then
                  lösche (S_{k1}, F_{k1}) /* d.h. S_{k1}, F_{k1} := { } */
            else if S_k ⊆ S_{k1} then
                  lösche (S_k, F_k):                                       (27)
/* 10d. Zusaetzliche funktionale Abhängigkeiten einbeziehen */
for k := 1 to s do
      if S_k ≠ { } then
            for ℓ := 1 to t1 do                                            (28)
                  if LS (f'_ℓ) ⊆ S_k then
                        if RS (f'_ℓ) ⊆ S_k then
                              F_k := F_k ∪ {f'_ℓ};                         (29)

/* Rückgabe des Ergebnisses */
return (alle (S_k, F_k, K_k), die noch übrig sind);                        (30)
end. /* Algorithmus */
```

Beispiel:

S = {A, B, C, D, E, G, H} (m = 7)
F = {ABD → C, ABG → DE, AC → BDE, BC → A, C → D, DG → EH,
B → G, E → H, H → E} (n = 9)

Aufruf: Codd_3NF_Überdeckung_Osborn (F,S)

Darstellung von S und F:

Attribut:	A	B	C	D	E	G	H
Darstellung:	1	2	3	4	5	6	7

Abhängigkeit:	ABD → C	ABG → DE	AC → BDE	BC → A	C → D
Darstellung:	1	2	3	4	5

Abhängigkeit:	DG → EH	B → G	E → H	H → E
Darstellung:	6	7	8	9

Ablauf des Algorithmus:

Schritt 1:
(1) Die nicht-vollen funktionalen Abhängigkeiten f_1, f_2, f_3 werden durch die vollen funktionalen Abhängigkeiten AB → C, AB → DE, AC → BE und C → D ersetzt. C → D ist allerdings bereits als f_5 in F und wird daher nicht neu aufgenommen.
Die Darstellung der Abhängigkeiten ist nunmehr wie folgt:

Abhängigkeit:	AB → C	AB → DE	AC → BE	BC → A	C → D
Darstellung:	1	2	3	4	5

Abhängigkeit:	DG → EH	B → G	E → H	H → E
Darstellung:	6	7	8	9

Schritt 2:

Wert bei	i	X	L^*	k	j	RIND 1 2 3 4 5 6 7 A B C D E G H	LIND [i]	K_k
5	1	AB	ABCDEGH	1	–	0 0 0 0 0 0 0	–	–
7	1	AB	ABCDEGH	1	–	0 0 0 0 0 0 0	1	{A, B}
5	2	AB	ABCDEGH	1	–	0 0 0 0 0 0 0	–	{A, B}
7	2	AB	ABCDEGH	1	–	0 0 0 0 0 0 0	1	{A, B}
5	3	AC	ABCDEGH	1	–	0 0 0 0 0 0 0	–	{A, B}
7	3	AC	ABCDEGH	1	–	0 0 0 0 0 0 0	1	{A, B}, {A, C}
5	4	BC	ABCDEGH	1	–	0 0 0 0 0 0 0	–	{A, B}, {A, C}
7	4	BC	ABCDEGH	1	–	0 0 0 0 0 0 0	1	{A, B}, {A, C}, {B, C}
5	5	C	CD	2	–	0 0 0 0 0 0 0	–	–
6	5	C	CD	2	C	0 0 2 0 0 0 0	–	–
7	5	C	CD	2	–	0 0 2 0 0 0 0	2	{C}
5	6	DG	DEGH	3	–	0 0 2 0 0 0 0	–	–
7	6	DG	DEGH	3	–	0 0 2 0 0 0 0	3	{D, G}
5	7	B	BG	4	–	0 0 2 0 0 0 0	–	–
6	7	B	BG	4	B	0 4 2 0 0 0 0	–	–
7	7	B	BG	4	–	0 4 2 0 0 0 0	4	{B}
5	8	E	EH	5	–	0 4 2 0 0 0 0	–	–
6	8	E	EH	5	E	0 4 2 0 5 0 0	–	–
7	8	E	EH	5	–	0 4 2 0 5 0 0	5	{E}
5	9	H	EH	5	–	0 4 2 0 5 0 0	–	{E}
6	9	H	EH	5	H	0 4 2 0 5 0 5	–	{E}
7	9	H	EH	5	–	0 4 2 0 5 0 5	5	{E}, {H}

Schritt 3:

bei (8): $k = 1,\ s = 5,\ \mathbf{K}_k = \{\{A, B\}\{A, C\}, \{B, C\}\}$

Es ist jetzt:

$\mathbf{L} = \{ABCDEGH, CD, DEGH, BG, EH\},\ s = 5$

$\mathbf{K}_1 = \{AB, AC, BC\}$ $\mathbf{K}_4 = \{B\}$

$\mathbf{K}_2 = \{C\}$ $\mathbf{K}_5 = \{E, H\}$

$\mathbf{K}_3 = \{DG\}$

j:	1	2	3	4	5	6	7
RIND [j]:	0	4	2	0	5	0	5

i:	1	2	3	4	5	6	7	8	9
LIND [i]:	1	1	1	1	2	3	4	5	5

Schritt 4 und 10a:

Wert bei	k	T_k^*	K_k	K	S_k
10	1	A, B, C, D, E, G, H	{A, B}, {A, C}, {B, C}	–	–
11	1	A, B, C, D, E, G, H	{A, B}, {A, C}, {B, C}	A, B	A, B
11	1	A, B, C, D, E, G, H	{A, B}, {A, C}, {B, C}	A, C	A, B, C
11	1	A, B, C, D, E, G, H	{A, B}, {A, C}, {B, C}	B, C	A, B, C
10	2	C, D	{C}	–	–
11	2	C, D	{C}	C	C
10	3	D, E, G, H	{D, G}	–	–
11	3	D, E, G, H	{D, G}	D, G	D, G
10	4	B, G	{B}	–	–
11	4	B, G	{B}	B	B
10	5	E, H	{E}, {H}	–	–
11	5	E, H	{E}, {H}	E	E
11	5	E, H	{E}, {H}	H	E, H

Die Werte von S_k sind jetzt:

k:	1	2	3	4	5
S_k:	ABC	C	DG	B	EH

Schritt 5:

Wert bei	j	RIND [j]	s1
12	1	0	5
13	1	6	6
12	2	4	6
12	3	2	6
12	4	0	6
13	4	7	7
12	5	5	7
12	6	0	7
13	6	8	8
12	7	5	8

s1 = 8

j:	1	2	3	4	5	6	7
RIND [j]:	6	4	2	7	5	8	5

Schritt 6: (14)

Initialwerte von KANTEN:

1. Index (s) \ 2. Index (s1)	1	2	3	4	5	6	7	8
1	T	F	F	F	F	F	F	F
2	F	T	F	F	F	F	F	F
3	F	F	T	F	F	F	F	F
4	F	F	F	T	F	F	F	F
5	F	F	F	F	T	F	F	F

Schritt 7:

Wert bei	i	k1	LS (f_i)	RS (f_i)	S_{k1}	X	Y	j	RIND [j]	KANTEN [k1, RIND [j]]	t1
15	1	1	A, B	C	A, B, C	C	–	–	–	–	0
16	1	1	A, B	C	A, B, C	C	–	C	2	**true**	0
17	1	1	A, B	C	A, B, C	C	{ }	–	–	–	0
15	2	1	A, B	D, E	A, B, C	{ }	–	–	–	–	0
17	2	1	A, B	D, E	A, B, C	{ }	D, E	D	7	**false**	0
18	2	1	A, B	D, E	A, B, C	{ }	D, E	D	7	**true**	1
	f_1': A, B → D FXVON [1] = 1, FXBIS [1] = 7										
17	2	1	A, B	D, E	A, B, C	{ }	D, E	E	5	**false**	1
18	2	1	A, B	D, E	A, B, C	{ }	D, E	E	5	**true**	2

Wert bei	i	k1	LS (f_i)	RS (f_i)	S_{k1}	X	Y	j	RIND [j]	KANTEN [k1, RIND [j]]	t1
	f_2': A, B → E FXVON [2] = 1, FXBIS [2] = 5										
15	3	1	A, C	B, E	A, B, C	B	–	–	–	–	2
16	3	1	A, C	B, E	A, B, C	B	–	B	4	true	2
17	3	1	A, C	B, E	A, B, C	B	E	E	5	true	2
15	4	1	B, C	A	A, B, C	A	–	–	–	–	2
16	4	1	B, C	A	A, B, C	A	–	A	6	true	2
17	4	1	B, C	A	A, B, C	A	{ }	–	–	–	2
15	5	2	C	D	C	{ }	–	–	–	–	2
17	5	2	C	D	C	{ }	D	D	7	false	2
18	5	2	C	D	C	{ }	D	D	7	true	3
	f_3': C → D FXVON [3] = 2, FXBIS [3] = 7										
15	6	3	D, G	E, H	D, G	{ }	–	–	–	–	3
17	6	3	D, G	E, H	D, G	{ }	E, H	E	5	false	3
18	6	3	D, G	E, H	D, G	{ }	E, H	E	5	true	4
	f_4': D, G → E FXVON [4] = 3, FXBIS [4] = 5										
17	6	3	D, G	E, H	D, G	{ }	E, H	H	5	true	4
15	7	4	B	G	B	{ }	–	–	–	–	4
17	7	4	B	G	B	{ }	G	G	8	false	4
18	7	4	B	G	B	{ }	G	G	8	true	5
	f_5': B → G FXVON [5] = 4, FXBIS [5] = 8										
	.... usw.										

Es folgen keine weiteren Veränderungen.

Die neu erzeugten Datenstrukturen sind nun wie folgt:

t1 = 5
F_x = {AB → D, AB → E, C → D, DG → E, B → G}

ℓ:	1	2	3	4	5
FXVON [ℓ]:	1	1	2	3	4
FXBIS [ℓ]:	7	5	7	5	8

Schritt 8 (mit 10a und 10d):

Wert bei	k	K_k	ℓ	h	neue f'' in F_k und F_y	t	k1	S_k	S_{k1}
19	1	{A, B}, {A, C}, {B, C}	3	–	–	0	–	A, B, C	–
20	1	{A, B}, {A, C}, {B, C}	3	2	A, B → C	0	–	A, B, C	–
20	1	{A, B}, {A, C}, {B, C}	3	3	A, C → B	0	–	A, B, C	–
20a	1	{A, B}, {A, C}, {B, C}	3	–	B, C → A	3	–	A, B, C	–
19	2	{C}	1	–	–	3	–	C	–
19	3	{D, G}	1	–	–	3	–	D, G	–
19	4	{B}	1	–	–	3	–	B	–
19	5	{E}, {H}	2	–	–	3	–	E, H	–
20	5	{E}, {H}	2	2	E → H	3	–	E, H	–
20a	5	{E}, {H}	2	–	H → E	5	–	E, H	–
21	5	{E}, {H}	2	–	–	5	1	E, H	A, B, C
21	5	{E}, {H}	2	–	–	5	2	E, H	C
21	5	{E}, {H}	2	–	–	5	3	E, H	D, G
21	5	{E}, {H}	2	–	–	5	4	E, H	B

Danach sind die Inhalte der neuen Datenstrukturen wie folgt:

$t = 5$

$F_y = \{AB \rightarrow C, AC \rightarrow B, BC \rightarrow A, E \rightarrow H, H \rightarrow E\}$

k:	1	2	3	4	5
S_k:	ABC	C	DG	B	EH
F_k:	AB → C AC → B BC → A	–	–	–	E → H H → E

Schritt 9:

Wert bei	ℓ	f'_ℓ	Membership-Ergebnis	Bemerkungen
22	1	A, B → D	**true**	f'_1 wird aus F_x entfernt
22	2	A, B → E	**true**	f'_2 wird aus F_x entfernt
22	3	C → D	**false**	–
22	4	D, G → E	**false**	–
22	5	B → G	**false**	–

(23) t1 = 3
F_x = {C → D, DG → E, B → G}

ℓ:	1	2	3
FXVON [ℓ]:	2	3	4
FXBIS [ℓ]:	7	5	8

Schritt 10b:

Wert bei	ℓ	f'_ℓ	q	q1	Y	Z	S_q	F_q	K_q	K_{q1}
24	1	C → D	2	7	–	–	C		{C}	–
25	1	C → D	2	7	C	–	C, D	C → D	{C}	–
24	2	D, G → E	3	5	–	–	D, G		{D, G}	{E}, {H}
25	2	D, G → E	3	5	D, G	E	D, E, G	D, G → E	{D, G}	{E}, {H}
24	3	B → G	4	8	–	–	B		{B}	–
25	3	B → G	4	8	B	G	B, G	B → G	{B}	–

Schritt 10c: Es werden keine Relationenschemata eliminiert.
Schritt 10d: Es werden keine zusätzlichen funktionalen Abhängigkeiten einbezogen.

Ergebnis:

k:	1	2	3	4	5
S_k:	ABC	CD	DEG	BG	EH
F_k:	$AB \to C$ $AC \to B$ $BC \to A$	$C \to D$	$DG \to E$	$B \to G$	$E \to H$ $H \to E$
Schlüssel-kandidaten:	AB, AC, BC	C	DG	B	E, H

Es wird zweckmäßig sein, für die fünfte Relation als Primärschlüssel E zu wählen, da E und nicht H in die dritte Relation aufgenommen wurde. Der Primärschlüssel für die erste Relation bleibt der freien Wahl überlassen.

Bemerkungen:

1) Der Algorithmus Codd_3NF_Zerlegung_Osborn erzeugt aus gegebenem (S, F) die kleinstmögliche Menge von Paaren (S_q, F_q) mit folgenden Eigenschaften:
   a) jedes Relationenschema RS_q $(S_q; F_q)$ ist in Codd-3NF;
   b) die Zerlegung ist abhängigkeitstreu;
   c) die Zerlegung ist verbundtreu.

   Läßt man Schritt 10c des Algorithmus weg, so erzeugt der Algorithmus die kleinstmögliche Menge von Paaren (S_q, F_q) mit den obigen Eigenschaften a), b) und c) sowie der zusätzlichen Eigenschaft
   d) für jede funktionale Abhängigkeit f in irgendeiner minimalen Überdeckung $F^+(S)$ gilt, daß die linke Seite von f für eine der Relationenschemata RS_q ein Schlüssel ist.

   Nach der Durchführung von Schritt 10c ist also nicht mehr sichergestellt, daß die linke Seite jeder gegebenen (vollen) funktionalen Abhängigkeit $f \in F$ auch Schlüssel einer Ergebnisrelation ist. Wenn die gegebenen funktionalen Abhängigkeiten tatsächlich "update units" entsprechen, d.h. gemeinsam einlangende Daten darstellen, so kann es dann vorkommen, daß ein Teil des Schlüssels der (größeren) Relation fehlt und angelieferte Daten nicht gespeichert werden können.

Wird dies als störend empfunden, so kann Schritt 10c weggelassen werden, wonach allerdings oft mehr Relationenschemata ausgegeben werden als vorher.

Beispiel:

$S = \{A, B, C, D, E\}$
$F = \{AB \to D, D \to E, E \to B, B \to C\}$

Ergebnis mit Schritt 10c:

RS_1 $(\{A, B, D, E\}; \{AB \to E, AE \to D, AD \to B, D \to E, E \to B\})$
RS_2 $(\{B, C\}; \{B \to C\})$

Ergebnis ohne Schritt 10c:

RS_1 ({A, B, D, E}; {AB → E, AE → D, AD → B, D → E, E → B})
RS_2 ({D, E}; {D → E})
RS_3 ({E, B}; {E → B})
RS_4 ({B, C}; {B → C})

2) Einer der Schlüsselkandidaten einer Relation wird i.a. ausgewählt, um als Primärschlüssel zu dienen. Dieser Primärschlüssel ist dadurch ausgezeichnet, daß er unter keinen Umständen unbekannte (fehlende) Attributwerte enthalten darf. Ein Fremdschlüssel X in einem Relationenschema RS_q (S_q; F_q) ist eine Teilmenge von S_q, die nicht selbst Schlüssel von RS_q ist, aber Primärschlüssel eines anderen Relationenschemas RS_{q1} in der Überdeckung ist.
Da der Verbund zweier Relationen über den Durchschnitt der beiden Attributmengen durchgeführt wird, wird ein Verbund der Relationen R_q und R_{q1} (d.s. die aktuellen Ausprägungen der Relationenschemata RS_q und RS_{q1}) über eine Attributmenge durchgeführt, die X (also einen Schlüssel für RS_{q1}) enthält, was einen verlustfreien Verbund bewirkt. Es ist also einsichtig, daß die Wahl von Primärschlüsseln bzw. Fremdschlüsseln mit zusätzlichen Überlegungen verbunden ist.
Im Schritt 10b wird die Gelegenheit zu einer solchen Wahl gegeben, indem die zum Relationenschema hinzugefügte Attributmenge Z aus den Schlüsselkandidaten von $\mathbf{K}_{q1}$ ausgewählt wird. So wird etwa im Demonstrationsbeispiel bei der Einbeziehung der funktionalen Abhängigkeit DG → E in F_3 aus den möglichen Schlüsseln {E} und {H} der Schlüssel {E} ausgewählt. Sollte aber aus irgendeinem Grund {H} als Primärschlüssel des Relationenschemas RS_5 gewünscht werden, so sollte man statt {E} in S_3 {H} einbeziehen, mit

$$S_3 = \{D, G, H\}, \quad F_3 = \{DG \rightarrow H\}.$$

3) Soll jedoch der Algorithmus deterministisch ablaufen, so kann man die Wahlmöglichkeit weglassen und standardmäßig alle $f'_\ell \in F_x$ direkt in die entsprechenden F_k aufnehmen (sowie ihre rechten Seiten in die S_k). In diesem Fall lautet Schritt 10b des Algorithmus folgendermaßen:

```
for ℓ := 1 to t1 do
    begin
    q := FXVON [ℓ];
    S_q := S_q ∪ RS (f'_ℓ);
    F_q := F_q || f'_ℓ
    end;
```

4) Die vom Algorithmus erzeugten F_k enthalten gegebenenfalls auch redundante (insbesondere nicht-volle) funktionale Abhängigkeiten. Wenn gewünscht, kann man diese reduzieren durch:
Mindeck_A (F_k, S_k);

7.13 Konstruktion einer abhängigkeits- und verbundtreuen Zerlegung in verbesserter dritter Normalform [*Ling/Tompa/Kameda*]

Fragestellung:

Gegeben sind eine Attributmenge $S = \{A_1, A_2, \ldots, A_m\}$ und eine Menge $F = \{f_1, f_2, \ldots, f_n\}$ funktionaler Abhängigkeiten über S. Gesucht ist eine abhängigkeits- und verbundtreue Zerlegung $\{RS_q (S_q; F_q) \mid q = 1, \ldots, r\}$ von RS (S; F), wobei jedes Teilrelationenschema in verbesserter dritter Normalform ist. Es soll also gelten:

$$\bigcup_q S_q = S, \quad (\bigcup_q F_q)^+ (S) = F^+(S),$$

$$\mathop{*}_q R_q (S_q) = \mathop{*}_q (R (S) [S_q]) = R (S)$$ für jede Ausprägung R (S), und kein Attribut

in einem Teilrelationenschema ist redundant (d.h. alle sind erforderlich, um die anderen Eigenschaften aufrechtzuerhalten).

Eingabe: F, S

Ausgabe: (S_q, F_q) $(q = 1, \ldots, r)$, sowie zu jedem Teilrelationenschema eine Menge $\mathbf{K}_q$ von Schlüsselkandidaten.

Arbeitsweise:

1) Aus S und F wird zuerst eine abhängigkeits- und verbundtreue „vorbereitende Zerlegung" erstellt, deren Teilrelationenschemata nicht unbedingt in Codd-3NF sind. Ein Teilrelationenschema enthält einen Schlüssel für die Gesamtattributmenge S.
   Diese vorbereitende Zerlegung wird ähnlich wie im Algorithmus von Beeri und Bernstein (siehe 7.11) erzeugt:
   a) Die funktionalen Abhängigkeiten in F werden in volle funktionale Abhängigkeiten umgewandelt; danach wird F reduziert.
   b) Die Elemente von F werden so in Klassen F_q eingeteilt, daß jeweils Abhängigkeiten mit wechselseitig voneinander funktional abhängigen linken Seiten in eine Klasse kommen, d.h. $X_1 \to Y_1$ und $X_2 \to Y_2'$ aus F sind genau dann in derselben Klasse, wenn $X_1 \to X_2$ und $X_2 \to X_1 \in F^+ (S)$.
   c) Für jede Klasse F_q wird ein Relationenschema $RS_q (S_q; F_q)$ mit allen Attributen erzeugt, die in den Elementen von F_q vorkommen. Sei $\mathbf{K}_q$ die Menge aller linken Seiten von funktionalen Abhängigkeiten in F_q, also die Menge aller bekannten (minimalen) Schlüssel für S_q. Die Klassen F_q werden durch Mengen „synthetisierter" funktionaler Abhängigkeiten $\{K \to (S_q \setminus K) \mid K \in \mathbf{K}_q\}$ ersetzt. $\bigcup_q F_q = G$ ist eine Überdeckung von F.
   d) Falls kein solches Relationenschema einen Schlüssel für ganz S enthält, wird ein weiteres Relationenschema hinzugefügt, dessen Attribute einen (minimalen) Schlüssel für ganz S bilden und das keine funktionalen Abhängigkeiten enthält.

   $\{RS_q (S_q; F_q) \mid q = 1, \ldots, r\}$ ist die vorbereitende Zerlegung.

2) Für jedes Teilrelationenschema RS_q (S_q; F_q) sei $\mathbf{K}_q$ die Menge aller linken Seiten von funktionalen Abhängigkeiten in den ursprünglichen F_q, also die Menge aller bekannten (minimalen) Schlüssel für RS_q. (Für das in Schritt 1d eventuell eingefügte Relationenschema sei $\mathbf{K}_q = \{S_q\}$.) Für jedes Attribut $A \in S_q$ sei G'_q (A) die Menge aller Abhängigkeiten aus G außer denen, die in F_q sind und A enthalten:

$$G'_q(A) = \bigcup_{q1 \neq q} F_{q1} \cup \{K \to S_q \setminus K \setminus \{A\} \mid A \notin K \text{ und } K \in \mathbf{K}_q\}.$$

A ist in RS_q „wiederherstellbar", falls $\mathbf{K}_q \neq \{S_q\}$ und für jeden Schlüssel $K \in \mathbf{K}_q$ mit $A \notin \mathbf{K}$ gilt:

$K \to A \in G'_q (A)^+ (S)$.

A ist in RS_q „entbehrlich", falls für jeden Schlüssel $K \in \mathbf{K}_q$ mit $A \in K$ gilt, daß die Hülle von K bezüglich G'_q (A) einen Schlüssel K′ für S_q enthält, mit $A \notin K'$.

RS_q (S_q; F_q) ist in verbesserter dritter Normalform, falls kein entbehrliches Attribut aus S_q in RS_q wiederherstellbar ist; falls ein Attribut $A \in S_q$ in RS_q wiederherstellbar und entbehrlich ist, so ist A in RS_q überflüssig.

Es wird daher für jedes Attribut in jedem Teilrelationenschema RS_q überprüft, ob es überflüssig ist; ist dies der Fall, so wird das Attribut aus RS_q entfernt.

Datenstrukturen:

a) F_q, q = 1, . . . , r, sind die aus F gebildeten Gruppen von funktionalen Abhängigkeiten. Die jeweils gemeinsamen linken Seiten sind die Mengen LINKS [q], q = 1, . . . , r; ihre Expansionen sind die Mengen LINKSEXP [q]. Die Elemente von F_q werden mit $f'_{q,k}$ bezeichnet. Für jedes $f_i \in F$ wird im i-ten Element des Feldes GRUPPE [1 : n] der Index q der Gruppe F_q vermerkt, in die f_i eingegliedert wurde.

b) Bei Vereinigung zweier Gruppen F_{q1} und F_{q2} (mit q1 < q2) wird im q2-ten Element des Hilfsfeldes VEREINIGT [1 : r] der Index q1 eingetragen; anfangs wird VEREINIGT [q] mit q initialiliert (für q = 1, . . . , r).

Laufzeit:

Der Algorithmus ist von der Ordnung $O(|F|^2 \cdot |S|^2)$.

```
Algorithmus Zerlegung_Ling_Tompa_Kameda (F, S): (Ergebnis siehe return-Befehl);
procedure Vorbereitende_Zerlegung (F, S);
/* Erzeuge die vorbereitende Zerlegung */
/* Erläuterungen siehe Abschnitt „Arbeitsweise" */
begin
/* 1a. Reduziere F */
F := Vollred (F, S);
F := Mindeck_A (F, S);
n := Kard (F);                                                   (1)
/* 1b. Teile F in Gruppen mit gleicher linken Seite */
q := 0;
for i := 1 to n do
```

```
    begin
    X : = LS (f_i);
    q1 : = 0; q2 : = 1;
    /* suche Gruppe mit gleicher linken Seite */
    while (q1 = 0) and (q2 < q) do
                                 if LINKS [q2] = X then
                                                 q1 : = q2
                                 else
                                   q2 : = q2 + 1;
    if q1 = 0 then /* noch keine solche Gruppe da */
       begin
       q : = q + 1; q1 : = q; /* Index der neuen Gruppe */
       LINKS [q] : = X;
       S_q : = {}; K_q : = {}
       end;
    GRUPPE [i] : = q1                                          (2)
    end;
/* Vereinige Gruppen mit wechselseitig abhängiger linker Seite */
r : = q; /* höchster Index */
for q : = 1 to r do
    begin
    VEREINIGT [q] : = q;
    LINKSEXP [q] : = Expansion (F, S, LINKS [q]);
    for q1 : = 1 to q − 1 do
       if (LINKS [q] ≠ { }) and (LINKS [q1] ≠ { }) then
          begin
          X : = LINKS [q];
          Y : = LINKS [q1];
          if (LINKSEXP [q] = LINKSEXP [q1]) then
             begin
             LINKS [q] : = { };
             LINKSEXP [q] : = { };
             VEREINIGT [q] : = q1
             end
          end                                                  (3)
    end;

/* 1c. Erzeuge die Gruppen F_q und ihre Attributmengen S_q */
for i : = 1 to n do
    begin
    q1 : = GRUPPE [i];
    q : = VEREINIGT [q1];
    S_q : = S_q ∪ LS (f_i) ∪ RS (f_i);
    K_q : = K_q ∪ {LS (f_i)}
    end;
```

```
/* Erzeuge synthetisierte Abhängigkeiten dazu */
for q := 1 to r do
    begin
    F_q := {};
    for jedes K ∈ K_q do
        F_q := F_q ∪ {ABH (K → (S_q \ K))}
    end;                                                                (4)
/* 1d. Relationenschema mit Gesamtschlüssel erzeugen */
gefunden := false;
q := 0;
while (not gefunden) and (q < r) do
    begin
    q := q + 1;
    gefunden := (LINKSEXP [q] = S)
    end;
if not gefunden then /* neu einfügen */
    begin
    r := r + 1;
    F_r := {};
    S_r := Minimalschlüssel (F, S, S);
    K_r := {S_r}
    end;                                                                (5)
end /* procedure Vorbereitende_Zerlegung */;

function prüfe (q, j): (Ergebnis Menge von Schlüsseln);
/* Untersuche, ob das Attribut A_j im Teilrelationenschema RS_q (S_q; F_q) überflüssig
ist */
/* Ergebnis: falls A_j nicht überflüssig ist, dann { }; falls A_j überflüssig ist, dann eine
neue Menge K'_q (minimaler) Schlüssel für RS_q */
begin
if K_q = {S_q} then /* A_j nicht überflüssig */
                    return ( { } )                                      (6)
else
    überflüssig := true;                                                (7)
K'_q := {};
/* Erzeuge K'_q : alle Schlüssel ohne A_j */
for jedes K ∈ K_q do
    if j ∉ K then
            K'_q := K'_q ∪ {K};                                         (8)
/* Erzeuge G'_q (A_j) (hier mit G' bezeichnet) */
G' := G \ F_q;

for jedes K ∈ K'_q do
            G' := G' ∪ {ABH (K → (S_q \ K \ {j} )) };                   (9)
```

```
/* Überprüfe die Wiederherstellbarkeit von A_j */
if K'_q ≠ { } then
    begin
    wähle K aus K'_q; /* beliebig */
    if not Membership (G', S, ABH (K → {j} ) ) then
                /* nicht wiederherstellbar */
                return ( { } )                                              (10)
    end;
/* Überprüfe die Entbehrlichkeit von A_j */
K'' : = K_q \ K'_q;
for jedes K ∈ K'' while überflüssig do
    begin
    M : = Expansion (G', S, K);                                             (11)
    if S_q ⊈ M then
        begin
        X : = (M ∩ S_q) \ {j};
        if Membership (G, S, ABH (X → S_q) ) then                           (12)
            /* Schlüssel aus X = (M ∩ S_q) \ {A_j} suchen */
            begin
            for jedes j1 ∈ X do
                if Membership (G, S, ABH ( (X \ {j1}) → S_q) ) then
                                                X : = X \ {j1};
            K'_q : = K'_q ∪ {X}                                             (13)
            end
        else
            überflüssig : = false                                           (14)
        end
    end;
/* Rückgabe */
if überflüssig then
                return (K'_q)
            else
                return ( { } )                                              (15)
end /* function prüfe */;
/* Hauptprogramm */
/* 1. Erzeuge vorbereitende Zerlegung */
Vorbereitende_Zerlegung (F, S);
/* Bilde die Vereinigung G aller (synthetisierten) F_q */
G : = { };
for q : = 1 to r do
    G : = G ∪ F_q;
/* 2. Prüfe jedes Attribut jedes Teilschemas */
for q : = 1 to r do
```

```
for jedes j ∈ S_q do
    begin
    K'_q := prüfe (q, j);                                          (16)
    if K'_q ≠ { } then
        begin /* A_j aus RS_q entfernen */
        S_q := S_q \ {j};
        G := G \ F_q;
        K_q := K'_q; F_q := { };
        for jedes K ∈ K_q do
                        F_q := F_q ∪ {ABH (K → (S_q \ K))};
        G := G ∪ F_q                                               (17)
        end
    end;
/* Rückgabe */
return (alle (S_q, F_q, K_q), die nicht leer sind)                 (18)
end. /* Algorithmus */
```

Beispiel:

$S = \{A, B, C, D, E, H, I, K, L\}$ (m = 9)

$F = \{A \rightarrow B, B \rightarrow A, AC \rightarrow DE, BD \rightarrow H, H \rightarrow KL, K \rightarrow C, AK \rightarrow I\}$ (n = 7)

Aufruf: Zerlegung_Ling_Tompa_Kameda (F, S)

Ablauf des Algorithmus:

Prozedur Vorbereitende_Zerlegung:

Schritt 1a:

(1) Alle Elemente von F sind volle funktionale Abhängigkeiten. F ist bereits reduziert, ändert sich also nicht.
n = 7.

Schritt 1b:

(2) Ergebnis:

i:	1	2	3	4	5	6	7
GRUPPE [i]:	1	2	3	4	5	6	7

q:	1	2	3	4	5	6	7
LINKS [q]:	A	B	AC	BD	H	K	AK

(3) Ergebnis:

q:	1	2	3	4	5	6	7
LINKS [q]:	A	{ }	AC	{ }	H	K	{ }
LINKSEXP [q]:	AB	{ }	ABCDEHIKL	{ }	CHKL	CK	{ }
VEREINIGT [q]:	1	1	2	2	3	4	2

Schritt 1c:

(4) Ergebnis:

q:	1	2	3	4	5	6	7
S_q:	AB	{ }	ABCDEHIK	{ }	HKL	CK	{ }
F_q:	A → B B → A	{ }	AC → BDEHIK BD → ACEHIK AK → BCDEHI	{ }	H → KL	K → C	{ }
K_q:	{{A}, {B}}	{ }	{{A, C}, {B, D}, {A, K}}	{ }	{{H}}	{{K}}	{ }

Schritt 1d:

(5) Relationenschema RS_2 $(S_2 ; F_2)$ enthält bereits einen Schlüssel für ganz S; es wird kein neues Relationenschema hinzugefügt.
r = 7.

Ablauf des Hauptprogramms:
$G = F_1 \cup F_3 \cup F_5 \cup F_6$

Wert bei	q	S_q	A_j	F_q	K_q	K'_q	Bemerkungen
16	1	AB	A	A → B, B → A	A, B	{ }	–
16	1	AB	B	A → B, B → A	A, B	{ }	–
16	3	ABCDEHIK	A	AC → BDEHIK BD → ACEHIK AK → BCDEHI	AC, BD, AK	BD, BC, BK	–
17	3	BCDEHIK	A	BD → CEHIK BC → DEHIK BK → CDEHI	BD, BC, BK	BD, BC, BK	A entfernt, G geändert

Wert bei	q	S_q	A_j	F_q	K_q	K'_q	Bemerkungen
16	3	BCDEHIK	B	– " –	BD, BC, BK	{ }	–
16	3	BCDEHIK	C	– " –	BD, BC, BK	{ }	–
16	3	BCDEHIK	D	– " –	BD, BC, BK	{ }	–
16	3	BCDEHIK	E	– " –	BD, BC, BK	{ }	–
16	3	BCDEHIK	H	– " –	BD, BC, BK	{ }	–
16	3	BCDEHIK	I	– " –	BD, BC, BK	{ }	–
16	3	BCDEHIK	K	– " –	BD, BC, BK	BD, BC	–
17	3	BCDEHI	K	BD → CEHI	BD, BC	BD, BC	K entfernt,
				BC → DEHI			G geändert
....							

Im weiteren Verlauf finden keine Änderungen mehr statt.

Ausgewählte Aufrufe von prüfe:

prüfe (1, A): $K_1 = \{\{A\}, \{B\}\}; S_q = AB$

Wert bei	über-flüssig	K'_q	K	M	X	Membership f. Abh.	Membership Erg.
7	**true**	–	–	–	–	–	–
8	**true**	B	–	–	–	–	–
9	**true**	B	$G' = F_3 \cup F_5 \cup F_6$				
10	**true**	B	B	–	–	B → A	**false**
			return ({ })				

prüfe (2, A): $K_2 = \{AC, BD, AK\}; S_2 = ABCDEHIK$

Wert bei	über-flüssig	K'_q	K	M	X	Membership f. Abh.	Membership Erg.
7	**true**	–	–	–	–	–	–
8	**true**	BD	–	–	–	–	–
9	**true**	BD	G' = {A → B, B → A, BD → CEHIK, H → KL, K → C}				

Wert bei	über-flüssig	K'_q	K	M	X	Membership f. Abh.	Erg.
10	**true**	BD	BD	–	–	BD → A	**true**
11	**true**	BD	AC	ABC	–	–	–
12	**true**	BD	AC	ABC	BC	BC → ABCDEHIK	**true**
13	**true**	BD, BC	AC	ABC	BC	–	–
12	**true**	BD, BC	AK	ABCK	BCK	BCK → ABCDEHIK	**true**
13	**true**	BC, BD, BK	AK	ABCK	BK	–	–
15	**true**	BC, BD, BK	**return** ({BD, BC, BK})				

prüfe (2, B): K_2 = {BC, BD, BK}; S_2 = BCDEHIK

Wert bei	über-flüssig	K'_q	K	M	X	Membership f. Abh.	Erg.
7	**true**	–	–	–	–	–	–
8	**true**	{ }	–	–	–	–	–
9	**true**	{ }	G′ = {A → B, B → A, H → KL, K → C}				
11	**true**	{ }	BD	ABD	–	–	–
12	**true**	{ }	BD	ABD	D	D → BCDEHIK	**false**
14	**false**	{ }	BD	ABD	D	–	–
15	**false**		**return** ({ })				

prüfe (2, H): K_2 = {BD, BC, BK}; S_2 = BCDEHIK

Wert bei	über-flüssig	K'_q	K	M	X	Membership f. Abh.	Erg.
7	**true**	–	–	–	–	–	–
8	**true**	BD, BC, BK	–	–	–	–	–
9	**true**	BD, BC, BK	$G' = F_1 \cup F_5 \cup F_6 \cup$ {BD → CEIK, BC → DEIK, BK → CDEI}				
10	**true**	BD, BC, BK	BD	–	–	BD → H	**false**
			return ({ })				

prüfe (2, K): $\mathbf{K}_2$ = {BD, BC, BK}; S_2 = BCDEHIK

Wert bei	überflüssig	$\mathbf{K}'_q$	K	M	X	Membership f. Abh.	Membership Erg.
7	true	–	–	–	–	–	–
8	true	BD, BC	–	–	–	–	–
9	true	BD, BC	$G' = F_1 \cup F_5 \cup F_6 \cup$ {BD → CEHI, BC → DEHI}				
10	true	BD, BC	BD	–	–	BD → K	true
11	true	BD, BC	BK	ABCDEHIK	–	–	–
15	true	BD, BC	return ({BD, BC})				

Ergebnis:

(18) Relationenschema RS_1 (AB; {A → B, B → A})
Relationenschema RS_2 (BCDEHI; {BD → CEHI, BC → DEHI})
Relationenschema RS_3 (HKL; {H → KL})
Relationenschema RS_4 (CK; {K → C})

Im Unterschied dazu wäre das Ergebnis beim Algorithmus Codd_3NF_Zerlegung_Beeri_Bernstein:

RS_1 (AB; {A → B, B → A})
RS_2 (ABCDEHIK; {AC → E, BD → H, AK → I, AC → BD, BD → AK, AK → C})
RS_3 (HKL; {H → KL})
RS_4 (CK; {K → C})

und beim Algorithmus Codd_3NF_Zerlegung_Osborn:

RS_1 (ABCDEHIK; {AC → B, BC → D, BD → A, AD → K, AK → B, BK → H; BH → A, A → B, B → A, K → C})
RS_2 (HKL; {H → KL})

oder (reduziert):

RS_1 (ABCDEHIK; {BC → D, AD → K, BK → H, A → B, B → A, K → C})
RS_2 (HKL; {H → KL})

Teil III. Semantische Aspekte von Datenmodellen

8. Semantische Datenmodelle

Die Entwicklung des Relationenmodells, das verglichen mit den herkömmlichen Modellen eine genauere Untersuchung der zu modellierenden Realität auf logischer Ebene begünstigt, war der Anstoß zur Einführung vieler weiterer Datenmodelle. Diese zeichnen sich allgemein durch größere Datenunabhängigkeit und stärkere Berücksichtigung semantischer Komponenten aus.

Bei fast allen diesen Modellen ist der Einfluß des Relationenmodells unverkennbar, sei es als Ausgangsbasis, als Darstellungsformalismus, oder zumindest als Vergleichsgrundlage. Meistens liegt der Schwerpunkt auf semantischen Zusammenhängen bestimmter Art, die im Relationenmodell nur unbefriedigend gelöst sind, nicht behandelt werden können, oder implizit angenommen werden und daher zu Schwierigkeiten führen. So gibt es Modelle, die das Problem von Aggregationshierarchien unter den Objekten (siehe Kapitel 9) besonders berücksichtigen, andere widmen den „unbekannten Werten" (siehe Kapitel 10) besonderes Augenmerk.

In diesem Kapitel werden zwei der wichtigsten weiterführenden Datenmodelle vorgestellt, die viel dazu beigetragen haben, das Gebiet der Datenmodellierung zu erweitern.

Einige weitere Datenmodelle sind:

- Extended set theory model [*Childs* 1968, 1974, 1977]
- Binary logical association model von *Bracchi/Paolini/Pelagatti* [1976]
- Conceptual model von *Benci/Bodart/Bogaert/Cabanes* [1976]
- Entity-property-association model [*Pirotte*, 1977]
- Role concept model von *Bachman/Dayal* [1977]
- Extended owner coupled set data model von *Bradley* [1978]
- Semantic network model/Algebraic data definition [*Roussopoulos/Mylopoulos*, 1975], [*Roussopoulos*]
- Functional data model von *Shipman* [1981]
- Functional dependency model von *Housel/Waddle/Yao* [1979]
- Semantic database model [*McLeod*, 1978], [*McLeod/King*, 1979]
- Structural model [*Wiederhold/El-Masri*], [*El-Masri/Wiederhold*]

Kerschberg/Klug/Tsichritzis [1976] bringen eine Taxonomie der wichtigsten damals bekannten Modelle.

Wegen der Wichtigkeit des RM/T-Datenmodells [*Codd*, 1979] als Erweiterung des Relationenmodells wird ihm ein eigenes Kapitel (Kapitel 12) gewidmet.

8.1 Das Datenmodellierungskonzept von *Nijssen* [1976]

Zur Beschreibung des Ausschnittes der realen Welt, der in einer Datenbank erfaßt wird, wird von Nijssen für eine Drei-Schichten-Architektur ein Modellierungskonzept vorgeschlagen, das auf (natürlichen) Sprachkonstrukten beruht. Hierzu wurde von Nijssen eine Anzahl von Axiomen für die Datenmodellierung postuliert.

8.1.1 Das ENALIM (Evolving Natural Language Information Model)-Axiom

„Jede erlaubte Kommunikation zwischen einem Benutzer und dem Informationssystem kann als eine Menge von elementaren Sätzen betrachtet werden.“

Zu diesem Zweck wird die natürliche Sprache auf die Untermenge der „elementaren Sätze“ reduziert. Durch solche Elementarsätze sollen Sachverhalte wie: „Maier studiert Informatik“ beschrieben werden. Ein *Elementarsatz* besteht also aus einem *Prädikat* (hier: studiert) und *Namen von Objekten,* die *Rollen* bezüglich des Prädikates annehmen. Objekte sind in diesem Fall ‚Maier‘ in der Rolle ‚studiert‘ und ‚Informatik‘ in der Rolle ‚wird studiert‘.

Eine weitere Abstraktion kann erreicht werden, wenn man *Objekttypen* einführt, so daß Objektnamen jeweils Objekte eines Objekttyps identifizieren. Der Elementarsatz „Maier studiert Informatik“ kann nun geschrieben werden als:

„Der Student Maier studiert die Studienrichtung Informatik.“

Eine weitere Verfeinerung kann erreicht werden, wenn man die Objektnamen zu *Objektnamenstypen* zusammenfaßt. Man kann den Satz dadurch so formulieren:

„Der Student mit dem Studentennamen Maier studiert die Studienrichtung mit der Studienrichtungsbezeichnung Informatik.“

Ein Satz besteht damit aus einem Prädikat und geordneten Tripeln ⟨Objekttyp, Objektnamenstyp, Objekt⟩. Im vorhergehenden Satz kommen das Prädikat: ‚studiert‘ und die Tripeln ⟨Student, Studentenname, Maier⟩ bzw. ⟨Studienrichtung, Studienrichtungsbezeichnung, Informatik⟩ vor.

Elementarsätze sollten nicht in weitere Sätze zerlegbar sein, die mit ‚und‘ verknüpfbar sind, d.h. der Sachverhalt „Maier studiert Informatik und wohnt in der Berggasse 19“ muß in 2 Sachverhalte

„Maier studiert Informatik“ und
„Maier wohnt in der Berggasse 19“

bzw. in die Sätze

„Der Student mit dem Studentennamen Maier studiert die Studienrichtung mit der Studienbezeichnung Informatik“

und

„Der Student mit dem Studentennamen Maier wohnt in der Adresse mit der Adressenbezeichnung Berggasse 19“

zerlegt werden. Elementarsätze sind also semantisch nicht weiter zerlegbare Sätze.

Man kann nun Sätze mit gleichem Satzprädikat, Objektnamenstypen und Objekttypen zu *Satztypen* zusammenfassen, z.B.

Student	Studienrichtung	← Objekttyp
Studentenname	Studienrichtungsbezeichnung	← Objektnamenstyp
‚studiert'	‚wird studiert von'	← Satzprädikat (Rollen)
Maier	Informatik	
Schulz	Geschichte	
....	....	

Satztypen entsprechen den Relationenschemata im Relationenmodell, während Sätze den Tupeln der Relationen entsprechen.

Die Beziehung eines Objekttyps zum Prädikat eines Satzes heißt *Rolle* (im obigen Beispiel ‚studiert' bzw. ‚wird studiert von'). Die Menge aller Sätze nennt man *"sentence base"*.

Im Nijssen-Modell sind nur zwei Operationen erlaubt: das Hinzufügen und das Löschen von Elementarsätzen im "sentence base".

8.1.2 Das INSYGRAM (Information Systems Grammar)-Axiom

„Jede erlaubte Kommunikation zwischen einem Benutzer und einem Informationssystem kann vollständig durch eine Grammatik beschrieben werden."

Diese Grammatik nennt man 'sentence base grammar'.

Eine äquivalente Formulierung des INSYGRAM-Axioms ist:

„Eine 'sentence base grammar' ist eine Menge von Regeln, die vollständig und ausschließlich die erlaubten 'sentence bases' bzw. die erlaubten Übergänge zwischen 'sentence bases' beschreibt."

8.1.2.1 Graphische Grammatik

Für die Beschreibung der korrekten Sätze der einzelnen Satztypen wird also in Nijssens Modellierungskonzept eine Grammatik verwendet. Eine mögliche Darstellung dieser Grammatik kann (neben einer Datendefinitionssprache) in der Hauptsache durch eine *„graphische Grammatik"* gegeben werden.

In der graphischen Grammatik werden Objekttypen durch Kreise dargestellt (Abb. 8.1a), Satztypen durch Rechtecke, die mit den Kreisen, die Objekttypen repräsentieren, verbunden werden. In die Rechtecke werden jeweils die Rollen der Objekttypen geschrieben (Abb. 8.1b).

Es ist klar, daß die Menge der erlaubten Objekte jedes Objekttyps definiert werden muß, ähnlich, wie es bei den Wertebereichen der Attribute im Relationenmodell der Fall ist. Dies wird aber in der graphischen Grammatik nicht berücksichtigt.

Elementarsätze können auch mehr als zwei Objekttypen betreffen, etwa „Der Student Maier inskribiert im Wintersemester 1980/81 die Vorlesung ‚Algebra' ". Der Satztyp dieses Satzes ist in Abb. 8.2 dargestellt.

Derselbe Objekttyp kann in einem Elementarsatz auch mehrere Rollen spielen, etwa in „Der Angestellte Schmidt ist Vorgesetzter des Angestellten Schulz." (Abb. 8.3)

a Darstellung von Objekttypen

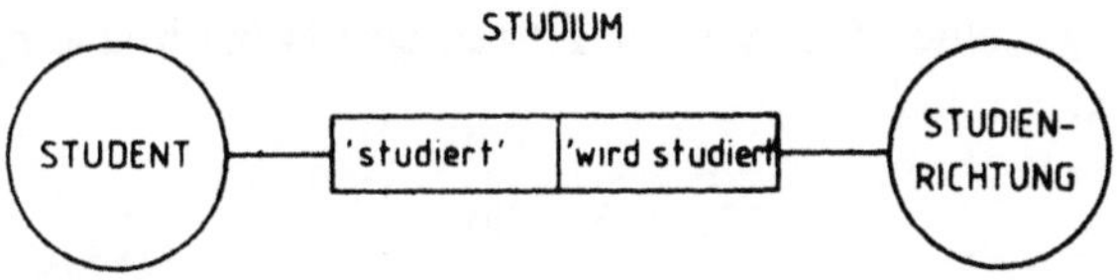

b Darstellung eines Satztyps (STUDIUM)

Abb. 8.1 Symbole der graphischen Grammatik

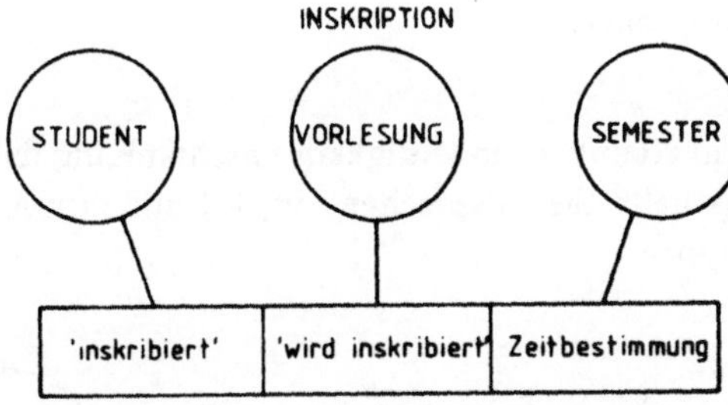

Abb. 8.2 Satztyp mit drei Objekttypen

Abb. 8.3 Mehrfache Rollen eines Objekttyps im selben Satztyp

8.1.2.2 Einschränkungen

In Nijssens Modell ist die explizite Angabe von Einschränkungen zu den Elementarsätzen vorgesehen. Dies ist auch ein Grund, warum das ganze Modell auf dem Konzept des Elementarsatzes aufbaut. Bei zusammengesetzten Sätzen sind nämlich viele Einschränkungen in ihrer Struktur implizit enthalten, was vermieden werden sollte.

Es ist im Prinzip möglich, dynamische und statische Einschränkungen anzugeben. Einige Standardtypen von statischen Einschränkungen werden aber besonders dargestellt.

a) *Eindeutigkeitseinschränkung* (uniqueness constraint):
In dieser Einschränkung werden eine oder mehrere Rollen besonders ausgezeichnet. Dies bedeutet, daß für jeden Satz des Satztyps die Objekte, die im Satz die ausgezeichneten Rollen einnehmen, eindeutig den Satz identifizieren.
Wenn z.B. jeder Student nur eine Studienrichtung studieren darf, so kann man für den in Abb. 8.1b dargestellten Satztyp eine Eindeutigkeitseinschränkung für die Rolle ‚studiert' angeben (Abb. 8.4).

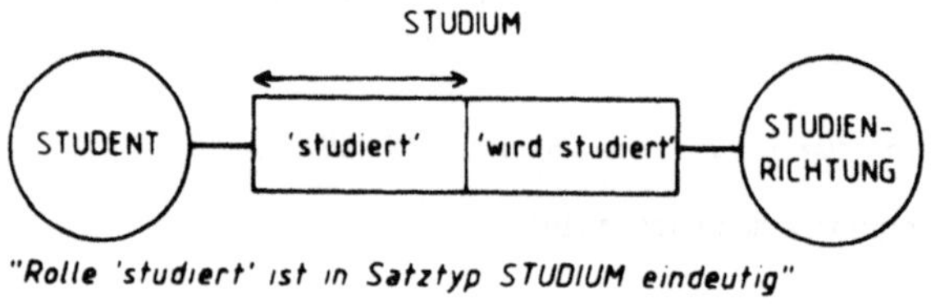

Abb. 8.4 Eindeutigkeitseinschränkung

Verschiedene Möglichkeiten der Eindeutigkeitseinschränkung für Sätze mit 2 Rollen sind in Abb. 8.5 dargestellt. Sie entsprechen 1:n, 1:1 und m:n-Assoziationen der entsprechenden Objekttypen.

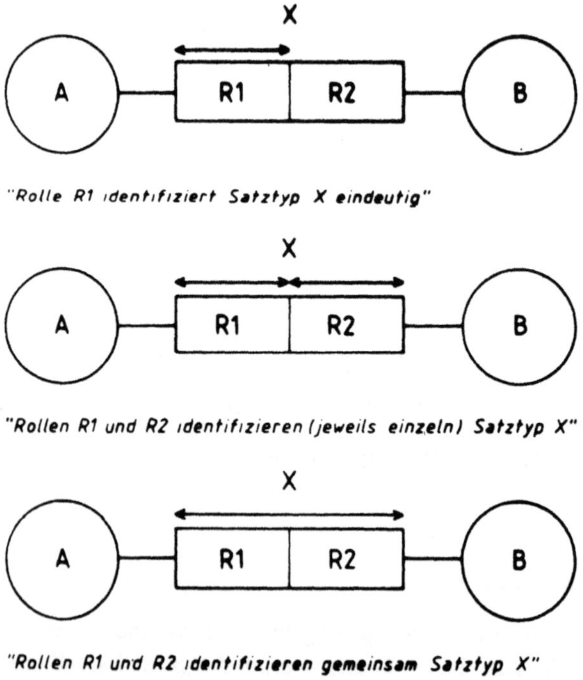

Abb. 8.5 Verschiedene Typen von Eindeutigkeitseinschränkung

b) *Untermengeneinschränkung* (subset constraint):
Durch eine solche Einschränkung ist es möglich, anzugeben, daß die Menge der Objekte eines Objekttyps, die eine Rolle A einnehmen, eine Untermenge der Menge derjenigen Objekte (desselben Objekttyps) bildet, die die Rolle B annehmen. Rollen A und B werden dabei meistens zu verschiedenen Satztypen gehören.
So kann etwa bestimmt werden, daß nur solche Studenten inskribieren dürfen, die sich bereits vorher auf der Universität angemeldet (immatrikuliert) haben. Diese Einschränkung ist in Abb. 8.6 durch einen Pfeil von Rolle A (‚inskribiert') zu Rolle B (‚ist immatrikuliert') dargestellt.

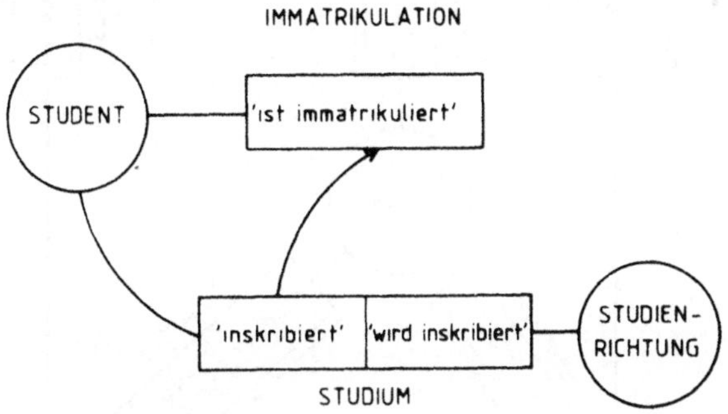

Abb. 8.6 Untermengeneinschränkung

c) Analog zu der Untermengeneinschränkung kann man Einschränkungen für die Gleichheit bzw. Ungleichheit von Mengen definieren.
Alle anderen Einschränkungen muß der Datenbankentwerfer selbst (d.h. durch Prozeduren) definieren.

8.1.3 Das SENE (Senko's Entity Name Entity)-Axiom

„Die tiefste Struktur eines jeden Satzes kann als eine Menge von ‚Ideen' (ideas) über Objekte und eine Menge von ‚Brücken' (bridges) zwischen Objekten und ‚lexikalischen Objekten' (Zeichenketten) betrachtet werden."

Dieses Axiom geht davon aus, daß in jedem Elementarsatz unterschieden werden kann zwischen einem Teil, der unabhängig ist von den Namen, und einem Teil, der nur aus der Namensgebung besteht. Der von der Namensgebung unabhängige Teil besteht nur aus den Sachverhalten (‚Ideen').

Graphisch werden Objekttypen der „Ideenwelt" durch gestrichelte Kreise, Objekttypen der „Namenswelt" durch Kreise dargestellt. Zwischen den Objekttypen und den Objektnamenstypen können nun Brücken definiert werden. Es wird dadurch auch möglich, einem Objekt mehrere „Namen" (Identifikationen) zu geben (Abb. 8.7).

Hier wird das Problem der „Surrogate" angeschnitten (siehe Kapitel 11).

Abschließend läßt sich bemerken, daß durch die Verwendung von Elementarsätzen ein Ansatz gewählt wurde, der, wenn auch nicht ganz formalisiert, eine weitgehende Normalisierung erzeugt. Die Elementarsätze in der "sentence base" sollten also frei sein von Anomalien.

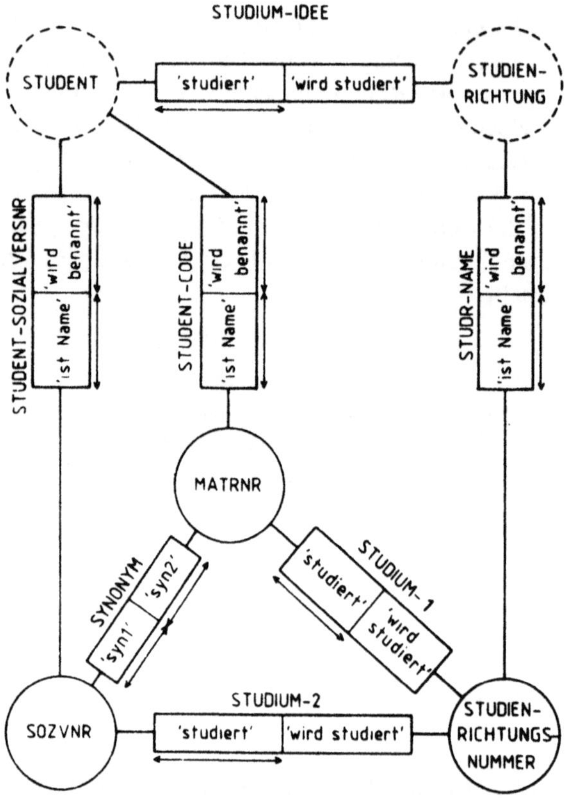

Abb. 8.7 „Ideen“ und „Brücken“

8.2 Das Entity-Relationship-Modell

Im Jahre 1976 wurde von *Chen* [1976] ein Modell vorgestellt, das eine Synthese der herkömmlichen (hierarchischen, netzwerkorientierten, relationalen) Modelle darstellen sollte.

Das Entity-Relationship-Modell besteht aus vier *Abstraktionsebenen* der Datensichten; dies sind:

1. Information über Objekte (entities) und Assoziationen (relationships)
2. Konzeptionelle Beschreibung der Objekte und Relationen (information structure)
3. Zugriffspfadunabhängige Beschreibung der Daten (logische Datenstrukturen)
4. Zugriffspfadabhängige Beschreibung der Daten (z.B. Beschreibung der einzelnen Indizes, invertierten Tabellen etc.).

In diesem Abschnitt werden nur die ersten beiden Abstraktionsstufen behandelt. Die einzelnen Stufen des Entity-Relationship-Modells können nach Chen den klassischen Modellen wie in Abb. 8.8 gegenübergestellt werden

Abstraktionsstufe	Entity-Relationship-Modell	Netzwerkmodell	relationales Modell
1	Objekte (entities) Objekttypen (entity sets) Assoziationen (relationships) Assoziationstypen (relationship sets) Attribute Werte Wertebereiche Rollen	Objekte Assoziationen Attribute Werte	
2	Objekt- bzw. Assoziationsrelationenschemata Entity-Relationship-Diagramm		normalisierte Relationenschemata
3	Tabellen (Relationen)		Tabellen (Relationen)
4		Records und Sets Data Structure Diagramm	

Abb. 8.8 Gegenüberstellung E-R-Modell – klassische Modelle

Die Vorzüge des Entity-Relationship-Modells werden aus dieser Gegenüberstellung klar:

Das Entity-Relationship-Modell bietet in der 1. Abstraktionsstufe gegenüber dem relationalen Modell den Vorteil einer Interpretation der Relationenschemata in dem Sinn, daß diese entweder als Objekttypen oder als Assoziationstypen fungieren können. Die Beziehungen zwischen den Objekt- und Assoziationstypen, die in Chens Modell durch Entity-Relationship-Diagramme dargestellt werden, können im Netzwerkmodell physisch realisiert werden. Die Ähnlichkeit, die zwischen dem Entity-Relationship-Modell und der Graphenrepräsentation des Netzwerkmodells (z.B. data-structure diagram) besteht, erleichtert diese Darstellung als Netzwerk in der 4. Abstraktionsstufe.

8.2.1 Die erste Abstraktionsstufe

Auf dieser Ebene wird die Modellierung der realen Welt so vorgenommen, daß man zwischen Objekten und Assoziationen unterscheidet. *Chen* [1979] schlägt in einer Arbeit über den Zusammenhang zwischen Datenmodellierung und Strukturen der natürlichen (englischen) Sprache vor, Hauptwörter als Objekte und Zeitwörter als Assoziationen zu modellieren.

Beispiel:
Ein Student, eine Studienrichtung, eine Vorlesung können als Objekte betrachtet werden.
„studieren" (ein Student studiert eine Studienrichtung)
„inskribieren" (ein Student inskribiert eine Vorlesung)
sind Assoziationen.

Gleichartige Objekte werden auch in diesem Modell zu *Objekttypen* (entity sets) zusammengefaßt. Für jeden Objekttyp existiert ein Testprädikat, das die Zugehörigkeit eines Objektes zu diesem Objekttyp festlegt.

In gleicher Weise werden Assoziationen zu *Assoziationstypen* zusammengefaßt. In einer Assoziation kann man den einzelnen daran teilnehmenden Objekten *Rollen* zuordnen.

Im Entity-Relationship-Modell werden weiters Werte (values) zu *Wertebereichen* (value sets) zusammengefaßt. Diese entsprechen den Wertebereichen im relationalen Datenmodell.

Attribute sind in diesem Modell Abbildungen, die den einzelnen Objekten Wertetupel aus den Wertebereichen zuordnen. Sei E ein Objekt- oder Assoziationstyp und $V_1, V_2, \ldots, V_n$ Wertebereiche, so ist $f: E \to V_1 \times V_2 \times \ldots \times V_n$ ein Attribut des Objekttyps E. Eine graphische Darstellung einiger Attribute eines Objekttyps findet man in Abb. 8.9, ein Assoziationstyp ist in Abb. 8.10 dargestellt.

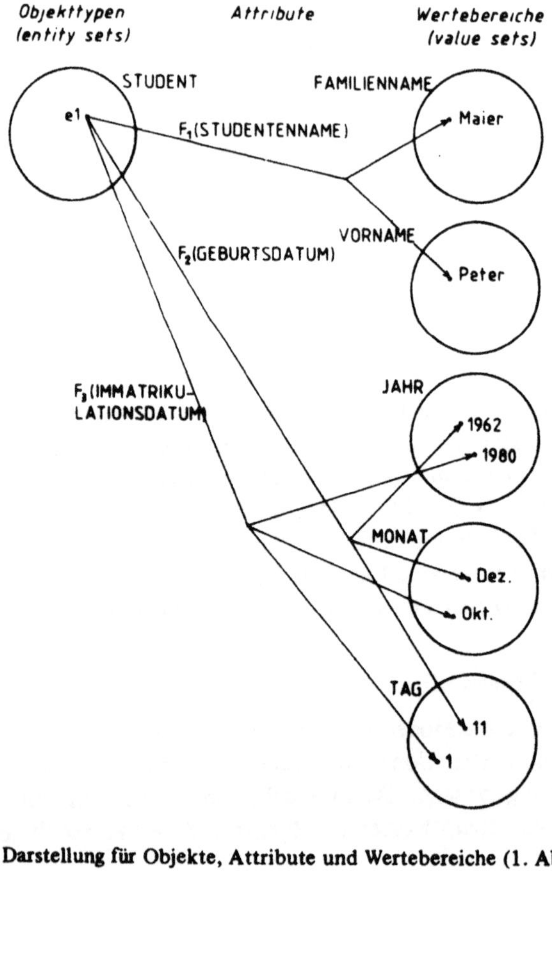

Abb. 8.9 Graphische Darstellung für Objekte, Attribute und Wertebereiche (1. Abstraktionsstufe)

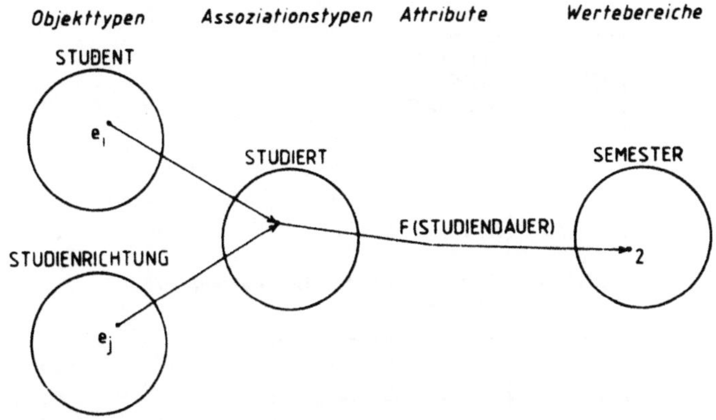

Abb. 8.10 Graphische Darstellung von Assoziationen und deren Attributen (1. Abstraktionsstufe)

Eine äquivalente Darstellung von Objekttypen und Assoziationstypen ist die Tabellenform (Abb. 8.11 und 8.12).

Objekttyp	STUDENTENNAME		GEBURTSDATUM			IMMATRIKULATIONS-DATUM			← Attribute
STUDENT	FAMILIEN-NAME	VORNAME	TAG	MONAT	JAHR	TAG	MONAT	JAHR	← Wertebereiche
e1	Maier	Peter	11	Dez.	1962	1	Okt.	1980	
e2	Schmid	Erich	12	Apr.	1961	2	Okt.	1979	
⋮	⋮		⋮			⋮			

Abb. 8.11 Darstellung eines Objekttyps als Tabelle

Eine Tabellendarstellung eines Objekt- bzw. Assoziationstyps entspricht also einer Relation, die nicht in erster Normalform ist, da ein Attribut eines Objektes (bzw. einer Assoziation) mehreren Werten zugeordnet werden kann.

8.2.2 Die zweite Abstraktionsstufe

Aufgabe dieser Stufe ist es, die Konstrukte der 1. Stufe zu beschreiben. Hierzu werden die Begriffe Primärschlüssel, Objektrelationenschema und Assoziationsrelationschema eingeführt.

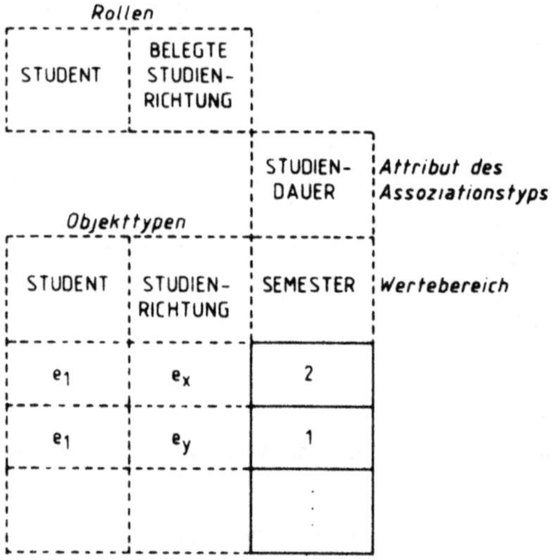

Abb. 8.12 Darstellung eines Assoziationstyps als Tabelle

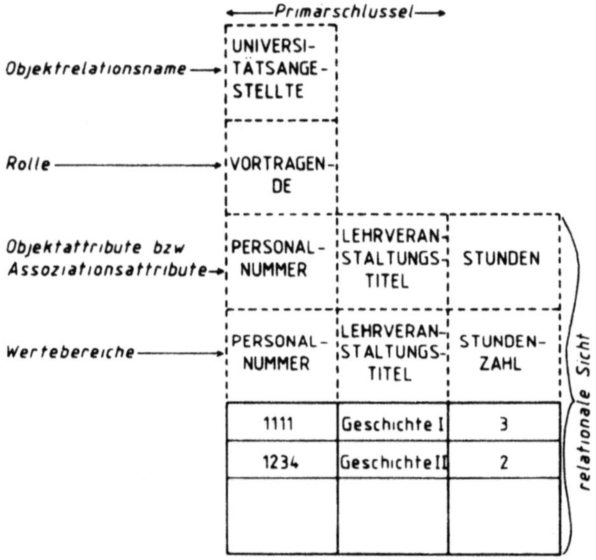

Abb. 8.13 Darstellung eines schwachen Objekttyps

Der Begriff des *Primärschlüssels* ist demjenigen des relationalen Modells äquivalent. Ein oder mehrere Attribute, die den Primärschlüssel bilden, stellen eine Abbildung dar, bei der jedes Objekt durch die Werte der einzelnen Wertebereiche eindeutig identifiziert werden kann.

Informationen über Objekt- bzw. Assoziationstypen werden auf dieser Stufe durch Relationenschemata und ihre dazugehörigen Relationen dargestellt. Es kommt jedoch häufig vor, daß ein Objekt nicht durch seine eigenen Attribute allein identifiziert werden kann.

Beispiel:
In einer Universitätsdirektion werden die Lehrveranstaltungen durch ihren Titel und durch die Namen der Vortragenden identifiziert. Letzterer ist jedoch ein Attribut des Objektes ‚Universitätsangestellte' und nicht des Objektes ‚Lehrveranstaltung'. In diesem Fall definiert man eine Assoziation ‚Universitätsangestellte – Lehrveranstaltung', deren Primärschlüssel auch als Primärschlüssel für ‚Vorlesung' fungiert.

Eine Lehrveranstaltung ist also nur identifizierbar im Zusammenhang mit dem Vortragenden. Solche Objekttypen nennt man *schwache Objekttypen*. Assoziationen, an denen ein schwacher Objekttyp teilnimmt, nennt man *schwache Assoziationstypen* (siehe Abb. 8.13).

8.2.3 Entity-Relationship-Diagramme

Auf der 2. Stufe wird das gesamte konzeptionelle Modell durch ein Diagramm beschrieben. Objekttypen werden durch Rechtecke, Assoziationstypen durch Parallelogramme charakterisiert. Schwache Objekt/Assoziationstypen werden doppelt umrandet (Beispiel: siehe Abb. 8.14). Die Art der einzelnen Assoziationstypen (1:1, 1:n, m:n) wird durch eine Markierung der Kanten beschrieben.

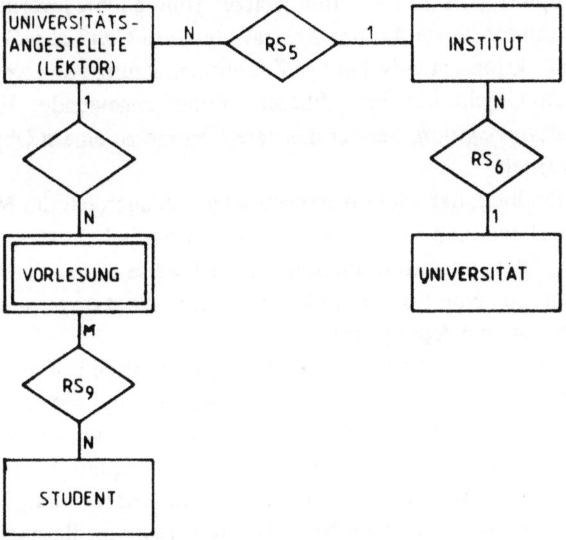

Abb. 8.14 Eine mögliche Darstellung des Beispiels 5.35 (Abschnitt 5.4.1) in der Zerlegung RS_5, RS_6, RS_9 des Beispiels 5.42 (Abschnitt 5.4.3)
[VORLESUNG wird hier als schwacher Objekttyp modelliert; SEMESTER ist ein Attribut des Objekttyps VORLESUNG]

Das Entity-Relationship-Modell wurde u.a. von *Schiffner/Scheuermann* [1979] erweitert, indem die Konzepte der Generalisation und Aggregation (siehe Kapitel 9) eingeführt wurden. Die algorithmische Erzeugung von Entity-Relationship-Diagrammen aus funktionalen und mehrwertigen Abhängigkeiten wurde von *Zaniolo/Melkanoff* [1979] und *Lien* [1980] beschrieben. Lien hebt hierbei auch die Äquivalenz zwischen dem Netzwerkmodell und dem Entity-Relationship-Modell hervor. Eine Entity-Relationship-Diagramm kann also auf der 4. Abstraktionsstufe sehr leicht als Netzwerk implementiert werden.

Für das Entity-Relationship-Modell wurde von *Poonen* [1978] eine Abfragesprache konstruiert, die eine leichte Modifikation der relationalen Abfragesprache SEQUEL darstellt (siehe Kapitel 14).

9. Aggregation und Generalisation

Beim Versuch, die reale Welt zu beschreiben, verwendet jeder unwillkürlich gewisse *Abstraktionen*, die Ordnung in die Fülle der Einzeldaten bringen sollen. Beispielsweise werden auf Grund ihrer Eigenschaften bestimmte lebende vierbeinige Objekte zum Objekttyp „Hund" abstrahiert, andere zum Objekttyp „Katze". Alle Objekte des ersten Typs haben z.B. die Eigenschaft, daß sie bellen können, während die Objekte vom Typ „Katze" nicht dazu imstande sind. Das Bellen ist eine „generische" Eigenschaft jedes einzelnen Hundes und wird somit zu einer Eigenschaft des generischen Objekts oder des Objekttyps „Hund" abstrahiert. Beide Objekttypen haben eine Eigenschaft „durchschnittliche Größe". Die Objekttypen „Hund" und „Katze" (und andere) werden weiter zum Objekttyp „Tier" abstrahiert. Diese Art der Abstraktion wird *Generalisation* genannt.

Eine andere Abstraktionsart wird bei der Zusammenfassung von zwei Personen und einem Datum zu einem Objekt vom Typ „Eheschließung" angewendet. Hier handelt es sich um eine sogenannte *Aggregation*, bei der mehrere Objekte zu einem Objekt höherer Stufe zusammengefaßt werden.

Es ist selbstverständlich, daß diese Abstraktionen sich auch bei der Modellierung der realen Welt für eine Datenbank aufdrängen. In allen bisher behandelten Modellen waren einige Abstraktionen stets implizit enthalten. Beispielsweise ist bereits die Zuordnung von Objekten zu Objekttypen eine Form der Generalisation, die Assoziation von Objekten verschiedener Typen ist eine Aggregation.

Allerdings waren diese Abstraktionsarten nicht systematisch untersucht, sondern als „vernünftige" Methoden zur Modellierung erkannt worden und daher in die Modelle eingeflossen. Dabei wurden aber weitere Möglichkeiten der Abstraktion übersehen, die bei der Modellierung nützlich wären oder deren Fehlen eine adäquate Beschreibung der Realität erschwert. So kann die Abstraktion von „Hund" und „Katze" zu „Tier" in keinem der bisher behandelten Modelle einfach beschrieben werden; im Beispiel zum Relationenmodell (Kapitel 6) bereitete das Fehlen der Abstraktionsmöglichkeit von „Student" und „Universitätsbeschäftigter" zu „Person" Schwierigkeiten.

So haben *Smith/Smith* [1977a, b] die Methoden der Abstraktion genauer analysiert und in die Datenmodellierung einbezogen. Sie unterscheiden zwischen

Aggregation: die Betrachtung einer Beziehung zwischen mehreren Objekten als eigenes Objekt (höherer Stufe), und

Generalisation: die Betrachtung einer Klasse von einzelnen Objekten als ein generisches Objekt.

Hammer/McLeod [1978] fügen in einem eigenen „Semantischen Datenmodell" unter anderem eine weitere wichtige Abstraktionsart dazu:

Überdeckungsaggregation (cover aggregation): Zusammenfassung von Objekten zu Mengen, die nicht als eigene Objekttypen auftreten (etwa Mitgliedschaft von Personen in Vereinen).

Mit Hilfe dieser drei Abstraktionsarten läßt sich bereits eine wesentlich weitergehende Übereinstimmung zwischen der realen Welt und dem Datenmodell erzielen als etwa durch das Relationenmodell allein.

Im RM/T-Modell von *Codd* [1979] sind diese Abstraktionsarten berücksichtigt worden. Das Beispiel im Abschnitt 12.8 demonstriert ausführlich ihre Anwendung.

9.1 Aggregation

Aggregation ist die Behandlung einer Beziehung zwischen mehreren Objekten als eigenes Objekt höherer Stufe.

Dieser Typ der Abstraktion ist für alle bisher beschriebenen Modelle grundlegend. Jedes Objekt wird nämlich in einer Datenbank durch eine Kombination von Attributwerten beschrieben. Faßt man die Attributwerte selbst als Objekte (niederster Stufe) auf, so handelt es sich hier um Aggregation zum beschriebenen Objekt. Diesem Vorgang entspricht die Bildung eines Tupels im Relationenmodell oder der Aufbau eines Records im Netzwerkmodell.

Abb. 9.1 veranschaulicht die Aggregation eines Namens, einer Matrikelnummer und eines Geburtsdatums zu einem Objekt, das ein Student ist.

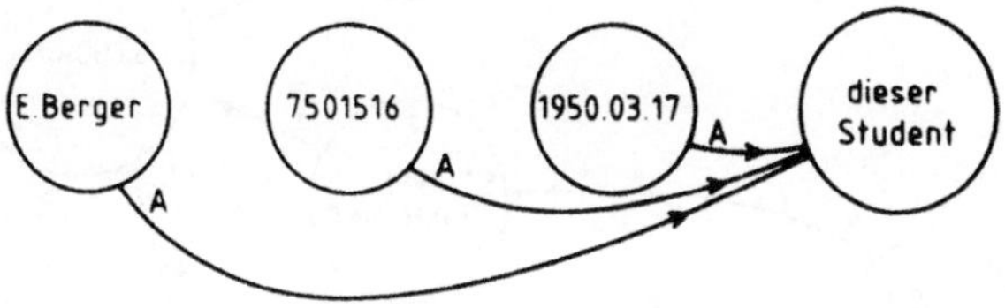

Abb. 9.1 Aggregation von Eigenschaften zum Objekt

Auf einer höheren Ebene (generalisiert) kann man von der Aggregation der Attribute NAME, MATRIKELNUMMER und GEBURTSDATUM zum Objekttyp STUDENT sprechen (Abb. 9.2).

Abb. 9.2 Aggregation von Attributen zum Objekttyp

Eine weitere Stufe der Aggregation ist die Zusammenfassung von Objekten in *Assoziationen,* die ebenfalls in den beschriebenen Modellen realisiert ist. Abb. 9.3 zeigt die Assoziation der Objekttypen STUDENT und STUDIENRICHTUNG zum Objekttyp STUDIUM. Diesem Assoziationstyp entspricht wieder eine Menge von einzelnen Assoziationen auf der Ebene der einzelnen Objekte.

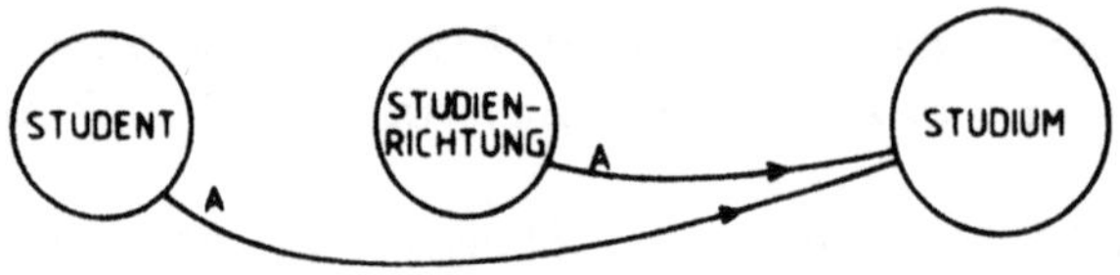

Abb. 9.3 Aggregation von Objekttypen zu einem Objekttyp höherer Stufe (Assoziation)

Die in eine Aggregation eingehenden Objekte müssen nicht immer von der gleichen Stufe sein. Insbesondere kann jeder Aggregationstyp eigene Attribute haben, im obigen Beispiel etwa STUDIENBEGINN als Attribut zum Objekttyp STUDIUM (Abb. 9.4). Aggregationstypen können natürlich wieder selbst in Aggregationen noch höherer Stufe einbezogen werden, es entsteht eine *Aggregationshierarchie.*

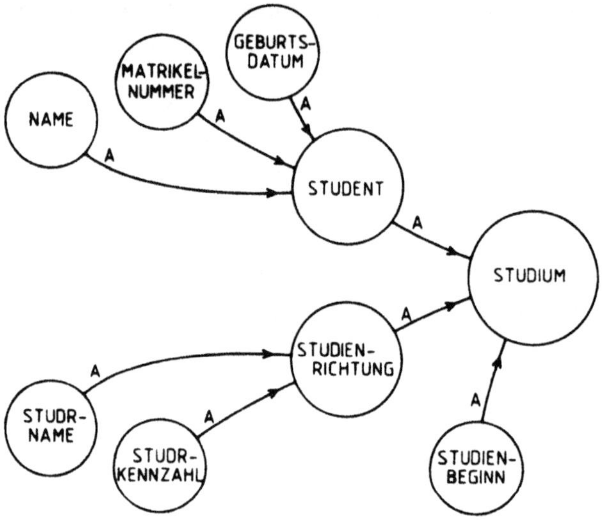

Abb. 9.4 Aggregationshierarchie

Smith/Smith [1977a] sind der Auffassung, daß eine Aggregation nur dann sinnvoll ist, wenn sie durch ein einfaches Hauptwort benannt werden kann und einer tatsächlich in der Realität verwendeten Aggregationsabstraktion entspricht.

Codd verwendet im RM/T-Modell für die Aggregation die Bezeichnung „*kartesische Aggregation*“, um sie von anderen Bedeutungen des Begriffs „Aggregation“ wie statistische Aggregation und Überdeckungsaggregation zu unterscheiden (siehe Abschnitt 12.4.1).

9.2 Generalisation

Generalisation ist die Behandlung einer Klasse von einzelnen Objekten als *generisches Objekt* [*Smith/Smith,* 1977b]. Unter einem generischen Objekt versteht man ein Objekt, das durch eine solche Generalisation definiert ist, im Gegensatz zu den (primitiven, konkreten) Objekten der realen Welt.

Im folgenden wird statt „generischem Objekt" meist „Objekttyp" geschrieben, wenn auf seine Eigenschaft, ein Klasse von (untergeordneten) Objekten zu definieren, Bezug genommen wird.

9.2.1 Objekttypen

In der Einleitung dieses Kapitels wurde an einem Beispiel demonstriert, daß die Objekte der realen Welt und damit die in einer Datenbank beschriebenen Objekte auf Grund von Ähnlichkeiten in Klassen eingeteilt werden können. Dies entspricht dem Begriff des Objekttyps, der in allen Modellen explizit oder implizit verwendet wird.

In den klassischen Modellen wird meist angenommen, daß ein Objekt genau einem Objekttyp zugeordnet werden kann. Im relationalen Modell wird dies oft durch die Forderung nach minimalen Normalformzerlegungen bewirkt, wo also zwei Relationenschemata mit dem gleichen Schlüssel nicht auftreten.

9.2.2 Subtypen

Wie bereits im Beispiel zum Relationenmodell gezeigt wurde, tritt jedoch bei der Modellierung das folgende Problem häufig auf: die Objekte eines Objekttyps sind heterogen in dem Sinne, daß einige ihrer Eigenschaften sich nur zur Beschreibung einer Teilmenge des Objekttyps eignen, andere allerdings für alle relevant sind. Diesem Problem kann man natürlich auch in der Form begegnen, daß sich herausstellt, daß verschiedene Objekttypen gemeinsame Eigenschaften haben und daher in Bezug auf diese zu einem allgemeineren Objekttyp generalisiert werden könnten. Im Beispiel zum Relationenmodell war dies bei den Objekttypen STUDENT und UNIV_BEDIENSTETER der Fall. Hier soll das Problem an Hand eines Beispiels erhellt werden.

In einer Datenbank sollen Daten von Universitätsangestellten verwaltet werden. Diese bestehen aus dem wissenschaftlichen und dem nichtwissenschaftlichen Personal. Es gibt sehr viele Attribute, die für beide Gruppen von Bedeutung sind, etwa Personalnummer, Geburtsdatum, Vertragsbeginn und -ende. Gewisse Attribute der Mitglieder einer Gruppe sind aber für die andere Gruppe irrelevant, etwa Hauptforschungsgebiete des wissenschaftlichen oder Stenographiekenntnisse des nichtwissenschaftlichen Personals. Die implizite Einschränkung im relationalen Modell, daß jedes Objekt genau einem Objekttyp angehören muß, führt zu einer Relation folgender Art:

PERSONAL

gemeinsame Attribute	Attribute des wiss. Personals	Attribute des nichtwiss. Pers.
<u>PERSNR</u>, GEBDATUM, NAME ...	HAUPTFORSCHG, ...	STENOGRAPHIE, ...

In jedem Tupel dieser Relation ist ein Teil der Attribute mit Nullwerten des Typs „für dieses Objekt irrelevant" besetzt. Eine auf den ersten Blick sinnvolle Zerlegung ergibt drei Teilrelationen

PERSONAL1 (PERSNR, GEBDATUM, NAME, . . .)
WISS_PERSONAL (PERSNR, HAUPTFORSCHG, . . .)
NICHTWISS_PERSONAL (PERSNR, STENOGRAPHIE, . . .).

Im Relationenmodell geht durch diese Zerlegung allerdings Information verloren: es ist nirgends vermerkt, daß

a) eine Personalnummer, die in WISS_PERSONAL vorkommt, nicht in NICHT-WISS_PERSONAL vorkommen darf, oder daß
b) alle Personalnummern in WISS_PERSONAL und NICHTWISS_PERSONAL auch in PERSONAL1 vorkommen müssen.
c) Die funktionale Abhängigkeit PERSNR → STENOGRAPHIE gilt im Relationenmodell für alle Personalnummern, obwohl sie logisch gesehen nicht für das wissenschaftliche Personal gelten sollte.

Im Relationenmodell sind die drei angegebenen Relationen auf gleicher Stufe und würden bei dem Versuch, eine Zerlegung mit möglichst wenig Relationen zu finden, gar nicht gebildet werden. (Dieses Problem ist allerdings auch im Rahmen des Relationenmodells durch Definition der (3,3)-Normalform [*Smith*] zu lösen versucht worden.) Die obigen Regeln a) und b) müßten durch zusätzliche Integritätsbedingungen angegeben werden.
Es handelt sich hier eigentlich um eine *Untermengenbildung* im Objekttyp PERSONAL bzw. um eine *Generalisation* der beiden Objekttypen WISS_PERSONAL und NICHT-WISS_PERSONAL zum Objekttyp PERSONAL. Die ersten beiden Objekttypen heissen dann *Subtypen* des letzteren. Graphisch sind diese Beziehungen in Abb. 9.5 dargestellt.

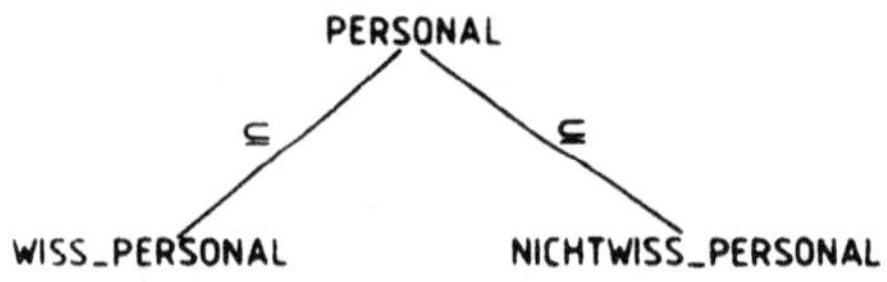

Abb. 9.5 Subtypenbildung bzw. Generalisationshierarchie

Für einen Subtyp wird allgemein gefordert:

1) Die Eigenschaften der Objekte eines Subtyps sind dadurch gekennzeichnet, daß sie nicht zur Beschreibung der Objekte des übergeordneten Typs verwendet werden.
2) Der Subtyp wird oft als eine Einheit behandelt [*McLeod/King*].

9.2.3 Subtypen und ISA-Hierarchien

Die Generalisation bzw. Bildung von Subtypen ist dem *ISA-Konzept* der Artifical Intelligence äquivalent [*Wong/Mylopoulos*]. ISA leitet sich von den englischen Worten "is a" ab; z.B. "every student is a person".

Die sogenannte ISA-Hierarchie für das Beispiel ist in Abb. 9.6 dargestellt.

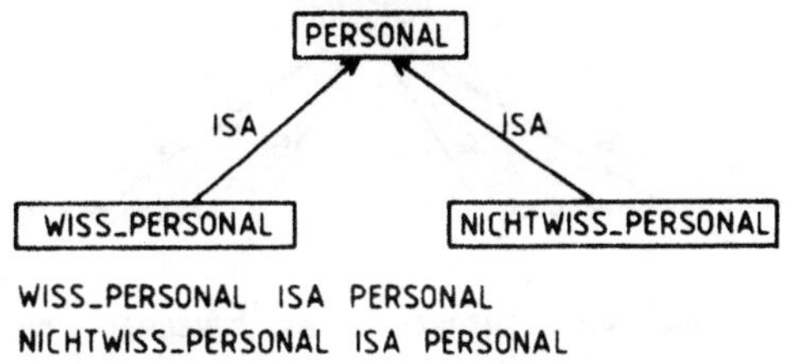

Abb. 9.6 ISA-Hierarchie

Folgende Eigenschaften des ISA-Konzeptes gelten auf Grund der Äquivalenz auch für die Generalisation:

1) Die ISA-Beziehung, als binäre Relation aufgefaßt, (bzw. die Generalisation) definiert eine partielle Ordnung unter den Objekttypen.
2) Seien A und B Objekttypen. A ISA B (bzw. A ist Subtyp von B) impliziert, daß die Menge aller möglichen Ausprägungen von A Teilmenge der Menge aller möglichen Ausprägungen von B ist.
3) A ISA B (A ist Subtyp von B) impliziert, daß die aktuelle Ausprägung von A Teilmenge der aktuellen Ausprägung von B ist.

Damit kann man folgende Einschränkung für Generalisationshierarchien formulieren: Jede Zuordnung eines Objekts zu einem Objekttyp bewirkt auch die Zuordnung desselben Objekts zu allen anderen Objekttypen, die dem ersten in der Generalisationshierarchie übergeordnet sind.

9.2.4 Subtypenbildung nach mehreren Kriterien

Oft ist die Bildung von Subtypen nach mehr als einem Kriterium von Interesse.

Es könnte z.B. eine weitere Einteilung des Personals nach verschiedenen Arbeitsbereichen sinnvoll sein, etwa in Instituts- und Bibliotheksangehörige (Abb. 9.7). Es gibt allerdings auch Verwaltungspersonal, das in keine der beiden Klassen fällt, dieses soll hier nicht von Interesse sein. Dazu kann bemerkt werden, daß die Vereinigung der Elemente aller Subtypen in einer Generalisationshierarchie nicht gleich der Elementmenge des übergeordneten Typs sein muß. In diesem Fall ist etwa INST_PERSONAL $\cup$ BIBL_PERSONAL $\subsetneq$ PERSONAL.

Faßt man beide Generalisationen (nach wissenschaftlicher Verwendung und nach dem Arbeitsbereich) zusammen, so erhält man Abb. 9.8. Die angeführten Subtypen sind nun allerdings nicht disjunkt, da z.B. ein wissenschaftlicher Mitarbeiter in der Regel zum Institutspersonal gehört.

Abb. 9.7 Eine zweite Generalisationshierarchie

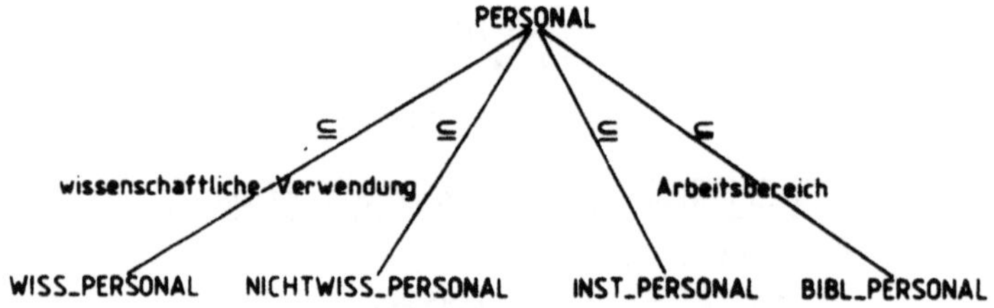

Abb. 9.8 Zusammengefaßte Generalisationshierarchie

Im Generalisationsmodell von Smith/Smith bilden die nach einem bestimmten Kriterium eingeteilten Subtypen eines Objekttyps jeweils ein sogenanntes *„Cluster“*. In diesem müssen die Subtypen paarweise disjunkt sein. In Abb. 9.8 sind also zwei Clusters, nämlich C_1 = {WISS_PERSONAL, NICHTWISS_PERSONAL} und C_2 = {INST_PERSONAL, BIBL_PERSONAL}, dargestellt. Die Kriterien, nach denen Clusters gebildet werden, werden ***Kategorien*** genannt.

Im Relationenmodell kann man die Zugehörigkeit eines Objekts zu verschiedenen Subtypen mittels eines Attributs pro Cluster (Kategorieattribut) darstellen:

PERSONAL2

gemeinsame Attribute				Kategorieattribute	
PERSNR	GEBDATUM	NAME	...	C1	C2
10502	23.10.1955	E. Maier		WISS_PERSONAL	INST_PERSONAL
...	...	...		...	...

Gehört ein Objekt zu einem Subtyp eines Clusters, so wird für das entsprechende Kategorieattribut der Name des Subtyps eingetragen. Der Wertebereich der Kategorieattribute ist daher die Menge der Objekttypnamen (oder Relationennamen), was allerdings im Relationenmodell meist nicht vorkommt.

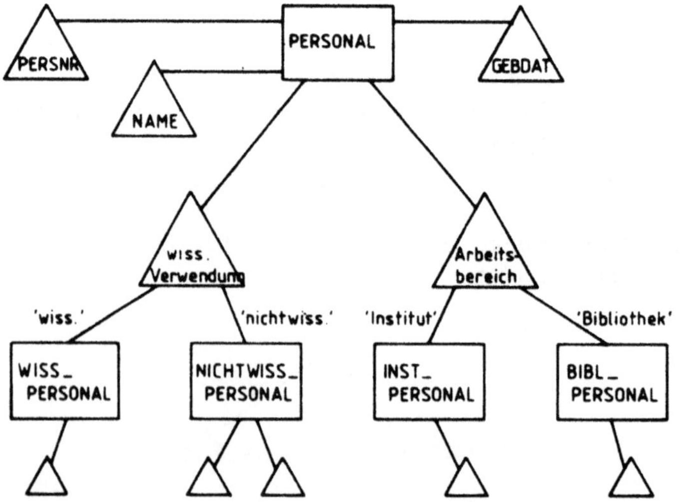

Abb. 9.9 Generalization hierarchy diagram nach *Lee/Gerritsen*

Eine graphische Darstellung der Generalisationshierarchie unter Einschluß der Kategorieattribute geben *Lee/Gerritsen* [1978] mit dem GH/D *(generalization hierarchy diagram)* an. In diesem werden Objekte durch Vierecke repräsentiert, Attribute (auch Kategorieeattribute) durch Dreiecke mit der Spitze nach oben (Abb. 9.9). Im GH/D kann auch die Bildung von Subklassen als Durchschnitt anderer Subtypen dargestellt werden. Dies wird durch ein auf die Spitze gestelltes Dreieck repräsentiert (Abb. 9.10). Eine Markierung der Kategorieattribute mit Integritätsbedingungen für die Subtypen ist ebenfalls vorgesehen. Im Beispiel gilt etwa für „Beschäftigungsausmaß" und „Funktion" die Integritätsbedingung

„Jedes Objekt vom Typ PROFESSOR muß zum Typ VOLL_ANGESTELLT gehören".

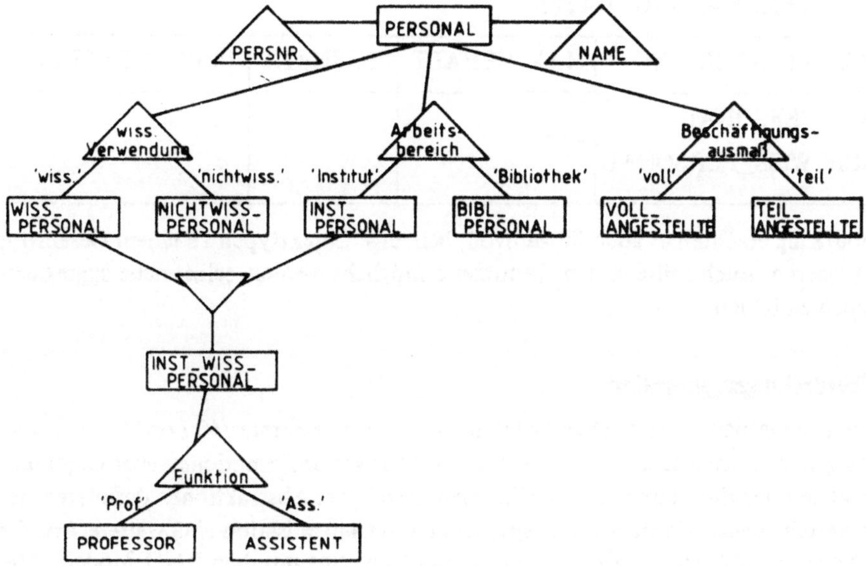

Abb. 9.10 Erweitertes GH/Diagramm mit Durchschnittsbildung

9.2.5 Eigenschaften eines generischen Objekts

Oft wird Information über ein generisches Objekt (Objekttyp als Ganzes) verlangt oder angegeben [*Smith/Smith*, 1977b], [*McLeod/King*]. Beispielsweise kann man angeben, daß jedes Objekt vom Typ PROFESSOR den Titel „Universitätsprofessor" trägt. Hier handelt es sich um eine Eigenschaft der einzelnen Objekte, die durch den Objekttyp bestimmt wird, indem sie denselben Wert für jedes Einzelobjekt annimmt.

Für eine gröbere Sicht der Daten ist es ebenfalls von Vorteil, Eigenschaften eines gesamten Objekttyps zu verwalten, etwa wenn Durchschnittswerte, Maxima, Minima usw. von bestimmten Attributen der Objekte des Typs betrachtet werden, ohne daß die Attributwerte der einzelnen Objekte von Interesse wären. Hier handelt es sich um Eigenschaften des Objekttyps selbst. Eine weitere solche Eigenschaft, die von keinen Attributen der Einzelobjekte herleitbar ist, ist die Gesamtanzahl der Elemente des Typs.

Der Objekttyp selbst wird also als Objekt behandelt, eben als generisches Objekt, indem ihm Eigenschaften zugeordnet werden.

Eine ähnliche Situation entsteht, wenn ein generisches Objekt eine Assoziation eingeht, etwa im Falle von Berufsverbänden: PROFESSOR ist dem Professorenverband, ASSISTENT dem Assistentenverband zugeordnet. Eine Speicherung dieser Verbände zu jedem aktuellen Objekt der entsprechenden Objekttypen würde, ebenso wie die Speicherung des Titels „Universitätsprofessor" zu jedem Professor, die Tatsache verschleiern, daß diese Eigenschaften dem gesamten Objekttyp und nicht nur zufällig den gerade aktuellen Objekten zukommen. Die Speicherung des Durchschnittsgehalts oder der Anzahl der Professoren zu jedem Professor wäre darüberhinaus sinnlos.

In einer relationalen Darstellung braucht man für die einzelnen Kategorieattribute Relationen, die die Informationen über die einzelnen Subtypen enthalten:

WISS_VERWENDUNG_DATEN

WISS_VERWENDUNG	MAX. GEHALT	ØGEHALT	PERS. SPRECHER
WISS_PERSONAL	...	...	...
NICHTWISS_PERSONAL	...	...	...

McLeod/King erachten es auch für sinnvoll, beliebige Objekttypen zu einem Gesamttyp zu aggregieren. Auch sollte es dem Benutzer ermöglicht werden, selbst neue aggregierte Subtypen zu bilden.

9.3 Überdeckungsaggregation

In einem eigenen semantischen Datenmodell bringen *Hammer/McLeod* [1978] eine sehr eingehende Analyse der semantischen Struktur von Informationen über Objekte.

Im Zuge ihrer Einteilung der verschiedenen Arten von Abstraktionen definieren sie neben verschiedenen Formen von Aggregation und Generalisation eine weitere Art, die sie „aggregate" nennen, die aber hier in Übereinstimmung mit dem RM/T-Modell (Abschnitt 12.4.3) *Überdeckungsaggregation* (cover aggregation) genannt werden soll.

Ein *Überdeckungstyp* ist definiert als ein Objekttyp, dessen Elemente *Überdeckungsmitglieder* (cover members) genannt werden. Jedes Überdeckungsmitglied bestimmt eine Menge von Objekten eines oder mehrerer anderer Objekttypen, den sogenannten *Elementtypen.*

Beispiel:
Es soll die Teilnahme von Studenten an Lehrveranstaltungen modelliert werden. An jeder Lehrveranstaltung nimmt eine Menge von Studenten teil, jeder Student kann natürlich mehrere Lehrveranstaltungen besuchen. Hier kann man einem Überdeckungstyp LEHRVERANSTALTUNG definieren, dessen Elemente die einzelnen Lehrveranstaltungen sind (Überdeckungsmitglieder). Jede Lehrveranstaltung bestimmt, so gesehen, eine Menge von Objekten vom Typ STUDENT (siehe Abb. 9.11).
Während man diese Situation eventuell auch mit dem Subtypenkonzept darstellen könnte, liegt der grundlegende Unterschied zur Generalisationshierarchie darin, daß der Besuch einer Lehrveranstaltung von keinem Attribut des zugrundeliegenden Ob-

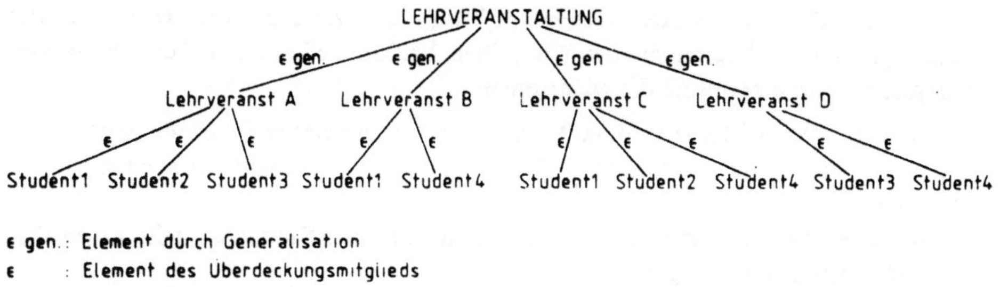

Abb. 9.11 Überdeckungsaggregation

jekttyps STUDENT abhängt. Außerdem sind Studenten hier weder Ausprägungen noch Subtypen des Typs LEHRVERANSTALTUNG. Vielmehr definieren die Lehrveranstaltungen eine Überdeckung (daher der Name!) des Objekttyps STUDENT. Im Unterschied zur Überdeckung im mathematischen Sinn braucht hier aber nicht jedes Objekt des Elementtyps in einem Überdeckungsmitglied enthalten sein (es kann Studenten geben, die keine Lehrveranstaltungen besuchen, weil sie z.B. im Dissertationsstadium sind).

Ein weiteres Beispiel wäre die Mitgliedschaft von Personen in Vereinen. Hier bestünde die Möglichkeit, daß mehrere Elementtypen definiert werden: etwa STUDENT und UNIVERSITÄTSBEDIENSTETER bei universitätsinternen Vereinen.

10. Die Behandlung unvollständiger Information

10.1 Nullwerte

Bei größeren Datenbanken tritt häufig das Problem auf, daß man Objekte oder Beziehungen darstellen möchte, zu denen nicht alle Eigenschaften (Attributwerte, an einer Assoziation teilnehmende Objekte) bekannt sind. Beispielsweise kann bekannt sein, daß ein gewisser Student bei einem bestimmten Prüfer eine Diplomprüfung ablegen wird; die Note oder vielleicht sogar der Prüfungstag sind jedoch noch nicht bekannt. Dies ist eine natürliche Folge der Tatsache, daß das Wissen des Benutzers nicht zu jedem Zeitpunkt alle Tatsachen umfaßt, die den von der Datenbank modellierten Ausschnitt der Realität bilden.

Ein verwandtes Problem entsteht, wenn z.B. durch ungenaue Modellierung, die auch durch Mängel des Modells (zu wenig Flexibilität) verursacht werden kann, die Datenbank zu gewissen Objekten Werte zu Attributen erwartet, die auf das tatsächliche Objekt in der Realität nicht anwendbar sind. Ein Beispiel wäre die Studienrichtung einer Person, die nicht studiert; solche Phänomene traten im Kapitel 9.2 auf, als Generalisationshierarchien im Relationenmodell dargestellt werden sollten.

In diesen und einer Fülle von ähnlichen Situationen setzt man an Stelle des fehlenden Attributwerts einen besonderen *Nullwert*, der zu keinem Attributwertebereich der Datenbank gehört. Dieser zeigt an, daß der Attributwert aus irgendeinem Grund nicht vorhanden ist. (Die Bezeichnung Nullwert darf nicht mit der Zahl „Null" verwechselt werden; sie wurde hier im Anklang an die englische Bezeichnung "null value" gewählt. Eine andere deutsche Bezeichnung wäre etwa „Leerwert".)

Der Bericht des ANSI/SPARC [*Tsichritzis/Klug*] führt vierzehn verschiedene mögliche Bedeutungen von Nullwerten an, die in der Datenbankmodellierung berücksichtigt werden könnten. Von diesen sind die wichtigsten:

– Attribut für dieses Objekt irrelevant (Studienrichtung eines Nicht-Studenten),
– Attributwert existiert für dieses Objekt noch nicht (akademischer Titel eines Studenten),
– Attributwert existiert, ist aber unbekannt (Adresse eines Studenten, falls wegen Datenfehlers noch nicht aufgenommen),
– Attributwert existiert, darf aber aus Datenschutzgründen nicht gespeichert oder nicht bekanntgegeben werden (allgemein oder für dieses bestimmte Objekt; z.B. Krankheitsdaten von Angestellten),
– Attributwert ist bzw. war gespeichert, wird aber gerade geändert oder ist (als Ergebnis einer Plausibilitätsprüfung) zweifelhaft oder ist gelöscht worden.

Wenn man es auch als das Ideal ansehen könnte, im Sinne vollständiger Informationsspeicherung alle diese Typen von Nullwerten zu unterscheiden, werden in der Literatur meist nur zwei Interpretationen behandelt, nämlich:

– „irrelevant": die beschriebene Eigenschaft ist für das Objekt nicht sinnvoll; und
– „unbekannt": der Wert des betreffenden Attributs ist (jetzt) nicht bekannt.

Wegen der Probleme, die durch Nullwerte in Datenbanken auftreten, wurden Nullwerte in verschiedene Datenmodelle eingebettet [*Abrial*], [*Codd,* 1970, 1975, 1979].

10.2 Einbettung des Nullwertes „unbekannt" in das Relationenmodell

Bereits im ursprünglichen Vorschlag für das Relationenmodell hat *Codd* [1970] die Notwendigkeit der Einbeziehung von Nullwerten des Typs „Wert (zum jetzigen Zeitpunkt) unbekannt" betont. Es sei hier daran erinnert, daß Werte des Primärschlüssels immer bekannt sein müssen (siehe Abschnitt 5.3.8). In das RM/T-Modell [*Codd,* 1979] werden Nullwerte dieses Typs ebenfalls integriert. Für sie wird das Symbol ‚ω' verwendet. ω als Attributwert bedeutet, daß an seiner Stelle irgendein Wert aus dem Wertebereich des betreffenden Attributs stehen sollte; ω hat sozusagen die Funktion eines Platzhalters.

Für die Manipulationen in einem relationalen Modell, in dem ω vorkommt, reicht die übliche zweiwertige Logik, die auf den Werten ‚WAHR' und ‚FALSCH' basiert, nicht aus. Man muß einen dritten Wahrheitswert ‚UNBEKANNT' einführen und eine *dreiwertige Logik* verwenden. Beispielsweise ist bei einem Vergleich $x = y$, wo mindestens einer der Werte x und y unbekannt (ω) ist, das Ergebnis ‚UNBEKANNT'. Für den logischen Wert ‚UNBEKANNT' wird aus Einheitlichkeitsgründen ebenfalls das Symbol ‚ω' verwendet.

Für die dreiwertige Logik gelten folgende Wahrheitstafeln:

UND	W	F	ω
W	W	F	ω
F	F	F	F
ω	ω	F	ω

ODER	W	F	ω
W	W	W	W
F	W	F	ω
ω	W	ω	ω

NICHT	
W	F
F	W
ω	ω

Es handelt sich hier um eine echte Erweiterung der zweiwertigen Logik in dem Sinne, daß beide für alle Werte, die nicht unbekannt sind, dieselben Resultate liefern.

Einem logischen Ausdruck wird der Wert ω genau dann zugeordnet, wenn man sowohl

(1) alle Nullwerte ω im Ausdruck so durch (möglicherweise verschiedene) bekannte Werte aus dem jeweils verlangten Wertebereich ersetzen kann, daß das Resultat des Ausdrucks ‚WAHR' wird,
als auch gleichzeitig

(2) alle Nullwerte ω im Ausdruck so durch (möglicherweise verschiedene) bekannte Werte aus dem jeweils verlangten Wertebereich ersetzen kann, daß das Resultat des Ausdrucks ‚FALSCH' wird.

Diese Regel heißt „*Nullsubstitutionsprinzip*" (null substitution principle).

Beispielsweise hat der Ausdruck ($\omega = 5$) den (logischen) Wert ω, weil man bei Ersetzung von ω durch 5 den Wert ‚WAHR', bei Ersetzung von ω durch 6 den Wert ‚FALSCH' erhält.

Die Mengenausdrücke $\omega \in S$ und $\{\omega\} \subseteq S$ erhalten für jede nichtleere Menge S den Wahrheitswert ω. Dies kann man an Hand desselben Prinzips nachprüfen; es gilt auch dann, wenn S einen Nullwert ω enthält!

Das Nullsubstitutionsprinzip kann verwendet werden, um die relationale Algebra zu erweitern. Jede (abgeleitete) Relation darf maximal ein Tupel enthalten, das aus lauter Nullwerten besteht; eine Basisrelation darf allerdings kein solches Tupel enthalten, da deren Primärschlüsselattribute in keinem Fall den Nullwert haben dürfen (Abschnitt 12.1 Regel 1; Abschnitt 5.3.8). Für die Überprüfung auf gleiche Tupel (die in einer Relation nicht vorkommen dürfen) werden alle Nullwerte als gleich gewertet.

Einige Beispiele für Mengenoperationen folgen [*Codd,* 1979]. Für Zwecke der Elimination von Duplikattupeln werden alle Nullwerte als gleich angesehen, so daß sich die Operationen formal unverändert verhalten.

Gegeben seien R_1, R_2:

R_1:

A	B
ω	ω
a_1	ω
a_1	b_1
ω	b_1

R_2:

A	B
ω	ω
a_1	ω
a_1	b_1

Dann sind $R_1 \cup R_2$, $R_1 \cap R_2$, $R_1 \setminus R_2$ wie folgt:

$R_1 \cup R_2$:

A	B
ω	ω
a_1	ω
a_1	b_1
ω	b_1

$R_1 \cap R_2$:

A	B
ω	ω
a_1	ω
a_1	b_1

$R_1 \setminus R_2$:

A	B
ω	b_1

Die Projektionsoperation (5.1.5.3) verhält sich ebenfalls formal unverändert:

R_1 [B]:

B
ω
b_1

Der Verbund (natürlicher Gleichverbund) und der Thetaverbund (5.1.5.4–5) sind Operationen, in denen zwischen Tupeln der zu verbindenden Relationen Vergleiche durchgeführt werden, um die Tupel der Ergebnisrelation zu bilden. Diese Vergleiche können nun außer ‚WAHR' und ‚FALSCH' auch ‚ω' sein. Verbund und Theta-Verbund werden daher jeweils durch zwei Operationen, *‚Echt-Verbund'* und *‚Vielleicht-Verbund'* bzw. ‚Echt-Theta-Verbund' und ‚Vielleicht-Theta-Verbund' (TRUE JOIN, MAYBE JOIN, usw.), ersetzt. Die jeweils erste liefert alle Tupel, bei denen der Vergleich ‚WAHR' ergibt, die zweite liefert diejenigen Tupel, bei denen der Vergleich ‚ω' ergibt (die also „vielleicht" zum Ergebnis gehören sollten).

Gegeben seien:

R_1:

A	B
a_1	ω
ω	2
a_2	1

R_2:

B	C
ω	c_1
2	c_2

R_3:

D
ω
2

(Die Wertebereiche von B und D seien die natürlichen Zahlen).
Dann ist:

Echt-Verbund von R_1 und R_2:

$R_1 * R_2$:

A	B	C
ω	2	c_2

Vielleicht-Verbund von R_1 und R_2:

$R_1 * \omega R_2$:

A	B	C
a_1	ω	c_1
a_1	2	c_2
ω	2	c_1
a_2	1	c_1

Echt-Gleichverbund von R_1 und R_3:

R_1 [B = D] R_3:

A	B	D
ω	2	2

Vielleicht-Gleichverbund von R_1 und R_3:

R_1 [B = ωD] R_3:

A	B	D
a_1	ω	ω
a_1	ω	2
ω	2	ω
a_2	1	ω

Echt-Kleinerverbund:

R_1 [B < D] R_3:

A	B	D
a_2	1	2

Vielleicht-Kleinerverbund:

R_1 [B < ωD] R_3:
genau wie R_1 [B = ωD] R_3

Analog wird die Selektion erweitert.

Im folgenden bedeutet R (S) für jede Attributmenge S diejenige Relation über S, die aus nur einem Tupel besteht, das für jedes Attribut von S den Nullwert enthält:

R_ω (ABC):

A	B	C
ω	ω	ω

Unter Verwendung von Nullwerten ist es möglich, Vereinigungen von Relationen mit ungleichen Attributmengen zu bilden: seien R_1 $(X \cup Y)$ und R_2 $(Y \cup Z)$ Relationen auf den Attributmengen $X \cup Y$ und $Y \cup Z$, $X \cap Z = \{\ \}$. Seien R_3 $(X \cup Y \cup Z) = R_1$ $(X \cup Y) \times R_\omega$ (Z) und R_4 $(X \cup Y \cup Z) = R_\omega$ $(X) \times R_2$ $(Y \cup Z)$.

Dann ist die *äußere Vereinigung* (outer union) R_1 Ⓤ R_2 von R_1 und R_2 als Vereinigung von R_3 und R_4 definiert:

R_1 Ⓤ $R_2 = R_3 \cup R_4$.

Beispiel:
X = {A, C}, Y = {B}, Z = {D}

R_1:

A	B	C
a_1	b_1	c_1
a_1	b_2	c_2
a_2	b_1	c_1

R_2:

B	D
b_2	d_1
b_3	d_2

R_ω (X):

A	C
ω	ω

R_ω (Z):

D
ω

R_1 Ⓤ R_2:

A	B	C	D	
a_1	b_1	c_1	ω	R_3
a_1	b_2	c_2	ω	
a_2	b_1	c_1	ω	
ω	b_2	ω	d_1	R_4
ω	b_3	ω	d_2	

Ganz ähnlich können auch für die anderen Mengenoperationen „äußere" Versionen definiert werden.

Bekanntlich geht beim Verbund und beim Theta-Verbund Information verloren, wenn Tupel einer teilnehmenden Relation in den mit der anderen Relation gemeinsamen Attributen Werte enthalten, die in der anderen Relation dort nicht vorkommen. Dem kann man ebenfalls mit Hilfe von Nullwerten abhelfen.

Seien $R_1(S_1)$ und $R_2(S_2)$ zwei Relationen mit disjunkten Attributmengen, $S_1 \cap S_2 = \{\ \}$. Attribute $B_1 \in S_1$ und $B_2 \in S_2$ seien auf demselben Wertebereich definiert, auf dem auch die Operation θ erlaubt ist. Sei

$$\begin{aligned} T &= R_1\ [B_1\ \theta\ B_2]\ R_2 \\ R_3 &= R_1 \setminus T\ [S_1] \\ R_4 &= R_2 \setminus T\ [S_2]. \end{aligned}$$

Dann ist der *äußere Theta-Verbund* von R_1 und R_2 bezüglich der Attribute B_1 und B_2 folgendermaßen definiert:

$$R_1\ [B_1 \circledtheta B_2]\ R_2 = T \cup (R_3 \times R_\omega\ (S_2)) \cup (R_\omega\ (S_1) \times R_4)$$

Beispiel:
Gegeben seien: $S_1 = \{A, B\}$, $S_2 = \{C, D\}$, B und D auf demselben Wertebereich definiert

R_1:

A	B
a_1	b_1
a_2	b_2
a_3	b_3
a_4	b_3
a_5	b_4

R_2:

C	D
c_1	b_3
c_2	b_2
c_3	b_2
c_4	b_5

Gesucht ist $R_1\ [B \circledequal D]\ R_2$.

T:

A	B	C	D
a_2	b_2	c_2	b_2
a_2	b_2	c_3	b_2
a_3	b_3	c_1	b_3
a_4	b_3	c_1	b_3

R_3;

A	B
a_1	b_1
a_5	b_4

R_4:

C	D
c_4	b_5

R_1 [B ⊜ D] R_2:

A	B	C	D	
a_2	b_2	c_2	b_2	T
a_2	b_2	c_3	b_2	
a_3	b_3	c_1	b_3	
a_4	b_3	c_1	b_3	
a_1	b_1	ω	ω	$R_3 \times R_\omega (C, D)$
a_5	b_4	ω	ω	
ω	ω	c_4	b_5	$R_\omega (A, B) \times R_4$

Der *äußere Verbund* (äußerer natürlicher Gleichverbund) ist analog definiert: R_1 (S_1) und R_2 (S_2) seien zwei Relationen mit $S_1 \cap S_2 = X \neq \{\}$.

Seien $T = R_1 (S_1) * R_2 (S_2)$

$R_3 = R_1 \setminus T [S_1]$

$R_4 = R_2 \setminus T [S_2]$.

Dann ist $R_1 \circledast R_2 = T \cup (R_3 \times R_\omega (S_2 \setminus X)) \cup (R_\omega (S_1 \setminus X) \times R_4)$.

Im obigen Beispiel ist (falls D auf B umbenannt wird)

$R_1 \circledast R_2$:

A	B	C
a_2	b_2	c_2
a_2	b_2	c_3
a_3	b_3	c_1
a_4	b_3	c_1
a_1	b_1	ω
a_5	b_4	ω
ω	b_5	c_4

10.3 Auswirkungen des Nullsubstitutionsprinzips auf Abfragen

Grant [1977] zeigte, daß die Anwendung des Nullsubstitutionsprinzips bei Abfragen nicht immer zum gewünschten Resultat führen wird.

Gegeben sei etwa eine Relation

R (MATR, NAME, STUDIENTYP, STUDIENRICHTUNG).

Folgende Abfrage (Selektion) soll beantwortet werden: alle Tupel von R sind zu liefern, für die gilt

((NAME = ‚Berger‘) ∧ (STUDIENTYP = ‚ordentlich‘)) ∨
((STUDIENTYP ≠ ‚ordentlich‘) ∧ (STUDIENRICHTUNG = ‚Informatik‘)).

In der Relation sei das Tupel

$x = \langle$ 7500123, Berger, ω, Informatik , enthalten.

Obwohl das Tupel x bei Einsetzung jedes möglichen Werts für den unbekannten Studientyp die Abfrage erfüllen würde, wird es nicht gefunden. Die Berechnung der Abfrage ergibt nämlich für x den Wert ω, da

$$\text{WAHR} \wedge \omega = \omega;\ \omega \wedge \text{WAHR} = \omega;\ \omega \vee \omega = \omega.$$

Nicht alle Tautologien der zweiwertigen Logik bleiben also in der dreiwertigen Logik erhalten:

$(\omega \neq a) \vee (\omega = a) = \omega$ und nicht WAHR.

Codd [1979] bemerkt dazu, daß man eine solche Abfrage auch so interpretieren kann, daß gefragt ist, für welche Tupel der Relation in der Datenbank bekannt ist, daß NAME = ‚Berger' und STUDIENTYP = ‚ordentlich', oder daß STUDIENTYP ≠ ‚ordentlich' und STUDIENRICHTUNG = ‚Informatik' gilt. Für das angeführte Tupel ist das in der Tat nicht innerhalb der Datenbank bekannt, sondern erst auf Grund eines logischen Schlusses deduzierbar.

Lipski [1979] hat eine sehr gründliche Untersuchung der semantischen Probleme angestellt, die in Datenbanken auf Grund von unvollständiger Information in Bezug auf Abfragen auftreten. Insbesondere erlaubt er eine feinere Unterteilung der ungenauen Information, indem er zwischen „Attributwert bekannt" und „Attributwert unbekannt" (Nullwert) auch *Wertebereichseinschränkungen* zuläßt, etwa „Attributwert ist entweder 1 oder 3 oder liegt zwischen 5 und 10." *Lipski* unterscheidet zwei Antwortmengen für jede Abfrage t:

1) die Menge $\| t \|^*$ von Objekten (Tupeln), für die nicht ausgeschlossen werden kann, daß (in der Realität) die Abfragebedingung t erfüllt ist („Echt"-Antwortmenge vereinigt mit „Vielleicht"-Antwortmenge).
2) die Menge $\| t \|_*$ von Objekten (Tupeln), für die die Abfragebedingung t sicher erfüllt ist („Echt"-Antwortmenge).

Die Bestimmung dieser Mengen läßt sich durch Umformen der Abfragebedingung t in gewisse Normalformen vereinfachen. Um diese darzulegen, müssen zuerst einige Bezeichnungsweisen erklärt werden.

a) Alle Attribute werden durchnumeriert und mit A_j $(j = 1, \ldots, n)$ bezeichnet; ihre Wertebereiche sind $D(A_j)$ $(j = 1, \ldots, n)$.
b) $\langle A_j, W_j \rangle$ mit $W_j \subseteq D(A_j)$ ist eine *Wertebereichsspezifikation* und bedeutet „Attribut A_j hat einen der Werte aus W_j", z.B. bedeutet ⟨ NAME, {‚Berger', ‚Maier'} ⟩ die (Teil-) Abfrage NAME ∈ {‚Berger', ‚Maier'}.
c) Ein Term t_k heißt *primitiv*, wenn er die Form

$$t_k = \bigwedge_{j \in J} \langle A_j, W_j \rangle$$

hat, mit $A_p \neq A_q$ für $p \neq q$ und $W_j \subsetneqq D(A_j)$ für alle $j \in J$ (J ist eine Indexmenge $\subseteq \{1, \ldots, n\}$), z.B. t_k = ⟨ NAME, {‚Berger'} ⟩ ∧ ⟨ STUDIENTYP, {‚ordentlich'} ⟩.

d) Ein Term t_k heißt *koprimitiv*, wenn er die Form

$$t_k = \bigvee_{j \in J} \langle A_j, W_j \rangle$$

hat, mit $A_p \neq A_q$ für $p \neq q$ und $W_j \subsetneq D(A_j)$ für alle $j \in J$, z.B.
$t_k = \langle$ NAME, {‚Berger'} $\rangle \vee \langle$ STUDIENRICHTUNG, {‚Informatik'} $\rangle$.

e) β_A (x) ergibt für ein bestimmtes Objekt (Tupel) x die Menge der möglichen Ausprägungen des Attributs A für das betreffende Objekt. Ist der Attributwert bekannt, so besteht β_A (x) aus diesem einen Wert, ist er der Nullwert, so ist $\beta_A(x) = D(A)$. (Bei Einschränkung der Menge der möglichen Werte ist $\beta_A(x) \subseteq D(A)$).

Mit diesen Bezeichnungsweisen ist ein (logischer) Ausdruck t in *additiver Normalform* (ANF), wenn er die Gestalt

$$t = \bigvee_{k \in K} t_k$$

hat, wobei alle t_k primitiv sind.

Ein Ausdruck t ist in *multiplikativer Normalform* (MNF), wenn er die Gestalt

$$t = \bigwedge_{k \in K} t_k$$

hat, wobei alle t_k koprimitiv sind.

Es ist immer möglich, einen beliebigen logischen Ausdruck t in äquivalente Ausdrücke in ANF und in MNF zu transformieren. Die Abfrage im obigen Beispiel ist bereits in ANF, in der jetzt verwendeten Darstellung würde sie lauten (unter der Annahme, daß der Wertebereich des Attributs STUDIENTYP $D(A_2)$ = {‚ordentlich', ‚außerordentlich', ‚Gasthörer'} ist):

(⟨ NAME, {‚Berger'} ⟩ ∧ ⟨ STUDIENTYP, {‚ordentlich'} ⟩) ∨
(⟨ STUDIENTYP, $D(A_2)$ \ {‚ordentlich'} ⟩ ∧ ⟨ STUDIENRICHTUNG, {Informatik'} ⟩).

In MNF würde sie lauten:
(⟨ NAME, {‚Berger'} ⟩ ∨ ⟨ STUDIENTYP, $D(A_2)$ \ {‚ordentlich'} ⟩) ∨
(⟨ STUDIENTYP, {‚ordentlich'} ⟩ ∨ ⟨ STUDIENTYP, $D(A_2)$ \ {‚ordentlich'} ⟩) ∧
(⟨ NAME, {‚Berger'} ⟩ ∨ ⟨ STUDIENRICHTUNG, {‚Informatik'} ⟩) ∧
(⟨ STUDIENTYP, {‚ordentlich'} ⟩ ∨ ⟨ STUDIENRICHTUNG = {‚Informatik'}⟩).

Der zweite Term wird dann weggelassen, da er den Wert WAHR ergibt.

Ist t ein Ausdruck, dann seien t_{ANF} und t_{MNF} die äquivalenten Ausdrücke in ANF und MNF.

Nun gilt:

1) Ein Objekt (Tupel) x ist Element der Menge $\|t\|^*$ genau dann, wenn es in t_{ANF} mindestens einen Term $t_k = \bigwedge_{j \in J} \langle A_j, W_j \rangle$ gibt derart, daß $\beta_{A_j}(x) \cap W_j \neq \{\}$ für alle $j \in J$.
2) Ein Objekt (Tupel) x ist Element der Menge $\|t\|_*$ genau dann, wenn es in t_{MNF} für jeden Term $t_k = \bigvee_{j \in J} \langle A_j, W_j \rangle$ mindestens ein Attribut A_j gibt derart, daß $\beta_{A_j}(x) \subseteq W_j$.

Im Beispiel ist die Bedingung 1) für x in beiden Summanden von t_{ANF} erfüllt, da

$\beta_{NAME}(x) = \{\text{‚Berger'}\}$, $\beta_{STUDIENTYP}(x) = D(A_2)$ und

$\beta_{STUDIENRICHTUNG}(x) = \{\text{‚Informatik'}\}$.

Die Bedingung 2) ist für alle Attribute aller Faktoren von t_{MNF} erfüllt. Daher ist x in $\|t\|^*$ und in $\|t\|_*$.

Für das Tupel y = ⟨ 7500124, Maier, ω, Informatik ⟩ ist die Bedingung 1) für den zweiten Summanden von t_{ANF} erfüllt, $y \in \|t\|^*$. Die Bedingung 2) ist jedoch für den ersten Faktor von t_{MNF} nicht erfüllt, $y \notin \|t\|_*$. Es ist also nicht sicher, aber möglich, daß das Objekt, welches y entspricht, der Abfrage genügen würde.

10.4 Auswirkungen von Nullwerten auf Abhängigkeiten

Die Einbeziehung von Nullwerten in Relationen erfordert eine Erweiterung der Definitionen der funktionalen und mehrwertigen Abhängigkeiten. Diese Erweiterung ist nicht trivial, es gibt dazu verschiedene Ansätze [*Lien*, 1979], [*Vassiliou*].

So wurde z.B. von *Lien* [1979] eine eigene Definition für mehrwertige Abhängigkeiten angegeben:

Eine *mehrwertige Abhängigkeit (mit Berücksichtigung des Nullwertes)* $X \twoheadrightarrow Y$ in einem Relationenschema RS (S; E) ist eine Einschränkung der Form

⟨ e, „für jeden X-Wert x, der keine Nullwerte enthält, und für jeden Z-Wert z (mit $Z = S \setminus (X \cup Y)$) gilt

$\sigma_{X=x} R(S)[Y] = \sigma_{(X=x) \wedge (Z=z)} R(S)[Y]$ ⟩.

Lien zeigte, daß bei dieser Definition die Transitivitätsregel MA 3 (aus $X \twoheadrightarrow Y$ und $Y \twoheadrightarrow Z$ folgt $X \twoheadrightarrow Z \setminus Y$) nicht mehr gilt, was an Hand des folgenden Beispiels zu sehen ist:

R:

X	Y	Z	V
x_1	ω	z_1	v_1
x_1	ω	z_2	v_2
x_2	y_1	z_1	v_1
x_2	y_1	z_1	v_2
x_2	y_1	z_2	v_1
x_2	y_1	z_2	v_2

Hier gilt zwar $X \twoheadrightarrow Y$ und $Y \twoheadrightarrow Z$, aber nicht $X \twoheadrightarrow Z$, da

$\sigma_{X=x_1} R[Z]$:

Z
z_1
z_2

und $\sigma_{X=x_1 \wedge YV=\langle\omega,v_1\rangle} R[Z]$:

Z
z_1

nicht gleich sind.

Lien [1979] gibt für diese Abhängigkeiten Ableitungsregeln an.

Bei einer analogen Erweiterung der funktionalen Abhängigkeiten gilt ebenfalls die Transitivitätsregel FA 3 nicht.

Es gelten insgesamt weiter die Regeln FA 1, FA 2, FA 5 und FA 6 (Abschnitt 5.3.2), MA 0, MA 1, MA 2, MA 5 und MA 6 (Abschnitt 5.5.3). Die gemischten Ableitungsregeln (Abschnitt 5.5.4) reduzieren sich auf die Regel

FA-MA 1: Aus $X \rightarrow Y$ folgt $X \twoheadrightarrow Y$.

Es können also keine neuen funktionalen Abhängigkeiten auf Grund von mehrwertigen Abhängigkeiten erzeugt werden.

10.5 Einbeziehung von Nullwerten in die universelle Relation

Wie im Abschnitt über universelle Relationen (Abschnitt 5.2.4) erwähnt wurde, ist in der Praxis eine Verwendung von Nullwerten in der universellen Relation unumgänglich. Diese Nullwerte sind zu einem großen Teil vom Typ „Attribut irrelevant".

Neuerdings wird immer öfter der Versuch gemacht, eine Datenmodellierung mit Hilfe der universellen Relation allein durchzuführen. Es gibt dabei nur eine Benutzersicht, nämlich die universelle Relation [*Tjoa*], [*Korth/Ullman*], [*Walker*]. Dabei treten folgende Probleme auf:

a) Wie wird unvollständige Information in einer universellen Relation dargestellt?
b) Welcher Art sind die Regeln für das Einfügen, Löschen bzw. Ändern von Tupeln?

Korth/Ullman [1980] führen im Konzept der universellen Datenbank verschiedene (markierte) unbekannte Werte $\omega_1, \omega_2, \ldots$ ein.

Seien etwa in einer Ausprägung des Relationenschemas RS (ABCDE; {$A \rightarrow C$, $B \rightarrow C$, $CD \rightarrow E$}) folgende Tupel enthalten [*Maier*], wobei ω den bisher verwendeten Nullwert bezeichnet:

R:

A	B	C	D	E	
a	ω	ω	d	e	$:t_1$
a	b	ω	ω	ω	$:t_2$
ω	b	ω	d	ω	$:t_3$

Auf Grund der gegebenen Abhängigkeiten kann man ableiten, daß t_3 (E) = e sein muß. Aus $A \rightarrow C$ folgt nämlich t_1 (C) = t_2 (C), aus $B \rightarrow C$ dann t_2 (C) = t_3 (C) und aus $CD \rightarrow E$ dann t_3 (E) = t_1 (E) = e. Dies könnte man allerdings nicht mit den bisher beschriebenen Regeln für die Behandlung von Nullwerten herleiten, da $\omega = \omega$ stets den logischen Wert ω hat. t_1 (C) und t_2 (C) sind zwar beide unbekannt, aber in diesem Fall gleich.

Durch Einführung *markierter Nullwerte* läßt sich die Situation klarer darstellen:

R':

A	B	C	D	E
a	ω_1	ω_2	d	e
a	b	ω_3	ω_4	ω_5
ω_6	b	ω_7	d	ω_8

Hier gilt $\omega_2 = \omega_3 = \omega_7$ und daher $\omega_8 = e$, das Ergebnis ist

R'':

A	B	C	D	E
a	ω_1	ω_2	d	e
a	b	ω_2	ω_4	ω_5
ω_6	b	ω_2	d	e

Seien t und s Tupel einer (universellen) Relation; so wird $t \leqslant s$ geschrieben, wenn für alle Attribute A gilt, daß entweder $t(A) = s(A)$ oder $t(A)$ ein Nullwert ist. $t \leqslant s$ bedeutet also, daß s alle bekannte Information von t enthält.

Beispiel:

$\langle a, b, \omega_1, d \rangle \leqslant \langle a, b, \omega_2, d \rangle$
$\langle a, b, \omega_2, d \rangle \leqslant \langle a, b, \omega_1, d \rangle$
$\langle a, b, \omega_1, d \rangle \leqslant \langle a, b, y, d \rangle$
$\langle \omega_3, \omega_4, \omega_1, d \rangle \leqslant \langle a, b, \omega_1, d \rangle$

Eine Relation R_1 (S) *repräsentiert* eine Relation R_2 (S), wenn $R_1(S) \subseteq R_2(S)$ und wenn es für kein Tupel $x \in R_1$ ein Tupel $y \in R_2 \setminus R_1$ gibt, so daß $x \leqslant y$. Wenn keine Untermenge von R_1 die Relation R_2 repräsentiert, so heißt R_2 *minimale Repräsentation* von R_2.

Beispiel:

R_1:

A	B	C	D
a_1	b_1	c_1	d_1
a_1	b_2	ω_3	d_2

R_2:

A	B	C	D
a_1	b_1	c_1	d_1
ω_1	b_2	ω_2	d_2
a_1	b_2	ω_3	d_2
a_1	ω_4	ω_5	d_2

R_1 ist eine (minimale) Repräsentation von R_2.

Da ein Tupel der universellen Relation i.a. mehrere verschiedene „elementare Informationen" enthält, werden sich Einfügungen, Löschungen und Änderungen fast immer auf Teilmengen der universellen Attributmenge ATR beschränken, es werden Subtupel manipuliert. Die Definitionen dieser Aktionen beziehen sich daher auf Subtupel.

Die *Einfügung* der Information, die durch ein Subtupel t [S], $S \subseteq ATR$, beschrieben wird, in die universelle Relation R_U (ATR) erfolgt in folgenden Schritten:

1) Ergänze Subtupel t [S] zu einem Tupel t′ [ATR] durch noch nicht in $R_\cup$ (ATR) vorkommende Nullwerte für alle Attribute aus ATR \ S.
2) Bilde nach den Transformationsregeln für das Tableauverfahren (siehe Abschnitt 5.6.5) aus $R_\cup$ (ATR) ∪ t′ [ATR] das Endtableau, wobei die markierten Nullwerte die Rolle der nicht ausgezeichneten Variablen spielen.
3) Bilde eine minimale Repräsentation des Ergebnisses von Schritt 2.

Beispiel:
Gegeben sei das Relationenschema $RS_\cup$ (ATR; E) mit

ATR = {ASSISTENT, VORLESUNG, INST_VORSTAND, INSTITUT, EINTRITTSJAHR} und
E = {(ASSISTENT → INSTITUT, EINTRITTSJAHR),
(VORLESUNG → ASSISTENT),
(INST_VORSTAND → INSTITUT),
(INSTITUT → INST_VORSTAND),
(ASSISTENT ↠ VORLESUNG) }

Die aktuelle Ausprägung $R_\cup$ (ATR) dieses Relationenschemas sei:

R:

ASSISTENT	VORLESUNG	INST_VORSTAND	INSTITUT	EINTRITTS-JAHR
Maier	Informatik 1	Knopf	Informatik	1978
Maier	Betriebssysteme	Knopf	Informatik	1978
Abel	Mathematik 1	Hager	Mathematik	1977
Bach	Mathematik 2	Hager	Mathematik	1979
Eder	Mathematik 3	Hager	Mathematik	1980
ω_1	ω_2	Hirt	Numerik	ω_3
Berger	ω_4	Hager	Mathematik	1980
Hofer	Informatik 2	ω_5	ω_6	ω_7

Es soll die Information gespeichert werden, daß der Assistent Hofer als Institutsvorstand den Professor Knopf hat, dies entspricht dem Subtupel

t = {(ASSISTENT, Hofer), (INST_VORSTAND, Knopf)}.

Nach dem obigen Algorithmus entsteht

t′ = ⟨Hofer, ω_8, Knopf, ω_9, ω_{10} ⟩,

zu $R_\cup$ (ATR) ∪ t′ werden mittels der Abhängigkeit

ASSISTENT ↠ VORLESUNG

die Tupel

u = ⟨ Hofer, Informatik 2, Knopf, ω_9, ω_{10} ⟩ und
v = ⟨ Hofer, ω_8, ω_5, ω_6, ω_7 ⟩

hinzugefügt.

Aus ASSISTENT → EINTRITTSJAHR folgt $\omega_7 = \omega_{10}$,
aus ASSISTENT → INSTITUT folgt $\omega_6 = \omega_9$,
aus INST_VORSTAND → INSTITUT folgt ω_6 = Informatik,
aus INSTITUT → INST_VORSTAND folgt ω_5 = Knopf.

Die Ergebnisrelation hat dann folgende Gestalt (minimale Repräsentation):

R'_U:

ASSISTENT	VORLESUNG	INST_VORSTAND	INSTITUT	EINTRITTS-JAHR
Maier	Informatik 1	Knopf	Informatik	1978
Maier	Betriebssysteme	Knopf	Informatik	1978
Abel	Mathematik 1	Hager	Mathematik	1977
Bach	Mathematik 2	Hager	Mathematik	1979
Eder	Mathematik 3	Hager	Mathematik	1980
ω_1	ω_2	Hirt	Numerik	ω_3
Berger	ω_4	Hager	Mathematik	1980
Hofer	Informatik 2	Knopf	Informatik	ω_7

Das *Löschen* der Information, die durch ein Subtupel t [S], $S \subseteq ATR$, beschrieben wird, aus der universellen Relation R_U (ATR) erfolgt in folgenden Schritten:

1) Bilde die Menge D aller Tupel aus R_U (ATR), die das Subtupel t [S] enthalten.
   Bilde R_U (ATR) = R_U (ATR) \ D.
2) Bilde die Menge T aller Tupel v, die t [S] nicht als Subtupel enthalten, und zu denen es Tupel $d \in D$ gibt mit $v \leqslant d$:

   $$T = \{v\,[ATR] \mid (\exists\, d \in D\colon v \leqslant d) \wedge t\,[S] \neq v\,[S]\}.$$

   T ist eine unendliche Menge, da es (theoretisch) unendlich viele markierte Nullwerte ω_i gibt. Nur eine endliche Teilmenge davon ist jedoch relevant, wie aus dem Beispiel leicht einzusehen ist (s.u.)
3) Füge jedes Tupel von T nach dem Einfügungsalgorithmus einzeln in die Relation R'_U (ATR) ein.

   Beispiel:
   Es soll die Information, daß Prof. Hirt Vorstand des Numerik-Instituts ist, aus der Ergebnisrelation R'_U des vorigen Beispiels gelöscht werden.
   Die Menge D besteht hier nur aus dem einen Tupel

   $$d = \langle \omega_1, \omega_2, \text{Hirt}, \text{Numerik}, \omega_3 \rangle$$

   Die Menge T ist unendlich, die einzigen relevanten Elemente aber

   $$v_1 = \langle \omega_8, \omega_9, \omega_{10}, \text{Numerik}, \omega_{11} \rangle$$
   $$v_2 = \langle \omega_{12}, \omega_{13}, \text{Hirt}, \omega_{14}, \omega_{15} \rangle.$$

Das Ergebnis des Einfügens von v_1 und v_2 in $R'_{\cup} \setminus D$ ist:

R'': ASSISTENT	VORLESUNG	INST_VORSTAND	INSTITUT	EINTRITTSJAHR
Maier	Informatik 1	Knopf	Informatik	1978
Maier	Betriebssysteme	Knopf	Informatik	1978
Abel	Mathematik 1	Hager	Mathematik	1977
Bach	Mathematik 2	Hager	Mathematik	1979
Eder	Mathematik 3	Hager	Mathematik	1980
Berger	ω_4	Hager	Mathematik	1980
Hofer	Informatik 2	Knopf	Informatik	ω_7
ω_8	ω_9	ω_{10}	Numerik	ω_{11}
ω_{12}	ω_{13}	Hirt	ω_{14}	ω_{15}

Es ist daher weder die Information, daß Hirt ein Professor ist, noch die Information, daß es ein Institut für Numerik gibt, verloren gegangen.

Eine *Änderung* ist, i.a. nicht äquivalent zu einer Löschung mit anschließendem Einfügen. Es muß daher ein eigener Algorithmus dafür definiert werden.

Um die Information, die durch ein Subtupel t [S], $S \subseteq ATR$, beschrieben wird, so abzuändern, daß sie durch das Subtupel u [S] beschrieben wird, sind folgende Schritte durchzuführen:

1) Bilde die Menge D aller Tupel aus $R_{\cup}$ (ATR), die das Subtupel t [S] enthalten; bilde $R'_{\cup}$ (ATR) = $R_{\cup}$ (ATR) \ D.
2) Für jedes Tupel $d \in D$, ersetze das Subtupel t [S] durch u [S]; die Menge der erzeugten Tupel sei D'.
3) Bilde die Menge T aller Tupel v, die t [S] nicht als Subtupel enthalten, und zu denen es Tupel $d \in D$ gibt mit $v \leqslant d$.
4) Füge jedes Tupel aus $D' \cup T$ nach dem Einfügungsalgorithmus in die Relation $R'_{\cup}$ ein.

Ein Vorteil der Einführung markierter Nullwerte in der oben beschriebenen Art ist, daß hier die Transitivitätsregeln für funktionale und mehrwertige Abhängigkeiten erhalten bleiben, da Nullwerte mit gleichem Index als gleich (wenn auch unbekannt) gelten (siehe Abschnitt 10.4).

Das im Abschnitt 10.2 angeführte Nullsubstitutionsprinzip muß dahingehend abgeändert werden, als die für einen bestimmten Nullwert ω_i eingesetzten bekannten Werte für jedes Auftreten von ω_i im Ausdruck gleich sein müssen.

Die weiteren Auswirkungen von markierten Nullwerten auf die Theorie der Abhängigkeiten und auf die Annahme einer universellen Relation überhaupt sind Gegenstand laufender Untersuchungen.

11. Surrogate

Es ist offensichtlich, daß die in einer Datenbank abgebildeten Objekte eindeutig identifizierbar sein müssen, da andernfalls Aussagen über einzelne Objekte nicht möglich sind.

Herkömmlicherweise werden die Objekte durch Schlüssel identifiziert, die vom Benutzer definiert und kontrolliert werden. Objekte desselben Typs haben auch den gleichen Schlüsselaufbau, d.h. der Schlüssel setzt sich aus denselben Attributen zusammen.

Führt man bestimmte Schlüsselattributwerte an, so genügt dies, um ein spezielles Objekt zu charakterisieren; in diesem Sinn kann man sagen, daß der Schlüsselwert stellvertretend für das Objekt in der Datenbank gespeichert ist, da das Objekt selbst nicht physisch gespeichert werden kann.

Der Schlüssel eines Objektes kann aus einem einzelnen Attributwert bestehen, das eindeutig einem Objekt zugeordnet ist (etwa Sozialversicherungsnummer dem Objekttyp Person), oder auch aus einer Kombination mehrerer Attributwerte (etwa Name, Adresse und Geburtsdatum für Objekte vom Typ Person, unter der Voraussetzung, daß diese Kombination immer eindeutig eine einzige Person bezeichnet).

Die Verwendung eines bestimmten Schlüssels in einer Datenbank für ein bestimmtes Objekt stützt sich allerdings auf die unausgesprochene Forderung, daß dieser Schlüssel zeitinvariant ist, d.h., daß das Objekt seinen Schlüssel nicht ändert. Geschieht dies dennoch, so wird zumindest vorausgesetzt, daß eine kontrollierende Stelle (Datenbank-Administrator) existiert, die darauf achtet, daß der Schlüssel überall mit geändert wird, wo er in der Datenbank vorkommt.

Weitere Schwierigkeiten ergeben sich dann, wenn innerhalb einer Datenbank dasselbe Objekt durch mehrere verschiedene Schlüssel identifiziert wird (etwa Matrikelnummer des Studenten und Sozialversicherungsnummer der Person), oder wenn über ein Objekt Information gespeichert wird, bevor noch ihm ein (Standard-)Schlüssel zugeordnet wurde (etwa ein angehender Student, vor der Matrikelnummervergabe).

Alle diese Schwierigkeiten beruhen darauf, daß der Benutzer allein die in der Datenbank verwendeten Schlüssel definiert und kontrolliert. Da größere Datenbanken unter normalen Umständen von einer Vielzahl von Benutzern mit verschiedenen Zielen und Vorstellungen verwendet werden, ist es problematisch, die einmal definierten Schlüssel als permanente *Surrogate* für Objekte zu betrachten.

So wurde [*Hall/Owlett/Todd*] der Vorschlag gemacht, das Datenbank-System selbst Surrogate definieren zu lassen, die für alle Objekte, egal welchen Typs, eindeutig vergeben werden. Der Benutzer kann dann das System veranlassen, ein neues Surrogat zu generieren oder eines zu löschen, indem er dem System ein neues Objekt ankündigt bzw. ein altes aus der Datenbank entfernen läßt; er kann jedoch den Wert des Surrogats weder ändern noch sehen, sondern Surrogatwerte lediglich auf Gleichheit abfragen.

Zwei Surrogate sind in der Datenbank genau dann gleich, wenn sie demselben Objekt entsprechen. Für Fälle, in denen zwei von der Datenbank bisher als verschieden betrachtete Objekte (etwa durch Input zweier verschiedener Benutzer über dasselbe Objekt entstanden) vom Benutzer als dasselbe Objekt deklariert werden, wird ein besonderer „Verschmelzungsbefehl" vorgesehen.

In der Regel hat ein Surrogatwert allein für sich keine Bedeutung, wenn er nicht zumindest von einigen Attributwerten des bezeichneten Objekts begleitet wird.

Es muß betont werden, daß die Einführung systemdefinierter Surrogate die Verwendung von benutzerdefinierten Schlüsseln keineswegs unnötig macht. Dem Benutzer muß es ja i.a. weiterhin möglich sein, ein bestimmtes Objekt auch eindeutig zu identifizieren, ohne den Surrogatwert zu kennen.

Ist der Zugriff zu Einzelobjekten nicht notwendig, so etwa wenn nur statistische Fragestellungen vorgesehen sind, so braucht der Benutzer allerdings keinen Schlüssel zu definieren.

Der Vorteil der Verwendung systemdefinierter Surrogate liegt darin, daß die Probleme bei der Definition von Objekten, bei der Verwendung durch verschiedene Benutzer usw. bewußt gemacht und teilweise unter Kontrolle des Systems gestellt werden, und daß über die Surrogate die Korrelation verschiedener Schlüsselsysteme vereinfacht wird. Das Surrogat kann außerdem bei der Datenbankmodellierung bereits verwendet werden, ohne für später eventuell auftauchende andersgeartete Schlüssel Vorsorge treffen zu müssen; Benutzerschlüssel sind dann einfach Attribute des Surrogats.

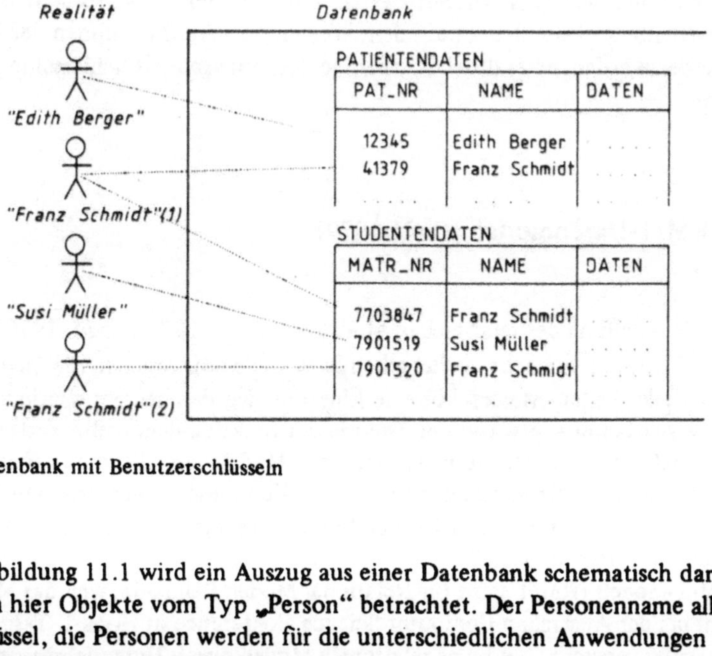

Abb. 11.1 Datenbank mit Benutzerschlüsseln

Beispiel:
In der Abbildung 11.1 wird ein Auszug aus einer Datenbank schematisch dargestellt. Es werden hier Objekte vom Typ „Person" betrachtet. Der Personenname allein ist kein Schlüssel, die Personen werden für die unterschiedlichen Anwendungen durch die Schlüssel MATR-NR bzw. PAT-NR identifiziert.
Eine Person (Franz Schmidt „Nr. 1") kommt mit beiden Schlüsseln vor, die Verbindung muß aber in der Datenbank explizit realisiert werden, etwa durch eine Zuordnung MATR-NR↔PAT-NR, da sonst eine Verwechslung mit Franz Schmidt „Nr. 2" möglich wäre. Wird die Matrikelnummer 7901519 auf 7906847 geändert, so ist nicht klar, ob die Person „Susi Müller" nur eine neue Matrikelnummer bekommen hat, oder ob es sich um eine andere Person (gleichen Namens) handelt. Innerhalb der Datenbank ist aber die Feststellung dieser Tatsache nicht möglich.
Nach Einführung von Surrogaten, die jedem Objekt vom Typ Person fix zugeordnet sind, stellt sich die Situation wie in Abb. 11.2 dar.

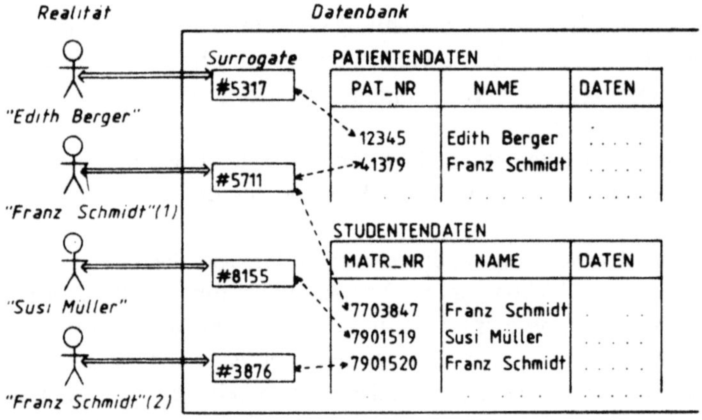

Abb. 11.2 Datenbank mit Surrogaten und Benutzerschlüsseln

Da die Zuordnungen zwischen Surrogaten und Patienten- bzw. Studentendaten sich nun innerhalb der Datenbank befinden, können sie auch im Rahmen der Datenbank beschrieben werden, etwa durch Aufnahme der Surrogate als Schlüssel in jede Relation.

12. Das RM/T-Datenmodell [*Codd,* 1979]

Seit der Vorstellung des relationalen Modells im Jahre 1970 [*Codd,* 1970] wurden immer wieder Versuche gemacht, weitergehende Modelle aufzustellen, die mehr von der „Bedeutung" der Daten erfassen können. Einerseits wurde dazu am relationalen Modell selbst weitergearbeitet – etwa an der Theorie der funktionalen, mehrwertigen und Verbundabhängigkeiten – andererseits wurden neue Modelle erstellt, deren Hauptziel die genauere Darstellung der Semantik der Daten war. Von diesen „semantischen Modellen" – die selbst nicht immer vom relationalen Modell ausgingen – wurden einige in den vorhergehenden Kapiteln vorgestellt.

Im RM/T-Modell (RM/T steht für Relational Model/Tasmania, weil das Modell zum ersten Mal bei der Australian Computer Science Conference in Hobart, Tasmania präsentiert wurde) versucht Codd, das relationale Modell durch Hinzunahme der Erkenntnisse aus diesen weiterführenden Modellen zu erweitern; damit soll gleichzeitig eine semantische Modellierungsfähigkeit gegeben und die einfache und gutentwickelte Manipulierbarkeit des Relationenmodells erhalten werden.

Ein Hauptziel war es, ein allgemeines Werkzeug für die Datenmodellierung zu entwikkeln, das verschiedenen Interpretationen und Anschauungen darüber, welchen Einschränkungen ein Modell unterworfen werden soll, möglichst breiten Spielraum läßt. So werden in RM/T keine speziellen Normalformen vorausgesetzt, es wird offengelassen, ob eine universelle Relation angenommen wird oder nicht, und ähnliches mehr. Solche Einschränkungen sind vom Entwerfer selbst zu spezifizieren.

RM/T wird sich vor allem zur Entwicklung und Formulierung konzeptioneller Modelle und zur Darstellung komplexer Gesamtsichten eignen, also mehr für den anspruchsvollen Benutzer bzw. den Datenbankadministrator. Der „normale" Benutzer wird sich vermutlich meist mit einem einfacheren externen Modell begnügen.

Es ist leicht einzusehen, daß die ursprünglichen Mittel des Relationenmodells zur Darstellung der im RM/T zu beschreibenden Zusammenhänge keineswegs ausreichen. Codd hat jedoch versucht, möglichst weitgehend auf der Basis des Relationenmodells aufzubauen und auch zusätzliche Strukturen mittels Relationen darzustellen.

In vielen Fällen werden zur Modellierung von semantischen Beziehungen gerichtete Graphen eingeführt, die durch binäre oder ternäre (im Falle von Graphen mit Kantenbezeichnungen) Relationen dargestellt werden. Folgende besonderen Wertebereiche werden dabei verwendet:

- der *Relationennamenwertebereich* (RN-Wertebereich) besteht aus den Namen aller Relationen in der Datenbank, denen ein Name verliehen worden ist,
- der *Kategoriennamenwertebereich* PER besteht aus Namen von (semantischen) Kategorien, an Hand derer etwa eine Generalisation oder ähnliches vorgenommen wird (die Bedeutung wird im jeweiligen Fall erklärt).

Im folgenden werden die grundlegenden Ideen und Strukturen des RM/T behandelt.

12.1 Das Relationenmodell

Das *Relationenmodell* (siehe Kapitel 5) geht in seiner Gesamtheit ins RM/T ein. Allerdings wird die Existenz einer universellen Relation nicht unbedingt verlangt. Es ist daher möglich, daß gleichnamige Attribute in verschiedenen Relationen unterschiedliche Bedeutungen haben.

Es wird unterschieden zwischen *Basisrelationen,* die von anderen Relationen nicht ableitbar sind, und *abgeleiteten Relationen.* Ein Wertebereich, auf dem ein einfacher (aus einem Attribut bestehender) Primärschlüssel einer Basisrelation definiert ist, heißt *primärer Wertebereich.*

Dazu werden folgende Regeln angegeben:

Regel 1 *(Objektintegrität)*: Kein Primärschlüsselwert einer Basisrelation darf der Nullwert sein oder als Komponente den Nullwert enthalten.

Diese Regel stellt sicher, daß jedes Tupel über den Primärschlüssel der Relation eindeutig identifizierbar ist.

Regel 2 *(Verweisintegrität)*: Falls ein Attribut A einer Relation R auf einem primären Wertebereich D definiert ist, so muß zu jeder Zeit für jeden Wert v von A in R, der ungleich dem Nullwert ist, eine Basisrelation S mit einfachem Primärschlüssel B existieren, so daß v als Wert von B in S vorkommt.

Diese Regel stellt sicher, daß jedes Objekt, auf das Bezug genommen wird, in der Datenbank bereits bekannt sit.

Es seien zum Beispiel folgende Relationen gegeben:

STUDENT (MATR-NR, NAME, . . .)
PROFESSOR (PROF-NR, NAME, . . .)
ASSISTENT (ASS-NR, NAME, . . .)
PRÜFUNG (PRÜFER-NR, STUDENT-NR, DATUM)

Seien MATR-NR und STUDENT-NR auf dem Wertebereich „Matrikelnummern" definiert, PROF-NR, ASS-NR und PRÜFER-NR auf dem Wertebereich „Personalnummern". Diese Wertebereiche sind beide primär. Daher muß jede PRÜFER-NR in der Relation PRÜFUNG entweder als PROF-NR in PROFESSOR oder als ASS-NR in ASSISTENT eingetragen sein, jede STUDENT-NR als MATR-NR in der Relation STUDENT.

12.2 Nullwerte

Die Relationenalgebra wird für die Behandlung von *Nullwerten* erweitert. Dabei sind diese Werte stets vom Typ „Wert gegenwärtig unbekannt". (Dazu siehe Kapitel 10.)

12.3 Objekte und Objekttypen

12.3.1 Surrogate

Jedes Objekt (entity) in der Datenbank wird durch ein eindeutiges systemdefiniertes *Surrogat* bezeichnet (siehe Kapitel 11). Der Wertebereich der Surrogate heißt in einer RM/T-Datenbank *E-Wertebereich* (E-domain) und Attribute, deren Wertebereich der E-Wertebereich ist, heißen *E-Attribute.* Um E-Attribute leichter zu erkennen, wird allgemein vereinbart, daß ihre Namen mit dem besonderen Zeichen ‚¢' enden. Der Benutzer hat keinen Zugriff zu Surrogatwerten, sondern kann sie nur generieren bzw. löschen lassen oder auf Gleichheit prüfen. Ein besonderes Surrogat „E-null" bedeutet „Objekt unbekannt".

12.3.2 E-Relationen

Jedes Objekt wird einem oder mehreren *Objekttypen* zugeordnet. Wird ein Objekt zum ersten Mal in die Datenbank eingeführt, so muß zumindest ein Typ dafür angegeben werden. Für jeden Objekttyp wird eine besondere unäre Relation geführt, die *E-Relation* genannt wird. Der Name dieser Relation ist gleich dem Namen des Objekttyps und der Name ihres Attributs entsteht durch Anfügen des Zeichens ‚¢' an den Objekttypnamen. Die Werte ihrer Tupel sind die Surrogate aller Objekte dieses Typs, die zum jeweiligen Zeitpunkt in der Datenbank sind.

Die E-Relationen haben eine Sonderstellung unter den Relationen der Datenbank. Da ein Surrogat nie geändert werden kann, gilt für die E-Relationen folgende Regel:
Regel 3 *(Objektintegrität für RM/T)*: In E-Relationen sind Einfügungen und Löschungen, nicht aber Änderungen von Tupeln erlaubt.

Laut Regel 1 kann der Nullwert nie in einer E-Relation erscheinen.

E-Relationen haben auch eine besondere kontrollierende Funktion: E-Attribute in anderen Relationen sind nämlich jeweils auf einem bestimmten Objekttyp definiert und sie dürfen als Werte nur Surrogate erhalten, die auch in der entsprechenden E-Relation vorkommen. Letztere definiert also eine Einschränkung des E-Wertebereichs auf die Surrogatwerte der Objekte dieses Typs.

Die Löschung eines Wertes (Tupels) aus einer E-Relation bewirkt den Verlust des entsprechenden Typs für das Objekt. Dies kann zweierlei bedeuten: hat das Objekt keinen anderen davon unabhängigen Typ (dazu siehe z.B. Subtypen, Abschnitt 12.4.2), so muß das Objekt aus der Datenbank vollkommen entfernt werden – auch in allen anderen Relationen, in denen es vorkommt. Bleiben eine oder mehrere andere Typen dafür erhalten, wird das Surrogat nur aus den Relationen entfernt, die mit dem Objekt in diesem Typ assoziiert sind.

12.3.3 Objekttypen

Objekttypen werden in folgende Klassen eingeteilt:

i) *Charakteristische Objekttypen* bestehen aus Objekten, die Objekte eines anderen Typs beschreiben, und sind für sich allein ohne Bedeutung.
ii) *Assoziative Objekttypen* bestehen aus Objekten, die Objekte anderer Typen zu Assoziationen verbinden.
iii) *Kernobjekttypen* sind alle Objekttypen, die weder charakteristisch noch assoziativ sind.

12.3.4 P-Relationen

Die direkten (einwertigen) Eigenschaften eines Objekttyps werden in *P-Relationen* ("property-defining relations") angegeben. Der Primärschlüssel einer P-Relation ist ein E-Attribut, der auf dem beschriebenen Objekttyp definiert ist; die Eigenschaften sind die anderen (innerhalb aller P-Relationen für denselben Objekttyp eindeutig benannten) Attribute.

Die P-Relationen unterliegen folgender Regel:

Regel 4 *(Eigenschaftsintegrität)*: Ein Tupel t mit Schlüssel e darf nur dann in einer P-Relation vorkommen, wenn e in der entsprechenden E-Relation vorkommt, d.h. wenn das betreffende Objekt mit Surrogat e existiert und vom entsprechenden Typ ist.

Um die P-Relationen mit den entsprechenden E-Relationen zu verbinden, wird die *Eigenschaftsgraphrelation* (property graph, PG-relation) eingeführt. Diese hat zwei Attribute SUB und SUP, die beide auf dem RN-Wertebereich definiert sind. In SUB dürfen nur Namen von P-Relationen, in SUP nur Namen von E-Relationen vorkommen. Das Tupel (SUB : m, SUP : n) gehört genau dann zu PG, wenn m eine P-Relation für den durch n dargestellten Objekttyp e(n) ist.

Seien etwa VORNAME, NACHNAME und GEBURTSDATUM Eigenschaften des Objekttyps PERSON. Folgende Relationen können diesen Sachverhalt beschreiben:

E-Relation
PERSON

PERSON ¢
α
β
γ
....

PG-Relation
PG

SUB	SUP
....	....
PERSONENNAME	PERSON
P_GEBURTSDATUM	PERSON
....	....

P-Relationen

PERSONENNAME

PERSON ¢	VORNAME	NACHNAME
α	Ernst	Huber
β	Brigitta	Mayer
γ	Katharina	Schmitt
....	....	....

P_GEBURTSDATUM

PERSON ¢	GEBURTSDATUM
α	19.10.1955
β	27.01.1963
γ	18.08.1889
....	....

Es bleibt dem Designer selbst überlassen, ob er pro Objekttyp eine einzige P-Relation, nur binäre P-Relationen, oder P-Relationen in anderer Aufteilung definieren möchte. Hier werden wohl auch Normalisierungsüberlegungen oder Informationen über Inputeinheiten eine Rolle spielen.

12.3.5 Charakteristische Objekte und Relationen

Die mehrwertigen Eigenschaften eines Objekttyps werden mit Hilfe der charakteristischen Objekte dargestellt: jede mehrwertige Eigenschaft eines Objekts setzt sich aus einem charakteristischen Objekt und dessen direkten Eigenschaften zusammen (und evtl. auch aus mehrwertigen Eigenschaften des charakteristischen Objekts usw.). Es gilt dabei **Regel 5** *(Charakteristik-Integrität)*: Ein charakteristisches Objekt kann nur dann in der Datenbank existieren, wenn auch dasjenige Objekt, das es direkt beschreibt, in der Datenbank existiert.

Beispielsweise kann ein Student mehrere Studien betreiben, wobei jeweils der Studienbeginn und die Studienrichtung anzugeben ist. Hier ist der Kernobjekttyp STUDENT, mit dem charakteristischen Objekttyp STUDIUM und dessen Eigenschaften STUDIENBEGINN und STUDIENRICHTUNG.

E-Relation STUDENT

STUDENT ¢
α
β
....

E-Relation STUDIUM

STUDIUM ¢
γ
δ
ϵ
....

charakteristische Relation STUDENT_STUDIUM

STUDENT ¢	STUDIUM ¢
α	γ
α	ϵ
β	δ
....	....

P-Relation

STUD_BEGINN

STUDIUM ¢	STUDIENRICHTUNG	STUDIENBEGINN
γ	Informatik	WS 1976/77
δ	Informatik	WS 1977/78
ϵ	Politikwissenschaft	WS 1980/81
...	...	...

Wird der Student mit dem Surrogat β aus der Datenbank gelöscht, so muß gemäß Regel 5 auch das Studium mit dem Surrogat δ gelöscht werden.

Die charakteristischen Objekttypen, die einen bestimmten Kernobjekttyp (oder assoziativen Objekttyp) beschreiben, bilden eine Hierarchie, den *charakteristischen Baum*. In diesem Baum ist Objekttyp q „Sohn" von Objekttyp p, wenn q eine direkte Charakteristik von p ist (d.h., wenn keine Zwischenstufen existieren).

Zur Darstellung der charakteristischen Bäume wird die *charakteristische Graphrelation* (CG-Relation) eingeführt: ihre beiden Attribute SUB und SUP sind auf dem RN-Wertebereich, eingeschränkt auf die Namen von E-Relationen, definiert. Das Tupel (SUB : m, SUP : n) gehört genau dann zu CG, wenn Objekttyp e(m) direkte Charakteristik von Objekttyp e(n) ist (in einer charakteristischen Hierarchie).

Im Beispiel enthält die CG-Relation (unter anderen) das folgende Tupel:

CG-Relation

SUB	SUP
...	...
STUDIUM	STUDENT
...	...

12.3.6 Assoziationen

Assoziationen können in RM/T auf zweierlei Weise dargestellt werden. Erstens (und bevorzugt) ist es möglich, eine Assoziation zwischen zwei oder mehreren Objekten als ein eigenes *assoziatives Objekt* zu betrachten. Für diesen Objekttyp gibt es dann eine eigene E-Relation und eine Relation, die jedes assoziative Objekt mit den assoziierten Objekten in Beziehung setzt. Der Vorteil dieser Darstellungsweise ist, daß ein assoziatives Objekt wie jedes andere Objekt direkte Eigenschaften und charakteristische Objekte haben kann.

Die zweite Möglichkeit ist die der *objektlosen Assoziation*. Ein solcher Assoziationstyp verbindet einfach zwei oder mehrere Objekttypen, ohne daß die Assoziation als eigenes Objekt behandelt wird; er kann nur direkte Eigenschaften, aber keine charakteristischen Objekte haben, und wird als eine einzige Relation dargestellt, deren Primärschlüssel aus den E-Attributen der verbundenen Objekttypen besteht und deren sonstige Attribute die direkten Eigenschaften des Assoziationstyps darstellen.

Im vorigen Beispiel (Abschnitt 12.3.5) wurde die Studienrichtung nur als direkte Eigenschaft von Objekten des Typs STUDIUM verwendet. Betrachtet man jedoch die STUDIENRICHTUNG als eigenen Objekttyp (der selbst Eigenschaften haben kann), so kann man den Objekttyp STUDIUM als Assoziation zwischen Objekten der Typen STUDENT und STUDIENRICHTUNG auffassen:

E-Relationen

STUDENT

STUDENT ¢
α
β
....

STUDIENRICHTUNG

STUDIENRICHTUNG ¢
ζ
η
....

STUDIUM

STUDIUM ¢
γ
δ
ϵ
....

Assoziationsrelation

STUDENT_STUDIERT

STUDIUM ¢	STUDENT ¢	STUDIENRICHTUNG ¢
γ	α	ζ
δ	β	ζ
ϵ	α	η
....	....	....

P-Relationen

STUDR_NAME

STUDIENRICHTUNG ¢	NAME
ζ	Informatik
η	Politikwiss.
....	....

STUD_BEGINN

STUDIUM ¢	STUDIENBEGINN
γ	WS 1976/77
δ	WS 1977/78
ϵ	WS 1980/81
....	....

Für Assoziationen gilt folgende Regel:

Regel 6 *(Assoziationsintegrität)*: Ein assoziatives Objekt kann in der Datenbank auch dann existieren, wenn eine oder mehrere der Objekte, die an der Assoziation teilnehmen, unbekannt sind. In einem solchen Fall wird in der Assoziationsrelation das besondere Surrogat E-null eingetragen.

Falls assoziative Objekte eines bestimmten Typs nur dann existieren sollen, wenn alle teilnehmenden Objekte bekannt sind, so kann man eine diesbezügliche Einschränkung explizit angeben.

Im Beispiel wäre es jedoch denkbar, daß ein Student zu einem bestimmten Datum an der Universität immatrikuliert, seine Studienrichtung aber noch nicht festgelegt ist. Hier wäre es sinnvoll, ein neues assoziatives Objekt vom Typ STUDIUM zu definieren, ohne das teilnehmende Objekt vom Typ STUDIENRICHTUNG zu kennen.

Die *Assoziationsgraphrelation* (AG-Relation) beschreibt den Aufbau von Assoziationen in folgender Weise: sie enthält drei Attribute, SUB, SUP und ATTR [*Codd,* 1980]. SUB und

SUP sind auf dem RN-Wertebereich, eingeschränkt auf die Namen von E-Relationen, definiert; ATTR ist auf dem Wertebereich der E-Attributnamen definiert. Das Tupel (SUB : m, SUP : n, ATTR : a) gehört genau dann zur AG-Relation, wenn der Objekttyp e(m) direkt am assoziativen Objekttyp e(n) beteiligt ist und das entsprechende Attribut in der Assoziationsrelation den Namen a hat.

Im Beispiel enthält die AG-Relation folgende Tupel:

AG-Relation

SUB	SUP	ATTR
....	....	....
STUDENT	STUDIUM	STUDENT ¢
STUDIENRICHTUNG	STUDIUM	STUDIENRICHTUNG ¢
....	....	....

Das Attribut ATTR ist dann vonnöten, wenn derselbe Objekttyp in mehreren Funktionen an derselben Assoziation beteiligt ist, wie in folgendem Beispiel:

Es sollen Verbindungen zwischen Städten in eine Datenbank aufgenommen werden:

E-Relation: STADT (STADT ¢)
E-Relation: STRECKE (STRECKE ¢)
Assoziation: STRECKE_STÄDTE (STRECKE ¢, STADTVON ¢, STADTBIS ¢)
P-Relation: STRECKENLÄNGE (STRECKE ¢, LÄNGE)

Die AG-Relation enthält hier folgende Tupel:

AG-Relation

SUB	SUP	ATTR
....	....	....
STADT	STRECKE	STADTVON ¢
STADT	STRECKE	STADTBIS ¢
....	.....	....

12.4. Abstraktion von Objekten

Die Abstraktion von Objekten (siehe Kapitel 9) wird in RM/T auf verschiedene Weisen ermöglicht.

12.4.1 Kartesische Aggregation

i) Die Aggregation einfacher Eigenschaften ergibt einen Objekttyp: siehe dazu 12.3.4.
ii) Die Aggregation charakteristischer Objekte ergibt einen Objekttyp: siehe dazu 12.3.5.
iii) Die Aggregation einer Kombination von Kern- und/oder assoziativen Objekttypen ergibt einen assoziativen Objekttyp (oder einen objektlosen Assoziationstyp): siehe dazu 12.3.6.

12.4.2 Generalisation

12.4.2.1 Aufzählung

Aufzählung der Elemente ergibt eine Gesamtmenge (von Objekten). Dies wird durch die E-Relationen bewerkstelligt: siehe dazu 12.3.2.

12.4.2.2 Untermengenbildung

Es ist die Möglichkeit vorgesehen, einen Objekttyp a als *Subtyp* eines Objekttyps b zu deklarieren. Ein bestimmter Objekttyp a kann auch Subtyp mehrerer anderer Objekttypen sein.

So könnten etwa die in Abb. 12.1 dargestellten Subtypenbeziehungen definiert sein. In diesem Graphen ist jeder Objekttyp mit seinen (tiefer stehenden) Subtypen durch eine Kante verbunden. Man erkennt, daß die Beziehung zwischen Objekttypen und ihren Subtypen nicht unbedingt einen Baum darstellen muß. Im Beispiel ist STUDIENASSISTENT Subtyp sowohl von STUDENT als auch von ASSISTENT, die beide wieder Subtypen von PERSON sind. Diese Beziehungen spiegeln die Tatsache wider, daß ein Studienassistent sowohl Student sein muß als auch in einem Dienstverhältnis zur Universität steht.

Im Diagramm ist auch angedeutet, daß die Einteilung in Subtypen nach verschiedenen Kriterien erfolgt, die in RM/T (semantische) *Kategorien* genannt werden. Nach dem Ausbildungsstadium werden Personen in Studenten und Nicht-Studenten (kein eigener Objekttyp) eingeteilt, nach dem Dienstverhältnis in Assistenten, Professoren und Nicht-Angestellte (kein eigener Objekttyp).

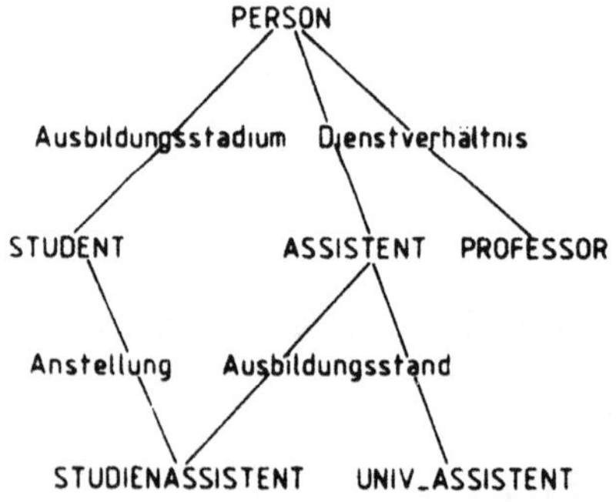

Abb. 12.1 Subtypengraph (Generalisation)

Zur Darstellung der Subtypenbeziehungen verwendet RM/T die *Unbedingte Generalisationsrelation* (unconditional gen inclusion relation, UGI-Relation) mit Attributen SUB, SUP und PER. SUB und SUP sind auf dem RN-Wertebereich, eingeschränkt auf die Namen von E-Relationen, definiert, PER auf dem Kategoriennamenwertebereich PER. Das Tripel (SUB : m, SUP : n, PER : p) gehört zur UGI-Relation, falls Objekttyp e(m) ein direkter Subtyp des Objekttyps e(n) nach Kategorie p ist. Dies bedeutet, anders ausgedrückt, daß die E-Relation mit Namen m in der E-Relation mit Namen n enthalten ist.

Im Beispiel enthält die UGI-Relation folgende Tupel:

UGI-Relation

SUB	SUP	PER
....	....	....
STUDENT	PERSON	Ausbildungsstadium
ASSISTENT	PERSON	Dienstverhältnis
PROFESSOR	PERSON	Dienstverhältnis
STUDIENASSISTENT	STUDENT	Anstellung
STUDIENASSISTENT	ASSISTENT	Ausbildungsstand
UNIV_ASSISTENT	ASSISTENT	Ausbildungsstand
...	....	....

Für jeden Objekttyp e gilt die *Eigenschaftsvererbungsregel*: alle Eigenschaften von e sind auf jeden seiner Subtypen anwendbar. Es wird daher sinnvoll sein, gemeinsame Eigenschaften verschiedener Subtypen desselben Objekttyps in der Generalisationshierarchie so weit oben wie möglich zu definieren.

Für Aufnahme und Löschung von Surrogaten gilt:

Regel 7 *(Subtypintegrität)*: Gehört ein Surrogat s zu der E-Relation des Objekttyps e, so muß s zu jeder E-Relation gehören, von dessen Objekttyp e ein Subtyp ist.

12.4.2.3 Alternative Generalisation

Es ist weiters möglich, anzugeben, daß jedes Objekt eines bestimmten Typs einem von mehreren alternativen Objekttypen angehören muß. So könnte man im Beispiel festlegen, daß ein PRÜFER entweder ein UNIV_ASSISTENT oder ein PROFESSOR sein muß. Diese Beziehung ist in Abb. 12.2 dargestellt.

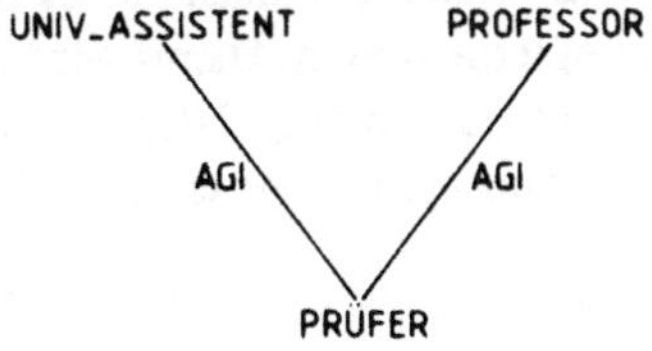

Abb. 12.2 Alternative Generalisation

Zur Modellierung dieser Beziehungen dient die *Alternative Generalisationsrelation* (AGI-Relation), die genauso aufgebaut ist wie die UGI-Relation.

12.4.3 Überdeckungsaggregation

Im RM/T ist die Möglichkeit vorgesehen, Überdeckungen (siehe Abschnitt 9.3) von einem oder mehreren Objekttypen zu definieren (etwa Mitgliedschaft von Personen in Vereinen oder Teilnahme von Schiffen an Konvois).

Die *Überdeckungselementrelation* (cover membership relation, KG-Relation) gibt an, welche Objekttypen Mitglieder von Überdeckungselementen sein dürfen.

12.5 Ereignisabfolgen

Objekte, die *Ereignisse* darstellen, haben als Eigenschaft eine Zeitangabe, wann sie stattfinden, oder eine Anfangs und/oder Endzeit. In manchen Datenbankanwendungen ist die Darstellung und Prüfung von Ereignisabfolgen von besonderer Wichtigkeit. Um die Implementation von Ereignisabfolgebeschreibungen (scripts) zu unterstützen, werden in RM/T auf der Ebene der Objekttypen folgende Angaben ermöglicht:

a) Unbedingte Nachfolge: ein Ereignis vom Typ a muß unbedingt von einem Ereignis vom Typ b gefolgt werden.
b) Alternative Nachfolge: ein Ereignis vom Typ a kann alternativ durch Ereignisse vom Typ b_1, b_2, . . . gefolgt werden.
c) Unbedingter Vorgänger: ein Ereignis vom Typ a darf nur nach einem Ereignis vom Typ b stattfinden.
d) Alternativer Vorgänger: vor einem Ereignis vom Typ a muß ein Ereignis von Typ b_1 oder b_2 usw. stattfinden.

Diese Beziehungen werden in gewohnter Weise durch die Graphrelationen US, AS, UP und AP dargestellt.

Die genauere Spezifizierung der Ereignisabfolgen bleibt den expliziten Integritätsregeln überlassen.

12.6 RM/T-Katalog

Jede RM/T-Datenbank enthält eine Beschreibung des gesamten Datenmodells in relationaler Form. Zusätzlich zu den beschriebenen Graphrelationen werden sogenannte *Katalogrelationen* eingeführt. Dies ermöglicht es, Informationen über das Datenmodell genauso handzuhaben wie die Informationen, die den eigentlichen Inhalt der Datenbank darstellen. Änderungen des Datenmodells lassen sich demnach i.a. als Änderungen von Relationentupeln in den Katalogrelationen implementieren. Damit wird die traditionelle Dichotomie zwischen Datenmodellierungs- und Datenmanipulationswerkzeugen elegant überbrückt.

Der Aufbau der Katalogrelationen wird im Abschnitt 12.8 an einem Beispiel vorgeführt.

12.7 Operatoren für RM/T

Zusätzlich zur vollen Relationenalgebra mit Berücksichtigung von Nullwerten werden weitere Operatoren eingeführt, die die einheitliche Handhabung von Modellinformation und Daten ermöglichen. Es handelt sich dabei um Operationen mit Relationennamen, mit Mengen von Relationen und zur Manipulation von Graphrelationen.

12.8 Beispiel zur Datenmodellierung mit Hilfe von RM/T

Um die Möglichkeiten des RM/T anschaulich zu demonstrieren, soll die 1. Stufe der Universitätsdatenbank (Abschnitt 1.3) modelliert werden. Allerdings wird aus Platzgründen auf eine vollständige Aufstellung aller Katalog- und Graphrelationen verzichtet, eine graphische Darstellung wird vorgezogen. Der Wertebereich aller Attribute, deren Namen auf ‚¢' enden, ist der E-Wertebereich, die Wertebereiche der anderen Attribute werden nicht explizit angeführt.

An Hand der verschiedenen Sichten der einzelnen Universitätsabteilungen, wie sie im Beispiel zum Relationenmodell (Kapitel 6) vorgeführt wurden, ist die Objektstruktur zum Teil schon durchleuchtet worden.

Der wichtigste Kernobjekttyp ist hier wohl PERSON. Objekte vom Typ PERSON kommen in mehreren verschiedenen Rollen vor. So betrachtet etwa die Evidenzstelle den Subtyp STUDENT und unterteilt ihn noch nach dem Kriterium der Studienberechtigung in außerordentliche Hörer, Gasthörer und ordentliche Hörer. Die Personalabteilung wiederum beschäftigt sich mit den Universitätsbediensteten, die sich in mehrere Subtypen gliedern. Alle Abteilungen betrachten außerdem die Personen unter dem Gesichtspunkt ihrer Lehrfunktion (falls anwendbar), da sie Daten über die Kursleiter verwenden.

Abbildung 12.3 stellt die Generalisationshierarchie (unbedingter Subtypen) dar.

Allerdings ist diese nicht die einzige Generalisationshierarchie im Beispiel. So teilen sich Lehrveranstaltungen in mehrere Untertypen (Abb. 12.4a), die Evidenzstelle unterscheidet Staaten in Vertragsstaaten (deren Staatsbürgern ein Erlaß der erhöhten Studiengebühr gewährt wird) und andere (Abb. 12.4b), und schließlich teilen sich die Planstellentypen aus der Sicht der Personalabteilung nach mehreren Kriterien in verschiedene Sub-

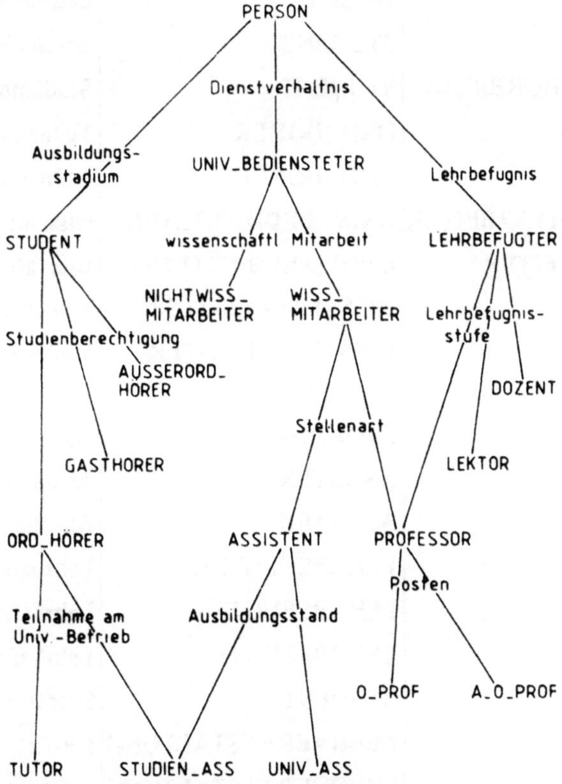

Abb. 12.3 Generalisationshierarchie (Subtypen des Objekttyps PERSON)

a Subtypen des Objekttyps LEHRVERANSTALTUNG

b. Subtyp des Objekttyps STAAT

Abb. 12.4 Weitere Subtypengraphen

typen. Auf letztere soll jedoch aus Übersichtlichkeitsgründen nicht eingegangen werden; die Planstellentypen sind im vorliegenden Modell einfache Attribute und keine Objekte.

Für jeden der definierten Objekttypen gibt es eine E-Relation, deren Name mit dem Namen des Objekttyps übereinstimmt.

Folgende Tabelle zeigt den Inhalt der UGI-Relation, die die obigen Generalisationshierarchien darstellt:

UGI:

SUB	SUP	PER
STUDENT	PERSON	Ausbildungsstadium
UNIV_BEDIENSTETER	PERSON	Dienstverhältnis
LEHRBEFUGTER	PERSON	Lehrbefugnis
ORD_HÖRER	STUDENT	Studienberechtigung
AUSSERORD_HÖRER	STUDENT	Studienberechtigung
STUDIEN_ASS	ORD_HÖRER	Teilnahme am Univ-Betrieb
TUTOR	ORD_HÖRER	Teilnahme am Univ-Betrieb
NICHTWISS_MITARBEITER	UNIV_BEDIENSTETER	wiss. Mitarbeit
WISS_MITARBEITER	UNIV_BEDIENSTETER	wiss. Mitarbeit
PROFESSOR	WISS_MITARBEITER	Stellenart
ASSISTENT	WISS_MITARBEITER	Stellenart
O_PROF	PROFESSOR	Posten
A_O_PROF	PROFESSOR	Posten
UNIV_ASS	ASSISTENT	Ausbildungsstand
STUDIEN_ASS	ASSISTENT	Ausbildungsstand
LEKTOR	LEHRBEFUGTER	Lehrbefugnisstufe
DOZENT	LEHRBEFUGTER	Lehrbefugnisstufe
PROFESSOR	LEHRBEFUGTER	Lehrbefugnisstufe
GASTHÖRER	STUDENT	Studienberechtigung
SEMINAR	LEHRVERANSTALTUNG	LV-Art
ÜBUNG	LEHRVERANSTALTUNG	LV-Art

UGI (Fortsetzung):

SUB	SUP	PER
VORLESUNG	LEHRVERANSTALTUNG	LV-Art
PRAKTIKUM	LEHRVERANSTALTUNG	LV-Art
VERTRAGSSTAAT	STAAT	Studienaustausch
...	...	...

Die direkten Eigenschaften der bisher definierten Objekttypen werden durch folgende P-Relationen modelliert: (Benutzerschlüssel sind mit * gekennzeichnet!)

PERSONENNAME	(PERSON¢, VORNAME, NACHNAME)
P_GEBURTSDATUM	(PERSON¢, GEBURTSDATUM)
PERSONENZAHL	(PERSON¢, SOZIALVERSNR*)
WOHNORT	(PERSON¢, ADRESSE, POSTLEITZAHL)
STAATSBÜRGERSCHAFT	(PERSON¢, STAAT¢)
STUDENTNR	(STUDENT¢, MATRIKELNUMMER*)
DIENSTTITEL	(UNIV.BEDIENSTETER¢, AMTSTITEL)
MATURA1	(ORD.HÖRER¢, MATURATYP)
MATURA2	(AUSSERORD. HÖRER¢, MATURATYP)
LEHRVERANSTALTUNGSDATEN	(LEHRVERANSTALTUNG¢, LV-NAME*, WOCHENSTUNDEN)
STAATSNAME	(STAAT¢, S_NAME*)

Die Zugehörigkeit der P-Relationen zu den Objekttypen wird in der PG-Relation angegeben, von der ein Teil hier angeführt wird:

PG:

SUB	SUP
PERSONENNAME	PERSON
P_GEBURTSDATUM	PERSON
PERSONENZAHL	PERSON
WOHNORT	PERSON
STAATSBÜRGERSCHAFT	PERSON
STUDENTNR	STUDENT
DIENSTTITEL	UNIV_BEDIENSTETER
MATURA1	ORD_HÖRER
MATURA2	AUSSERORD_HÖRER
LEHRVERANSTALTUNGSDATEN	LEHRVERANSTALTUNG
STAATSNAME.	STAAT
...	...

Der Objekttyp LEHRBEFUGTER teilt sich in drei Subtypen, die sich durch die Art der Lehrbefugnis unterscheiden: einem PROFESSOR ist die Lehrbefugnis unbeschränkt für eine Gruppe von Studienfächern erteilt, einem DOZENTen ebenso für ein (oder mehrere) Studienfächer, ohne daß er notwendigerweise an der Universität fix angestellt ist; einem LEKTOR wird die Lehrbefugnis jeweils für einen beschränkten Zeitraum für eine oder mehrere bestimmte Lehrveranstaltungen erteilt.

Es werden daher folgende zusätzliche Objekttypen eingeführt: LEHRFACH mit dem Subtypen LEHRVERANSTALTUNG und STUDIENFACH, sowie LEHRBEFUGNIS.

Die Generalisationshierarchie (UGI) aus Abbildung 12.4a wird damit erweitert (siehe Abb. 12.5).

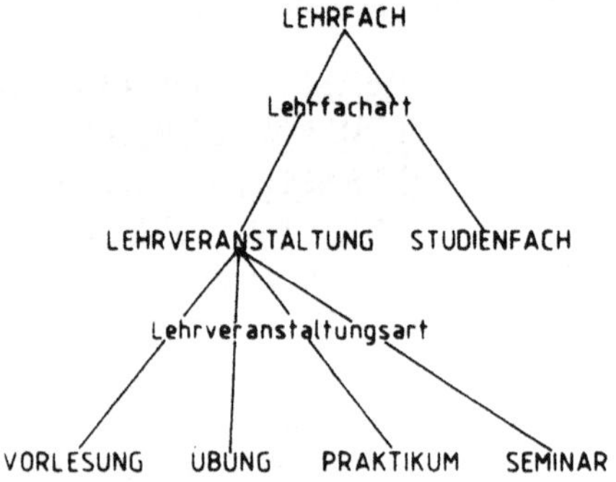

Abb. 12.5 Subtypen des Objekttyps LEHRFACH

Der Objekttyp STUDIENFACH erhält die P-Relation STUDIENFACHNAME (STUDIENFACH¢, STUDFNAME).

Da einem Lehrbefugten verschiedene Lehrbefugnisse zu gleichen oder verschiedenen Zeiten erteilt werden können, wird LEHRBEFUGNIS als charakteristisches Objekt zum Objekttyp LEHRBEFUGTER modelliert. Es wird also die charakteristische Relation

LEHRBEFUGT_FÜR (LEHRBEFUGTER¢, LEHRBEFUGNIS¢)

definiert und die CG-Relation erhält das Tupel

CG:

SUB	SUP
...	...
LEHRBEFUGNIS	LEHRBEFUGTER
...	...

Die direkten Eigenschaften der Objekte vom Typ LEHRBEFUGNIS werden in der P-Relation

LEHRBEFUGNISDATEN (LEHRBEFUGNIS¢, LEHRFACH¢, L-ANFANGSDATUM, L-ENDDATUM)

geführt. Man beachte, daß hier LEHRFACH¢ ein E-Attribut ist, die eingetragenen Surrogate also auf ein Objekt vom Typ LEHRFACH verweisen (das entweder eine Lehrveranstaltung oder ein Studienfach sein kann). Nach Regel 2 (Verweisungsintegrität) müssen daher alle hier eingetragenen Surrogate bereits in der E-Relation LEHRFACH vorhanden sein.

Die von einem bestimmten Studenten studierten Studienrichtungen (eine oder mehrere) könnten ebenso mit Hilfe von charakteristischen Objekten modelliert werden. Eine andere Möglichkeit ist aber, einen Objekttyp STUDIUM als Assoziation zwischen STUDENT und STUDIENRICHTUNG zu definieren. Auf diese Weise kann ein Objekt vom Typ STUDIUM auch nach dem Ausscheiden des Studenten aus der Universität weiterhin in der Datenbank bestehen bleiben, etwa für statistische Zwecke. Die Tatsache, daß ein Student für eine (von ihm studierte) Studienrichtung in einem bestimmten Semester inskribiert, kann durch einen weiteren Assoziationstyp INSKRIPTION zwischen STUDIUM und SEMESTER modelliert werden. Es entsteht also der Assoziationsbaum in Abb. 12.6.

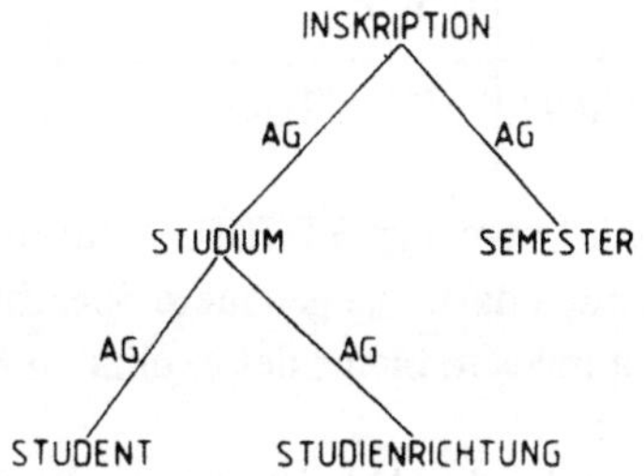

Abb. 12.6 Assoziationsgraph

Dieser wird durch die Assoziationsrelation

STUDIUM_STUD_STUDR (STUDIUM¢, STUDENT¢, STUDIENRICHTUNG¢)
INSKR_STUD_SEM (INSKRIPTION¢, STUDIUM¢, SEMESTER¢)

und die entsprechenden Eintragungen in der AG-Relation definiert:

AG:

SUB	SUP	ATTR
STUDENT	STUDIUM	STUDENT¢
STUDIENRICHTUNG	STUDIUM	STUDIENRICHTUNG¢
STUDIUM	INSKRIPTION	STUDIUM¢
SEMESTER	INSKRIPTION	SEMESTER¢
...	...	...

Die neuen Objekttypen STUDIUM, STUDIENRICHTUNG, INSKRIPTION und SEMESTER haben die P-Relationen

STUDIENBEGINN (STUDIUM¢, S_ANFANGSDATUM)
INSKRIPTIONS_DATUM (INSKRIPTION¢, INSK_DATUM)
STUDIENR_NAME (STUDIENRICHTUNG¢, STUDR_NAME, KENNZAHL*)
SEM_NAME (SEMESTER¢, SEMESTERNAME*)

Der Objekttyp INSKRIPTION hat als Eigenschaft eine Zeitangabe (Inskriptionsdatum), und ist daher ein Ereignistyp. Ebenso ist STUDIUM ein Ereignistyp (mit Anfangsdatum).

Ein Student kann nicht inskribieren, bevor er ein Studium begonnen hat. Dies wird durch die Assoziationsstruktur nicht verhindert, da für eine gegebene Inskription laut Regel 6 das Studium nicht bekannt sein müßte. Es kann aber die explizite Einschränkung angegeben werden, daß in der Assoziationsrelation INSKR_STUD_SEM das Attribut STUDIUM¢ stets bekannt sein muß.

Die Tatsache, daß ein Student erst an der Universität aufgenommen werden muß („Immatrikulation"), bevor er überhaupt studieren darf, kann durch einen weiteren Ereignistyp IMMATRIKULATION mit P-Relationen

STUD_IMMATR (STUDENT¢, IMMATRIKULATION¢)
IMMATR_DATUM (IMMATRIKULATION¢, IMM_DATUM)

und der Angabe des folgenden Tupels in der VP-Relation modelliert werden:

VP:

SUB	SUP
IMMATRIKULATION	STUDIUM

Dies bedeutet, daß ein „Ereignis" vom Typ STUDIUM nur nach einem Ereignis vom Typ IMMATRIKULATION stattfinden darf. Die genauere Spezifikation, daß diese Ereignisse denselben Studenten betreffen müssen, bleibt der expliziten Einschränkungsdefinition überlassen.

Ein weiterer Problemkreis ist der der Abhaltung von „Kursen" und der Prüfungen. Hier wird unterschieden zwischen den Objekten vom Typ LEHRVERANSTALTUNG (z.B. „Vorlesung Mathematik II für Sozialwissenschaftler"), wie sie etwa in den Studienplänen stehen und der konkreten Abhaltung einer Lehrveranstaltung in einem bestimmten Semester von einem bestimmten Lehrbefugten. Letzterer Begriff wird mit dem Objekttyp KURS modelliert, der also eine Assoziation zwischen den Typen LEHRVERANSTALTUNG, SEMESTER und LEHRBEFUGTER darstellt:
Assoziationsrelation

KURS_DATEN (KURS¢, LEHRVERANSTALTUNG¢, SEMESTER¢, LEHRBEFUGTER¢)

P-Relation

KURS_NR (KURS¢, KURSNR)

Kursnummer ist nur innerhalb eines Semesters ein eindeutiger Benutzerschlüssel. Die Kombination (Lehrveranstaltung, Semester, Lehrbefugter) ist nicht eindeutig, da ja ein Lehrbefugter im selben Semester auch mehrere (parallele) Kurse zur gleichen Lehrveranstaltung (etwa mehrere „Übungen aus Math. II für Sozialwissenschaftler") halten könnte.

Die Teilnahme von Studenten an Kursen kann man nun so modellieren, daß man den Typ KURS als Überdeckungstyp mit Elementen vom Typ STUDENT definiert. Jeder Kurs ist also nicht nur eine Assoziation anderer Typen, sondern bezeichnet auch eine Menge von Studenten, In der KG-Relation wird das Tupel

⟨ SUB: STUDENT, SUP: KURS ⟩

eingetragen; die Graphrelation

KURSBESUCH (KURS¢, STUDENT¢)

enthält die konkrete Information, welche Studenten welchen Kurs besuchen.

Eine Prüfung ist eine Assoziation zwischen Prüfer und Student. Dabei ist ein Prüfer entweder ein Professor, ein Dozent oder ein Lektor (jedoch nicht jeder Lehrbefugter muß ein Prüfer sein). Das Prüfungsfach ist ebenso entweder eine einzelne Lehrveranstaltung oder ein Studienfach, jedoch werden nicht aus allen Lehrveranstaltungen oder Studienfächern Prüfungen abgehalten. Diese Verhältnisse können mittels der alternativen Generalisation modelliert werden, man erhält die Strukturen in Abb. 12.7.

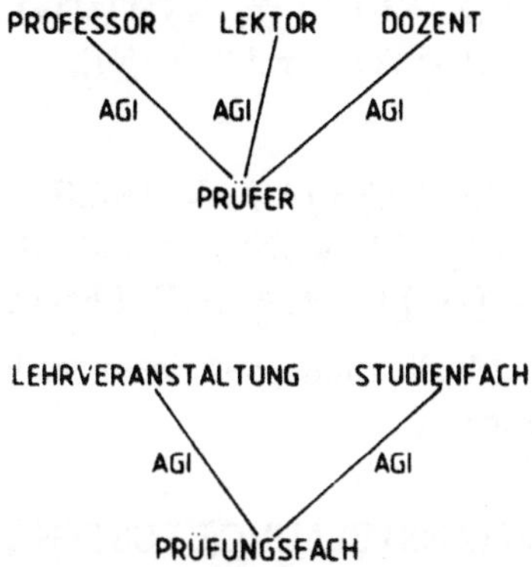

Abb. 12.7 Alternative Generalisation

Die AGI-Relation enthält die Tupeln

AGI:

SUB	SUP	PER
PRÜFER	PROFESSOR	Lehrbefugnisstufe
PRÜFER	LEKTOR	Lehrbefugnisstufe
PRÜFER	STUDENT	Lehrbefugnisstufe
PRÜFUNGSFACH	LEHRVERANSTALTUNG	Lehrfachart
PRÜFUNGSFACH	STUDIENFACH	Lehrfachart
...	...	...

Die Assoziationsrelation

PRÜFUNG_TEILNEHMER (PRÜFUNG¢, PRÜFER¢, STUDENT¢)

und die P-Relationen

PRÜFUNGSDATEN (PRÜFUNG¢, P_DATUM, NOTE, PRÜFUNGSFACH¢)
PRÜFUNGSTYP (PRÜFUNG¢, PRTYP¢)

speichern die notwendigen Prüfungsdaten.

Der Prüfungstyp PRTYP kann z.B. „Diplomprüfung", „Kolloquium", „schriftliche Prüfung" oder „Beurteilung der Mitarbeit" sein. Zu jedem Prüfungstyp gibt es fixe Taxen, nach denen der Prüfer eine Vergütung erhält. Diese sind in der P-Relation

PRÜFUNGSTAXEN (PRTYP¢, PRTYP_NAME*, TAXBETRAG)

enthalten.

Als letztes bleibt die Modellierung des Bereichs „Personalstelle", welche Dienstposten, Institutseinteilung, Anstellungsverträge usw. behandelt. Geht man davon aus, daß jedes Institut zu einer Fakultät gehört und jeder (Dienst-)Posten einem Institut zugeordnet ist (der Bereich der Universitätsverwaltung sei einer Fakultät gleichgestellt, ihre Abteilungen den Instituten), so kann FAKULTÄT als Überdeckungstyp mit Objekten vom Typ INSTITUT als Mitgliedern, INSTITUT wiederum als Überdeckungstyp mit Objekten vom Typ POSTEN als Mitgliedern definiert werden. Die entsprechenden Zuordnungsrelationen sind

FAKULTÄT_INSTITUT (FAKULTÄT¢, INSTITUT¢)
INSTITUT_POSTEN (INSTITUT¢, POSTEN¢),

dazu gehören P-Relationen

FAKULTÄTSNAME (FAKULTÄT¢, FAK_NAME, FAK_NR*)
INSTITUTSNAME (INSTITUT¢, INST_NAME, INST_NR)
POSTENTYP (POSTEN¢, PLANSTELLENTYP)

Die Anstellung eines Universitätsbediensteten auf einem bestimmten Posten kann wieder als Assoziation modelliert werden:
Assoziationsrelation

ANSTELLUNGSDATEN (ANSTELLUNG¢, POSTEN¢, UNIV_BEDIENSTETER¢)

P-Relationen

ANSTELLUNGSZEITRAUM (ANSTELLUNG¢, VERTRAGSBEGINN, VERTRAGSENDE)

ANSTELLUNGSSTATUS (ANSTELLUNG¢, ANST_STATUS)

Der Anstellungsstatus könnte etwa „aktiv", „karenziert", oder „beurlaubt" sein.

Auf eine Darstellung der aus dem Modell her offensichtlich notwendigen zusätzlichen expliziten Einschränkungen wird verzichtet.

Zum Abschluß soll an einigen Beispielen noch der Aufbau der Katalogrelationen demonstriert werden.

a) CATR enhält zu jeder Relation den Namen und den Relationstyp, z.B.:

CATR:

R¢	RELNAME	RELTYPE
α_1	PERSONENZAHL	IP
α_2	KURS_DATEN	A
α_3	LEHRBEFUGNIS_DATEN	CP
...	...	...

Dabei sind die Werte des Attributs R¢ Surrogate für Objekte von Typ RELATION; der Relationstyp I bedeutet „innerer Kernobjekttyp" (Kernobjekttyp, der kein Subtyp eines anderen Typs ist), P bedeutet „P-Relation", A bedeutet „Assoziationsrelation", C bedeutet „charakteristischer Objekttyp".

b) CATRA verbindet Relationen mit Attributen:

CATRA:

RA¢	R¢	A¢
β_1	α_1	γ_1
β_2	α_1	γ_2
β_3	α_3	γ_3
β_4	α_3	γ_4
β_5	α_3	γ_5
β_6	α_3	γ_6
...	...	...

c) CATA enthält zu jedem Attribut den Namen:

CATA:

A¢	ATTNAME
γ_1	PERSON¢
γ_2	SOZIALVERSNR
γ_5	L_ANFANGSDATUM
...	...

d) CATAD verbindet Attribute mit Wertebereichen, CATD beschreibt die Wertebereiche („Datum", „integer", usw.), CATC enthält eine Aufstellung der Kategoriennamen und CATRC verbindet gewisse Relationen mit den Kategorien, um die Generalisationshierarchien leichter nachvollziehen zu können.

Teil IV: Logische Aspekte des Datenbankbetriebes

13. Formale Logik und Datenbanken

Hand in Hand mit der Entwicklung und weiteren Verfeinerung von Datenmodellen geht ein Trend zur immer größeren Datenunabhängigkeit, also eine Abkehr von einer rein physischen und aktionsorientierten Datensicht. Abstrahiert von der physischen Ebene wird ein Datenmodell als eine formale Struktur gesehen, innerhalb der man Aussagen über die reale Welt formulieren kann, die den Inhalt der Datenbank bilden; eine Abfrage ist eine Frage, ob eine bestimmte Aussage zutrifft oder nicht, bzw. eine Frage nach denjenigen Objekten, die einer bestimmten Bedingung genügen. Zur Formalisierung dieser Begriffe bieten sich in erster Linie die bereits bestehenden Systeme der formalen Logik an, vor allem die *Prädikatenlogik erster Stufe.*

Besonders seit der Entwicklung des Relationenmodells, das selbst einen hohen Grad an Abstraktion bietet, hat die formal-logische Behandlung von Datenmodellen an Bedeutung gewonnen. „. . . die Sprache der Logik kann verwendet werden, um Wissen, Datenstrukturen und Programme darzustellen. Aus diesem Grunde bewirkt sie Einheitlichkeit der Darstellung und liefert eine feste mathematische Basis für die Entwicklung von Datenbanken.“ [*Gallaire/Minker/Nicolas*]

In diesem Kapitel wird eine kurze Übersicht über die Prädikatenlogik erster Stufe und ihre Anwendungen auf Datenbanken gegeben.

13.1 Prädikatenlogik erster Stufe

In diesem Abschnitt werden in kurzer Form nur die Grundlagen der Prädikatenlogik erster Stufe soweit dargestellt, wie sie für das Verständnis der folgenden Abschnitte notwendig sind. Für eine gründlichere Einführung sei z.B. auf *Hilbert/Ackermann* [1959], *Carnap* [1954], *Church* [1956] oder *Mendelson* [1956] verwiesen. Die Prädikatenlogik erster Stufe unterscheidet (im Gegensatz zur Aussagenlogik) bei der Darstellung von Aussagen zwischen den Objekten der zugrundegelegten Menge *(Individuen)* und den über sie ausgesagten Eigenschaften *(Prädikaten).*

Die Sprache des Prädikatenkalküls erster Stufe[1]) besteht aus Symbolen und Regeln, mit deren Hilfe *Ausdrücke* (well-formed formulae) gebildet werden können.

Sie enthält folgende Grundsymbole:

a) Konstantensymbole a, b, c, . . . und die speziellen Konstantensymbole W und F (für „wahr“ und „falsch“).
b) Symbole für Individuenvariable x, y, z, ...

---

[1]) Es wird hier das Prädikatenkalkül mit Konstanten und Funktionen behandelt.

c) Funktionssymbole f, g, h, . . . , jeweils mit einer bestimmten Argumentanzahl $n > 0$.
d) Prädikatensymbole P, Q, . . . , jeweils mit einer bestimmten Argumentanzahl $n \geqslant 0$.
e) die logischen Verknüpfungen $\neg$ (Negation), $\wedge$ (Konjunktion, „und"), $\vee$ (Disjunktion bzw. Adjunktion, „oder"), $\rightarrow$ (Implikation), sowie $\longleftrightarrow$ (Äquivalenz).
f) der universelle Quantor $\forall$ („für alle") und der existentielle Quantor $\exists$ („es existiert (mindestens) ein").

Für Ausdrücke werden hier die Buchstaben $\mathcal{A}$, $\mathcal{B}$, $\mathcal{C}$, . . . verwendet.

Zur Erklärung des Aufbaus von Ausdrücken ist es notwendig, zuerst die Begriffe des Terms und der Primformel zu erklären.

Terme sind folgendermaßen definiert:

a) ein Konstantensymbol (z.B. a) ist ein Term.
b) ein Variablensymbol (z.B. x) ist ein Term.
c) ist f ein n-stelliges Funktionssymbol (d.h. ein Funktionssymbol, dem die Argumentanzahl n zugeordnet ist), und sind $t_1, \ldots, t_n$ jeweils Terme, so ist $f(t_1, \ldots, t_n)$ ein Term (z.B. f (x, y, z), g (x)).

Primformeln (atomic formulae) sind folgendermaßen definiert:

a) Ist P ein n-stelliges Prädikatensymbol, mit $n \geqslant 0$, und sind $t_1, \ldots, t_n$ jeweils Terme, so ist $P(t_1, \ldots, t_n)$ eine Primformel (z.B. Q (x, f (y, a))).
b) Ist dabei $n = 0$ (z.B. P), so wird die Primformel *Aussage* genannt.

Alle Variablen, die in Primformeln vorkommen, heißen *freie Variable.* (Als Gegensatz dazu werden gebundene Variable definiert, d.s. solche, die durch einen Quantor quantifiziert sind; siehe Punkt d) weiter unten.)

Alle Ausdrücke des Prädikatenkalküls erster Stufe können nun durch eine endliche Anzahl von Anwendungen folgender Regeln gebildet werden:

a) Primformeln sind Ausdrücke (z.B. P (x, y)).
b) ist $\mathcal{A}$ ein Ausdruck, so ist auch $\neg(\mathcal{A})$ ein Ausdruck; eine Variable, die in $\mathcal{A}$ frei bzw. gebunden ist, ist auch in $\neg(\mathcal{A})$ frei bzw. gebunden (z.B. $\neg$ (P (x, y)), mit freien Variablen x, y).
c) Sind $\mathcal{A}$ und $\mathcal{B}$ Ausdrücke der Art, daß nicht die gleiche Individuenvariable in einem der Ausdrücke in freier und in dem anderen in gebundener Form vorkommt, so sind $(\mathcal{A}) \wedge (\mathcal{B})$, $(\mathcal{A}) \vee (\mathcal{B})$, $(\mathcal{A}) \rightarrow (\mathcal{B})$ sowie $(\mathcal{A}) \leftrightarrow (\mathcal{B})$ ebenfalls Ausdrücke. In diesen Ausdrücken vorkommende Variable sind frei bzw. gebunden, wenn sie in $\mathcal{A}$ oder $\mathcal{B}$ frei bzw. gebunden sind (z.B. (P (x, y)) $\rightarrow$ (Q (x)) mit freien Variablen x, y).
d) Ist $\mathcal{A}$ ein Ausdruck, in dem die Variable x als freie Variable vorkommt (dies wird auch durch die Schreibweise $\mathcal{A}$ (x) angedeutet), so sind auch $\forall$ x ($\mathcal{A}$) und $\exists$ x ($\mathcal{A}$) Ausdrücke. Dabei ist $\mathcal{A}$ der Wirkungsbereich des betreffenden Quantors; x heißt in $\forall$ x ($\mathcal{A}$) oder $\exists$ x ($\mathcal{A}$) *gebunden,* alle anderen freien bzw. gebundenen Variablen in $\mathcal{A}$ behalten diese Eigenschaft. (z.B. $\forall$ y ((P (x, y)) $\rightarrow$ ($\exists$ z (Q (x, z)))), mit freier Variable x und gebundenen Variablen y und z).

Falls die Klarheit nicht darunter leidet, werden Klammerpaare, insbesondere Klammern um Primformeln und um Ausdrücke der Form $\neg(\mathcal{A})$, $\forall$ x ($\mathcal{A}$) und $\exists$ x ($\mathcal{A}$), weggelassen. Für die klammerfreie Schreibweise wird weiters die übliche Priorität der logischen Verknüpfungen angenommen ($\neg$ vor $\wedge$ vor $\vee$ vor $\rightarrow$ vor $\leftrightarrow$). Folgen mehrere Quantoren unmittelbar ohne Klammerung aufeinander, so heißt das, daß sich ihre Wirkungsbereiche alle bis zum Ende des Wirkungsbereiches des letzten Quantors erstrecken, z.B.

$$\forall x \forall y (P(x, y) \rightarrow \exists z\, Q(x, z)).$$

Ein Ausdruck, der keine freien Variablen enthält, heißt *geschlossen*, ansonsten *offen*.

13.2 Interpretation des Prädikatenkalküls

Im vorigen Abschnitt wurde eine rein syntaktische Definition des Aufbaus von Ausdrücken gegeben. Ihre Semantik in einer Datenbank wird durch eine Interpretation festgelegt.

Eine *Interpretation* des Prädikatenkalküls beinhaltet

a) einen nichtleeren *Individuenbereich* $\mathcal{J}$, der der Wertebereich der Individuenvariablen ist (universe of discourse). In einer Datenbank kann $\mathcal{J}$ z.B. die Menge aller abgebildeten Objekte sein, oder auch die Menge aller Attributwerte. (In den folgenden Beispielen wird der Einfachheit halber $\mathcal{J}$ = Menge der reellen Zahlen genommen!)
b) eine Zuordnung eines Elements von $\mathcal{J}$ zu jedem Konstantensymbol a (z.B.: „a bedeutet die Zahl 3").
c) eine Zuordnung jedes n-stelligen Funktionssymbols zu einer auf dem Individuenbereich definierten Funktion mit n Argumenten, dessen Ergebnis ebenfalls für alle Argumentkombinationen im Individuenbereich liegt. (Z.B. „f bedeutet die Addition zweier Zahlen, f (x, y) bedeutet x + y".)
d) eine Zuordnung jedes n-stelligen Prädikatensymbols P zu einem im Individuenbereich definierten n-stelligen Prädikat, das jedem n-Tupel von Individuen einen Wert aus der Menge {W, F} zuordnet, wobei W „wahr" und F „falsch" bedeutet. (Z.B. „P (x, y) bedeutet ‚x ist kleiner als y' ".)

Beispiel:
Sei $\mathcal{J}$ die Menge der reellen Zahlen und f und P wie in den obigen Beispielen der Addition bzw. der „kleiner"-Beziehung zugeordnet. Dem Konstantensymbol 0 sei die Zahl Null zugeordnet.
Der geschlossene Ausdruck

$$\forall x \forall y (P(0, x) \wedge P(0, y) \rightarrow P(0, f(x, y)))$$

entspricht in dieser Interpretation der Aussage, daß die Summe jedes Paars positiver Zahlen x und y ebenfalls positiv ist. Der Ausdruck kann folgendermaßen gelesen werden: „Für jede reelle Zahl x und jede reelle Zahl y gilt: ist null kleiner als x und null kleiner als y, so gilt (so impliziert das), daß null kleiner ist als die Summe x + y."

Ist eine bestimmte Interpretation mit einem endlichen Individuenbereich $\mathcal{J}$ gegeben, so kann man den geschlossenen Ausdrücken des Prädikatenkalküls bezüglich dieser Interpretation in einfacher Weise *Wahrheitswerte* zuordnen:

a) Sei der Individuenbereich $\mathcal{J} = \{i_1, i_2, \ldots, i_m\}$. Für jeden (Teil-) Ausdruck der Form $\forall x (A(x))$ wird $A(i_1) \wedge A(i_2) \wedge \ldots \wedge A(i_m)$ eingesetzt; für jeden (Teil-) Ausdruck der Form $\exists x (A(x))$ wird $A(i_1) \vee A(i_2) \vee \ldots \vee A(i_m)$ eingesetzt. Dabei bedeutet $A(i_j)$, daß für jedes Auftreten von x i_j als freie Variable in A eingesetzt wird. Diese Ersetzung ist deswegen gerechtfertigt, weil die Bedeutung von $\forall x (A(x))$, nämlich „für alle Individuen x gilt A (x)", in einem endlichen Individuenbereich zu „für i_1

gilt $A(i_1)$ und für i_2 gilt $A(i_2)$ und ... für i_m gilt $A(i_m)$" äquivalent ist; analog für $\exists x (A(x))$, dessen Bedeutung ist „es gibt (mindestens) ein Individuum x, so daß gilt $A(x)$."

b) Alle Funktionen werden gemäß ihrer Interpretation auf ihre Argumente angewendet.
c) Alle Prädikate werden gemäß ihrer Interpretation auf ihre Argumente angewendet.

Auf diese Weise evaluiert man den Ausdruck so lange, bis man einen Ausdruck erhält, der nur noch die Werte „wahr" (W) und „falsch" (F) und die Junktoren $\neg, \wedge, \vee, \rightarrow, \leftrightarrow$ der Aussagenlogik enthält. Dieser wird nach den bekannten Regeln für aussagenlogische Verknüpfungen ausgewertet.

Beispiel:
Sei $\mathcal{J} = \{0, 1, 2\}$, f (x, y) bedeute „die kleinere der beiden Argumente x und y (wenn beide gleich sind, dann x)", Q (x, y) das Prädikat „x ist gleich y". Der Konstante a sei das Objekt 2 zugeordnet. In dieser Interpretation wird dem Ausdruck

$$A = \forall x (\neg Q(x, a) \rightarrow Q(f(x, a), x))$$

folgendermaßen ein Wahrheitswert zugeordnet:
Ersetzen des Konstantensymbols a durch das Symbol 2 (zur besseren Lesbarkeit):

$$A = \forall x (\neg Q(x, 2) \rightarrow Q(f(x, 2), x)).$$

Einsetzung nach a) für die gebundene Variable x:

$$(\neg Q(0, 2) \rightarrow Q(f(0, 2), 0)) \wedge (\neg Q(1, 2) \rightarrow Q(f(1, 2), 1)) \wedge (\neg Q(2, 2) \rightarrow Q(f(2, 2), 2)).$$

Anwendung der Funktion f:

$$(\neg Q(0, 2) \rightarrow Q(0, 0)) \wedge (\neg Q(1, 2) \rightarrow Q(1, 1)) \wedge (\neg Q(2, 2) \rightarrow Q(2, 2)).$$

Anwendung des Prädikats Q:

$$(\neg F \rightarrow W) \wedge (\neg F \rightarrow W) \wedge (\neg W \rightarrow W).$$

Auswertung:

$$(W \rightarrow W) \wedge (W \rightarrow W) \wedge (F \rightarrow W) = W \wedge W \wedge W = W.$$

Das Ergebnis ist also der Wahrheitswert „wahr".

Jedem offenen Ausdruck des Prädikatenkalküls, der die freien Variablen $x_1, \ldots, x_n$ enthält, kann bezüglich einer Interpretation und einer bestimmten Wertzuweisung von n Individuen $i_1, \ldots, i_n \in \mathcal{J}$ an $x_1, \ldots, x_n$ ein Wahrheitswert zugeordnet werden. Dies geschieht nach demselben Verfahren, wobei vor Schritt b) ein zusätzlicher Schritt eingeführt wird:

a1) Ersetze jedes Auftreten von x_j durch ein Individuum i_j, für $j = 1, \ldots, n$. ($i_1, i_2, \ldots, i_n$ müssen nicht paarweise verschieden sein.)

Beispiel:
Dem Ausdruck

$$B(y) = \forall x (\neg Q(x, y) \rightarrow Q(f(x, y), x))$$

wird bezüglich der obigen Interpretation

– für $y = 0$ der Wert F
– für $y = 1$ der Wert F
– für $y = 2$ der Wert W

zugeordnet.

Die Zuordnung von Wahrheitswerten zu Ausdrücken bei nichtendlichem Individuenbereich ist ein nichttriviales Problem und auch im allgemeinen unentscheidbar. Allerdings kann man in Datenbanken davon ausgehen, daß der Individuenbereich endlich, wenn auch manchmal sehr groß, ist.

13.3 Gültigkeit und Erfüllbarkeit

Ein Ausdruck $\mathcal{A}$ heißt *bezüglich einer Interpretation gültig,* falls ihm in dieser Interpretation für jede mögliche Wertzuweisung an seine freien Variablen der Wahrheitswert „wahr" zugeordnet wird; er heißt *(allgemein-)gültig,* falls er bezüglich jeder möglichen Interpretation gültig ist. Ein Ausdruck $\mathcal{A}$ heißt *bezüglich einer Interpretation erfüllbar,* falls es in dieser Interpretation eine Zuweisung von Individuen aus dem entsprechenden Individuenbereich an seine freien Variablen gibt, so daß ihm der Wahrheitswert „wahr" zugeordnet wird; er heißt *erfüllbar* schlechthin, falls es überhaupt eine Interpretation gibt, bezüglich der er erfüllbar ist.

Ein Ausdruck ist also offenbar genau dann erfüllbar, wenn der negierte Ausdruck nicht allgemeingültig ist. Zwei Ausdrücke $\mathcal{A}$ und $\mathcal{B}$ heißen *äquivalent,* wenn der Ausdruck $\mathcal{A} \leftrightarrow \mathcal{B}$ allgemeingültig ist. Für geschlossene Ausdrücke (ohne freie Variablen) gelten noch folgende Definitionen:

Eine Interpretation einer Menge **W** von (geschlossenen) Ausdrücken heißt *Modell* für **W**, wenn jeder Ausdruck von **W** bezüglich dieser Interpretation gültig ist.

Ein Ausdruck $\mathcal{A}$ ist eine *logische Konsequenz* einer Menge **W** von (geschlossenen) Ausdrücken, wenn $\mathcal{A}$ in allen Modellen von **W** gültig ist. Dies wird $\mathbf{W} \models \mathcal{A}$ geschrieben.

Ein Ausdruck $\mathcal{A}$ ist *erfüllbar,* wenn er ein Modell hat.

Beispiel:
Der Ausdruck $\mathcal{A}$ im obigen Beispiel ist bezüglich der gegebenen Interpretation gültig; der Ausdruck $\mathcal{B}$ ist erfüllbar.

13.4 Methoden des logischen Schließens

Die obenangeführten Definitionen dienen als Grundlage für die semantische Methode des logischen Schließens, in der, ausgehend von einer Menge **W** von „Axiomen", die Gültigkeit eines zu untersuchenden Ausdrucks $\mathcal{A}$ in allen Modellen für **W** überprüft wird.

Eine äquivalente Methode ist die syntaktische, die nur kurz umrissen werden soll. Bei dieser geht man von einem System logischer Axiome, einigen Ableitungsregeln, etwa „Aus P und $P \rightarrow Q$ folgt Q" (Modus Ponens, Ableitungsregel) und den „eigentlichen Axiomen" **W** aus. Dieses formale System heißt *Theorie erster Stufe.* Darin kann man mit Hilfe der Ableitungsregeln neue Ausdrücke *(Theoreme)* herleiten. Ist ein Ausdruck $\mathcal{A}$ zu untersuchen, so versucht man hier eine Herleitung (einen Beweis) für $\mathcal{A}$ in der Theorie T zu finden, ist dies möglich, so schreibt man $\mathbf{W} \underset{T}{\vdash} \mathcal{A}$.

Es wurde von *Gödel* [1930] gezeigt, daß die dargelegten Methoden äquivalent sind, daß also gilt:

$\mathbf{W} \models A$ genau dann, wenn $\mathbf{W} \vdash A$.

Wie in den folgenden Abschnitten dargelegt wird, bilden die Methoden des logischen Schließens für Datenbanken eine wichtige theoretische Grundlage. Eine genauere Darstellung, insbesondere im Hinblick auf automatisches Schließen bzw. Beweisen von Theoremen, würde jedoch den Rahmen dieses Buches sprengen. Der interessierte Leser wird daher auf *Gallaire/Minker* [1978] und *Chang/Lee* [1973] verwiesen.

13.5 Mehrsortige Logik

In Datenbanken ist es eigentlich unrealistisch, einen homogenen Individuenbereich $\mathcal{J}$ anzunehmen, auf dessen Elementen alle Funktionen und Prädikate definiert sind. Eine Einteilung von $\mathcal{J}$ in verschiedene Klassen einander jeweils ähnlicher Individuen entspricht viel eher der intuitiven Vorstellung (vgl. etwa Objekttypen).

Abstrahiert von einer konkreten Interpretation kann man eine nichtleere Menge $\mathcal{S}$ von sogenannten *Sorten* $I_1, I_2, \ldots$ definieren. Für jede Sorte I gibt es dann Variable x_1^I, x_2^I, ..., die als Werte nur Individuen aus der Sorte I annehmen können, ebenso Konstante a_j^I. Für jedes Funktionssymbol sind die Sorten der Argumente und des Ergebnisses, für jedes Prädikatensymbol die Sorten der Argumente vorgegeben.

Aufbauend auf diesen neuen Symbolen kann analog zum Abschnitt 13.1 ein *mehrsortiger Prädikatenkalkül* aufgebaut werden, der Regeln zur Bildung mehrsortiger Ausdrücke angibt. Für diese Ausdrücke können in analoger Weise Interpretationen angegeben werden.

Beispiel:
Seien Sorten $\mathcal{S} = \{I_1, I_2\}$ gegeben, sowie ein zweistelliges Prädikat P, dessen erstes Argument zur Sorte I_1 und dessen zweites Argument zur Sorte I_2 gehört.
Ein Ausdruck im entsprechenden mehrsortigen Prädikatenkalkül wäre etwa

$$A = \forall x_1^{I_1}\ \forall x_2^{I_1}\ \exists x_1^{I_2}\ (P(x_1^{I_1}, x_1^{I_2}) \wedge P(x_2^{I_1}, x_1^{I_2})).$$

In der Interpretation
I_1 entspricht der Menge der Punkte im euklidischen Raum,
I_2 entspricht der Menge der Geraden im euklidischen Raum
P (x, y) entspricht dem Prädikat „der Punkt x liegt auf der Gerade y"
bedeutet obiger Ausdruck A nichts anderes als
„Zu je zwei Punkten a und b gibt es stets eine Gerade g, sodaß jeder der beiden Punkte a und b auf der Gerade liegt".

Die mehrsortige Logik kann jedoch in das Prädikatenkalkül erster Stufe eingebettet werden, ist also nicht mächtiger als dieses. Für theoretische Betrachtungen kann man sich daher mit dem letzteren begnügen.

Beispiel:
Das obige Beispiel kann folgendermaßen im Prädikatenkalkül erster Stufe dargestellt werden:
es gibt nur eine Sorte von Variablen, ein zweistelliges Prädikat P und zwei einstellige Prädikate Q_1 und Q_2.

Der Ausdruck

$$A' = \forall x \, \forall y \, (Q_1 (x) \wedge Q_1 (y) \rightarrow \exists z \, (Q_2 (z) \wedge P (x, z) \wedge P (y, z)))$$

stellt dieselbe Aussage dar, wenn man folgende Interpretation wählt:

J = Menge aller Punkte und Geraden im euklidischen Raum

$Q_1 (x)$ entspricht dem Prädikat „x ist ein Punkt" (genau dann wahr, wenn x ein Punkt ist)

$Q_2 (x)$ entspricht dem Prädikat „x ist eine Gerade" (genau dann wahr, wenn y eine Gerade ist)

$P (x, y)$ entspricht dem Prädikat $\begin{cases} \text{W, falls x Punkt und y Gerade ist, und x auf y liegt,} \\ \text{F sonst} \end{cases}$

13.6 Pränexe Normalform, Horn clauses

Es sei ein beliebiger Ausdruck A des Prädikatenkalküls gegeben. Es kann gezeigt werden, daß es einen zu A äquivalenten Ausdruck B gibt ($A \leftrightarrow B$ ist allgemeingültig) derart, daß

a) jedes in B vorkommende Negationszeichen sich nur auf eine Primformel bezieht und die Verknüpfungen $\rightarrow$ und $\leftrightarrow$ nicht vorkommen sowie

b) falls A überhaupt Quantoren enthält, B mit lauter Quantoren beginnt, deren Wirkungsbereiche sich bis zum Ende von B erstrecken, und B sonst keine anderen Quantoren enthält. Diese Darstellung wird *pränexe Normalform* genannt.

Beispiel:

Der Ausdruck

$$A = \forall x \, \forall y \, (Q_1 (x) \wedge Q_1 (y) \rightarrow \exists z \, (Q_2 (z) \wedge P (x, z) \wedge P (y, z)))$$

ist äquivalent zu (pränexe Normalform)

$$B = \forall x \, \forall y \, \exists z \, (\neg Q_1 (x) \vee \neg Q_1 (y) \vee (Q_2 (z) \wedge P (x, z) \wedge P (y, z))).$$

Nun soll die Betrachtung auf geschlossene Ausdrücke eingeschränkt werden, deren Richtigkeit in einer Datenbank vorausgesetzt wird. Solche Ausdrücke finden Verwendung als Ableitungs- oder Integritätsregeln (siehe Abschnitt 13.7.2).

Ist ein Ausdruck geschlossen und außerdem wahr, so kann man durch Einführung sogenannter *Skolem-Funktionen* die existentiellen Quantoren aus dem Ausdruck entfernen.

Der Ausdruck B des obigen Beispiels ist geschlossen, seine Richtigkeit sei vorausgesetzt. Dann gibt es für jedes x und y mindestens ein z, so daß die Bedingung gilt. Es wird nach irgendwelchen Kriterien einer der möglichen z-Werte ausgewählt und mit f (x, y) bezeichnet. Dann lautet der Ausdruck

$$C = \forall x \, \forall y \, (\neg Q_1 (x) \vee \neg Q_1 (y) \vee (Q_2 (f (x, y)) \wedge P (x, f (x, y)) \wedge P (y, f (x, y)))).$$

Alle Variablen sind nun universell quantifiziert und man kann die universellen Quantoren weglassen, um eine quantorenfreie Schreibweise zu erhalten (die Quantifizierung bleibt natürlich implizit bestehen!).

$$C' = \neg Q_1 (x) \vee \neg Q_1 (y) \vee (Q_2 (f (x, y)) \wedge P (x, f (x, y)) \wedge P (y, f (x, y))).$$

Es ist weiters möglich, den Ausdruck in die *konjunktive Normalform* zu transformieren, d.i. eine Konjunktion einfacher Disjunktionen (Disjunktionen, deren Teilausdrücke nur Primformeln oder negierte Primformeln sind).

Der Beispielausdruck ist dann (äquivalent zu):

$$\mathcal{D} = (\neg Q_1(x) \vee \neg Q_1(y) \vee Q_2(f(x,y))) \wedge$$
$$(\neg Q_1(x) \vee \neg Q_1(y) \vee P(x, f(x,y))) \wedge$$
$$(\neg Q_1(x) \vee \neg Q_1(y) \vee P(y, f(x,y))).$$

Die hier auftretenden einfachen Disjunktionen werden *"clauses"* genannt; sie können äquivalent auch als Implikationen geschrieben werden:
Sie sind allgemein von der Form

$$\neg A_1 \vee \neg A_2 \vee \ldots \vee \neg A_n \vee B_1 \vee B_2 \vee \ldots \vee B_p$$

in äquivalenter Schreibweise

$$(A_1 \wedge A_2 \wedge \ldots \wedge A_n) \rightarrow (B_1 \vee B_2 \vee \ldots \vee B_p)$$

wobei alle A_i und B_j Primformeln sind.

Ist $p = 0$, sind also nur negierte Primformeln enthalten, so kann man $p = 1$ und $B_1 = F$ setzen.

Im Beispiel:

$$\mathcal{D}' = (Q_1(x) \wedge Q_1(y) \rightarrow Q_2(f(x,y))) \wedge$$
$$(Q_1(x) \wedge Q_1(y) \rightarrow P(x, f(x,y))) \wedge$$
$$(Q_1(x) \wedge Q_1(y) \rightarrow P(y, f(x,y))).$$

Eine einfache Disjunktion, die maximal eine unnegierte Primformel enthält ($p \leqslant 1$), wo in der äquivalenten Implikation also maximal eine Primformel auf der rechten Seite steht, heißt *"Horn clause"* [*Horn*].

Ausdrücke dieser Form sind für Datenbankanwendungen zentral [*Minker*]; siehe dazu Abschnitt 13.7.4.

13.7 Anwendung auf Datenbankkonzepte

Jede Datenbank liefert eine mehr oder weniger vollständige Beschreibung eines Ausschnittes der Realität. Diese Beschreibung kann man im wesentlichen trennen in

a) elementare Tatsachen, die den Inhalt der Datenbank bilden, und
b) allgemeine Gesetze über die Beziehungen der abgebildeten Objekte, die den Inhalt des Datenmodells bilden.

Insbesondere im Relationenmodell sind die Zusammenhänge zur mathematischen Logik offensichtlich. Es soll hier kurz eine Entsprechung zwischen den Begriffen auf beiden Seiten hergestellt werden.

13.7.1 Grundkonzepte

Es sind zwei hauptsächliche Interpretationen möglich [*Pirotte*, 1978]. In der ersten sind die Individuen der Interpretation die *Tupeln der Relationen*, entsprechen also (bei geeigneter Modellierung) den Objekten der realen Welt, insoferne als jede Relation einem Objekttyp entspricht. Die Zugehörigkeit eines Tupels zu einer Relation R kann durch ein einstelliges Prädikat dargestellt werden; eine elementare Tatsache („a gehört zur Relation R") wird durch die Primformel R (a) ausgedrückt.

In der zweiten Interpretation sind die Individuen die *Attributwerte*, eine elementare Tatsache „das Tupel $a_1, a_2, \ldots, a_n$ gehört zur Relation R" wird durch eine Primformel R $(a_1, a_2, \ldots, a_n)$ ausgedrückt.

Allgemeine Gesetze, denen die Relationen genügen müssen, werden in beiden Fällen als geschlossene Ausdrücke des Prädikatenkalküls dargestellt.

Eine Relation kann *„extensional"* als die Menge der ihr genügenden Tupeln definiert werden, aber auch *„intensional"* als eine Menge von allgemeinen Gesetzen, die die dazugehörigen Tupeln definieren. In vielen Fällen sind beide Methoden notwendig: für Basisrelationen extensionale, für abgeleitete Relationen (die nicht explizit gespeichert werden sollen, da sie redundant sind) intensionale Definitionen. Auch eine Kombination wäre denkbar. Oft werden in diesem Zusammenhang das Relationenschema als Intension, die aktuelle Ausprägung (gespeicherte Relation) als Extension einer Relation bezeichnet.

13.7.2 Ableitungs- und Integritätsregeln

Eine Datenbank kann nun allgemeine Gesetze, also geschlossene Ausdrücke, in zwei verschiedenen Weisen verwenden. Wird ein Gesetz dazu benützt, aus gegebener Information neue abzuleiten, so ist es eine *Ableitungsregel*. So kann etwa aus der elementaren (als Tupel gespeicherten) Tatsache „a ist ein Student" und dem Gesetz „jeder Student ist eine Person" die weitere Tatsache „a ist eine Person" gefolgert werden. Letztere Tatsache kann dann als Tupel in einer Relation, die die Personen aufzählt, gespeichert werden. In diesem Fall wird das Gesetz als *Generationsregel* verwendet, um neue explizite Information zu generieren. Es kann aber auch als *Abfrage-Ableitungsregel* auftreten, indem die neue Tatsache nicht explizit gespeichert wird, sondern implizit bleibt, bis sie durch eine Abfrage (im Beispiel: „liefere alle Personennamen") angefordert wird.

Die zweite Verwendungsart für allgemeine Gesetze ist die *Integritätsregel*. In diesem Fall wird geprüft, ob die Regel gilt, und ein Fehler wird gemeldet, wenn dies nicht der Fall ist. In obigem Beispiel wird geprüft, ob in der Relation für Personen a bereits gespeichert ist.

Die elementare Information in der Datenbank kann nun nach *Nicolas/Gallaire* [1978] als Modell einer Theorie erster Stufe betrachtet werden, bei dem die Integritätsregeln die eigentlichen Axiome sind (also als wahr vorausgesetzt werden). Andere allgemeine Gesetze werden weiter als Ableitungsregeln verwendet.

Im Abschnitt 15.3.3 werden die Ableitungs- und Integritätsregeln genauer betrachtet.

13.7.3 Abfragen

Eine *Abfrage* an eine Datenbank kann ebenso als Ausdruck des Prädikatenkalküls dargestellt werden. Dabei kann zwischen geschlossenen und offenen Abfragen unterschieden werden, die geschlossenen bzw. offenen Ausdrücken entsprechen.

Ein geschlossener Ausdruck, also ein Ausdruck ohne freie Variable, kann als Frage interpretiert werden, ob eine bestimmte Bedingung in der Datenbank wahr oder falsch ist. Dies entspricht der Frage, ob der Ausdruck bezüglich der jeweiligen Interpretation gültig ist oder nicht, d.h. ob er als Wahrheitswert „wahr" oder „falsch" zugeordnet erhält.

Ein offener Ausdruck, also ein Ausdruck mit freien Variablen, kann als Bitte interpretiert werden, alle jene Wertzuweisungen an die freien Variablen zu finden, bezüglich derer der Ausdruck in der Datenbank wahr ist, d.h. bezüglich derer er in der gegebenen Interpretation den Wert „wahr" erhält. Ist der Ausdruck bezüglich der Interpretation nicht erfüllbar, so ist die Antwortmenge leer.

Für eine weitere Behandlung von Abfragen und Abfragesprachen siehe Kapitel 14.

13.7.4 Negative Information

In Datenbanken ist im allgemeinen die Speicherung bestimmter elementarer Tatsachen, d.h. Prädikate, vorgesehen. Jede Relation des Relationenmodells entspricht z.B. einem Prädikat (STUD (x, „Informatik") ≅ „Student x studiert Informatik"). Solche Angaben kann man auch als *„positive Information"* bezeichnen. Im Gegensatz dazu könnte man eine *„negative Information"* als negiertes Prädikat definieren, also die Aussage, daß für bestimmte Argumente das Prädikat nicht gilt (¬STUD (x, „Mathematik"), ¬STUD (x, „Geschichte"), . . .).

Die Aufzählung aller Sachverhalte, die für alle modellierten Objekte nicht gelten, wäre wohl kaum jemals möglich. In manchen Fällen sind gewisse negative Informationen allerdings explizit gegeben („ Student x hat die Inskriptionsgebühr nicht bezahlt") oder können durch Ableitungsregeln aus explizit gegebener (positiver) Information abgeleitet werden („Student x ist männlich" impliziert jedenfalls „Student x ist nicht weiblich": GESCHL (x, „männlich") → ¬GESCHL (x „weiblich")).

Ist jedoch ein bestimmtes (mögliches) Prädikat nicht gespeichert, so ist es nicht von vornherein klar, warum die Speicherung bisher nicht erfolgte: gilt der Sachverhalt wirklich nicht oder ist nur in der Datenbank noch nicht bekannt, ob er gilt?

In manchen Fällen kann angenommen werden, daß jede elementare Aussage (Prädikat) falsch ist, die nicht explizit oder implizit in der Datenbank aufscheint. Dies bedeutet die Annahme einer sogenannten *geschlossenen Welt* (closed world assumption), d.h. daß die Datenbank alle für den modellierten Ausschnitt der Realität relevanten Daten enthält. Zu diesem Typ gehört z.B. ein Flugbuchungssystem: ist für einen bestimmten Platz keine Reservierung gespeichert, so ist der Platz frei; ist keine Direktverbindung von Ort a nach Ort b gespeichert, so gibt es keine [*Reiter*].

Häufig werden allerdings auch die Fälle sein, in denen von der Datenbank nicht erwartet werden kann, daß sie alle relevanten Daten über den interessierenden Realitätsausschnitt enthält. Hier kann man eine elementare Aussage nur dann als falsch annehmen, wenn ihre Negation explizit oder implizit in der Datenbank aufscheint, d.h. ableitbar ist. Andere (nicht gespeicherte) elementare Aussagen müssen als „unbekannt" gelten. Dies ist die Annahme einer *offenen Welt* (open world assumption).

In dieser Situation tritt ein schwerwiegendes Problem bei der Verwendung von Ableitungsregeln auf. Eine Regel A sei in der quantorenfreien konjunktiven Normalform dargestellt, sie besteht also aus einer Konjunktion einfacher Disjunktionen (siehe Abschnitt 13.6).

Sei eine dieser Disjunktionen etwa von der Form

$\neg A_1 \vee \neg A_2 \vee \ldots \vee \neg A_n \vee B_1 \vee B_2$,

als Implikation geschrieben $(A_1 \wedge A_2 \wedge \ldots \wedge A_n) \rightarrow (B_1 \vee B_2)$.

Ist nun in der Datenbank B_1 nicht gültig, wohl aber $(A_1 \wedge \ldots \wedge A_n)$ so müßte man daraus B_2 folgern, da

$$A_1 \wedge A_2 \wedge \ldots \wedge A_n \wedge \neg B_1 \rightarrow B_2 .$$

Die negative Information $\neg B_1$ ist jedoch unter der Annahme einer offenen Welt i.a. nicht sicher belegt und es wäre fragwürdig, daraus positive Information zu folgern.

Es wird daher versucht, die Ableitungsregeln auf solche zu beschränken, deren quantorenfreie konjunktive Normalform nur Horn-clauses mit genau einer positiven Primformel enthält.

Der Ausdruck im Beispiel zum Abschnitt 13.6 ist eine solche Regel; dort sind aus $(Q_1(x) \wedge Q_1(y))$ jeweils einzeln $Q_2(f(x, y))$, $P(x, f(x, y))$ und $P(y, f(x, y))$ ableitbar.

14. Datenbanksprachen

Eine wichtige Komponente jedes Datenbanksystems stellen die spezialisierten Sprachen dar, die als Werkzeuge zur Schemaformulierung und zum Datenzugriff dem Benutzer zur Verfügung gestellt werden. Die angedeutete Unterscheidung der Funktionen führt zu einer Einteilung dieser Datenbanksprachen in *Datenbeschreibungssprachen* (data description languages, DDL) und *Datenmanipulationssprachen* (data manipulation languages, DML).

14.1 Datenbeschreibungssprachen

Unter einer Datenbeschreibungssprache wird eine selbständige Sprache verstanden, die zur Beschreibung von Datenschemata dient. Sie ist also jenes Werkzeug, welches das Ergebnis eines Datenmodellierungsvorganges formal beschreibt und somit dem Datenbankverwaltungssystem die Informationen zum Aufbau einer speziellen Datenbank bereitstellt.

Da mit Hilfe der Datenbeschreibungssprachen das konzeptionelle Schema und die externen Schemata beschrieben werden sollen, gibt es im Idealfall in der Datenbeschreibungssprache keine Möglichkeit, auf Aspekte des internen Schemas wie etwa Datenvolumen, Speicherzuordnung usw. Bezug zu nehmen. Die Datenbeschreibungssprache dient nur zur Beschreibung der logischen Struktur des Datenbankinhaltes und ist i.a. sehr einfach [*Olle*].

Nijssen [1975] nennt eine Datenbeschreibungssprache *strukturell komplett,* wenn mit ihrer Hilfe (im Rahmen eines bestimmten Datenmodellformalismus) alle Modelle beschrieben werden können, die aus einer endlichen Anzahl von Objekttypen und einer endlichen Anzahl von (funktionalen) Einschränkungen auf diesen Objekttypen bestehen. Zur Beschreibung der Einschränkungen sind allerdings Sprachelemente erforderlich, die zum Bereich der Datenmanipulationssprachen gehören, da sich viele Einschränkungen typischerweise auf die Dateninhalte und nicht auf die Struktur beziehen.

Auf Grund der relativen Einfachheit der Datenbeschreibungssprachen – die von der einfachen Struktur der verwendeten Datenmodelle herrührt – ist für sie keine spezielle Theorie entwickelt worden.

14.2 Datenmanipulationssprachen

Zur Formulierung von Datenbankoperationen, also Operationen auf den Dateninhalten im Rahmen der gegebenen Modellstruktur, dienen Datenmanipulationssprachen. Zwei hauptsächliche Aufgabengebiete dieser Sprachen werden unterschieden:

a) Veränderungen des Datenbankinhaltes durch die Operationen Einfügen, Löschen und Ändern (insert, delete, update).
b) Abfragen (queries) des Inhaltes der Datenbank auf der Basis eines externen Modells und Bereitstellung der Ergebnisse für eventuelle weitere Verarbeitung.

Sprachen, welche nur die zweite Möglichkeit vorsehen, werden auch als *Abfragesprachen* (query languages) bezeichnet. „Volle" Datenmanipulationssprachen unterscheiden sich allerdings von reinen Abfragesprachen nur insofern, als sie die zusätzlichen (syntaktisch einfachen) Änderungsoperationen beinhalten. Der Formalismus der Datenabfrage ist beiden Gruppen gemeinsam.

Das Ziel dieses Abschnittes ist es, die logische Struktur der Beschreibung von Datenmanipulationsvorgängen zu beleuchten, nicht aber auf spezielle syntaktische Regeln einzelner Sprachen einzugehen. Aus diesem Grund wird das Hauptgewicht auf die Formulierung von Abfragen gelegt; außerdem wird auf konkrete Datenmanipulationssprachen nur in Beispielen Bezug genommen.

Datenmanipulationssprachen können entweder als selbständige Sprachen konzipiert sein oder in eine bestehende Programmiersprache eingebettet werden. Im Falle eingebetteter Sprachen können Änderungen Ergebnis vorheriger Verarbeitung sein bzw. Abfrageergebnisse im Rahmen der Möglichkeiten der Wirtsprache weiterverarbeitet werden.

Selbständige Sprachen eignen sich besonders für die Formulierung einmaliger, nicht vorhersehbarer Anfragen (ad-hoc-Anfragen) an die Datenbank, insbesondere im Online-Betrieb. Derartige Anfragen kommen z.B. oft im Rahmen von Forschungsaufgaben vor, etwa im Zusammenhang mit der Auswahl von Daten für statistische Analysen oder für OR-Verfahren.

Beim Einsatz von Datenbanken für kommerzielle und administrative Zwecke werden wiederholte Durchführungen vorgeplanter Abläufe im Vordergrund stehen. Für solche Zwecke ist es günstig, Datenmanipulationsroutinen mit einigen wenigen Parametern vorzuformulieren, die dann vom Benutzer nur mehr unter Angabe der aktuellen Parameterwerte aufgerufen werden müssen. Derartige Benutzer, die nach *Yormark* [1977] deshalb auch parametrische Benutzer genannt werden, sind mit der vollen Datenmanipulationssprache nicht mehr konfrontiert.

Abfragen gliedern sich, oberflächlich gesehen, in zwei Gruppen:

a) Ja/nein-Abfragen: die Frage ob eine bestimmte Bedingung im gegenwärtigen Datenbankzustand erfüllt ist oder nicht.
b) Datenabfragen: die Frage nach einer Menge von Daten, die eine bestimmte Bedingung erfüllen.

Bei genauerer Betrachtung erkennt man, daß zwischen diesen beiden Gruppen kein wesentlicher logischer Unterschied besteht. In beiden Fällen ist die Menge jener Daten zu bestimmen, welche eine logische Bedingung erfüllt. Bei einer ja/nein-Abfrage wird dann festgestellt, ob diese Antwortmenge Elemente enthält oder leer ist. Das Ergebnis ist dann ja oder nein, je nach Formulierung der Abfrage. Bei einer Datenabfrage bildet die gefundene Antwortmenge bereits das Ergebnis.

Eine Abfrage kann nun prinzipiell auf zwei Arten formuliert werden: entweder durch Beschreibung des Prozesses, der die Antwortmenge erzeugt, oder durch Beschreibung der Bedingung, die erfüllt sein muß, damit ein Datenelement zur Antwortmenge gehört. Der Aufbau der Elemente der Antwortmenge ist in beiden Fällen anzugeben. Im ersten Fall spricht man von *prozeduralen Sprachen*, im zweiten Fall von *deskriptiven Sprachen*.

Das Charakteristikum einer prozeduralen Sprache ist es somit, daß die zeitliche Aufeinanderfolge einzelner logischer Datenzugriffe festgelegt wird. Der dadurch festgelegte Prozeß muß alle möglicherweise in Frage kommenden Elemente daraufhin untersuchen, ob sie in Frage kommen oder nicht.

Wie bereits in Kapitel 4 ausgeführt wurde, ermöglichen etwa im Falle des Relationenmodells mächtige Mengenoperationen die einfache Formulierung dieses Untersuchungsvorgangs. Abfragesprachen zu graphenorientierten Modellen erlauben meist nur den logischen Zugriff auf einzelne Objekte ("one record at a time") in der durch die logischen Zugriffspfade vorgegebenen Reihenfolge. In diesem Fall wird der Suchprozeß als *Navigation* bezeichnet. Die Antwortmenge wird elementweise aufgebaut, indem für jedes bei der Navigation „angetroffene" Objekt des gesuchten Typs entschieden wird, ob es zur Antwortmenge gehört oder nicht.

Deskriptive Sprachen nehmen auf einzelne Operationen keinen Bezug und daher auch nicht auf Operationsabfolgen. Die Umsetzung der Beschreibung der Antwortmenge in eine Folge von Zugriffsoperationen wird allein vom Datenbanksystem übernommen. Diese Sprachen haben vor allem auf der Grundlage des Relationenmodells Bedeutung.

14.3 Datenmanipulationssprachen für das Relationenmodell

Datenmanipulationssprachen arbeiten auf der Basis eines externen Modells, verlangen also vom Benützer die Kenntnis des logischen Aufbaues zumindest eines Teiles der Datenbank. Sie werden stark von der zugrundeliegenden Struktur des Datenmodells geprägt.

Im Folgenden werden nur Sprachtypen behandelt, deren Grundlage relationale Datenmodelle sind; für Beschreibungen anderer Typen sei etwa auf *Date* [1977] oder *Wedekind* [1974] verwiesen.

Bei der abstrakten Sprachdarstellung wird das Ziel verfolgt, die charakteristischen Formulierungstechniken für Abfragen zu zeigen; konkrete Sprachen mit einer für die Implementierung geeigneten Notation werden nur beispielhaft gezeigt.

Den Beispielen liegen die Relationen aus Kapitel 6 zugrunde. Für die dort verwendeten Relationennamen werden zur Vereinfachung der Schreibweise Abkürzungen eingeführt.

Aufbau und Bezeichnung der verwendeten Relationenschemata sind in der folgenden Tabelle zusammengestellt. Die Attribute APERSDAT und SPERSDAT wurden dabei durch passende Personaldatenattribute ersetzt.

Verwendete Relationenschemata	Bezeichnung aus Kapitel 6
S (SSOZVNR, MATRNR, SVORNAME, SFAMNAME, SGEBDAT, SADR, SGESCHL, STELNR, SSTAAT, MATURATYP, STUDTYP, IMMATDAT)	$RS_{2.1}$ (= STUDENT)

B (ASOZVNR, PERSNR, AVORNAME, AFAMNAME, AGEBDAT, AADR, AGESCHL, ATELNR, ASTAAT, AMTSTITEL, POSTEN-NR, STELLENART, STELLENTYP, VERTRAGSDATEN)	$RS_{2.2}$ (= BEDIENSTETER)
LV (LVNAME, WOCHSTD, LVART, LEHRFACH)	$RS_{2.5}$ (= LEHRVERANSTALTUNG)
DP (POSTENNR, PLSTTYP, INSTNR, FAKNR)	$RS_{2.6}$ (= DIENSTPOSTEN)
K (SEMESTER, KURSNR, LVNAME, LEHRERNR)	$RS_{2.10}$ (= KURS)
IN (MATRNR, SRKENN, SEMESTER, INSKDAT)	$RS_{2.12}$ (= INSKRIPTION)

Folgende Abfragen werden als Beispiele verwendet:

BSP1) Gefragt sind die Vor- und Familiennamen aller Universitätsassistenten, die nach dem 31.12.1954 geboren sind.

BSP2) Gefragt sind die Daten aller Praktika (Name, Wochenstunden, Lehrfach, Kursnummer, Institutsnummer), die mehr als 5-stündig sind und die in einem bestimmten Semester (WS 1980/81) an einer bestimmten Fakultät (1) abgehalten werden.

BSP3) Suche die Daten (Matrikelnummer, Name, Adresse) aller jener Studenten, die in den vergangenen 2 Semestern nicht inskribiert haben.

14.3.1 Der abstrakte Sprachtypus der Relationenalgebra

Die Operationen der Relationenalgebra [*Codd*, 1972b] wurden überblicksmäßig in Abschnitt 4.3.2 und formal in Abschnitt 5.1.5 angegeben. Es handelt sich hierbei um Operationen, deren Operanden Relationen sind und deren Ergebnis ebenfalls stets eine Relation ist. Sie seien hier nochmals aufgezählt:

Operation	Symbolische Darstellung
Vereinigung	$R \cup S$
Durchschnitt	$R \cap S$
Mengendifferenz	$R \setminus S$
erweitertes kartesisches Produkt	$R \times S$
Selektion	$\sigma_P R$
Projektion	$\pi_X R$ bzw. $R [X]$
Verbund:	
natürlicher Gleichverbund	$R * S$
Theta-Verbund	$R [A \theta B] S$
Division	$R [A : B] S$

Da das Ergebnis jeder Operation wieder eine Relation ist, ist die Spezifikation von Folgen von Operationen möglich, die nacheinander auszuführen sind. So können aus den Relationen einer Datenbank schrittweise die jeweils gewünschten Ergebnisrelationen erzeugt werden. Der logische Zugriff ist dabei mengenorientiert ("many tuples at a time").

Die erwähnten Beispiele lassen sich auf folgende Weise mit Hilfe der Relationenalgebra formulieren.

BSP1) Aus der Relation B sind zuerst durch Selektion jene Tupeln auszuwählen, die der Bedingung

$$P = ((\text{STELLENART} = \text{‚Assistent'}) \wedge (\text{STELLENTYP} = \text{‚Univ.Ass.'}) \wedge (\text{AGEBDAT} \geqslant 19550101))$$

genügen. Das Ergebnis dieser Selektion ist eine Relation mit dem gleichen Aufbau wie B, aus der durch Projektion auf die Attribute AVORNAME und AFAMNAME das gewünschte Ergebnis erhalten wird:

$$\text{ERGEBNIS} = (\sigma_P B)\,[\text{AVORNAME, AFAMNAME}]$$

BSP2) Es werden zuerst aus der Relation LV jene Tupel (Lehrveranstaltungen) ausgewählt, die der Bedingung

$$P_1 = ((\text{WOCHSTD} > 5) \wedge (\text{LVART} = \text{‚PR'}))$$

genügen. Aus der Relation K werden mittels Bedingung

$$P_2 = (\text{SEMESTER} = \text{‚WS1980/81'})$$

die Kurse des angegebenen Semesters selektiert.
Der Verbund der dabei erhaltenen zwei Zwischenrelationen (natürlicher Gleichverbund über das Attribut LVNAME) ergibt sodann eine Relation R, deren Inhalt die Kurs- und Lehrveranstaltungsdaten (darunter auch die LEHRERNR) aller mehr als fünfstündigen Praktika im Wintersemester 1980/81 bilden. Auf ähnliche Weise kann eine Relation S erzeugt werden, die die Personal- und Dienstpostendaten aller Bediensteten der Fakultät 1 (Selektion nach Bedingung P3 = (FAKULTÄT = 1)) enthält. Ein Gleichverbund von R und S über die Attribute LEHRERNR und PERSNR liefert eine Relation, deren Projektion auf die gewünschten Attribute die Ergebnisrelation bildet:

$$\begin{aligned}\text{ERGEBNIS} = (((&\sigma_{P_1}\ \text{LV}) * (\sigma_{P_2}\ \text{K}))\,[\text{LEHRERNR} = \text{PERSNR}]\\ &(\text{B} * (\sigma_{P_3}\ \text{DP})))\,[\text{LVNAME, WOCHSTD, LEHRFACH,}\\ &\text{KURSNR, INSTNR}]\end{aligned}$$

BSP3) In vielen Fällen kann die Ergebnisrelation auf verschiedene Arten erhalten werden. Für das vorliegende Beispiel sind drei Lösungsvarianten gezeigt, in jedem Fall wird die Abkürzung

$$P = ((\text{SEMESTER} = \text{‚WS1980/81'}) \vee (\text{SEMESTER} = \text{‚SS1981'}))$$

verwendet:

a) $\text{ERGEBNIS} = (\text{S}\,[\text{MATRNR, SVORNAME, SFAMNAME, SADR}]) \setminus$
$((\text{S} * (\sigma_P\ \text{IN}))\,[\text{MATRNR, SVORNAME, SFAMNAME, SADR}])$

b) $\text{ERGEBNIS} = \text{S} \setminus (\text{S} * ((\sigma_P\ \text{IN})\,[\text{MATRNR}]))$
$[\text{MATRNR, SVORNAME, SFAMNAME, SADR}]$

c) S1 = S [MATRNR, SVORNAME, SFAMNAME, SADR];
ERGEBNIS = S1 \ (S1 * ((σ_P IN) [MATRNR]))
Diese Variante verwendet zur effizienteren Durchführung das Zwischenergebnis S1.

Die vorgeführten Beispiele beziehen sich alle auf Abfragen an die Datenbank. Vorgänge zur Veränderung des Datenbankinhaltes können mit Hilfe der Operationen Vereinigung und Mengendifferenz ebenso beschrieben werden.

So könnte man etwa die Ankündigung eines neuen Kurses folgendermaßen in der Datenbank vermerken:

K = K ∪ { < ‚SS1981', 2381, ‚Usbekisch III', 4478 > }.

Die Relationenalgebra ist eine ideale Basis für prozedurale Abfragesprachen. Als konkreten Sprachvorschlag für eine solche auf der Relationenalgebra basierende Datenmanipulationssprache sei hier auf ISBL [*Todd*], [*Hitchcock*] verwiesen.

14.3.2 Der abstrakte Sprachtypus des Relationenkalküls

Eine Ausgangsbasis für die Definition von deskriptiven Datenmanipulationssprachen bildet das Relationenkalkül. Dieses beruht auf der formalen Logik, speziell dem Formalismus des Prädikatenkalküls erster Stufe, deren Grundlagen in Kapitel 13 beschrieben wurden.

Um das Prädikatenkalkül als Abfragesprache anwenden zu können, ist es notwendig, eine Interpretation dafür anzugeben (siehe Abschnitt 13.2). Hierbei geht es vor allem um die Festlegung des Individuenbereichs, also des Wertebereichs der Individuenvariablen im Kalkül.

Nach *Pirotte* [1978] können als Individuen entweder die Tupeln der Relationen in der Datenbank oder die einzelnen Attributwerte gewählt werden (siehe Abschnitt 13.7.1). Demnach spricht man von *Kalkülsprachen mit Tupelvariablen* bzw. *Kalkülsprachen mit Bereichsvariablen* (range variables).

Es ist allerdings nicht sinnvoll, als Wertebereich einer Individuenvariable den gesamten Individuenbereich zuzulassen. Dies würde nämlich bedeuten, daß eine bestimmte Variable x in einem Ausdruck des Kalküls ein Tupel jeder beliebigen Relation (im Falle von Tupelvariablen) bzw. einen Wert zu jedem beliebigen Attribut (bei Bereichsvariablen) darstellen würde. Es ist vielmehr notwendig, die möglichen Werte einer Tupelvariablen etwa nur auf die Tupeln einer bestimmten Relation einzuschränken, ebenso die möglichen Werte einer Bereichsvariablen auf einen Wertebereich eines bestimmten Attributes.

Diese Einschränkung kann formal dadurch erreicht werden, daß die Variablen typisiert werden, d.h., daß die Werte jeder Variablen nur einem bestimmten Typ angehören dürfen. Dieser Typ ist bei Sprachen mit Tupelvariablen als die Menge der Tupel einer Relation, bei Sprachen mit Bereichsvariablen als ein Attributswertebereich definiert. Diese Vorgangsweise entspricht der Einführung einer mehrsortigen Logik (vgl. Abschnitt 13.5).

Eine Alternative dazu bietet die Einführung spezieller unärer *Bereichsprädikate*, die nur auf einer bestimmten Relation bzw. auf einem bestimmten Wertebereich wahr sind. Diese Bereichsprädikate müssen für alle Variablen so verwendet werden, daß sie im jeweiligen Ausdruck die Funktion der „Typenprüfung" übernehmen.

Gemäß der Einteilung der Abfragesprachen nach der Art der Variablen (Tupelvariable, Bereichsvariable) einerseits und nach der Methode der Typenprüfung (Typisierung, Bereichsprädikate) andererseits lassen sich vier Sprachtypen unterscheiden [*Pirotte*, 1978]. Während aber die Methode der Typenprüfung eher nur formale Aspekte berührt, beeinflußt die Art der Variablen die Technik der praktischen Formulierung von Abfragen. Es werden daher im Folgenden nur die Sprachtypen mit Bereichsprädikaten behandelt, unterschieden nach der Variablenart. Dieses Vorgehen erscheint auch deswegen gerechtfertigt, weil sich bei den konkreten Sprachvorschlägen vor allem diese Typen durchgesetzt haben.

Wie bereits in Abschnitt 13.7.3 ausgeführt wurde, können beliebige Ausdrücke des Prädikatenkalküls als Abfragen verwendet werden. Geschlossene Ausdrücke, also Ausdrükke ohne freie Variable, haben in der jeweiligen Interpretation einen festen Wahrheitswert und können daher zur Formulierung von ja/nein-Abfragen herangezogen werden. Die Verwendung offener Ausdrücke bedarf allerdings einer zusätzlichen Erläuterung.

Ein offener Ausdruck $A(x_1, \ldots, x_n)$ enthält eine oder mehrere freie Variable $x_1, \ldots, x_n$. Der Wahrheitswert des offenen Ausdruckes ist von der jeweiligen Wertebelegung der freien Variablen abhängig. Es wird daher vereinbart, daß die Antwort auf die Abfrage, die aus dem offenen Ausdruck $A(x_1, \ldots, x_n)$ besteht, die Menge jener in der Datenbank vorkommenden Wertebelegungen der freien Variablen sein soll, für die der Wert des Ausdruckes „wahr" ist. Dies wird in der gebräuchlichen Weise geschrieben:

$$\{\langle x_1, \ldots, x_n \rangle \mid A(x_1, \ldots, x_n)\}.$$

14.3.2.1 Relationenkalkül mit Tupelvariablen und Bereichsprädikaten

Die Formulierung von Abfragen in Sprachen dieses Typs wird an den bereits oben verwendeten Beispielen gezeigt.

Da die Variablen x, y, ... Tupeln darstellen, ist es natürlich notwendig, auch die Spezifikation von Attributwerten als Bestandteile von Tupeln zu ermöglichen. Dies wird durch Qualifikation der Tupelvariablen mit den Attributnamen erreicht, so bedeutet die Bezeichnung x.AVORNAME den Wert des Attributes AVORNAME im Tupel x. Das Bereichsprädikat R (x) bedeutet die Aussage „x ist ein Tupel der Relation R". Mit dieser Bezeichnungsweise kann man die Beispiele folgendermaßen formulieren.

BSP1) ERGEBNIS = { ⟨ x.AVORNAME, x.AFAMNAME ⟩ |
B (x) ∧ (x.AGEBDAT ⩾ 19550101) ∧
(x.STELLENART = ‚Assistent') ∧
(x.STELLENTYP = ‚Univ.Ass.') }.

Verbal würde diese Abfrage etwa so lauten:
„Suche die Werte der Attribute AVORNAME und AFAMNAME aller jener Tupel x, für die gilt: x ist ein Tupel der Relation B und seine Komponenten erfüllen folgende Bedingung: der Wert des Attributs AGEBDAT ist größer oder gleich 19550101, der Wert von STELLENART ist ‚Assistent' und der Wert von STELLENTYP ist ‚Univ.Ass'.

BSP2) ERGEBNIS = { ⟨ x.LVNAME, x.WOCHSTD, x.LEHRFACH, y.KURSNR,
u.INSTNR ⟩ | LV (x) ∧ K (y) ∧ DP (u) ∧ (x. WOCHSTD > 5) ∧
(x.LVART = ,PR') ∧ (x.LVNAME = y.LVNAME) ∧
(y.SEMESTER = ,WS1980/81') ∧ (u.FAKNR = 1) ∧
∃ z (B (z) ∧ (y.LEHRERNR = z.PERSNR) ∧
(z.POSTENNR = u.POSTENNR)) }.

BSP3) ERGEBNIS = { ⟨ x.MATRNR, x.SVORNAME, x.SFAMNAME, x.SADR ⟩ |
S (x) ∧ (¬(∃ y (IN (y) ∧ (y.MATRNR = x.MATRNR) ∧
((y.SEMESTER = ,WS1980/81') ∨
(y.SEMESTER = ,SS1981'))))) }.

Nach den Umformungsregeln der Prädikatenlogik kann man diese Abfrage auch folgendermaßen formulieren:

ERGEBNIS = { ⟨ x.MATRNR, x.SVORNAME, x.SFAMNAME, x.SADR ⟩ |
S (x) ∧ (∀y (¬IN (y) ∨ (y.MATRNR ≠ x.MATRNR) ∨
((y.SEMESTER ≠ ,WS1980/81') ∧
(y.SEMESTER ≠ ,SS1981')))) }.

Eine konkrete Sprache dieses Typs ist die von *Codd* [1971, 1972b] vorgeschlagene Sprache *ALPHA*. In dieser Sprache kann das Beispiel BSP2 so formuliert werden:

```
RANGE    B    Z
RANGE    LV   X
RANGE    K    Y
RANGE    DP   U
GET  ERGEBNIS(X.LVNAME, X.WOCHSTD, X.LEHRFACH, Y.KURSNR,
              U.INSTNR):
              ∃ Z (Y.LEHRERNR = Z.PERSNR ∧ Z.POSTENNR = U.POSTEN-
              NR) ∧ X.WOCHSTD > 5 ∧ X.LVART = ,PR' ∧ X.LVNAME =
              Y.LVNAME ∧ Y.SEMESTER = ,WS1980/81' ∧ U.FAKNR = 1
```

Wie aus diesem Beispiel ersichtlich ist, kann in ALPHA die logische Auswahlbedingung fast unverändert übernommen werden. Die GET-Anweisung definiert eine (Ergebnis- oder Zwischen-)Relation, deren Name (ERGEBNIS) und Attribute (X.LVNAME, . . .) anzugeben sind.

Allerdings werden in ALPHA die Bereichsprädikate durch RANGE-Anweisungen ausgedrückt. So bedeutet etwa RANGE B Z dasselbe wie B (z) in der vorhergegangenen Formulierung des Beispiels, also „Z ist ein Tupel der Relation B".

Jede gebundene Variable muß durch eine solche RANGE-Anweisung einer bestimmten Relation zugeordnet werden. Bei den freien Variablen ist dies auch möglich. Wenn allerdings einer bestimmten Relation lediglich eine freie Variable des Ausdrucks zugeordnet ist, so kann man statt dieser freien Variable in der gesamten GET-Anweisung den Relationennamen selbst einsetzen und auf die Range-Anweisung verzichten.

Das Beispiel kann daher auch in folgender Form geschrieben werden:

```
RANGE  B  Z
GET    ERGEBNIS (LV.LVNAME, LV.WOCHSTD, LV.LEHRFACH, K.KURSNR,
       DP.INSTNR):
```

$\exists$ Z (K.LEHRERNR = Z.PERSNR $\wedge$ Z.POSTENNR = DP.POSTENNR) $\wedge$
LV.WOCHSTD > 5 $\wedge$ LV.LVART = ‚PR' $\wedge$
LV.LVNAME = K.LVNAME $\wedge$ K.SEMESTER = ‚WS1980/81' $\wedge$
DP.FAKNR = 1.

In der Sprache ALPHA sind für Zwecke der Datenveränderung weitere Anweisungen (PUT, DELETE, UPDATE, HOLD, RELEASE) vorgesehen, ebenso Erweiterungen durch verschiedene Funktionen (Auszählungen, Summenbildung, Ordnung). Eine ausführliche Beschreibung findet sich bei *Date* [1977].

14.3.2.2 Relationenkalkül mit Bereichsvariablen und Bereichsprädikaten

Die Bereichsvariablen seien hier mit x1, x2, . . . , y1, y2, . . . bezeichnet. Das Bereichsprädikat R (x1, x2, x3) bedeutet die Aussage „⟨x1, x2, x3⟩ ist ein Tupel der Relation R".
Mit dieser Bezeichnungsweise kann man die Beispiele folgendermaßen formulieren.

BSP1) ERGEBNIS = { ⟨ x1, x2 ⟩ | $\exists$ y1 $\exists$ y2 . . . $\exists$ y12
(B (y1, y2, x1, x2, y3, y4, . . . , y12) $\wedge$
(y3 $\geqslant$ 19550101) $\wedge$ (y10 = ‚Assistent') $\wedge$
(y11 = ‚Univ.Ass.')) }

BSP2) ERGEBNIS = { ⟨ x1, x2, x3, x4, x5 ⟩ |
$\exists$ y1 $\exists$ y2 $\exists$ y3 $\exists$ z1 $\exists$ z2 . . . $\exists$ z12
(LV (x1, x2, ‚PR', x3) $\wedge$ K (‚WS1980/81', x4, x1, y1) $\wedge$
DP (y2, y3, x5, 1) $\wedge$ (x2 > 5) $\wedge$
B (z1, y1, z2, z3, . . . , z9, y2, z10, z11, z12)) }

BSP3) ERGEBNIS = { ⟨ x1, x2, x3, x4 ⟩ | $\exists$ y1 $\exists$ y2 . . . $\exists$ y8
(S (y1, x1, x2, x3, y2, x4, y3, y4, y5, . . . , y8) $\wedge$
$\neg$($\exists$ z1 $\exists$ z2 (IN (x1, z1, ‚WS1980/81', z2) $\vee$
IN (x1, z1, ‚SS1981', z2)))) }.

Einen konkreten Sprachvorschlag dieses Typs stellt die Datenmanipulationssprache *Query by Example* (QBE) dar [*Zloof*, 1975, 1977]. Diese Sprache ist besonders interessant, weil sie für einen Bildschirmdialog entworfen ist. Während die meisten anderen Abfragesprachen „linear" sind, d.h. Abfragen durch eine (eindimensionale) Zeichenkette definiert werden, verwendet QBE eine der Tabellenschreibweise der Relationen angepaßte zweidimensionale Darstellung.

Diese Darstellungsform kommt sehr dem großen Benutzerkreis entgegen, der in der Formulierung abstrakter logischer Ausdrücke nicht geübt ist. Im Dialog wird schrittweise festgestellt, welche Relationen (des externen Modells) zur Beantwortung der jeweiligen Abfrage benötigt werden. Die Tabellengerüste (Kopfzeile mit Attributnamen) dieser Relationen werden auf den Bildschirm projiziert; der Benutzer gibt daraufhin die gewünschten Bedingungen und Ausgabewerte durch Eintragungen in die jeweiligen Attributspalten der Tabellen bekannt.

So wird etwa die Abfrage BSP1 nach Anforderung der Relation B durch die Tabelleneintragungen gemäß Abb. 14.1 formuliert. Die gewünschten Ausgabewerte werden dadurch gekennzeichnet, daß in der entsprechenden Attributspalte ‚P.', gefolgt von einem „Beispielwert", eingetragen wird. Dieser „Beispielwert" entspricht einer Bereichsvaria-

B	ASOZVNR	PERSNR	AVORNAME	AFAMNAME	AGEBDAT	AADR	STELLENART	STELLENTYP	VERTRAGSDATEN
			P *X1*	P *X2*	*≥19550101*		*Assistent*	*Univ Ass*	

gerade Schrift: von QBE zur Verfugung gestellt
Schrägschrift: vom Benutzer eingegeben

Abb. 14.1 Abfrage BSP1 in Query by Example

blen, muß aber dem Wertebereich des jeweiligen Attributs entstammen; er wird durch Unterstreichen gekennzeichnet. In diesem Fall wird angenommen, daß die Wertebereiche der Attribute AVORNAME und AFAMNAME alphanumerische Ketten sind, so daß ‚X1' und ‚X2' mögliche Werte wären. Die Bedingung, daß das Attribut STELLENART den Wert ‚Assistent' haben soll, wird durch die Eintragung der Konstanten Assistent in der STELLENART-Spalte angegeben, ähnlich werden die anderen Bedingungen formuliert. Konstante unterscheiden sich von Beispielwerten (Variablen) dadurch, daß sie nicht unterstrichen werden. Die in einer Zeile nebeneinanderstehenden Eintragungen werden als logisch UND-verknüpft angesehen.

Hätte die Abfrage gelautet (BSP1'): „Suche die Namen aller Bediensteten, die entweder nach dem Jahr 1954 geboren sind (unabhängig von ihrer Stellenart) oder die Universitätsassistenten sind (unabhängig von ihrem Geburtsdatum)", so wäre die notwendige ODER-Verknüpfung wie in Abb. 14.2 darzustellen. Jede Zeile spezifiziert eine Teilmenge der Tupeln der Relation B, diese Teilmengen werden zur Antwortmenge vereinigt.

B	ASOZVNR	PERSNR	AVORNAME	AFAMNAME	AGEBDAT	AADR	STELLENART	STELLENTYP	VERTRAGSDATEN
			P *X1*	P *X2*	*≥19550101*				
			P *X3*	P *X4*			*Assistent*	*Univ.Ass.*	

Abb. 14.2 Abfrage BSP1' in Query by Example

Verwendet man aber in der zweiten Zeile statt X3 und X4 dieselben Beispielwerte (X1, X2) wie in der ersten Zeile, so bedeutet das, daß die Beispielwerte X1 und X2 in Tupeln vorkommen müssen, die die Bedingungen beider Zeilen erfüllen. Man erhält dadurch eine UND-Verknüpfung und damit die Antwortmenge des Beispiels BSP1.

Durch Verwendung derselben Beispielwerte in mehreren Relationen werden Beziehungen zwischen Tupeln verschiedener Relationen ausgedrückt. Dieser Mechanismus wird zur Formulierung der Abfrage BSP2 benötigt, die in Abb. 14.3 dargestellt ist. Die Verwendung der Beispielvariable X1 in LV und K bedeutet, daß gleichzeitig Tupeln von LV und K angesprochen werden, die im Attribut LVNAME übereinstimmen. Man beachte, daß die Verwendung numerischer Beispielwerte, etwa 4 für Attribut KURSNR, nur auf den zugrundeliegenden Wertebereich zurückzuführen ist und keineswegs bedeutet, daß die Kursnummer gleich 4 sein muß. Es handelt sich hier genauso wie z.B. bei X3 um eine Variable.

Bei der Formulierung der Abfrage BSP3 (Abb. 14.4) wird von der Möglichkeit Gebrauch gemacht, die Bedingungen einer ganzen Zeile durch Eintragung eines NICHT-Zeichens (¬) vor der Zeile zu negieren. Die Bedingungen für die Relation IN werden durch

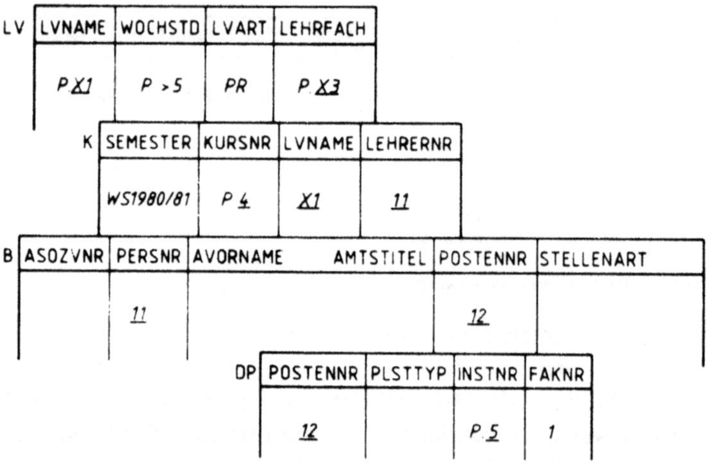

Abb. 14.3 Abfrage BSP2 in Query by Example

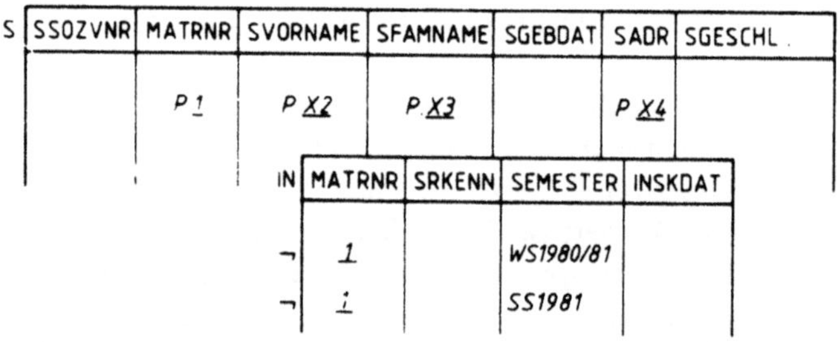

Abb. 14.4 Abfrage BSP3 in Query by Example

die Verwendung desselben Beispielwerts 1 mit UND verknüpft und lauten daher „für die jeweilige Matrikelnummer gibt es weder ein Tupel mit SEMESTER = ,WS1980/81' noch eines mit SEMESTER = ,SS1981' ".

Ein Überblick über die weiteren Möglichkeiten von QBE mit ausführlichen Beispielen findet man in *Date* [1977].

14.3.3 Die Datenbanksprache SQL

Als wichtiges Beispiel einer Sprache, die nicht eindeutig einer der bisher beschriebenen Kategorien zugeordnet werden kann, wird die Sprache *SQL* angeführt. Diese ursprünglich unter dem Namen *SEQUEL* veröffentlichte Sprache [*Chamberlin/Boyce*], [*Chamberlin* et al.], [*Chamberlin*] ist im relationalen Datenbanksystem SYSTEM/R [*Astrahan* et al.], [*Blasgen* et al.] implementiert.

Das Grundkonzept von SQL ist eine Konstruktion (in SQL mit "mapping" bezeichnet) der Form

SELECT $A_1, A_2, \ldots$
FROM $R_1, R_2, \ldots$
WHERE Bedingung.

Diese Konstruktion bewirkt, daß aus den Relationen $R_1, R_2, \ldots$ die Tupel ausgewählt werden, die der Bedingung genügen, und dann die angegebenen Attribute $A_1, A_2, \ldots$ dieser Tupel zu einer Liste zusammengestellt werden. Diese Liste entspricht einer Zwischenrelation mit der Ausnahme, daß gleiche Tupel nicht eliminiert werden (durch SELECT UNIQUE könnte auch dies bewerkstelligt werden).

In SQL kann man die Demonstrationsbeispiele folgendermaßen formulieren:

```
BSP1)  SELECT  AVORNAME, AFAMNAME
       FROM    B
       WHERE   STELLENART = ‚Assistent' AND
               STELLENTYP = ‚Univ.Ass.' AND
               AGEBDAT ≥ 19550101.
```

Hier entspricht die Konstruktion einer Selektion nach der angegebenen Bedingung aus der Relation S mit anschließender Projektion auf die Attribute AVORNAME und AFAMNAME (ohne Eliminierung gleichnamiger Personen).

```
BSP2)  SELECT  LV.LVNAME, WOCHSTD, LEHRFACH, KURSNR, INSTNR
       FROM    LV, K, DP, B
       WHERE   (WOCHSTD > 5) AND (LVART = ‚PR') AND
               (LV.LVNAME = K.LVNAME) AND
               (K.SEMESTER = ‚WS1980/81') AND
               (K.LEHRERNR = B.PERSNR) AND
               (B.POSTENNR = DP.POSTENNR) AND
               (DP.FAKNR = 1)
```

Hier haben die Teilbedingungen (LV.LVNAME = K.LVNAME), (K.LEHRERNR = B.PERSNR) und (B.POSTENNR = DP.POSTENNR) die Funktion, die Querverbindungen zwischen den genannten Relationen herzustellen. In der Attributliste wird dem Attribut LVNAME der Relationenname LV vorangestellt, da LVNAME sowohl in LV als auch in K vorkommt; die anderen Attribute sind eindeutig den Relationen zuordenbar. Eine zweite Möglichkeit zur Formulierung dieses Beispiels beruht auf der expliziten Definition von Zwischenrelationen mittels ASSIGN TO-Befehlen:

```
ASSIGN TO LANGPRAKT (LVNAME, WOCHSTD, LEHRFACH, KURSNR,
                     LEHRERNR):
       SELECT  LV.LVNAME, WOCHSTD, LEHRFACH, KURSNR, LEHRERNR
       FROM    LV, K
       WHERE   (WOCHSTD > 5) AND
               (LVART = ‚PR') AND
               (LV.LVNAME = K.LVNAME) AND
               (K.SEMESTER = ‚WS1980/81')
ASSIGN TO FAK1PERS (PERSNR, INSTNR):
       SELECT  PERSNR, INSTNR
       FROM    B, DP
       WHERE   (B.POSTENNR = DP.POSTENNR) AND
               (DP.FAKNR = 1)
       SELECT  LVNAME, WOCHSTD, LEHRFACH, KURSNR, INSTNR
       FROM    LANGPRAKT, FAK1PERS
       WHERE   (LEHRERNR = PERSNR)
```

Abfrage BSP3 demonstriert die Möglichkeit, in der WHERE-Bedingung eine Mengenzugehörigkeit zu überprüfen. In diesem Fall wird die Menge selbst durch eine SELECT-FROM-WHERE-Konstruktion bestimmt:

```
BSP3)  SELECT   S.MATRNR, S.VORNAME, S.FAMNAME, S.ADR
       FROM     S
       WHERE    S.MATRNR IS NOT IN
                SELECT   IN.MATRNR
                FROM     IN
                WHERE    (IN.SEMESTER = 'WS1980/81') OR
                         (IN.SEMESTER = 'SS1981')
```

SQL ist nicht nur eine volle Datenmanipulationssprache, mit Befehlen zum Speichern, Löschen und Ändern der Daten, sondern umfaßt auch die Funktionen einer Datenbeschreibungssprache. Es ist möglich, Relationenschemata neu zu definieren oder zu löschen, Benutzersichten und Zugriffsberechtigungen zu spezifizieren, sowie Integritätsbedingungen anzugeben.

14.4 Zusätzliche Funktionen in Datenmanipulationssprachen

Die meisten Datenbankanwendungen erfordern die weitere Verarbeitung der Abfrageergebnisse. Häufig besteht diese Verarbeitung in einfachen arithmetischen Operationen, etwa Summen- und Mittelbildungen oder Auszählungen. Wenn man auch den Standpunkt vertreten könnte, daß diese Verarbeitung nicht Gegenstand der Datenmanipulationssprache sein sollte, sondern vom Dialogsystem bzw. von der Wirtssprache übernommen werden kann, so hat es sich doch als vorteilhaft erwiesen, derartige Funktionen in Datenmanipulationssprachen zu übernehmen. Solche Funktionen können dann bereits bei der Spezifikation der Auswahlbedingungen verwendet werden und erweitern damit das Spektrum der einfach formulierbaren Abfragen.

So könnte etwa die Abfrage „Stelle die Namen der Lehrpersonen im Wintersemester 1980/81 zusammen, mit einer Angabe, wieviele Kurse mit insgesamt wievielen Wochenstunden sie halten", in SQL folgendermaßen formuliert werden:

```
SELECT   A.VORNAME, A.FAMNAME, COUNT(KURSNR), SUM(WOCHSTD)
FROM     B, K
WHERE    SEMESTER = 'WS1980/81' AND
         LEHRERNR = PERSNR
```

Ähnliche Funktionen sind in vielen konkreten Abfragesprachen eingebaut.

Lehmann/Blaser [1979] geben einen breiten vergleichenden Überblick über konkrete Datenmanipulations- und Abfragesprachen. In dieser Zusammenstellung findet sich auch eine ausführliche Untersuchung von Kriterien für die Bewertung dieser Sprachen.

Im Hinblick auf die wachsende Verbreitung von graphischen Ein- und Ausgabegeräten sind in letzter Zeit Untersuchungen angestellt worden, Datenmanipulationsvorgänge durch bildliche Darstellung der Struktur des externen Schemas bzw. des Datenbankinhaltes zu erweitern. Diese Ansätze sind unter der Bezeichnung *„räumliche Datenverwaltung"* (spatial management of data) bekannt geworden [*Donelson*], [*Bolt*], [*Herot*]. Es kann erwartet werden, daß derartige Verfahren in Zukunft die Benutzung von Datenbanken ohne vorherige Kenntnisse ihrer Struktur erleichtern werden.

15. Fehlerbehandlung und Fehlerverhütung in Datenbanksystemen

Eine der wesentlichsten Forderungen, die an eine Datenbank gestellt wird, ist die, daß die Daten, die den Benutzern zur Verfügung gestellt werden, „richtig" sind. Alle Informationen sollen möglichst genau mit den abgebildeten Tatsachen der realen Welt übereinstimmen.

Der Begriff der „Richtigkeit" ist jedoch mehrschichtig. Im Prozeß der Abbildung von Tatsachen in gespeicherte Daten, der Auslieferung dieser Daten an den Benutzer und ihrer Verwertung als Information über die ursprünglichen Tatsachen können an vielen Stellen Fehler auftreten. So kann ein bestimmter gespeicherter Wert falsch sein oder eine Assoziation zwischen zwei Objekten fälschlicherweise hergestellt werden; es kann aber auch einem Benutzer ein Zugriff irrtümlicherweise verweigert werden oder eine Fehlübertragung einer an sich richtigen Information stattfinden. Demgegenüber kann es auch geschehen, daß der Benutzer eine falsche Anfrage stellt oder die erhaltenen Daten falsch interpretiert, oder, noch viel grundlegender, daß Diskrepanzen zwischen der realen Welt und der Datenbank einfach deswegen auftreten, weil das Datenmodell selbst falsch oder mangelhaft ist.

Fehler können demgemäß in zwei Typen unterteilt werden: Fehler, die im Kontext des Datenmodells auftreten, und solche, die außerhalb des Datenmodellbereichs liegen. Die Grenze zwischen diesen Typen erscheint etwas fließend, ist es doch ohne weiters möglich, daß ein hochentwickeltes Datenbankverwaltungssystem Werkzeuge und Methoden anbietet, die die Fehler der zweiten Art beeinflussen und verhindern helfen. Auf diese soll nun kurz eingegangen werden.

Die „richtige" Abbildung der realen Welt, ihrer Objekte und deren Zusammenhänge in das konzeptionelle Modell ist die Grundlage für die Verläßlichkeit der Datenbank. Fehler, die aus fehlerhafter Modellierung stammen, können von dem Datenbankverwaltungssystem nicht erkannt werden und sind im eigentlichen Sinn keine Fehler der Datenbank. Die Informationen mögen dem Modell durchaus entsprechen, das Modell ist es, das der realen Welt nicht entspricht.

Die „richtige" Modellierung kann aber auch sehr stark vom Datenbanksystem selbst unterstützt werden. Je mehr Modellierungsmöglichkeiten geboten werden, desto besser kann das Modell an die komplizierte Wirklichkeit angepaßt werden; „benutzerfreundliche" Werkzeuge zur Modellerstellung verringern ebenso in hohem Maß die Häufigkeit von Modellierungsfehlern. Wichtig ist auch, daß die Konzepte des Modells klar und übersichtlich sind, um Fehlinterpretationen möglichst wenig Raum zu lassen.

Das gleiche kann für solche Fehler gesagt werden, die bei der Verwendung der Datenbank, bei der Formulierung von Anfragen oder bei der Interpretation der gelieferten Daten durch den Benutzer entstehen. Auch diese können durch eine gezielte Datenbankunterstützung – klare Modellkonzepte, mächtige und doch übersichtliche Abfragesprachen, benutzerfreundliche Bedienungsprozeduren – minimiert werden.

Ein nahe verwandter Bereich ist natürlich auch der der unvollständigen Information. Ist dem Datenbanksystem nicht alles über die abgebildete Realität bekannt, so treten Fälle auf, in denen die Antwort auf eine Abfrage nicht mit der Realität übereinstimmt. Hier kann man allerdings nicht von Fehlern im eigentlichen Sinn sprechen; dieser Problemkreis wurde im Kapitel 10 (Unvollständige Information) behandelt.

In diesem Kapitel sollen nun vor allem die Fehler, die im Kontext des Modells auftreten, genauer analysiert werden. Es sollen die Methoden beschrieben werden, mit deren Hilfe solche Fehler erkannt oder verhütet werden können, die sich in einer Datenbank auswirken. In diesem Sinne versteht man unter „richtigen" Daten solche, die dem Modell entsprechen und außerdem (innerhalb der von Modell noch zugelassenen Variationsbreite) die zu beschreibenden Tatsachen der realen Welt möglichst gut wiedergeben.

Nach den Hauptfehlerquellen kann man nun vier Problemkreise der Fehlererkennung und -verhinderung unterscheiden [*Eswaran/Chamberlin*]:

- *Sicherheit* (security): die Verhinderung unerlaubter Zugriffe oder Änderungen an den Daten.
- *Zuverlässigkeit* (reliability): die Verhütung von Fehlern, die durch falsches Funktionieren von Systemkomponenten (hardware oder software) entstehen.
- *Integrität* (integrity): die Verhinderung von semantischen Fehlern in den Daten, die von Benutzern durch Mangel an Wissen oder durch Ungenauigkeit verursacht werden.
- *Konsistenz* (consistency): die Verhinderung von semantischen Fehlern, die dadurch entstehen, daß mehrere Benutzer gleichzeitig zu denselben Daten zugreifen oder an ihnen Manipulationen vornehmen.

Von diesen vier Bereichen betrifft nur die Integrität fast ausschließlich das Datenbankverwaltungssystem. Konsistenzprobleme treten analog bei Betriebssystemen auf (bei der Vergabe von Systemressourcen), Sicherheits- und Zuverlässigkeitsprobleme sprengen noch mehr den Rahmen der Datenbank. Diese Bereiche werden daher hier nur insoweit behandelt, als sie von konkreten Maßnahmen des Datenbanksystems beeinflußt werden können bzw. im Datenbankkontext spezifische Formen annehmen.

15.1 Sicherheit

Nach *Conway/Maxwell/Morga* [1972] kann zwischen *Vertraulichkeit* (information privacy) und *Sicherheit* (information security) unterschieden werden. Die Vertraulichkeit einer Information ist eine Frage von Entscheidungen – juridischer und ethischer Art –, die außerhalb des EDV-Bereichs liegen. Die Sicherheit der Information betrifft Methoden und Prozeduren, diese Entscheidung in die Tat umzusetzen, um also zu verhindern, daß ein dazu nicht berechtigter Benutzer bestimmte Daten liest oder sie unbefugt ändert.

Ist es auch klar, daß nur im Änderungsfall der Datenbankinhalt fehlerhaft werden kann, so sollte doch die Zulassung eines unerlaubten Zugriffs ohne Datenänderung auch als Fehler des Datenbankverwaltungssystems gesehen werden.

Zum Teil ist die Sicherheit bereits ein Problem des Betriebssystems, das mit Schlüsselwörtern (passwords) oder Datenverschlüsselungen die Berechtigung jedes Benutzers nachprüfen und den unberechtigten Zugriff verhindern muß. Hier geht es aber weiter um den nicht autorisierten Zugriff durch Benutzer, die zwar die Datenbank verwenden dürfen, aber dabei durch bestimmte Bedingungen eingeschränkt werden. Solche Bedingungen sind bereits implizit bei der Definition von Benutzersichten in die Betrachtungen einbezogen worden. Benutzersichten haben ja nicht nur die Funktion, Daten für den Benutzer anders aufzubereiten, sonder auch die, ihn nur einen Teil des Gesamtdatenbankinhalts sehen bzw. ändern zu lassen. In jeder Datenbank, die Sichten zuläßt, werden daher Probleme der hier behandelten Art auftreten; die Implementation von Sichten ist eine nichttriviale Aufgabenstellung.

15.1.1 Datenabhängige und datenunabhängige Sicherheitsbeschränkungen

Conway et al. führen mehrere Beispiele möglicher *Zugriffserlaubnisse* (Vertraulichkeitsentscheidungen) an, von denen einige hier herausgegriffen seien. Es wird eine Personaldatenbank eines Unternehmens angenommen, die über jeden Angestellten das Gehalt, seine Abteilung, seine Krankheitsgeschichte u.ä. enthält. Mögliche Zugriffserlaubnisse wären:

1) für den Personalbüroleiter: unbeschränkter Zugriff für alle Zwecke;
2) für Betriebsfremde: gar kein Zugriff;
3) für Personalbüroangestellte: Zugriff nur zum Lesen; aber kein Zugriff zur Krankheitsgeschichte;
4) für jeden Angestellten: Zugriff auf die ihm persönlich betreffenden Sätze bzw. Tupeln, nur zum Lesen;
5) für den Betriebsarzt: Lesezugriffe nur zum Namen und zur Krankheitsgeschichte, Änderung der Krankheitsgeschichte;
6) für die Buchhaltung: Lesen/Ändern von Gehaltsdaten, aber nur zwischen 9 und 17 Uhr an Werktagen und nur von einem Terminal in der Buchhaltung, außerdem nur für Gehälter unter 25.000.
7) für Betriebsstatistiker: Lesen der Gehaltsdaten, aber nicht einzeln, sondern nur im Aggregat, z.B. Durchschnittsgehalt.

In diesen Beispielen erkennt man eine Trennung der möglichen Bedingungen in zwei Gruppen:
Datenunabhängig (d.h. nur vom Benutzer und den gewünschten Satztypen/Relationen abhängig) sind Fälle 1, 2, 3, 5, 7; *datenabhängig* hingegen sind Fälle 4 und 6. Letztere sind abhängig von gespeicherten Daten, also vom Inhalt der Datenbank, aber auch (Fall 6) von anderen Systemdaten; etwa der Uhrzeit. Diese Trennung ist in der Praxis von großer Bedeutung: während die datenunabhängigen Bedingungen bereits zur Übersetzungszeit (des Anwendungsprogramms) oder zur Anfragezeit (bei ad-hoc-Anfragen) ohne Datenbankzugriff bzw. lediglich mit Zugriffen zum Datenmodell entscheidbar sind, sind die datenabhängigen Bedingungen nur mit Hilfe von Datenbankzugriffen zur Ausführungszeit interpretativ entscheidbar, was wesentlich höhere Kosten verursacht.

15.1.2 Sicherheitsmatrix

Conway et al. schlagen eine „Sicherheitsmatrix" zur Implementation von Zugriffserlaubnissen vor: jede Zeile i entspricht einem Benutzer (oder einer Benutzergruppe mit gleichen Zugriffsrechten), jede Spalte j einer Datenstruktur der Datenbank. Die Elemente d_{ij} der Matrix sind Entscheidungsregeln, die die Bedingungen angeben, unter welchen Benutzer i zur Datenstruktur j zugreifen darf und welche Operationen er darauf anwenden darf.

Die Implementation von datenabhängigen Zugriffsbeschränkungen erfordert dauernde Entscheidungen zur Laufzeit (des Programms oder der Anfrage). Hierzu sind also Funktionen zur Manipulation der Entscheidungsregeln der Sicherheitsmatrix und modifizierte Ein- und Ausgabeprozeduren notwendig. Die datenunabhängigen Zugriffssicherungen könnten aber durch Entscheidungen zur Übersetzungszeit abgedeckt werden, die durch Modifikation von Programmiersprachenübersetzern oder durch Preprocessoren ermöglicht werden.

Dabei müßten allerdings dem Programmierer Einschränkungen der Sprachen auferlegt werden, da es in herkömmlichen Programmiersprachen (z.B. FORTRAN, PL/I) oft möglich ist, unkontrolliert auf Speicherinhalte außerhalb der definierten Datenstrukturen zuzugreifen (etwa durch geeignete Pointersetzungen in PL/I). Um das zu verhindern, könnten Sprachen mit strenger Typbindung verwendet werden (strongly typed languages), die einen Zugriff dieser Art bereits als Programmfehler ablehnen [*Conway* et al.].

15.1.3 "Intentional Resolution"

Ein Problem bei der Zugriffskontrolle ergibt sich daraus, daß für die Beantwortung einer (an sich erlaubten) Anfrage oft zu Datenstrukturen zugegriffen werden muß, die für den betreffenden Benutzer nicht freigegeben sind. Dies ist etwa bei Verbund- und Projektionsoperationen auf Relationen der Fall, wo zu vielen Tupeln zugegriffen wird, die Anfrage aber nur einen Teil verlangt, oder im obigen Fall 7, wo nur aggregierte Daten ausgegeben werden. Eine Zugriffskontrolle allein reicht also nicht für alle Fälle aus.

Downs/Popek [1979] beschreiben ein System, bei dem ein Sicherheitskern in der Datenbank selbst alle Daten überwacht, die dem Benutzer zur Verfügung gestellt werden. Es kann beliebig zugegriffen werden, aber nur erlaubte Daten werden ausgegeben.

Einen anderen Ansatz verwendet *Minsky* [1976], indem er vorschlägt, die traditionelle Identifikation zwischen Benutzer und Programm aufzutrennen. Jedes Programm steht unter (teilweiser) Kontrolle des Sicherheitssubsystems der Datenbank, welches überprüft, was das Programm mit den ihm überlassenen Daten vorhat *(intentional resolution)*. Das Programm kann dem Benutzer nicht mehr alle Informationen mitteilen, die es aus der Datenbank erhält.

Um eine solche Kontrolle zu bewerkstelligen, schlägt Minsky eine Erweiterung des Typenkonzepts in Sprachen mit starker Typbindung vor. In jeder Programmiersprache gibt es Regeln, die bestimmen, welche Operationen auf Objekte bestimmter Typen angewendet werden dürfen. Innerhalb einer Benutzersicht Σ gibt es ebenfalls Regeln, was mit den Objekten der Sicht gemacht werden darf (etwa Lesen, Ändern, Ausdrucken, usw.). Durch Hinzunahme dieser Regeln zur Programmiersprache L wird (für die Dauer einer Interaktion zwischen Benutzer und Datenbank) eine erweiterte Programmiersprache L_Σ geschaffen, die alle unerlaubten Operationen als Programmfehler erkennt. Damit ist es ohne weiteres möglich, geschützte Daten für bestimmte Zwecke dem Programm zu übergeben, wenn man nur die Ausgabe dieser Daten nicht erlaubt.

Ein besonderes Problem ergibt sich in folgendem Fall: ein Programmierer wird vom Datenbankadministrator beauftragt, an (geschützten) Daten bestimmte Transformationen durchzuführen und sie wieder in die Datenbank zurückzuschreiben. Der Programmierer selbst soll jedoch die Dateninhalte nicht sehen. Da sie aber vom Programm transformiert werden, müssen die geschützten Sätze bzw. Tupel dem Programm als Ganze freigegeben werden und können Regeln der obenbeschriebenen Art nicht unterliegen. Für solche Fälle verwendet Minsky datenkapsel-ähnliche Konzepte, sogenannte *"confidence modules"*. Innerhalb eines solchen Moduls ist unbeschränkter Zugriff erlaubt, aber die Ausgabe an den Rest des Programms erfolgt über genau definierte „Ausgabekanäle", die etwa im erwähnten Beispiel die Ausgabe auf eine (dem Programmierer unzugängliche) Datei, aber keinen Ausdruck erlauben.

15.1.4 Benutzervergebene Zugriffsrechte

Die bisherigen Überlegungen handelten alle von zentraler Vergabe und Kontrolle von Zugriffserlaubnissen. Weitergehende Probleme entstehen, falls die Zugriffsberechtigung im System nicht zentral vergeben wird, sonden (zum Teil) von den Benutzern selbst. Dies kann der Fall sein für benutzerdefinierte „private" (eventuell abgeleitete) Relationen. Ein Benutzer könnte einem anderen Zugriffe bestimmter Art (Lesen, Einfügen, Löschen) auf einer eigenen Relation erlauben oder zu einem späteren Zeitpunkt die Erlaubnis wieder zurücknehmen. Außerdem wäre es denkbar, daß der zweite Benutzer die Rechte auch seinerseits weitergeben darf.

Wird ein Zugriffsrecht von X an Y vergeben und später wieder zurückgenommen, so kann Y dieses Recht inzwischen schon an Benutzer Z weitergegeben haben. Das Zugriffsrecht sollte dann normalerweise auch Z verweigert werden. Es könnte aber sein, daß Z das Recht auch von einem anderen Benutzer erhalten hat, in welchem Fall es aufrecht bleiben soll.

Einen dynamischen Autorisationsalgorithmus zur Verwaltung solcher Zugriffsrechte haben *Griffiths/Wade* [1976] angegeben; er wurde von *Fagin* [1977] verbessert. Der Algorithmus verwendet eine Graphendarstellung, in der zu jeder Vergabe auch eine Zeitangabe gespeichert wird.

15.1.5 Probleme beim Schutz individueller Daten

Bei der Vergabe von Zugriffserlaubnissen wird häufig zu bestimmten Daten nur ein „statistischer" Zugriff erlaubt. Es soll dem Benutzer verwehrt sein, einzelne Objekte zu identifizieren, er soll aber die Möglichkeit haben, statistische Auswertungen (in einfachen Fällen etwa Mittelwertsbildung usw.) über die Werte spezifischer Attribute vorzunehmen.

Leider gelingt es aber mit Hilfe bestimmter *„Schnüffeltechniken"* in vielen solchen Fällen den dadurch gegebenen Datenschutz zu umgehen und trotzdem über die Attributwerte individueller Objekte Rückschlüsse zu ziehen.

Man nehme einen einfachen Fall einer Datenbank über die Angestellten einer Firma an. Es sei dem betreffenden Benutzer der Zugriff zu den identifizierenden Attributen (Name, Adresse, Geburtsdatum) verboten, er darf jedoch mit den Werten anderer Attribute Gruppierungen bilden und aus diesen Gruppen das Durchschnittsgehalt und die Anzahl der Personen in der Gruppe berechnen. Insbesondere sei in seiner Sicht ein Attribut „Alter" definiert, deren Wert nicht das genaue Geburtsdatum, sondern eine Angabe wie „20–24 Jahre" ist. Weiters seien Attribute „Kinderzahl", „Beruf", „Wohnort" und „Gehalt" abfragbar.

Der Benutzer möchte nun das Gehalt des Direktors einer Abteilung feststellen. Von diesem Direktor weiß er z.B., daß er vier Kinder hat, zwischen 35 und 39 Jahre alt ist und in Linz wohnt. Er kann also die folgende Abfrage stellen:

„Wieviele Personen haben vier Kinder, sind zwischen 35 und 39 Jahre alt und wohnen in Linz; was ist ihr Durchschnittsgehalt?"

Lautet die Antwort etwa „23, mit Durchschnittsgehalt 20.000S", so kann der Benutzer dieselbe Abfrage mit dem Zusatz „. . . und haben den Beruf ‚Direktor" stellen. Lautet jetzt die Antwort „1, mit Durchschnittsgehalt 31.000 S", so ist das Ziel erreicht.

Natürlich könnte man dem vorbeugen, indem eine Mindestgröße der Gruppen vorgeschrieben wird. In diesem Fall würde dann die letzte Antwort ausbleiben. Das nützt jedoch nichts, der Benutzer kann einfach die erste Frage mit dem Zusatz „. . . und haben nicht den Beruf ‚Direktor' " stellen, worauf die Antwort „22, mit Durchschnittsgehalt 19.500 S" erfolgt. Das Direktorengehalt von 31.000 S läßt sich nun einfach berechnen.

Diese Methode setzt voraus, daß dem „Schnüffler" so viele Informationen über die gesuchte Person bekannt sind, daß er sie eindeutig identifizieren kann. Auf diese Weise sind gerade „Außenseiter" unter den gespeicherten Personen besonders bedroht (hier etwa ist die Kinderzahl „vier" selten genug, um den Direktor eindeutig identifizieren zu können). Außerdem beruht die Methode auf dem wiederholten Stellen einander sehr ähnlicher Abfragen.

Auch wenn Daten anonym gespeichert sind (oder der Zugriff zu den identifizierenden Attributen verboten ist), kann man also im Rahmen einer Dialogauswertung relativ leicht Informationen über Einzelobjekte erhalten, wenn folgende Voraussetzungen erfüllt sind:

a) eine Auswertung mittels Boole'scher Algebra ist erlaubt;
b) der Benutzer erhält echte absolute Häufigkeiten;
c) der Benutzer bringt genügend Vorwissen mit, um den Gesuchten (annähernd) eindeutig zu identifizieren;
d) die Datenbank ist praktisch fehlerfrei.

Es kann gezeigt werden, daß auch dann, wenn man die Gruppengröße auf mindestens ein Viertel oder ein Drittel und höchstens drei Viertel bzw. zwei Drittel der Gesamtindividuen einschränkt, ein allgemeiner *"Tracker"* gefunden werden kann, der es ermöglicht, Individuendaten zu berechnen. Eine solche Beschränkung der Gruppengröße macht allerdings jede ernsthafte statistische Auswertung unmöglich.

Gegen diese Methoden gibt es noch keinen befriedigenden Schutz. Eine Kontrolle der gestellten Abfragen scheitert am Aufwand für die Erkennung sehr ähnlicher Fragen. Ein in manchen Fällen in der Praxis verwendeter Ansatz ist, die Ergebnisse mittels zufälliger Fehler zu verzerren, wobei durch Randbedingungen die Richtigkeit der statistischen Auswertungen weitestgehend gewahrt bleibt. In manchen Fällen werden die Einzeldaten bereits verzerrt gespeichert.

Für genauere Untersuchungen zu diesem Thema sei auf die folgenden Literaturstellen verwiesen: [*Denning/Denning/Schwartz*], [*Denning/Schlörer*], [*Kam/Ullman*], [*Schlörer*, 1979, 1980, 1981], [*Yu/Chin*].

15.2 Zuverlässigkeit

Der Problemkreis der Zuverlässigkeit (reliability) behandelt Fehler, deren Quelle die Fehlfunktion von Systemkomponenten (hardware oder software) ist. *Wilkes* [1972] nennt Zuverlässigkeit „die sichere Aufbewahrung der Informationen, die dem System anvertraut wurden".

Laut Wilkes sind Fehler in diesem Bereich, abgesehen von nicht autorisiertem Zugriff, der zum Problemkreis „Sicherheit" gehört, folgender Art:

- fehlerhafte oder unvollständige Änderung (auch durch Softwarefehler bewirkt), oder
- Systemfehler (Systemzusammenbruch oder direkter physischer Schaden, etwa Zerstörung von Magnetplatten).

Solche Fehler fallen eigentlich zu einem großen Teil in die Kompetenz des Gesamt(rechner)systems. Man muß jedoch realistischerweise annehmen, daß solche Fehler von Zeit zu Zeit passieren werden. Das Datenbanksystem muß daher Vorsorge treffen, um im gegebenen Fall den Schock zu mildern und katastrophale Auswirkungen zu vermeiden.

Die Gegenmaßnahmen können in

- vorbeugende und
- wiederherstellende Maßnahmen

eingeteilt werden.

Zur Vorbeugung können die Integritätsprüfungen der Datenbank selbst vorteilhaft angewendet werden. Von ihrer Warte gesehen besteht ja kein Unterschied zwischen systemerzeugten Fehldaten und Eingabefehlern. Nach schweren Systemfehlern muß aber die Datenbank in einem größeren oder kleineren Ausmaß wiederhergestellt werden. „Für eine große Datenbank, die seit längerer Zeit existiert, ist eine vollständige Neugenerierung nach Fehlern, d.h. eine Wiederherstellung der Information aus Originalbelegen, meist nicht möglich; es muß aber die Möglichkeit einer Datenbankreparatur geben, nachdem ein Fehler aufgetreten ist" [*Wilkes*].

Die üblichen Wiederherstellungsmöglichkeiten des Computersystems selbst (checkpoint/restart, usw.) sind meist zu drastisch, da alle laufenden Arbeiten neu begonnen werden müssen. Es ist daher eine teilweise logische Wiederherstellung notwendig.

Wilkes stellt folgenden Maßnahmenkatalog zur Zuverlässigkeitskontrolle auf:

- sofortige Prüfung aller Operationen, mit automatischer Wiederholung bei Fehlern: Prüfung auf temporäre Hardwarefehler sowie Integritätsprüfungen.
- redundante Kodierung von Information, z.B. mittels Prüfsummenspeicherung, um die Fehlererkennung zu erleichtern.
- periodisches Kopieren (dump) der gesamten Datenbank, physisch oder logisch, d.h. im internen Format und mit der internen Reihenfolge der Dateisätze, oder in einer Ordnung nach logischen Kriterien des Datenmodells.
- Führung von Journaldateien, entweder als Transaktionsjournal (alle Transaktionen) oder als Satzjournal (alle Sätze vor und/oder nach einer Änderung), außerdem eventuell mehrfache Journale, um Fehler in den Journalen selbst zu umgehen.
- Prozeduren für den Operator oder den Datenbankverwalter, die in bestimmten Fehlersituationen automatisch angefordert werden.

Spezielle Probleme, die mit der Konsistenz in Zusammenhang stehen, bestehen bei verteilten Datenbanken. Hierbei handelt es sich um Datenbanksysteme, bei denen Teile der Daten an verschiedenen Stellen im Duplikat vorliegen, die Systemkomponenten aufgeteilt und durch ein Kommunikationsnetz verbunden sind, oder die Verarbeitung (und Änderung) der Daten an verschiedenen Stellen erfolgt [*Isloor/Marsland*, 1979]. In solchen Systemen besteht neben der Gefahr eines Gesamtsystemzusammenbruchs auch die eines Kommunikationszusammenbruchs oder eines Teilsystemzusammenbruchs.

Ein gutes Wiederherstellungssystem sollte hier (idealerweise) einfache Methoden verwenden, nicht zuviel Overhead (Kosten) haben, die Konsistenz erhalten, die teilweise Verwendbarkeit des Systems ermöglichen (an nicht betroffenen Stellen) und keine Rücksetzung des Gesamtsystems auf einen früheren Stand erfordern.

Isloor/Marsland [1979] analysieren verschiedene Fehlerarten in diesem Bereich und entwickeln Algorithmen zu ihrer Reparatur.

Weitere Bemerkungen über verteilte Systeme werden im Abschnitt 15.4 angeführt.

15.3 Integrität

Wie *Florentin* [1974] feststellt, sind maschinell gespeicherte Daten für sich allein weder richtig noch unrichtig. Die Eigenschaft der Richtigkeit wird erst dann relevant, wenn die Daten als Beschreibung einer bestimmten Realität betrachtet werden. Beschreiben sie einen erlaubten Zustand des darzustellenden Realitätsausschnittes, so sind die Daten richtig bzw. können als richtig betrachtet werden.

Nun ist der direkte Vergleich mit der Realität für das Datenbankverwaltungssystem i.a. nicht durchführbar. Aus diesem Grund wird das konzeptionelle Modell (das der Datenbank als konzeptionelles Schema zur Verfügung steht) als Vergleichsmaßstab genommen. Alles, was von den Daten verlangt wird, ist, daß sie mit den Regeln im konzeptionellen Modell konsistent sind; diese Bedingung wird mit der semantischen Richtigkeit gleichgesetzt und ihre Überprüfung wird Integritätsprüfung genannt.

Man kann die Information in der Datenbank als Modell (im logischen Sinn) einer Theorie erster Stufe betrachten, wobei die eigentlichen Axiome dieser Theorie aus den Integritätsregeln des konzeptionellen Modells bestehen (siehe Abschnitt 13.7.2 und 15.3.3). Man kann aber auch die Realität als Modell derselben Theorie betrachten, da auch sie den Integritätsregeln genügt (falls richtig modelliert wurde). Es entsteht eine Situation wie in Abb. 15.1.

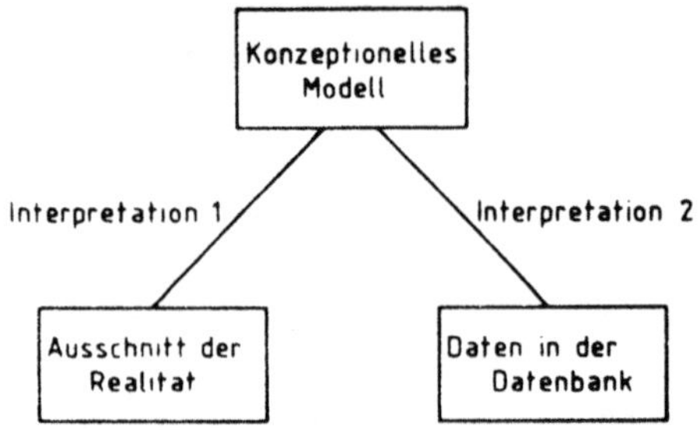

Abb. 15.1 Realität und Datenbank als Interpretationen des konzeptionellen Modells

Dadurch, daß hier zwei Interpretationen vorliegen, können der vom Inhalt der Datenbank beschriebene Zustand der Realität und die „echte" Realität auch verschieden sein, etwa wenn die Datenbank einen früheren Zustand beschreibt. Beide genügen aber denselben Regeln.

Es ist natürlich auch möglich, daß durch (nicht allzu gravierende) Datenfehler ein Zustand beschrieben wird, der nie mit der Realität übereinstimmt, aber trotzdem noch den Regeln genügt. Solche Fehler können durch Vergleich mit dem konzeptionellen Modell nicht erkannt werden und gelten daher nicht als semantische Fehler. Da die Integritätsprüfung also nur feststellen kann, ob die Daten „plausibel" sind, wird sie oft auch *Plausibilitätsprüfung* genannt.

Es ist vielleicht interessant, darauf hinzuweisen, daß ein semantischer Fehler in einer Datenbank nicht immer auf einem einzelnen Datenfehler oder einer einzigen Inkonsistenz zwischen Tupeln usw. beruhen muß. Es ist durchaus denkbar, daß auch eine Menge von für sich allein gesehen jeweils plausiblen Einzelwerten insgesamt einen Fehler erzeugt, etwa in Form eines globalen Trends, der nicht im erwarteten Rahmen bleibt. Es genügt also nicht, etwa alle Eingabedaten einzeln auf ihre Plausibilität zu untersuchen, auch wenn man von den Problemen der Datenänderung bzw. -löschung absieht.

Traditionell werden die Aufgaben der Integritätsprüfung von den Anwendungsprogrammen selbst übernommen. Dies ist auch in vielen heute laufenden Systemen noch der Fall. Durch die Forderung der logischen Datenunabhängigkeit wird es aber unumgänglich, die Integrität vom Datenverwaltungssystem selbst prüfen zu lassen und die diesbezüglichen Spezifikationen in das konzeptionelle bzw. externe Schema einzugliedern.

In diesem Kapitel soll ein Überblick über den Stand der Untersuchungen zu diesem Thema geboten werden. Abschnitt 15.3.1 und 15.3.2 stellen eine Einteilung der Integritätsregeln und die für ein Integritätssubsystem notwendigen Funktionen nach *Eswaran/Chamberlin* [1975] mehr von der praktischen Seite vor, während Abschnitt 15.3.3 an Hand von *Nicolas/Yazdanian* [1978] die Anwendung der Prädikatenlogik auf die Integritätsprüfung in theoretischer Hinsicht erläutert. In Abschnitt 15.3.4 werden Probleme besprochen, die aus der Existenz mehrerer Benutzersichten entstehen. In 15.3.5 werden einige weitere Ansätze zur praktischen Implementation von Integritätsprüfungen vorgestellt.

15.3.1 Integritätsregeln

Man kann das konzeptionelle Modell für die Zwecke dieses Abschnitts im wesentlichen als eine Sammlung von Integritätsregeln betrachten, d.s. logische Aussagen über die Objekte, die in der Datenbank modelliert werden, und ihre Beziehungen untereinander. Diese Aussagen sollen stets (für jeden erlaubten Datenbankzustand) den Wert „wahr" haben. Genauer gesprochen handelt es sich um geschlossene Ausdrücke der Prädikatenlogik 1. Stufe (s. Abschnitt 15.3.3).

Die Integritätsregeln stammen aus zwei Quellen:

- Regeln, die dem zugrundegelegten Datenmodell entstammen, und
- Regeln, die der Realität entstammen oder von der Wechselwirkung zwischen Modell und Realität herrühren.

Eine etwas genauere Gliederung nach Herkunft, Art und Verwendungsweise wäre:

a) Implizite Regeln: Regeln, die im verwendeten Datenmodell selbst inhärent sind, z.B. „in einer Relation darf kein Tupel mehrfach vorkommen".
b) kodifizierte Regeln: Regeln bestimmter Form, die der Realität entstammen, aber direkt die Struktur des Modells beeinflussen, z.B. Angaben über Wertebereiche von Attributen oder funktionale Abhängigkeiten, die die Zerlegung des relationalen Datenbankschemas bestimmen.
c) semantische Regeln des Modells: explizit angegebene Regeln, die aus der speziellen Modellstruktur resultieren, z.B. aus der gewählten Zerlegung („jeder Wert des Attributs A in Relation R_1 muß als Wert des Attributs B in Relation R_2 vorkommen");
d) semantische Regeln der Realität: explizit angegebene Regeln, die solchen Einschränkungen in der Realität entsprechen, die die Modellstruktur nicht beeinflussen, z.B. „kein Student darf mehr als drei Studienrichtungen gleichzeitig studieren."

In diesem Kapitel werden hauptsächlich die letzten beiden Gruppen von Integritätsregeln betrachtet, da die Gruppen a) und b) zur Aufrechterhaltung der Datenspeicherung gemäß dem gewählten Datenmodell dienen und somit ohnehin stets erfüllt sein werden. Im weiteren werden also unter „Integritätsregeln" die Regeln der Gruppen c) und d) verstanden.

Die Gruppen a), b) und c) bestehen zum Großteil aus statischen Regeln, die bei Erstellung des konzeptionellen Modells angegeben werden und sich niemals oder nur selten ändern. Die Regeln der Gruppe d) können aber auch dynamisch sein, d.h. sie werden manchmal hinzugefügt oder weggelassen, und zwar auch unter Umständen von den Benutzern.

Eswaran/Chamberlin [1975] klassifizieren die Integritätsregeln nach vier Einteilungskriterien:

1) Einteilung in Einzelobjektregeln und Aggregatregeln:
   a) Aussage über Einzelwerte oder Einzelobjekte: „ein außerordentlicher Hörer darf keine Diplomprüfungen ablegen".
   b) Aussagen über Mengen (Aggregate) von Objekten (Summen, Mittelwerte, Untermengenbildung, usw.):
   „die Anzahl der Hörer pro Übungsgruppe darf 30 nicht überschreiten";

2) Einteilung in Zustands- und Übergangsregeln:
   a) Zustandsregeln (state rules) müssen in jedem Datenbankzustand erfüllt sein (die in 1a) und b) genannten Beispiele sind alle von dieser Art).
   b) Übergangsregeln (transition rules) beschreiben die erlaubten Änderungen der Datenbank: „das neue Gehalt einer Angestellten darf nicht geringer sein als das alte"; „auf ein Wintersemester darf nur ein Sommersemester folgen und umgekehrt".

3) Einteilung nach relevanten Datenbankaktionen:
   a) die Regel soll beim Einfügen eines betroffenen Tupels geprüft werden;
   b) sie soll beim Löschen geprüft werden;
   c) sie soll beim Ändern geprüft werden;
   d) sie soll bei jeder Aktion geprüft werden.

4) Bei Änderung des Datenbankinhalts sind oft zur Durchführung einer logischen Operation mehrere Einzelaktionen notwendig, die zu einer *Transaktion* zusammengefaßt werden. Innerhalb der Transaktion können nicht immer alle Integritätsregeln erfüllt sein.

   Beispiel: Ein neuer Student immatrikuliert. Dazu muß ihm eine Matrikelnummer zugewiesen werden; diese wird mit seinen Personaldaten in die Personaldatenrelation eingetragen, dann trägt man das Immatrikulationsdatum ein. Lautete eine Integritätsregel „für jeden Studenten muß das Immatrikulationsdatum bekannt sein", so ist diese nach der Personaldateneintragung kurze Zeit nicht erfüllt.

Nach dem Zeitpunkt der Überprüfung wird die vierte Einteilung vorgenommen:

a) verzögerte Integritätsregeln (delayed assertions) werden erst am Ende einer Transaktion geprüft: siehe das obige Beispiel.
b) sofort gültige Integritätsregeln (immediate assertions) müssen auch innerhalb der Transaktion gültig sein und jeweils sofort geprüft werden: „das Geschlecht einer Person ist ‚männlich' oder ‚weiblich' "

(Es sei hier bemerkt, daß der Transaktionsbegriff bei der Überwachung der Konsistenz eine wichtige Rolle spielt; siehe dazu Abschnitt 15.4)

Es sind alle Kombinationen dieser Integritätsregeltypen denkbar. Über den Zeitpunkt der Überprüfung von sofort gültigen Regeln kann allgemein folgendes gesagt werden:

- sofort gültige Einzelobjektregeln werden jeweils geprüft, sobald irgendein betroffenes Tupel geändert wird;
- sofort gültige Mengenregeln werden hingegen erst nach der Ausführung eines Befehls der Datenmanipulationssprache geprüft, auch wenn dieser mehrere Tupel ändert.

Diese Vorgangsweise wird dadurch begründet, daß Datenmanipulationsbefehle an sich meist Mengenbefehle sind und eine Überprüfung der gesamten Tupelmenge erst nach vollständiger Änderung sinnvoll ist.

Beispiel:
Die Regel „das Durchschnittsgehalt darf 10.000 nicht übersteigen" wird erst nach vollständiger Durchführung des Befehls „erhöhe alle Gehälter um 7,3%" überprüft.

Es werden im übrigen manchmal Integritätsregeln in zwei Teile geteilt [*Fernandez/ Summers*]:

- die Regel A, die für ein bestimmtes Objekt erfüllt sein muß und
- ein Prädikat P, das eine Bedingung angibt, die wahr sein muß, damit die Regel A überhaupt anwendbar ist.

So kann zuerst P überprüft werden; A wird nur dann geprüft, wenn P wahr ist. Dies ist natürlich zur Regel P → A logisch äquivalent, so daß eine solche Aufteilung im weiteren nicht berücksichtigt wird.

15.3.2 Funktionen eines Integritätssubsystems

Unter *Integritätssubsystem* verstehen *Eswaran/Chamberlin* [1975] eine zentrale Verwaltung der Integritätsregeln, welche es erlaubt, Regeln anzugeben bzw. zu ändern, und die Gültigkeit dieser Regeln zu den geeigneten Zeitpunkten nachzuprüfen.

Eswaran/Chamberlin spezifizieren folgende Funktionen, die das Integritätssubsystem erfüllen muß bzw. sollte

1. Buchführung und Verwaltung kompatibler Daten.
   Diese Funktion dient insbesondere dazu, sinnlose Abfragen zu verhindern und sinnvolle Abfragen zu ermöglichen. Für jedes Attribut ist im Modell ein Wertebereich angegeben. Es können jedoch auch Attribute mit oberflächlich gesehen gleichem Wertebereich *unvergleichbar* sein: etwa die Masse in g, die Länge in cm, die Zeit in sec, obwohl bei allen dreien der Wertebereich die Menge der nichtnegativen reellen Zahlen ist. Dies rührt von der verschiedenen *Dimension* dieser Attribute her. Werte verschiedener Dimension können weder addiert, subtrahiert, einander zugewiesen noch verglichen werden. Multiplikation und Division ist allerdings manchmal sinnvoll (z.B. Länge in cm/ Zeit in sec = Geschwindigkeit in cm/sec).
   Andere an sich vergleichbare Attribute müssen vor einem Vergleich erst umgerechnet *(transformiert)* werden, wenn ihre Dimension zwar dieselbe, aber ihre Einheiten verschieden sind: etwa Zeit in sec und Zeit in h.
   Es sollte nun möglich sein, zu jedem Attribut auch die Dimension und die Maßeinheit

anzugeben und neue Konversionsroutinen zu spezifizieren, falls nötig. Auch bei Attributen mit gleicher Dimension oder bei nichtquantitativen Attributen sollte Unvergleichbarkeit angegeben werden können (z.B. Familienname und Adresse – beide Nominalwerte – oder Körpergröße und Entfernung des Büros von der Heimadresse – beide mit der Dimension Länge).

2. Angabe von Integritätsregeln und explizite Überprüfung.
Zu jeder Integritätsregel sollte eine Bezeichnung gespeichert werden, so daß im Anwendungsprogramm ein expliziter Aufruf „prüfe Regel X" möglich ist. Auch die Aktionen, die bei Verletzung der Regel gesetzt werden sollen, können angegeben werden, wenn sie nicht die standardmäßigen sind [*Fernandez/Summers*].

3. Standardfehleraktionen.
Es wird hier von der Annahme ausgegangen, daß eine höhere Datenmanipulationssprache (SEQUEL usw.) verwendet wird. Eine Transaktion enthält einen oder mehrere Änderungsbefehle; jeder von diesen kann eine oder mehrere Tupeländerungen implizieren.
Sofortgültige Regeln werden sobald wie möglich überprüft, und zwar Einzelobjektregeln, sobald ein Tupel geändert wird, Mengenregeln nach Ausführung des Befehls der Datenmanipulationssprache. Bei einem Fehler wird der ganze Befehl abgelehnt, dem aufrufenden Programm werden entsprechende Diagnostiken geliefert (insbesondere auch, welche Integritätsregeln verletzt wurden und welche Tupel – mit Schlüsselangabe – dies verursacht haben). Eventuell könnte der Befehl vollständig ausgeführt werden und dann erst unter Angabe aller Fehlermeldungen abgelehnt werden.
Letzteres setzt eine *Rücksetzungsfunktion* (backup) voraus, die die Datenbank wieder auf den früheren Stand bringt. Diese Rücksetzungsfunktion sollte auch dem aufrufenden Programm zur Verfügung gestellt werden, damit dieses

a) den Befehl abändern und neu eingeben kann,
b) den Befehl weglassen und den Rest der Transaktion durchführen kann, aber auch
c) die laufende Transaktion insgesamt abbrechen und die Datenbank auf den vorherigen Stand rücksetzen kann.

Verzögerte Integritätsregeln werden erst am Schluß der Transaktion überprüft. Wird dann ein Fehler gefunden, so muß die ganze Transaktion abgelehnt werden.
Es könnte auch die Möglichkeit geben, *„weiche" Integritätsregeln* zu definieren. Falls eine solche Regel verletzt wird, wird nur eine Warnung gegeben – solange, bis der Fehler beseitigt ist – aber keine weitere Aktion gesetzt.

4. Behandlung von Nullwerten.
Für Einzelobjektregeln sollte die dreiwertige Logik (siehe Kapitel 10) verwendet werden, außer wenn der Wert „unbekannt" direkt erwähnt wird. (So soll z.B. die Regel „Das Alter des Studenten darf nicht ‚unbekannt' sein", also „Alter $\neq$ ‚ω' " den Wert ‚falsch' ergeben, wenn das Alter tatsächlich unbekannt ist, was der dreiwertigen Logik nicht entspricht.) Eine Integritätsregel gilt als nicht verletzt, wenn sie zu „wahr" oder „unbekannt" berechnet wird. Bei Mengenregeln werden am besten diejenigen Tupeln, die in den benötigten Attributen Nullwerte enthalten, für die Auswertung ignoriert.

5. Benutzerfunktionen.
Ist in einer Benutzersicht eine Relation R definiert, so ist der Benutzer in der Regel zu verschiedenen Aktionen autorisiert, etwa „Lesen", „Modifizieren" oder „Löschen". Als zusätzliche Funktion sollte das Integritätssubsystem „Kontrollieren" anbieten, d.i. das Recht, für R Integritätsregeln zu definieren oder zu löschen.
Jede neu angegebene Integritätsregel wird sofort mit den aktuellen Daten geprüft. Falls sie nicht erfüllt ist, so wird sie zurückgewiesen (mit entsprechenden diagnostischen Angaben).
Es sollte ein „*Integritätskatalog*" geführt werden, mit dessen Hilfe der Benutzer feststellen kann, welche Integritätsregeln im Gesamtsystem existieren, welche ein angegebenes Objekt betreffen, und wie der Gesamttext einer gegebenen Regel lautet.

15.3.3 Logik und Integrität

Im Kapitel 13, insbesondere im Abschnitt 13.7, wurde die enge Verbindung zwischen der Prädikatenlogik erster Stufe und der Integritätsprüfung begründet. Wenn auch in vielen Systemen Integritätsregeln prozedural formuliert und überprüft werden, so sind sie doch in einfacher Weise als prädikatenlogische Ausdrücke formulierbar. In dieser Darstellung bietet die Prädikatenlogik eine Fülle von Methoden zu ihrer Manipulation an.

Die Frage nach der Verwendbarkeit dieser Methoden in der Praxis ist etwas umstritten. Urteilte noch *Florentin* [1974] „Die direkte Manipulation von logischen Formeln ist so langwierig, daß sie als praktisches Entwurfswerkzeug unbrauchbar ist. Methoden, logische Formeln mit dem Computer zu manipulieren ... sind bisher noch nicht effizient genug. ... Die Zukunft solcher Entwicklungen bleibt spekulativ.", so sind in den letzten Jahren einige Versuchsdatenbanken auf logischer Basis implementiert worden [*Gallaire/Minker*]. Zum allermindesten bietet aber die mathematische Logik eine einheitliche Theorie für wesentliche Aspekte von Datenbanken und kann zur Unterstützung der Datenbankverwaltung in Teilbereichen vorteilhaft herangezogen werden (etwa bei Konsistenzbeweisen für Systeme von Integritätsregeln usw.).

In diesem Abschnitt soll nun nach *Nicolas/Yazdanian* [1978] ein Überblick über die wesentlichsten Aspekte der Anwendung der mathematischen Logik auf die Integritätsprüfung gegeben werden. Es sollte hier nicht unerwähnt bleiben, daß die Verwendung der Prädikatenlogik nicht der einzige Versuch zur Formalisierung der Integritätsprüfung darstellt. In mehreren Datenmodellen, die auf semantischen Netzen basieren, werden Integritätszusammenhänge mit Hilfe dieser Netze formuliert [siehe dazu *Weber*].

15.3.3.1 Die Datenbank als logisches System

Wie schon erwähnt (siehe 13.7.2) wird die Menge der explizit in der Datenbank gespeicherten Daten (die „elementare Information") als Modell einer Theorie erster Stufe betrachtet, deren eigentliche Axiome allgemeine Regeln sind. Diese Regeln, die also als wahr vorausgesetzt werden, sind allgemeine Gesetze der dargestellten Realität oder Regeln, die dem verwendeten konzeptionellen Modell entstammen. Sie werden alle als geschlossene Ausdrücke (d.h. Ausdrücke ohne freie Variable) der Prädikatenlogik erster Stufe dargestellt; es wird hier die in 13.6 eingeführte Form (quantorenfreie konjunktive Normalform) vorausgesetzt. Die Prädikate entsprechen den Relationen der Datenbank, die Variablen den Attributwerten, z.B. bedeutet R_1 (x, y, z) „$\langle x, y, z \rangle$ ist ein Tupel der Relation R_1".

Die allgemeinen Gesetze können danach eingeteilt werden, ob sie einen fixen Zustand der Datenbank beschreiben *(Zustandsregeln)*, oder ob sie die Entwicklung der Datenbank beschreiben *(Übergangsregeln)*. Die Zustandsregeln werden weiter in zwei Gruppen eingeteilt (siehe 13.7.2):

a) *Integritätsregeln*, die dazu dienen, die explizite bzw. implizite Information in der Datenbank auf Richtigkeit zu überprüfen; und
b) *Ableitungsregeln* (derivation rules), die aus explizit angegebener Information weitere Information ableiten; wird die abgeleitete Information explizit in der Datenbank gespeichert, so handelt es sich um eine *Erzeugungsableitungsregel* (generation-derivation-rule), ist sie implizit und wird sie erst dann erzeugt, wenn sie (z.B. durch eine Abfrage) benötigt wird, so wird die Regel *Abfrageableitungsregel* (query-derivation-rule) genannt.

Diese Einteilung ist in Abb. 15.2 dargestellt.

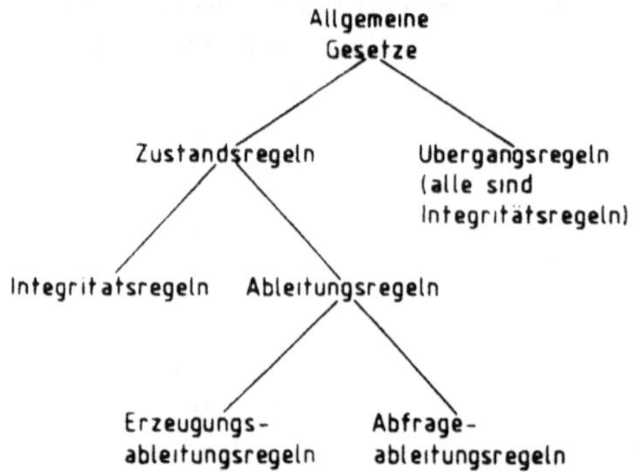

Abb. 15.2 Einteilung der allgemeinen Gesetze des konzeptionellen Modells

Ableitungsregeln werden aus den in 13.7.4 dargelegten Gründen sinnvollerweise auf Horn clauses mit genau einer positiven Primformel eingeschränkt. Darüberhinaus gibt es jedoch keinen logischen Unterschied zwischen Integritätsregeln und Ableitungsregeln. Die Entscheidung, eine Regel in einer dieser beiden Klassen zu verwenden, wird vielmehr von semantischen Überlegungen abhängen.

Beispiel:
Gegeben sei die Regel „Jeder Student muß auch eine Person sein". Ist bei der Aufnahme eines neuen Studenten vorgeschrieben, daß seine Sozialversicherungsnummer, Name und sonstige Personaldaten zuerst angegeben werden müssen (Relation PERSONEN) und ihm dann erst eine Matrikelnummer zugeteilt werden darf (Relation STUDENTEN, mit Angabe von Matrikel- und Sozialversicherungsnummer), so kann die Regel als Integritätsregel verwendet werden. Wird obige Reihenfolge nicht eingehalten, so wird die Regel verletzt und ein Fehler gemeldet.
Bei Verwendung der Regel als (Erzeugungs-) Ableitungsregel könnte der Ablauf so aussehen: zuerst werden Matrikelnummer und Sozialversicherungsnummer angegeben.
Auf Grund der Ableitungsregel erkennt das Datenbankverwaltungssystem, daß der neue Student auch eine Person ist, und verlangt die noch fehlenden Personaldaten, um sie in die Relation PERSONEN zu speichern.

15.3.3.2 Operationen auf der Datenbank und Integritätsprüfung

Operationen auf einer Datenbank (Einfügen, Löschen, Ändern) können zwei verschiedene Bedeutungen haben. Manche Operationen erfolgen, um eine *Evolution* der beschriebenen Realität zu beschreiben. Dabei müssen alle Integritätsregeln (sowohl Zustands- als auch Übergangsregeln) überprüft werden. Andere Operationen dienen jedoch dazu, einen erkannten *Fehlerzustand* auszubessern. In diesem Fall kann es sein, daß manche Integritätsregeln zeitweilig außer Kraft gesetzt werden müssen, bis ein fehlerfreier Zustand wieder erreicht wird.

Es ist natürlich unrealistisch, anzunehmen, daß nach jeder Datenbankoperation alle Integritätsregeln überprüft werden könnten. Tatsächlich wird für die Prüfung der geänderten Information stets nur ein kleiner Teil der Regeln relevant sein. Es muß daher ein Mechanismus vorhanden sein, der die zu prüfenden Regeln jeweils auswählt.

Ist jede Regel in der Standardform dargestellt, nämlich als Konjunktion von einfachen Disjunktionen, die man auch als Implikationen der Form

$$(A_1 \wedge A_2 \wedge \ldots \wedge A_n) \rightarrow (B_1 \vee B_2 \vee \ldots \vee B_p)$$

schreiben kann (siehe 13.6), so ist dieser Mechanismus einfach anzugeben.

a) Soll ein Tupel in die Relation R eingefügt werden, so werden nur jene Integritätsregeln geprüft, bei denen R auf der linken Seite (d.h. als eines der A_i) in mindestens einer Implikation der Regel auftritt.
b) Soll ein Tupel aus der Relation R gelöscht werden, so werden nur jene Integritätsregeln geprüft, bei denen R auf der rechten Seite (d.h. als einer der B_j) in mindestens einer Implikation auftritt.
c) Soll ein Tupel in der Relation R geändert werden, so werden alle jene Integritätsregeln geprüft, in denen R irgendwo auftritt.

Als Fehleraktionen bei Verletzung einer Integritätsregel sind zweierlei Vorgangsweisen denkbar:

a) lehne die Operation ab und benachrichtige den Benutzer,
b) generiere andere Operationen, die dazu führen, daß die Regel erfüllt wird.

Die letztere Vorgangsweise kann allerdings nur in eingeschränkten Fällen oder mit interaktiver Hilfe durch den Benutzer erfolgen.

15.3.3.3 Wechselwirkung zwischen Integritäts- und Ableitungsregeln

Werden sowohl Integritäts- als auch Ableitungsregeln in einer Datenbank verwendet, so ist zu beachten, daß die Ableitungsregeln eventuell explizit oder implizit Informationen erzeugen, auf die die Integritätsregeln angewendet werden müssen. *Nicolas/Yazdanian* [1978] untersuchen detailliert diese Wechselwirkungen, von denen hier nur einige Beispiele angeführt werden. Wichtig ist hier vor allem, zwischen explizit (durch den Benutzer) spezifizierter Information und von den Ableitungsregeln erzeugter Information zu unterscheiden – es kann ja durchaus eine explizit angegebene Tatsache auch implizit ableitbar sein.

Wird zum Beispiel eine vom Benutzer explizit angegebene Information gelöscht, so können verschiedene Fälle (auch gemeinsam) auftreten:

a) Durch Erzeugungsableitungsregeln wurden daraus weitere Informationen erzeugt. Diese werden gelöscht, falls sie nicht aus anderen Informationen noch immer ableitbar sind oder selbst explizit angegeben wurden. Dieser Prozeß ist rekursiv durchzuführen, d.h. auch für weitere indirekt abgeleitete Informationen.

b) Durch Abfrageableitungsregeln ändern sich die impliziten Extensionen derselben oder anderer Relationen. Diese müssen ebenfalls durch die Integritätsregeln überprüft werden.

c) Die gelöschte Information kann auch implizit durch Abfrageableitungsregeln aus noch vorhandener Information abgeleitet werden (oder wurde auch explizit durch Erzeugungsableitungsregeln generiert). Dann müssen diejenigen expliziten Informationen gefunden werden, aus denen die gelöschte Information immer noch ableitbar ist, und diese entweder selbst gelöscht oder dem Benutzer gemeldet werden.

Analog müssen auch bei Einfügen und Änderungen sowie bei Abfragen die Wechselwirkungen beachtet werden. Für eine genauere Behandlung sei auf *Nicolas/Yazdanian* [1978] verwiesen.

15.3.3.4 Übergangsregeln

Übergangsregeln unterscheiden sich von Zustandsregeln darin, daß sie verschiedene Zustände des konzeptionellen Modells verbinden. Um sie in derselben Form darstellen zu können wie die Zustandsregeln (und um sie als Axiome der Theorie erster Stufe darstellen zu können) führen *Nicolas/Yazdanian* [1978] für jede Relation R in der Datenbank drei *„Aktionsrelationen"* ein:

a) für Einfügungen: die Relation ENT-R hat die gleichen Attribute wie R selbst und enthält genau das einzufügende Tupel; wird keine Einfügung vorgenommen, so ist sie leer.
b) für Löschungen: die Relation DEL-R wird analog zu ENT-R definiert.
c) für Änderungen: die Relation R habe die Attribute $A_1, \ldots A_n$. Die Relation UPD-R hat dann dieselben Attribute zweimal (durch einen Apostroph unterschieden, also $A_1, \ldots, A_n, A_1', \ldots, A_n'$), um die alte und die neue Version des zu ändernden Tupels aufnehmen zu können. Soll das Tupel $\langle a_1, a_2, \ldots, a_n \rangle$ auf $\langle b_1, b_2, \ldots, b_n \rangle$ geändert werden, so enthält UPD-R genau das Tupel $\langle a_1, a_2, \ldots, a_n, b_1, b_2, \ldots, b_n \rangle$, ansonsten ist UPD-R leer.

Mit Hilfe dieser Aktionsrelationen lassen sich nun alle Übergangsregeln, die sich auf zwei verschiedene Zustände des konzeptionellen Modells beziehen, als Zustandsregeln darstellen. Regeln, die mehr als zwei Zustände verbinden, können in solche der obigen Art transformiert werden.

Beispiel:
Sei eine Relation

PERSON (<u>SOZIALVERSNR</u>, FAMILIENNAME, GESCHLECHT)

gegeben.
Die Übergangsregel „bei einer Änderung eines Tupels von PERSON, wobei die Sozialversicherungsnummer gleich bleibt, muß auch das Geschlecht gleich bleiben" kann folgendermaßen formuliert werden:

$$\forall x \forall y \forall z \forall x' \forall y' \forall z' [(\text{(UPD-PERSON}(x, y, z, x', y', z') \wedge (x = x')) \rightarrow (z = z')]$$

15.3.3.5 Konsistenz von Integritätsregeln

Ist eine Menge von Integritätsregeln angegeben, so ist es wichtig, zu überprüfen, ob dieses System von Regeln widerspruchsfrei oder *konsistent* ist. Ist es nämlich inkonsistent, so gibt es keinen Zustand der Datenbank, der diesen Regeln genügt.

Eine Menge **W** von prädikatenlogischen Ausdrücken ist inkonsistent, wenn es kein Modell dafür gibt. Dies ist gleichbedeutend damit, daß in der entsprechenden Theorie erster Ordnung (mit **W** als Menge eigentlicher Axiome) irgendein Ausdruck W und seine Negation $\neg$W beide ableitbar sind. Dies kann mit Hilfe von Methoden des deduktiven Schließens überprüft werden, was unter Umständen aufwendig sein kann.

Allerdings kann man in der Praxis meistens einen (ersten) Zustand der Datenbank explizit angeben, für den die Integritätsregeln **W** erfüllt sind. Dieser ist dann ein Modell von **W** und **W** ist damit automatisch konsistent [*Nicolas/Gallaire*].

Bei Hinzufügen einer neuen Regel kann diese auf dem jeweiligen Datenbankzustand ausgewertet und bei Nichterfüllung abgelehnt werden. Es bleibt dann dem Benutzer überlassen, die Regel selbst oder die Information in der Datenbank so abzuändern, daß die neue Regel erfüllt ist.

Für Übergangsregeln gilt eine wichtige Einschränkung [*Nicolas/Yazdanian*]: Sie müssen auch dann erfüllt sein, wenn keine Aktion durchgeführt wird (d.h. wenn die „Aktionsrelationen" alle leer sind, siehe vorigen Abschnitt). Wäre dies nämlich nicht der Fall, so würden sie dauernde Aktionen implizieren.

Jede Menge von Übergangsregeln ist damit stets konsistent, da es ein Modell dafür gibt – in einem Datenbankzustand ohne Aktion sind alle Regeln „wahr". Allerdings können die Übergangsregeln im Extremfall dazu führen, daß jede Änderung bestimmter Relationen unmöglich wird (was in gewissen Fällen vielleicht sogar erwünscht ist). Im obigen Beispiel etwa verursacht dies die Regel

$$\forall x \, \forall y \, \forall z \, \forall x' \, \forall y' \, \forall z' \; [(\text{UPD-PERSON}\,(x, y, z, x', y', z') \rightarrow ((x = x') \wedge (y = y') \wedge (z = z')))].$$

Hier ist jede Tupeländerung verboten, nur Löschungen (über DEL-PERSON) und Einfügungen (mit ENT-PERSON) sind erlaubt.

15.3.4 Benutzersichten und Integrität

Das Drei-Schichten-Konzept der Datenbank sieht die Ebene der externen Modelle vor. Diese beschreiben die Art, in der die einzelnen Benutzer (oder Benutzergruppen) die Daten der Datenbank sehen. Sieht man von der Möglichkeit ab, diese *Sichten* in einem anderen Datenmodell zu formulieren als in dem, mittels welchem das konzeptionelle Modell definiert ist, so unterscheiden sich die Benutzersichten vom konzeptionellen Modell meist in erster Linie durch Teilmengenbildung (z.B. Weglassen von Attributen oder Relationen), höheren Aggregationsgrad (Bildung von Summen o.ä.), Verwendung anderer Bezeichnungen und Maßeinheiten, oder Verwendung von abgeleiteten Daten, die aus den in der Datenbank explizit gespeicherten Daten generiert werden müssen.

Ein externes Modell muß so konstruiert sein, daß eine Abbildung vom konzeptionellen Modell in das externe stets möglich ist, d.h. die Daten in der Benutzersicht sind immer aus den Daten in der Datenbank eindeutig abzuleiten. Diese Voraussetzung ermöglicht die problemlose Verwendung der Benutzersicht für Abfragen, d.h. für Lesezwecke.

Anders verhält es sich jedoch mit der Änderung von Daten durch einen Benutzer mittels einer eingeschränkten Sicht. Eine eindeutige Abbildung Sicht → konzeptionelles Modell ist nämlich im allgemeinen gar nicht möglich anzugeben, da Änderungen in der Sicht oft mehreren möglichen Änderungen in den eigentlichen Daten entspringen könnten.

Beispiel:
es seien im konzeptionellen Modell folgende Relationen definiert:

PERSONAL (<u>PERSNR</u>, INSTITUTNR) (Zugehörigkeit von Universitätsangestellten zu Instituten)

LEHRE (<u>KURSNR</u>, PERSNR) (Angabe der Kursleiter)

Folgende Sichten seien darauf definiert:

Sicht 1 enthält für ein bestimmtes Institut i Institutsnummer, Angestellte und abgehaltene Kurse:

$$\text{SICHT1 (i)} = \sigma_{\text{INSTITUTNR} = \text{i}} \text{(PERSONAL * LEHRE)}$$

Sicht2 enthält für ein bestimmtes Institut i nur die von Institutsangehörigen abgehaltenen Kurse:

$$\text{SICHT2 (i)} = (\sigma_{\text{INSTITUTNR} = \text{i}} \text{(PERSONAL * LEHRE)) [KURSNR]}$$

Sicht3 enthält für alle Institute Institutsnummer und die Anzahl der abgehaltenen Kurse:

$$\text{SICHT3} = \text{(PERSONAL * LEHRE) [INSTITUTNR, COUNT (KURSNR)]}$$

Die aktuellen Ausprägungen der Basisrelationen seien wie folgt:

PERSONAL:

PERSNR	INSTITUTNR
P_1	i_1
P_2	i_1
P_3	i_2
P_4	i_2
P_5	ω

LEHRE:

KURSNR	PERSNR
k_1	p_1
k_2	p_1
k_3	p_2
k_4	p_3
k_5	p_4
k_6	p_4
k_7	p_5

Man beachte, daß für Person p_5 in der Relation PERSONAL keine Institutszugehörigkeit angegeben wurde.
Aus diesen Relationen kann man die aktuellen Sichten ableiten:

SICHT1 (Institut i_1):

INSTITUTNR	PERSNR	KURSNR
i_1	p_1	k_1
i_1	p_1	k_2
i_1	p_2	k_3

SICHT2 (Institut i_1):

KURSNR
k_1
k_2
k_3

SICHT3:

INSTITUTNR	COUNT (KURSNR)
i_1	3
i_2	3

Person p_5 und der von ihr abgehaltene Kurs k_7 kommen in keiner Sicht vor.
Es soll nun die Wirkung einiger Einfügungen, Löschungen bzw. Änderungen in diesen Sichten betrachtet werden.

a) In SICHT1 (i_1) soll das Tupel $\langle i_1, p_2, k_8 \rangle$ eingefügt werden, entsprechend der Information, daß Person p_2 einen weiteren Kurs k_8 hält. Dies entspricht der Einfügung von zwei Tupeln $\langle p_2, i_1 \rangle$ bzw. $\langle k_8, p_2 \rangle$ in die Basisrelationen PERSONAL bzw. LEHRE.

b) In SICHT2 (i_1) soll das Tupel $\langle k_8 \rangle$ eingefügt werden, entsprechend der Information, daß von einem Institutsangehörigen der Kurs k_8 gehalten wird. Diese Einfügung ist nicht eindeutig möglich, da dafür entweder Person p_1 oder Person p_2 oder andere noch nicht bekannte Personen in Frage kämen. Das Attribut PERSNR gehört jedoch nicht zur Sicht und kann daher nicht angegeben werden. (Institut = i_1 läßt sich aus der Definition der Sicht ableiten.) In Relation LEHRE könnte zwar das Tupel $\langle k_8, \omega \rangle$ eingefügt werden, das würde aber die aktuelle Sicht nicht ändern.

c) Die entsprechende Information, daß am Institut i_1 4 statt 3 Kurse gehalten werden, läßt sich von SICHT3 aus auch nicht angeben, da es sich bei COUNT (KURSNR) um aggregierte (abgeleitete) Daten handelt.

d) In SICHT1 (i_1) soll angegeben werden, daß Person p_5 zum Institut gehört und Kurs k_9 hält. Dies entspricht der Einfügung des Tupels $\langle i_1, p_5, k_9 \rangle$. Durch diese Einfügung wird aber in PERSONAL $\langle p_5, \omega \rangle$ in $\langle p_5, i_1 \rangle$ geändert. Dadurch erscheint plötzlich auch das zusätzliche Tupel $\langle i_1, p_5, k_7 \rangle$ in SICHT1. Hier handelt es sich um eine sogenannte Nebenwirkung.

e) Das Löschen von Tupeln der Sichten entspricht keinen eindeutigen Löschungen in SICHT1 und SICHT2; in SICHT3 entspräche das Löschen etwa des ersten Tupels dem Löschen aller Tupeln mit INSTITUTSNR = i_1 aus PERSONAL.

Aus den angeführten Beispielen erkennt man, daß die Änderung der Daten über Sichten nur unter großen Einschränkungen möglich ist. *Chamberlin/Gray/Traiger* [1975] geben dazu zwei Grundregeln an:

„Eindeutigkeitsregel": die Einfügung, Löschung oder Änderung in einer Sicht ist nur dann erlaubt, wenn es eine eindeutige Operation (derselben Art) gibt, die auf die zugrundeliegenden Basisrelationen angewendet werden kann, um genau die angegebenen Änderungen in der Sicht zu erzeugen (d.h. Nebenwirkungen dürfen nicht auftreten).

„Rechtecksregel": eine Einfügung, Löschung oder Änderung in einer Sicht darf nur solche Information betreffen, die in dem durch die Sicht definierten „Rechteck"[1]) liegt. *Dayal/Bernstein* [1978] zeigen, daß diese Bedingungen in sehr wenigen Situationen erfüllt sind, daß also Sichten, über die Änderungen durchgeführt werden sollen, sehr schweren Restriktionen unterliegen müssen.

Die oben beschriebenen Probleme ergeben sich allerdings unter anderem daraus, daß vom Datenbankverwaltungssystem die Fähigkeit erwartet wird, beliebige Änderungen in Sichten automatisch in Änderungen der eigentlichen Daten abzubilden oder abzulehnen. Ein anderer Weg, der z.B. von *Fernandez/Summers* [1976] beschritten wird, ist es, alle erlaubten Änderungen mittels Sichten vorher genau zu definieren. Dabei werden nicht nur die Art der Änderung und die betroffenen Attribute spezifiziert, sondern auch, welche Änderungen in der Datenbank die Folge sein sollen. Es wird also vom Datenbankverwalter eine bewußte Auswahl unter den möglichen Aktionen getroffen. Diese Methode erkauft einen wesentlich größeren Bereich von Möglichkeiten zu Änderungen mittels Sichten um den Preis der notwendigen Vorausplanung jeder erlaubten Transaktion.

Abschließend kann man darauf hinweisen, daß das Ziel einer völligen Flexibilität bei der Änderung der Daten nur dann erreicht werden kann, wenn die entsprechende Benutzersicht mit dem konzeptionellen Modell völlig übereinstimmt, was meist nur bei kleineren Datenbanken möglich sein wird. Im allgemeinen wird man also dem Problem, welche Änderungen erlaubt werden sollen, bereits bei der Erstellung der externen Modelle großes Augenmerk schenken müssen.

15.3.5 Alternative Vorgangsweisen für die Integritätsprüfung

In größeren Datenbanksystemen ist der Aufwand für die genaue Prüfung der Daten nach allen relevanten Integritätsregeln und die stete vollständige Aufrechterhaltung der Integrität sehr hoch. In manchen Fällen, insbesondere dann, wenn beliebige geschlossene Ausdrücke der Prädikatenlogik als Integritätsregeln zugelassen sind, und eventuell eine teilweise interpretative Ausführung vorgenommen werden muß, sind die Kosten dafür nicht mehr tragbar.

Ein konventioneller Weg, dieses Problem zu umgehen, wäre die Einschränkung der Form der Integritätsregeln auf wenige leichter überprüfbare Typen. Diesen Weg gehen etwa *Bernstein/Blaustein/Clarke* [1980], die eine eingeschränkte Klasse von Ausdrücken definieren, deren Überprüfung mit Hilfe aggregierter Daten einfach möglich ist.

Eine andere Möglichkeit ist, die Überprüfung soferne möglich schon zur Übersetzungszeit des Anwendungsprogramms anzusetzen. *Gardarin/Melkanoff* [1979] schlagen vor,

---

[1]) Hier wird eine Sicht als Auswahl eines „Rechtecks", d.i. eigentlich Hyperquaders, aus dem durch das kartesische Produkt der Basisattribute definierten Raum interpretiert. Das Rechteck von SICHT1 (i_1) könnte man informell als $\{i_1\} \times$ D (PERSNR) $\times$ D (KURSNR), das Rechteck von SICHT2 (i_1) als D (KURSNR), und das Rechteck von SICHT3 als D (INSTITUTNR) $\times$ N_0 (natürliche Zahlen mit Null) angeben.

Transaktionen mit Hilfe der HOARE'schen Methode der Programmverifikation [*Hoare*] daraufhin zu überprüfen, ob sie die gegebenen Integritätsregeln invariant lassen. In anderen Worten, es wird angenommen, die Integritätsregeln seien anfangs alle erfüllt. Dann wird an Hand der Programmlogik geprüft, ob sie auch nach Ende der Transaktion erfüllt sein müssen. Ist dies der Fall, so kann die Integritätsprüfung für die entsprechende Transaktion weggelassen werden. Diese Methode hat außerdem den Vorteil, das Testen von Anwendungsprogrammen zu erleichtern, da der Programmierer bereits vor der Ausführung feststellen kann, ob seine Transaktionen „richtig" sind.

Einen grundlegend anderen Weg geht *Hammer* [1976], der einen Verzicht auf die Gewährleistung absoluter Integrität empfiehlt. Er geht davon aus, daß verschiedene Teile der Datenbank bezüglich dort auftretender Fehler verschiedene Eigenschaften haben. Manche Daten sind gegen Fehler sehr empfindlich, d.h. jeder Fehler wird eine falsche Aktion verursachen (z.B. ein Fehler in der Höhe des Gehaltes wird eine falsche Gehaltsauszahlung bewirken). Manche Daten sind jedoch weniger empfindlich, vor allem solche, die hauptsächlich aggregiert verwendet werden (z.B. Durchschnittsalter vieler Einzelpersonen). Die Wirkung von Fehlern ist jedoch nicht unbedingt zu der Empfindlichkeit proportional; Fehler, die zur falschen Änderung eines Aggregatwertes führen, könnten potentiell viel wichtiger sein als einzelne falsche Aktionen.

Statt der konventionellen Methode, jeden Fehler zu prüfen und jeden für gleich wichtig zu halten, schlägt Hammer also ein Abwägen der Kosten der Fehlererkennung und -verhütung gegen die erwarteten Kosten der möglichen Fehler vor. Im einzelnen geht er von vier Grundprinzipien aus:

1) Fehler müssen erwartet werden, vollständige Richtigkeit der Daten ist unerreichbar – daher sollte man in einer „weichen" Art Fehler behandeln (statt sofort abzubrechen).
2) Man sollte Fehler durch ein möglichst vollständiges und konsistentes konzeptionelles Modell von vornherein weniger wahrscheinlich machen.
3) Die Arbeitsmittel des Integritätsprüfungssystems sollten gemäß der Empfindlichkeit der verschiedenen Datenbankbereiche und der möglichen Auswirkungen von Fehlern in diesen Bereichen verteilt werden.
4) Das System sollte sich an Änderungen in den Fehlertypen, -quellen, -häufigkeiten und -überprüfungskosten anpassen können.

Für das letztere sieht Hammer statistische Methoden vor: Stichprobenentnahmen aus den Daten, um Fehlerhäufigkeiten zu bestimmen, Bildung von aggregierten Werten zur Erkennung von (abweichenden) Trends und die Verwendung von "fuzzy logic"-Konzepten zur Beurteilung von Aussagen (d.h. eine Aussage kann nicht nur wahr oder falsch, sondern auch „sehr wahr" oder „ziemlich wahr" sein, usw.).

Weiters können auch mit außerhalb der Datenbank liegenden Methoden Fehlerquellen eliminiert werden: durch bessere Ausbildung der Datenlieferanten, Prämien für Genauigkeit, übersichtliche Planung von Formularen, verteilte Datenüberprüfung (durch andere Personen als diejenigen, die die Daten anlieferten).

Lafue [1979] beschreibt die Situation in Datenbanken, die zur Unterstützung des Entwurfs verschiedener Systeme (z.B. Bau- oder Forschungsprojekte) dienen. Hier wird die Struktur der Daten dauernd geändert, es werden immer wieder Teilprojekte umgestaltet und anders definiert. In solchen Fällen sind oft nicht alle Integritätsregeln erfüllt, bzw. es ist nicht praktikabel, alle von den Integritätsregeln verlangten Zusatzangaben sofort zu machen. Als Beispiel wird ein Pfeiler in einem Bauprojekt angeführt, der sowohl strukturelle Funktionen erfüllt als auch elektrische Leitungen enthält. Bei einer Querschnittänderung aus strukturellen Gründen ist es verfrüht, gleichzeitig die Leitungsangaben und alle daraus folgenden Angaben zu ändern – eventuell wird der Querschnitt noch ein zweites Mal geändert werden.

Hier kann es also sinnvoll sein, Integritätsprüfungen so lange aufzuschieben, bis die davon abhängigen Daten tatsächlich gebraucht werden. Es könnten sogar gleichzeitig verschiedene Werte für dasselbe Attribut eines Objekts toleriert werden, da sie bedeuten, daß man über den wahren Wert noch unschlüssig ist. Alle Integritätsverletzungen sollten allerdings aufgezeichnet werden, um ihren Ursprung erkennen zu können. Am Ende jeder Entwurfsphase können dann die temporär außer Kraft gesetzten Integritätsregeln wieder geprüft werden.

Wilson [1980] beschreibt die Entwicklung eines *Integritätsprozessors*, der vom Datenbankverwaltungssystem unabhängig ist und mit verschiedenen Datenbanken und Datenmodellen verwendet werden kann, die selbst kein Integritätssubsystem haben. Im wesentlichen beruht dieses System auf einer zweiten Formulierung des konzeptionellen Modells mit Integritätsregeln und Übersetzungsvorschriften in das eigentliche konzeptionelle Modell der Datenbank. In Situationen mit hoher Belastung sieht dieser Prozessor auch eine dynamische Auswahl der zu prüfenden Integritätsregeln vor.

15.4 Konsistenz

Bei einer Datenbank, zu der der gleichzeitige Zugriff durch mehrere Benutzer gestattet ist, kann es zu schwerwiegenden Problemen bei der logischen Koordination dieser Zugriffe kommen. Diese sogenannten *Konsistenzprobleme*[1]) resultieren daraus, daß bei unkontrollierter Freigabe derselben Daten an verschiedene Benutzer das Ergebnis gleichzeitiger Änderungen unvorhersehbar ist und dem einzelnen Benutzer aus für ihn undurchschaubaren Gründen inkonsistente Daten geliefert werden. *Date* [1979] gibt eine sehr ausführliche Darstellung der damit zusammenhängenden Problematik.

In Abschnitt 15.3.1 wurde ausgeführt, daß Datenbankvorgänge in *Transaktionen* zerlegt werden können, worunter man i.a. die kleinsten logischen Einheiten, die die Integrität der Datenbank unverletzt lassen, versteht. Um die Probleme der Konsistenzerhaltung zu illustrieren, genügt es, die Interaktionen zweier gleichzeitig ablaufender Transaktionen zu betrachten.

Gegeben sei eine Relation R (<u>PERSNR</u>, GEHALT), die für jeden Universitätsangestellten seine Personalnummer und sein Monatsgehalt angibt. T_1 sei eine Transaktion, die das Gehalt des Angestellten x um eine Haushaltszulage von 100 S erhöhen soll. T_2 sei eine zweite Transaktion, die das Gehalt von x um den bisher gewährten Fahrtkostenzuschuß von 330 S verringern soll, da x in eine nähergelegene Wohnung übersiedelt ist. T_1 und T_2 laufen (zufällig) gleichzeitig ab; es sei ferner angenommen, daß das bisherige Gehalt 10.830 S im Monat betrug.

Nach der obigen Darstellung der Sachlage ist es klar, daß das neue Gehalt von x

---

[1]) Der Begriff der Konsistenz wird hier im Sinne der Konsistenz der Benutzersichten bzw. der dem Benutzer zur Verfügung gestellten Daten verwendet; zur Konsistenz von Integritätsregeln siehe Abschnitt 15.3.3.5.

10.600 S betragen sollte; dies wäre auch das Resultat, wenn T_1 vor T_2 oder T_2 vor T_1 ablaufen würden. Bei gleichzeitigem Ablauf beider Transaktionen tritt dieses Ergebnis jedoch nicht unbedingt auf, wie aus der folgenden Tabelle zu ersehen ist.

Zeitpunkt	T_1-Operationen	T_2-Operationen
t_1	Lese Tupel von R mit PERSNR = x (GEHALT = 10.830)	. . .
t_2	. . .	Lese Tupel von R mit PERSNR = x (GEHALT = 10.830)
t_3	Berechne das erhöhte Gehalt (GEHALT = 10.930)	. . .
t_4	. . .	Berechne das verringerte Gehalt (GEHALT = 10.500)
t_5	Speichere das Tupel ⟨x, 10.930⟩	. .
t_6	. .	Speichere das Tupel ⟨x, 10.500⟩

In diesem Fall würde das neue Gehalt 10.500 S betragen, da die Änderung durch T_1 einfach überschrieben wird. Bei anderer Reihenfolge der Datenbankoperationen könnte das Ergebnis aber auch 10.930 S oder auch richtig 10.600 S lauten.

Dieses Problem ist nicht nur auf die gleichzeitige Änderung der Daten durch mehrere Transaktionen beschränkt. Auch dann, wenn nur eine Transaktion die Daten ändert und die anderen lediglich Leseoperationen durchführen, können ähnliche Fehler auftauchen.

T_3 sei eine Transaktion, die die GEHALT-Werte alle Tupel in R summiert und die Gehaltsumme ausdruckt; T_4 sei eine Transaktion, die einen Betrag von 1.000 S vom Gehalt des Lektors y abzieht und zum Gehalt von Lektor z hinzuaddiert, da y an z einen Lehrauftrag abgetreten hat. Obwohl die Lehrauftragsanzahl und damit auch die Gehaltsumme gleich bleiben sollten, hängt das Ergenbis von T_3 davon ab, ob T_3 auf die Tupel mit PERSNR = y und PERSNR = z vor, nach, oder zwischen den Änderungen zugreift, etwa:

Zeitpunkt	T_3-Operationen	T_4-Operationen
. . .	(SUMME bisher: 100.000) .	. . .
t_1	Lese Tupel von R mit PERSNR = y (GEHALT = 12.000) → SUMME = 112.000	. . . .
t_2	. . .	Lese Tupel von R mit PERSNR = y (GEHALT = 12.000)
t_3	. .	Speichere Tupel ⟨y, 11.000⟩
. t_4 .	. . .	Lese Tupel von R mit PERSNR = z (GEHALT = 14.000)
t_5	. .	Speichere Tupel ⟨z, 15.000⟩
t_6 . .	Lese Tupel von R mit PERSNR = z (GEHALT = 15.000) → SUMME = 127.000) . .	. . . . . .

Hier lautet die (bisherige) Summe 127.000 S, während sie eigentlich 126.000 S lauten sollte.

Bei gleichzeitiger Durchführung mehrerer Transaktionen muß daher i.a. gefordert werden, daß das „Ergebnis" (also die Resultate aller Änderungen und die den Benutzern gelieferten Daten) genau gleich sein muß einem Ergebnis, das man erhält, wenn die Transaktionen in einer beliebigen Reihenfolge hintereinander durchgeführt werden. Ein solches Ergebnis heißt konsistent. – Dieses Ergebnis ist übrigens noch nicht eindeutig, obwohl in den angeführten Beispielen die Reihenfolge unwesentlich ist: versuchen gleichzeitig Personen A und B, den letzten verfügbaren Platz für einen bestimmten Flug zu buchen, so kann das Ergebnis je nach der Reihenfolge so ausfallen, daß A oder B den Platz erhalten.

Zur Erfüllung der obigen Forderung ist ein Mechanismus zur Kontrolle und Koordination gleichzeitig ablaufender Transaktionen unumgänglich. Der am häufigsten verwendete Mechanismus dieser Art ist die *Zugriffssperre*, deren Problematik im folgenden Abschnitt kurz erläutert werden soll.

15.4.1 Zugriffssperre und Verklemmung in Datenbanken

Zur Erreichung eines konsistenten Ergebnisses im oben beschriebenen Sinn wäre es natürlich möglich, die Transaktionen überhaupt nacheinander auszuführen. Dies würde logisch einer Sperre der gesamten Datenbank für alle anderen Transaktionen, während eine bestimmte Transaktion durchgeführt wird, gleichkommen. Selbstverständlich ist eine solche Vorgangsweise wegen der Ineffektivität der Maschinenausnützung und der langen Wartezeit für die Benutzer indiskutabel. Es muß daher eine dynamische Zugriffssperre (lock) vorgesehen werden, die möglichst nur diejenigen Daten betrifft, die die jeweils laufenden Transaktionen (in einem etwas erweiterten Sinn, s.u.) benötigen.

Die Methode der Zugriffssperre wird natürlich schon seit langer Zeit in anderen Gebieten der Datenverarbeitung angewendet. Derartige Probleme treten ja insbesondere bei der Betriebsmittelvergabe durch Betriebssysteme auf, wenn etwa zwei Prozesse gleichzeitig auf dasselbe Magnetband zugreifen wollen [*Hansen*]. Die zu vergebenden Ressourcen sind jedoch in solchen Fällen i.a. unteilbar und können mit fixen Bezeichnungen angesprochen werden.

In Datenbanken tritt jedoch eine zusätzliche Dimension des Vergabeproblems auf. Hier hängen die notwendigen Sperren meist vom Inhalt der Daten ab und müssen durch eine logische Bedingung spezifiziert werden.

So würde das erste Beispiel des vorigen Abschnitts so gelöst werden, daß Transaktion T_1 zuerst eine Zugriffssperre für „das Tupel mit PERSNR = x" verlangt. Diese Sperre bewirkt, daß keine andere Transaktion zum betreffenden Tupel zugreifen darf. Nun wird die Lese- und Änderungsoperation durchgeführt, worauf abschließend die Zugriffssperre wieder aufgehoben wird. Erst danach kann Transaktion T_2 beginnen, welche nun auch mit Sperrbefehlen versehen wird.
Im zweiten Beispiel würde es genügen, wenn T_3 eine Schreibsperre verlangt, allerdings für die ganze Relation R gleichzeitig. Andere Transaktionen, die R lesen wollen, werden dann nicht behindert, aber die gleichzeitige Änderung von Tupeln in R wird damit unterbunden.

Die Anforderung von Zugriffssperren und ihre Zurücknahme innerhalb einer Transaktion darf nicht regellos erfolgen. So wäre es im zweiten Beispiel falsch, wenn T_3 jeweils nur das als nächstes zu lesende Tupel sperren und die Sperre nach dem Lesen sofort wieder aufheben würde – das Ergebnis wäre gleich dem im vorigen Abschnitt.

Es kann gezeigt werden [*Eswaran/Gray/Lorie/Traiger*], [*Chamberlin/Gray/Traiger*], daß Transaktionen, die bestimmte Bedingungen erfüllen, auf jeden Fall ein konsistentes Ergebnis garantieren:

a) sie müssen *„wohlgeformt"* sein: jedes Datum, zu dem zugegriffen wird, muß vorher für andere Transaktionen gesperrt worden sein; eine bereits aufgehobene Sperre darf kein zweites Mal verlangt werden, und es müssen am Schluß der Transaktion alle Sperren aufgehoben sein.

b) sie müssen *„Zweiphasen-Transaktionen"* sein: sie müssen in eine „wachsende" und eine „schrumpfende" Phase zerfallen, wobei in der wachsenden Phase Sperren nur angefordert, aber nicht aufgehoben werden, während in der zweiten Phase keine neuen Sperren mehr angefordert werden dürfen – es darf, anders ausgedrückt, keine Sperre mehr verlangt werden, sobald irgendeine Sperre aufgehoben worden ist.

Im Prinzip könnte man sich vorstellen, daß die in der „wachsenden" Phase benötigten Zugriffssperren alle zu Beginn der Transaktion gleichzeitig verhängt werden. Dies würde jedoch in vielen Fällen zu einem Effizienzverlust führen, da viele Daten lange Zeit gesperrt wären, ohne daß sie wirklich schon benötigt würden. Außerdem ist die vorherige Sperre von Daten nur dann möglich, wenn schon zu Beginn die benötigten Daten bekannt sind – oft aber werden diese erst im Verlauf der Transaktion bestimmt.

Werden die Sperren aber erst dann verlangt, wenn die Daten tatsächlich verwendet werden sollen, so kann es zu einer sogenannten *Verklemmung* (deadlock) kommen. Dabei warten zwei oder mehr Transaktionen jeweils auf Daten, die von einer der anderen gesperrt wurden.

Dieselben Probleme treten bei der Ressourcenvergabe in Betriebssystemen auf [*Habermann*], [*Coffman/Elphik/Shoshani*], [*Holt*], [*Hansen*], und die Methoden, eine Verklemmung zu erkennen und zu beheben, ähneln den dort angewandten. Zumindest eine der verklemmten Transaktionen muß abgebrochen werden und mittels der bereits in Abschnitt 15.3.2 (3) angesprochenen *Rücksetzungsfunktion* (backup, rollback) wieder aufgehoben werden. Probleme ergeben sich dabei allerdings daraus, daß eventuell weitere Transaktionen bereits die bisherigen Ergebnisse der rückgesetzten Transaktion verwendet haben (und daher ebenfalls wieder aufgehoben werden müssen) oder daß im bisherigen Verlauf der Transaktion Meldungen an den Benutzer gegeben wurden, die nun gegenstandslos geworden sind. Dieses Problem tritt allerdings beim Abbruch von Transaktionen nach Fehlern ebenfalls auf; eine genauere Behandlung erfährt es bei *Date* [1979].

15.4.2 Prädikatsperren

Bei der Implementation von Zugriffssperren in Datenbanken muß versucht werden, einen Kompromiß zwischen mehreren einander teilweise widersprechenden Zielen zu finden. Unter der Grundbedingung, daß die Konsistenz unbedingt erhalten werden soll, soll einerseits der Ausnützungsgrad der Systemressourcen und die Anzahl der gleichzeitig ausführbaren Transaktionen möglichst hoch gehalten werden, während andererseits der Aufwand für die Verwaltung der Zugriffssperren möglichst gering sein und möglichst selten Verklemmungen auftreten sollten.

Es ist z.B. klar, daß bei Sperre der gesamten Datenbank für alle Transaktionen außer der laufenden die Verwaltungslogik einfach ist und Verklemmungen überhaupt nie auftreten können, aber die gleichzeitige Ausführung von Transaktionen unmöglich ist. Eine Sperre aller Relationen (in ihrer Gesamtheit), die die Transaktion anspricht, ist auch noch einfach, aber vom Ausnützungsgrad her selten vertretbar. In diesem Zusammenhang spricht man von der *Körnigkeit* der Zugriffssperre (lock granularity), die hier noch sehr grob ist.

Um einen höheren Effizienzgrad zu erreichen, sieht man sich gezwungen, möglichst nur Teile von Relationen zu sperren, und zwar zumindest diejenigen Tupel, die von der jeweiligen Transaktion benötigt werden. (Eine noch feinkörnigere Sperre wäre allerdings noch auf der Ebene der Tupelkomponenten vorstellbar.) Es genügt jedoch nicht, ein logisches Prädikat anzugeben, mit dessen Hilfe die betroffenen Tupel der fraglichen Relation zu bestimmen, und dann über diese Tupel eine Zugriffssperre zu verhängen, wie im folgenden Beispiel gezeigt wird.

Gegeben sei wieder die Relation R (PERSNR, GEHALT) und eine Transaktion T_5, die zuerst alle Personen finden soll, die mehr als 10.000 S monatlich verdienen, dann alle, die mehr als 12.000 S verdienen. Die zweite Liste sollte offensichtlich eine Teilmenge der ersten sein. Verlangt aber die Transaktion zuerst eine Zugriffssperre mit der Bedingung (GEHALT > 10.000), so würde etwa das Tupel ⟨ x, 9.769 ⟩ nicht gesperrt. Eine weitere Transaktion T_6 könnte dann gleichzeitig dieses Tupel auf ⟨ x, 12.129 ⟩ ändern; verlangt dann T_5 die Tupel mit (GEHALT > 12.000), so wird das neue Tupel dort gefunden, obwohl es in der ersten Liste nicht enthalten war.

Solche Tupel werden *Phantome* genannt. Ihr Auftreten kann (abgesehen von einer Sperre der Gesamtrelation) nur durch eine *Prädikatsperre* (predicate lock) verhindert werden. Bei dieser handelt es sich um ein logisches Prädikat, für welches während der Sperre kontrolliert wird, daß die Menge der Tupel, die es erfüllen, von keiner anderen Transaktion verändert wird – und zwar dürfen Tupel weder entfernt oder verändert werden noch neu hinzukommen. Es wird sozusagen nicht nur die Existenz der bereits vorhandenen Tupel, sondern auch die Nichtexistenz der noch nicht vorhandenen Tupel für die Zeit der Sperre garantiert [*Eswaran/Gray/Lorie/Traiger*].

Bei Verwendung von Prädikatsperren werden allerdings die Probleme der Zugriffssperrenvergabe wesentlich komplizierter. Verlangt bei einfachen Zugriffssperren eine zweite Transaktion eine weitere Sperre, so kann einfach festgestellt werden, ob die verlangten Tupel bereits gesperrt sind oder nicht. Sind sie (alle oder ein Teil davon) gesperrt, so kann die neue Zugriffssperre verweigert werden.

Die Feststellung, ob eine bereits aufrechte Prädikatsperre mit einer neu verlangten eventuell im Widerspruch stehen könnte (ob also die Mengen der möglichen Tupel, die den Prädikaten entsprechen, überlappen), ist im Gegensatz dazu schwierig, bei allgemeinen logischen Prädikaten sogar rekursiv unlösbar. *Eswaran/Gray/Lorie/Traiger* [1976] schlagen daher die Verwendung einer einfachen Klasse von logischen Prädikaten vor, deren gegenseitige Konfliktfreiheit einfach festzustellen ist. Ist das Prädikat einer verlangten Sperre komplizierter, so läßt sich ein einfaches Prädikat aus dieser Klasse finden, das das verlangte Prädikat impliziert. Dadurch wird zwar eine etwas größere Menge von Tupeln gesperrt als notwendig wäre, dies kann allerdings mit der Möglichkeit exakter Konfliktüberprüfung und dem dadurch selteneren Auftreten von Verklemmungen gerechtfertigt werden.

15.4.3 Konsistenz in verteilten Datenbanken

Die Probleme der Konsistenz gewinnen in *verteilten Datenbanken* eine neue Komponente. Hier werden Daten i.a. an verschiedenen Knoten eines Rechnernetzes redundant gehalten, um den lokalen Zugriff in effizienter Weise zu ermöglichen. Dies bedeutet jedoch auch, daß z.B. dieselbe Relation an den verschiedenen Verarbeitungsstellen unabhängig in verschiedener Weise verändert werden kann. Die Übermittlung einer Änderung an alle anderen Kopien der Relation erfolgt nach Maßgabe der Leitungskapazität früher oder später.

So entstehen dauernd im Prinzip inkonsistente Datenbankzustände und der Konsistenzbegriff muß in folgender Weise unterteilt werden: jede lokale Änderung muß (in der bisher besprochenen Weise) die *interne Konsistenz* der lokalen Datenkopie erhalten; die *gegenseitige Konsistenz* (mutual consistency) der Kopien erfordert jedoch die Sicherstellung, daß alle Kopien zumindest dann, wenn alle Benutzer ihre Aktivitäten einstellen, „gegen einen identischen Endzustand konvergieren" [*Marsland/Isloor,* 1979].

Da in verteilten Datenbanken manche Transaktionen auch auf Daten zugreifen können, die in anderen Knoten des Netzes gespeichert sind, entstehen außerdem zusätzlich zu den lokalen Verklemmungen auch netzweite Verklemmungen, deren Erkennung äußerst kompliziert ist, da der dauernde Austausch von Zugriffssperrlisten zwischen allen lokalen Prozessoren die Datenleitungen über Gebühr belasten.

Zu all dem kommen noch die Möglichkeit von Leitungsfehlern, verlorenen Nachrichten, Zusammenbrüchen von Teilen des Netzes oder von einzelnen Prozessoren, und ähnliches mehr. Die Problematik von verteilten Datenbanken ist gegenwärtig hochaktuell und wird laufend untersucht [*Goldman*], [*Isloor/Marsland,* 1978, 1979], [*Marsland/Isloor,* 1979a, b].

Literaturverzeichnis

Abrial, J.R.: Data semantics. Data Base Management. Hrsg. von *J. Klimbie* und *K. Koffeman*. Amsterdam 1974, 1–60.

Aho, A.V., C. Beeri, und *J.D. Ullman*: The theory of joins in relational data bases. ACM TODS 4 (3), 1979, 297–314.

Armstrong, W.W.: Dependency structures of database relationships. Proc. IFIP 1974. Hrsg. von J.L. Rosenfeld. Amsterdam 1974, 580–583.

Armstrong, W.W., und *C. Delobel*: Decompositions and functional dependencies in relations. ACM TODS 5(4), 1980, 404–430.

Astrahan, M.M., et al.: System R: relational approach to database management. ACM TODS 1(2), 1976, 97–137.

Bachman, C.W., und *U. Dayal*: The role concept in data models. Proc. 3rd Int. Conf. on Very Large Data Bases, IEEE 1977, 464–478.

Beeri, C.: On the role of data dependencies in the construction of relational database schemas. TR No. 43, Dept. of Computer Science, Hebrew Univ. of Jerusalem, 1979.

–: On the membership problem for functional and multivalued dependencies in relational databases. ACM TODS 5(3), 1980, 241–259.

Beeri, C., und *P.A. Bernstein*: Computational problems related to the design of normal form relational schemas. ACM TODS 4(1), 1979, 30–59.

Beeri, C., und *J. Rissanen*: Faithful representations of relational database schemas. Technical report, IBM San José 1980.

Beeri, C., und *M.Y. Vardi*: On the properties of total join dependencies. Workshop CERT-DERI, Toulouse 1979.

Beeri, C., P.A. Bernstein, und *N. Goodman*: A sophisticate's introduction to database normalization theory. Proc. 4th Int. Conf. on Very Large Data Bases. Hrsg. von S. Bing Yao. IEEE 1978, 113–124.

Beeri, C., R. Fagin, und *J.H. Howard*: A complete axiomatization for functional and multivalued dependencies. Proc. ACM SIGMOD Int. Symp. on Management of Data, 1977, 47–61.

Benci, E., F. Bodart, H. Bogaert, und *A. Cabanes*: Concepts for the design of a conceptional schema. Modelling in Data Base Management Systems. Hrsg. von G.M. Nijssen. Amsterdam 1976, 181–200.

Bernstein, P.A.: Normalization and functional dependencies in the relational database model. Technical Report CSRG–60, Dept. of Computer Science, Univ. of Toronto, 1975.

Bernstein, P.A., und *C. Beeri*: An algorithmic approach to normalization of relational database schemas. Technical Report CSRG–73, Computer Science Research Group, Univ. of Toronto, 1976.

Bernstein, P.A., B.T. Blaustein, und *E.M. Clarke*: Fast maintenance of semantic integrity assertions using redundant aggregate data. TR 05–80, Aiken Comp. Lab., Harvard Univ., Cambridge, MA., 1980.

Biskup, J.: On the complementation rule for multivalued dependencies in database relations. Acta Informatica 10, 1978, 297–305.

Biskup, J., U. Dayal, und *P.A. Bernstein*: Synthesizing independent database schemas. Proc. ACM SIGMOD (International Symposium on Management of Data), 1979, 143–152.

Blasgen, et al.: System R: An architectural update. IBM Research Report RJ2581, San José 1979.

Bolt, R.A.: Spatial data management. DARPA Report, MIT Architecture Machine Group, Cambridge, Mass., 1979.

Bracchi, G., P. Paolini, und *G. Pelagatti*: Binary logical associations in data modelling. Proc. IFIP Working Conf. on Modelling in Database Management Systems. Hrsg. von G.M. Nijssen. Amsterdam 1976, 125–148.

Bradley, J.: An extended owner coupled set data model and predicate calculus for data base management systems. ACM TODS 3(4), 1978, 385–416.

Breiteneder, C.: Die Theorie des relationalen Datenmodells: Einführung und Überblick. Diplomarbeit, Inst. f. Statistik und Informatik, TNF, Univ. Linz, Sept. 1978.

Cadiou, J.M.: On semantic issues in the relational model of data. Proc. Int. Symp. on Mathematical Foundations of Computer Science, Gdansk, Polen, Sept. 1975. Lecture Notes in Computer Science, Bd. 32. Heidelberg–New York 1975.

Carnap, R.: Einführung in die symbolische Logik. Wien 1954.

Chamberlin, D.D.: A summary of user experience with the SQL data sublanguage. Research Report RJ2767, IBM, San José 1980.

Chamberlin, D.D., und *R.F. Boyce*: SEQUEL: A structured English query language. Proc. ACM-SIGFIDET Workshop, Ann Arbor, Mich., 1974.

Chamberlin, D.D., J.N. Gray, und *I.L. Traiger*: Views, authorization and locking in a relational data base system. Proc. National Computer Conf., 1975, 425–430.

Chamberlin, D.D., et al.: SEQUEL 2: A unified approach to data definition, manipulation and control. IBM Journal of Research and Development **20**(6), 1976, 560–575. (Erratum: IBM Journal of Research and Development **21**(1), 1977, 94–95.)

Chang, C.L., und *R.C.T. Lee*: Symbolic Logic and Mechanical Theorem Proving. New York 1973.

Chen, P.P.S: The Entity-Relationship Model – Toward a unified view of data. ACM TODS **1**(1), 1976, 9–36.

–: Entity-Relationship-Diagrams (ERD) and English sentence structures. Vortragsmanuskript, UCLA 1979.

Childs, D.L.: Feasibility of a set theoretic data structure: a general structure on a reconstituted definition of relation. Proc. IFIP-Kongress 1968.

–: Extended Set Theory: a formalism for the design, implementation and operation of information systems. Technical Report, STIS-Corp, Ann Arbor, Mich., 1974.

–: Extended Set Theory: a general model for very large, distributed, backend information systems. Proc. 3rd Int. Conf. on Very Large Data Bases. IEEE 1977, 28–45.

Church, A.: Introduction to Mathematical Logic. Princeton 1956.

CODASYL/DBLTG (CODASYL Data Base Language Task Group): Proposal for a database facility in COBOL. Januar 1973. Erhältlich von Technical Services Branch, Dept. of Supply and Services, Ottawa, Canada.

CODASYL/DBTG (Data Base Task Group of CODASYL Programming Language Committee): Report. April 1971. Erhältlich von BCS (London), IAG (Amsterdam), ACM (New York).

CODASYL/DDLC (CODASYL Data Description Language Committee): Journal of Development. Juni 1973. Erhältlich von BCS (London), IAG (Amsterdam), ACM (New York).

Codd, E.F.: A relational model for large shared data banks. CACM **13**(6), 1970, 377–387.

–: A data base sublanguage founded on the relational calculus. Proc. 1971 ACM SIGFIDET Workshop on Data Description, Access and Control, ACM, New York 1971.

–: Further normalization of the data base relational model. Data Base Systems. Hrsg. von R. Rustin. Englewood Cliffs, 1972a, 33–64.

–: Relational completeness of data base sublanguages. Data Base Systems. Hrsg. von R. Rustin. Englewood Cliffs, 1972b, 65–98.

–: Recent investigations in relational data base systems. Proc. IFIP 1974. Amsterdam 1974, 1017–1021.

–: Understanding relations. FDT (Bulletin of ACM SIGMOD) 7, 1975, 3–4, 23–28.

–: Extending the database relational model to capture more meaning. ACM TODS **4**(4), 1979, 397–434.

–: Referee-Bemerkung zu einer bei der ACM TODS eingereichten Bemerkung zum RM/T-Datenmodell, 1980.

Coffman, E.G., M. Elphik, und *A. Shoshani*: System Deadlocks. Computing Surveys (ACM) **3**(2), 1971, S. 67ff.

Conway, R.W., W.L. Maxwell, und *H.L. Morgan*: On the implementation of security measures in information systems. CACM **15**(4), 1972, 211–220.

Date, C.J.: An Introduction to Database Systems. 2. Aufl. Reading (Mass.), 1977.

–: Locking and recovery in a shared database system: an application programming tutorial. Proc. 5th Int. Conf. on Very Large Data Bases, IEEE 1979, 1–15.

Dayal, U., und *P.A. Bernstein*: On the updatability of relational views. Proc. 4th Int. Conf. on Very Large Data Bases. Hrsg. von S. Bing Yao. IEEE 1978, 368–377.

Delobel, C.: Normalization and hierarchical dependencies. ACM TODS 3(3), 1978, 201–222.

–: An overview of the relational data theory. Proc. IFIP 1980. Hrsg. von S.H. Lavington. Amsterdam 1980, 413–426.

Delobel, C., und *R.G. Casey*: Decomposition of a database and the theory of Boolean switching functions. IBM Journal on Research and Development, Sept. 1973, 370–386.

Denning, D.E., und *J. Schlörer*: A fast procedure for finding a tracker in a statistical database. ACM TODS 5(1), 1980, 88–102.

Denning, D.E., P.J. Denning, und *N.D. Schwartz*: The tracker: a threat to statistical database security. ACM TODS 4(1), 1979, 76–96.

Donelson, W.C.: Spatial management of information. ACM SIGGRAPH, Computer Graphics 12, 1978, 203–209.

Downs, D., und *G.J. Popek*: Database management systems security and Ingres. Proc. 5th Int. Conf. on Very Large Data Bases, IEEE 1979, 280–290.

El-Masri, R., und *G. Wiederhold*: Data model integration using the structural model. Proc. ACM SIGMOD Int. Conf. on Management of Data, 1979.

Eswaran, K.P., und *D.D. Chamberlin*: Functional specifications of a subsystem for data base integrity. IBM Research Report RJ1601, 1975.

Eswaran, K.P., J.N. Gray, R.A. Lorie, und *I.L. Traiger*: The notions of consistency and predicate locks in a database system. CACM 19(11), 1976, 624–633.

Fagin, R.: Multivalued dependencies and a new normal form for relational databases. ACM TODS 2(3), 1977, 262–278.

–: On an authorization mechanism. ACM TODS 3(3), 1978, 310–319.

–: Normal forms and relational database operators. Proc. ACM SIGMOD (Int. Symposium on Management of Data), 1979, 153–160.

Fernandez, E.B., und *R.C. Summers*: Integrity aspects of a shared data base. Proc. National Computer Conf., 1976, 819–827.

Florentin, J.J.: Consistency auditing of databases. The Computer Journal 17(1), 1974, 52–58.

Fry, J.P., und *E.H. Sibley*: Evolution in database management systems. ACM Computing Surveys 8, 1976, 7–42.

Galil, Z.: An almost linear time algorithm for computing a dependency basis in a relational data base. IBM Research Report RJ2656, 1979.

Gallaire, H., und *J. Minker* (ed.): Logic and Data Bases. New York 1978.

Gallaire, H., J. Minker, und *J.M. Nicolas*: An overview and introduction to logic and data bases. Logic and Data Bases. Hrsg. von H. Gallaire und J. Minker. New York 1978, 3–30.

Gardarin, G., und *M. Melkanoff*: Proving consistency of database transactions. Proc. 5th Int. Conf. on Very Large Data Bases, IEEE 1979, 291–298.

Gödel, K.: Die Vollständigkeit der Axiome des logischen Funktionenkalküls. Monatshefte für Mathematik und Physik 37, 1930, 349–360.

Goldman, B.: Deadlock detection in computer networks. Technical Report MIT/LCS/TR-185, Lab. for Computer Science. Cambridge, Mass., 1977.

Grant, J.: Nullvalues in a relational database. Inf. Proc. Letters 6(5), 1977, 156–157.

Griffiths, P.P., und *B.W. Wade*: An authorization mechanism for a relational database system. ACM TODS 1(3), 1976, 242–255.

Habermann, N.: Prevention of system deadlocks. CACM 13(4), 1970, S. 238ff.

Hagihara, K., M. Ito, K. Taniguchi, and *T. Kasami*: Decision problems for multivalued dependencies in relational databases. SIAM J. Computing 8(2), 1979, 247–264.

Hall, P., J. Owlett, und *S. Todd*: Relations and entities. Modelling in Data Base Management Systems. Hrsg. von G.M. Nijssen. Amsterdam 1976, 201–220.

Hammer, M.: Error detection in data base systems. Proc. National Computer Conf., 1976, 795–801.

Hammer, M., und *D.L. McLeod*: The Semantic Data Model: a modelling mechanism for database applications. Proc. ACM SIGMOD Int. Conf. on Management of Data, 1978, 26–36.

Hansen, P.B.: Betriebssysteme. München–Wien 1977.

Herot, C.F.: Spatial management of data. ACM TODS 5(4), 1980, 493–514.
Hilbert, D., und *W. Ackermann*: Grundzüge der theoretischen Logik. 4. Aufl. Berlin 1959.
Hitchcock, P.: User extensions to the Peterlee Relational Test Vehicle. Systems for Large Data Bases. Hrsg. von Lockemann und Neuhold. Amsterdam 1977, S. 169ff.
Hoare, C.A.: An axiomatic basis for computer programming. CACM Vol. 12(10), 1969, 576–580.
Holt, R.C.: Some deadlock properties of computer systems. Computing Surveys (ACM) 4(3), 1972, 179–196.
Honeyman, P., R.E. Ladner, und *M. Yannakakis*: Testing the universal relation assumption. Inf. Proc. Letters 10(1), 1980, 14–19.
Horn, A.: On sentences which are true of direct unions of algebras. J. Symbolic Logic 16, 1951, 14–21.
Housel, B.C., V. Waddle, und *S.B. Yao*: The functional dependency model for logical database design. Proc. 5th Int. Conf. on Very Large Data Bases, IEEE 1979, 194–208.
Isloor, S.S., und *T.A. Marsland*: An effective "on-line" deadlock detection technique for distributed data base management systems. Proc. IEEE/CS II. Int. Conf. on Computer Software and Applications, COMPSAC 1978, 283–288.
–: System recovery in distributed data bases. Proc. IEEE/CS III. Int. Conf. on Computer Software and Applications, COMPSAC 1979.
Kam, J.B., und *J.D. Ullman*: A model of statistical databases and their security. ACM TODS 2(1), 1977, 1–10.
Kent, W.: A primer of normal forms. IBM Technical Report TR-02600, 1973.
Kerschberg, L., A. Klug, und *P. Tsichritzis*: A taxonomy of data models. Proc. 2nd Int. Conf. on Very Large Data Bases. Hrsg. von P.C. Lockemann und E.J. Neuhold. Amsterdam 1976, 43–64.
Knuth, D.E.: The Art of Computer Programming. Vol. 1: Fundamental Algorithms. Reading, Mass. 1972.
Korth, H.F., und *J.D. Ullman*: SYSTEM/U: A database system based on the universal relation assumption. Internal Report, XP1 Workshop on Relational Database Theory, New York 1980.
Lafue, G.M.E: An approach to automatic maintenance of semantic integrity in large design data bases. Proc. NCC 1979, 713–715.
Lee, R.M., und *R. Gerritsen*: Extended semantics for generalization hierarchies. Proc. ACM SIGMOD Int. Conf. on Management of Data, 1978, 18–25.
Lehmann, H., und *A. Blaser*: Query languages in data base systems. Technical Report 79.07.004, IBM Wissenschaftliches Zentrum, Heidelberg 1979.
Lien, Y.E.: Multivalued dependencies with null values in relational data bases. Proc. 5th Int. Conf. on Very Large Data Bases, IEEE 1979, 61–66.
–: On the equivalence of database models. Bell Lab. DB Research Report 3, 1980.
Ling, T.W., F.W. Tompa, und *T. Kameda*: An improved third normal form for relational data bases. ACM TODS 6(2), 1981, 329–346.
Lipski jr., W.: On semantic issues connected with incomplete information databases. ACM TODS 4(3), 1979, 262–296.
Liu, L.S., und *A. Demers*: An algorithm for testing lossless join property in relational databases. Inf. Proc. Letters 11(2), 1980, 73–76.
Maier D.: Discarding the universal instance assumption: preliminary results. Technical Report 80/008, Dept. of Computer Science, State University of New York at Stonybrook, März, 1980.
Maier, D., A.O. Mendelzon, und *Y. Sagiv*: Testing implications of data dependencies. ACM TODS 4(4), 1979, 455–469.
Marsland, T.A., und *S.S. Isloor*: Semantic correctness of distributed databases. Proc. NBS Networking Symposium, 1979a.
–: Detection of deadlocks in distributed database systems. Canadian Journal of Operations Research and Information Processing, 1979b.
McLeod, D.: A semantic data base model and its associated structured user interface. Technical Report 214, MIT Laboratory for Computer Science, 1978.
McLeod, D., und *R. King*: Applying a semantic database model. Proc. Int. Conf. on Entity-Relationship Approach to Systems Analysis and Design. Hrsg. von P. Chen. Amsterdam 1979, 193–210.

Mendelson, E.: Introduction to Mathematical Logic. New York 1964.

Mendelzon, A.O.: On axiomatizing multivalued dependencies in relational databases. Journal of the ACM 26(1), 1979, 37–44.

Minker, J.: An experimental relational data base system based on logic. Logic and Data Bases. Hrsg. von H. Gallaire and J. Minker, New York 1978. 107–147.

Minsky, N.: Intentional resolution of privacy protection in database systems. CACM 19 (3), 1976, 148–159.

Nicolas, J.M.: Mutual dependencies and some results on undecomposable relations. Proc. 4th Int. Conf. on Very Large Data Bases, IEEE 1978, 360–367.

Nicolas, J.M., und *H. Gallaire*: Data base: Theory vs. Interpretation. Logic and Data Bases. Hrsg. von H. Gallaire und J. Minker. New York, 1978, 33–54.

Nicolas, J.M., und *K. Yazdanian*: Integrity checking in deductive data bases. Logic and Data Bases. Hrsg. von H. Gallaire und J. Minker. New York 1978, 325–344.

Nijssen, G.M.: Set and CODASYL set or coset. Data Base Description. Hrsg. von Douque und Nijssen. Amsterdam 1975.

– (ed.): Modelling in Data Base Management Systems. Amsterdam 1976.

Olle, T.W.: The CODASYL Approach to Data Base Management. Chichester 1978.

Osborn, S.L.: Normal forms for relational databases. Research Report CS–78–06, Dept. of Computer Science, Univ. of Waterloo, Ontario, Canada, 1978.

Pichat, E., und *C. Delobel*: Designing third normal form from relational database schema. Rapport de Recherche RR149, Université de Grenoble, 1979.

Pirotte, A.: The Entity-Property-Association Model. MBLE-Report No. 343, Brüssel 1977.

–: High level data base query languages. Logic and Data Bases. Hrsg. von H. Gallaire und J. Minker. New York 1978, 409–436.

Poonen, G.: CLEAR: A conceptual language for entities and relationships. Proc. Int. Conf. on Management of Data (ICMOD), Italien, 1978, 194–220.

Reiter, R.: On closed world data bases. Logic and Data Bases. Hrsg. von H. Gallaire und J. Minker. New York 1978, 55–76.

Rissanen, J.: Independent components of relations. ACM TODS 2(4), 1977, 317–325.

–: Theory of relations for databases – a tutorial survey. Proc. 7th Symp. on Mathematical Foundations of Computer Science, Lecture Notes in Computer Science. Heidelberg–NewYork 1978, 537–551.

Roussopoulos, N.: ADD: Algebraic Data Definition. IBM–RJ 2060, 1977.

Roussopoulos, N., und *J. Mylopoulos*: Using semantic networks for database management. Proc. Int. Conf. on Very Large Data Bases, IEEE 1975, 144–172.

Sagiv, Y.: An algorithm for inferring multivalued dependencies with an application to propositional logic. Manuskript, Dept. of Computer Science, Univ. of Illinois at Urbana–Champaign, 1979.

Schiffner, G., und *P. Scheuermann*: Multiple views and abstractions with an extended entity-relationship model. Technical Report, Dept. of Electrical Engineering and Computer Science, Northwestern University, Evanston, Illinois, 1979.

Schlageter, G., und *W. Stucky*: Datenbanksysteme: Konzepte und Modelle. Teubner Studienbücher (Informatik), 1977.

Schlörer, J.: Schnüffeltechniken und Schutzmaßnahmen bei statistischen Datenbank-Informationssystemen mit Dialogauswertung. Materialien Nr. 29 der Abt. f. Medizinische Statistik, Dokumentation und Datenverarbeitung, Univ. Ulm 1979.

–: Disclosure from statistical databases: quantitative aspects of trackers. ACM TODS 5(4), 1980, 469–492.

–: Security of statistical databases: multidimensional transformation. ACM TODS 6(1), 1981, 15–112.

Shipman, D.W.: The functional data model and the data language DAPLEX. ACM TODS 6(1), 1981, 140–173.

Smith, J.M.: A normal form for abstract syntax. Proc. 4th Int. Conf. on Very Large Data Bases. Hrsg. von S. Bing Yao. IEEE 1978, 156–162.

Smith, J.M., und *D.C.P. Smith*: Data base abstractions: aggregation. CACM 20(6), 1977a, 405–413.

–: Data base abstractions: aggregation and generalization. ACM TODS 2(2), 1977b, 105–133.

Tanaka, K., *Y. Kambayashi*, und *S. Yagima*: On the representability of decompositional schema design with multivalued dependencies. ER 79–01 Kyoto University, 1979.

Tjoa, A.M.: Die Verwendung eines unnormalisierten universellen relationalen Schemas als konzeptionelles Schema. Dissertation, Inst. für Informatik, Univ. Linz, 1979.

Todd, S.J.P.: The Peterlee Relational Test Vehicle – a system overview. IBM Systems Journal 15, 1976, S. 285ff.

Tsichiritzis, D., und *A. Klug*: The ANSI/X3/SPARC DBMS Framework: Report of the Study Group on DBMS. Information Systems 3(3), 1978, 173–191.

Vassiliou, Y.: Functional dependencies and incomplete information. Proc. 6th Int. Conf. on Very Large Data Bases, IEEE 1980, 260–274.

Walker, A.: Tune and space in lattice of universal relations with blank entries. Internal Report, XP1 Workshop on Relational Database Theory, New York 1980.

Weber, H.: A semantic model of integrity constraints on a relational data base. Modelling in Data Base Management Systems. Amsterdam 1976, 269–292.

Wedekind, H.: Datenbanksysteme I. Mannheim 1974.

Wiederhold, G., und *R. El-Masri*: The structural model for database design. Proc. Int. Conf. on Entity-Relationship Approach to Systems Analysis and Design. Hrsg. von P. Chen. Amsterdam 1979, 237–258.

Wilkes, M.V.: On preserving the integrity of data bases. The Computer Journal 15(3), 1972, 191–194.

Wilson, G.A.: A conceptual model for semantic integrity checking. Proc. 6th Int. Conf. on Very Large Data Bases, IEEE 1980, 111–125.

Wong, H.K.T., und *J. Mylopoulos*: Two views of data semantics: a survey of data models in artificial intelligence. INFOR 15(3), 1977, 344–382.

Yang, J.N.: A query language and data base management for the relational model. Ph. D. Dissertation, Univ. of California at Berkeley, 1974.

Yormark, B.: The ANSI/X3/SPARC/SGDBMS Architecture. The ANSI/SPARC DBMS Model. Hrsg. von Jardine. Amsterdam 1977.

Yu, C.T., und *F.Y. Chin*: A study on the protection of statistical data bases. Proc. ACM SIGMOD Int. Conf. on Management of Data, 1977, 169–181.

Zaniolo, C.: Analysis and design of relational schemata. Ph. D. Dissertation, UCLA, 1976 (technical report UCLA–ENG 7669).

–: Mixed transitivity for functional and multivalued dependencies in database relations. Inf. Proc. Letters 10(1), 1980.

Zaniolo, C., und *M.A. Melkanoff*: On the design of relational database systems. Technical Report, UCLA, 1979.

Zloof, M.M.: Query by Example. Proc. AFIPS National Computer Conf. 1975, S. 431ff.

–: Query by Example: a data base management language. Sistemi di basi di dati – esperienze e ricerche. Hrsg. von Goldmann. IBM Italy, Venice Scientific Center, 1977, S. 193ff.

Stichwortverzeichnis